王后雄教师教育系列教材

化学教育测量与评价

主　编　王后雄　李　佳
副主编　胡志刚　姚如富　张文华　吴鑫德
编　委　（按姓氏笔画排序）
　　　　万　莉　王世存　文丰玉　邓　阳
　　　　李　娟　刘玉荣　孙建明　杨一思
　　　　沈久明　张世勇　陈迪妹　苑乃香
　　　　姜建文　袁振东　高　成　童金强
　　　　曾　艳　魏艳玲　满苏尔·那斯尔

图书在版编目(CIP)数据

化学教育测量与评价/王后雄,李佳主编. ─北京:北京大学出版社,2013.2
(王后雄教师教育系列教材)
ISBN 978-7-301-22001-6

Ⅰ. ①化… Ⅱ. ①王…②李… Ⅲ. ①中学化学课－教育评估－高等学校－教材②中学化学课－教育测量－高等学校－教材 Ⅳ. ①G633.82

中国版本图书馆 CIP 数据核字(2013)第 016347 号

书　　　　名:	化学教育测量与评价
著作责任者:	王后雄　李　佳　主　编
责 任 编 辑:	于　娜
标 准 书 号:	ISBN 978-7-301-22001-6/O·0911
出 版 发 行:	北京大学出版社
地　　　　址:	北京市海淀区成府路 205 号　100871
网　　　　址:	http://www.pup.cn　新浪微博:@北京大学出版社
微信公众号:	通识书苑(微信号:sartspku)　科学元典(微信号:kexueyuandian)
电 子 邮 箱:	编辑部 jyzx@pup.cn　总编室 zpup@pup.cn
电　　　　话:	邮购部 62752015　发行部 62750672　编辑部 62767857　出版部 62754962
印 刷　　者:	北京圣夫亚美印刷有限公司
经 销　　者:	新华书店
	787 毫米×1092 毫米　16 开本　22.25 印张　500 千字
	2013 年 2 月第 1 版　2023 年 8 月第 5 次印刷
定　　　　价:	45.00 元

未经许可,不得以任何方式复制或抄袭本书之部分或全部内容。
版权所有,侵权必究
举报电话:010-62752024　电子邮箱:fd@pup.pku.edu.cn

☆ 本书获得华中师范大学国家教师教育创新平台理论创新研究项目资助

内容简介

　　教育测量与评价是当今世界教育科学研究的三大领域之一。化学教育测量与评价是根据化学教育的目的和标准,通过系统的调查、比较和收集资料,运用教育测量的原理和方法,对化学教育活动及效果进行质和量的描述或价值判断的过程。本书以新的教育理论和新的课程理论为指导,系统地介绍了化学教育测量的基本原理、方法及其在化学教育领域的应用。全书共十章,分别介绍了化学教育测量与评价的基本原理和方法,化学教育测量的理论基础,化学教育测量的内容及要求,化学试题设计与编制,化学试卷设计与编制,化学教育测量质量的评价,中学化学题型解题研究,国际中学化学竞赛特点评述,国际化学高考测评改革等。

　　本书可作为高等师范院校化学专业的本科生、研究生及教师使用的教材,也可作为从事中学教学的化学教师、教研人员、考试评价、教师培训等教育工作者的参考书。

主编简介

　　王后雄,华中师范大学教师教育学院副院长,化学教育研究所所长,教授,博士生导师,兼任华中师范大学考试研究院院长,长江教育配套学习资源总策划。主要从事化学课程与教学论、化学教学诊断学、教育考试与评价等本科及研究生课程的教学和研究。主持国家及省部级科研项目10余项,著有《化学教学诊断学》、《新理念化学教学论》、《新理念化学教学技能训练》、《中学化学课程标准与教材分析》、《高中化学新课程教学案例研究》、《化学课程与教学论》、《化学方法论》等专著30多部,在 Chinese Education & Society、Frontiers of Education in China、《教育研究》、《课程·教材·教法》、《中国教育学刊》、《高等教育研究》、《教育发展研究》、《化学教育》等SSCI、CSSCI及核心期刊发表学术论文200余篇,其中50多篇被《新华文摘》和人大复印资料中心全文转载。曾获"全国劳动模范"、"人民教师奖章"、"全国教改'十佳'教师"、"全国十大杰出中青年教师提名奖"、"全国教育硕士优秀指导教师"等数十项荣誉称号及奖励,系享受国务院政府特殊津贴的教育专家。

　　李佳,华中师范大学化学教育研究所讲师,博士。主要从事化学课程与教学论、教师教育教学和研究。主持和参与国家及省部级科研项目7项,主编及参与高等师范院校教材编写3部,在《课程·教材·教法》、《中国电化教育》、《中国教育学刊》、《教育理论与实践》、《化学教学》等CSSCI及核心期刊发表学术论文10多篇,其中有多篇被人大复印资料中心全文转载。

前　言

《国家中长期教育改革和发展规划纲要(2010—2020年)》指出"必须坚持不断改革和完善考试和考试制度,使考试制度和命题技术有利于推进素质教育实施"。"建立基础教育质量标准体系以及评价、指导和监测体系,进一步改进教学和提升教育质量"。教育测量与评价是当今世界教育科学研究的三大领域之一。它在教育实践中具有很强的导向功能,在教育过程中具有重要的应用价值,当前已成为教育改革的难点和关键。教育测量与评价是以现代教育学、心理学、统计学和考试学为基础,运用各种测试方法和手段,对教育过程、教育结果、学业成就及受教育者的能力品格、学习能力倾向等方面进行科学测定和价值判断的学科,它是改进教育教学、实行科学管理和开展教育研究的重要工具。

化学教育测量与评价是根据化学教育的目的和标准,通过系统的调查、比较和收集资料,运用教育测量的原理和方法,对化学教育活动及效果进行质和量的描述或价值判断的过程。学习和运用化学教育测量与评价,有助于教师深入了解学生的学习状况,找出教学现状与教学目标的差距,恰当地做出教学决策,从而提高教学质量;有助于化学教育研究和管理工作者借鉴国际基础教育质量的通行评估指标,依据我国化学课程标准,监测化学基础教育的质量水平,通过反馈指导提高区域教育教学质量;有助于化学教育工作者科学认识化学教与学的规律,使化学教育教学实现从量性到质性的跨越,从经验到理论的升华。

当前我国正在进行的基础教育课程改革正在面临来自教育考试与评价的严峻挑战。由于"应试"导向,教师追求高、深、难的现象依然普通存在;普通高中学业水平考试和学生综合素质评价制度亟待完善;考试命题如何有利于素质教育的导向及如何定期对命题进行评估的问题尚未解决;升学考试的命题质量及试卷质量存在失控现象;课程评价及教学评价尚未取得实质性突破;用评价改革引导"减负"任重道远;运用基础教育质量标准及评价体系监测我国基础教育质量尚未取得实质性进展等,教育测量与评价迫切需要回应我国基础教育所面临的困境和现实问题。化学教育考试与评价的变革与发展需要一线教师的积极参与,教师的测量理论水平和评价素质是教师专业化的重要组成部分。为此,本书从内容上体现时代需求和先进教育测量与评价理念,关注教育测量与评价实践中的问题解决,帮助教师提升研究意识和实践能力。

根据《教师教育课程标准(试行)》、《中学教师专业标准(试行)》精神,为编写出高水平教材,课题组对本书的定位与特色进行了多次充分研讨,并达成了基本共识。本书力图体现如下特色:

(1) 科学性。力图系统介绍化学教育测量与评价的原理、方法。包括目标参照测验的理论与技术,认知心理学的一些测量学新观点,对测验的开发、命题、实施、计分、结果解释、质量分析等都进行了详细的阐述,同时也关注到测量理论的新进展(项目反应理论、测验等值、题库建设等)和新的测验实施平台(电脑、网络等)给评价领域带来变化,对我国学者在测量学领域研究活动与成果也有介绍,力求反映测量与评价领域的当代特色和科学成果。

(2) 先导性。在继承传统教育测量与评价精华的基础上,突破传统教育测量与评价的局限,体现现代基础教育课程改革指导纲要的基础精神,吸收当前测量与评价领域的新成果,将现代测量的最新理论与新课程的评价方法、评价模式(教学评价、学习评价、实验评价)等有机融合,较原有的课程有了一定的创新和突破,有利于读者更新教育评价理念,改进传统的评价方法和评价手段,提高教师专业化发展水平。

(3) 实用性。将教育测量与评价的原理、方法和技术与化学教育教学中要研究的实际问题相结合。如结合考试命题解读《课程标准》和《考试大纲》,从教育测量学的基本理论出发结合化学学科命题的特点,阐述化学中考、高考的目的和性质,考试的内容与要求,试题选材与题目构造,试题的命制与评价,学科能力与科学素养的考查,化学试卷的设计与编制等,凸显针对性和适应性,在化学教育实践中都具有很强的实用价值。

(4) 实践性。教育测量与评价是一门具有较强理论与实践意义的学科,在编写过程中力图使本书成为教与学的有效工具。本书从理论层面和技术层面对化学命题技术、命题特点进行研究,有利于推进素质教育的实施和实现教育评价的科学、公平;通过典型实例介绍各类化学试题的类型及解法规律,从而提高习题教学的质量;通过介绍中学化学竞赛大纲、试题特点及解法研究,力求使本书成为启迪思维、开阔视野、培养能力的学材。

本书的主编单位是华中师范大学,参编单位及作者有福建师范大学(胡志刚)、合肥师范学院(姚如富)、湖南师范大学(吴鑫德)、湖北大学(李娟)、河南师范大学(袁振东、刘玉荣)、江西师范大学(姜建文)、四川师范大学(万莉)、西华师范大学(文丰玉、高成)、山西师范大学(苑乃香)、西北师范大学(魏艳玲)、长江大学(童金强)、温州大学(陈迪妹)、信阳师范学院(沈久明)、赣南师范学院(张世勇)、黄冈师范学院(杨一思)、新疆师范大学(满苏尔·那斯尔)。参加本书编写的还有我校张文华、曾艳、王世存、孙建明、邓阳等老师。全书由王后雄、李佳负责体例设计并进行审稿和定稿工作。

本书的出版得到北京大学出版社、华中师范大学的大力支持,北京大学出版社于娜编辑为本书出版付出了辛勤的劳动,我校化学教育研究所部分研究生为书稿的校对做了大量的工作,在此一并表示感谢。本书编写时参考了国内外同行的研究成果和评价案例,在此致以诚挚的谢意!

由于我们水平有限和时间仓促,书中的缺点和不足在所难免,欢迎同行专家和广大读者批评指正。

王后雄
2013 年元月

目　录

导言　化学教育测量与评价的意义 ……………………………………………………（1）

第一章　化学教育测量概述 ………………………………………………………………（4）
　　第一节　化学教育测量的概念 …………………………………………………………（4）
　　第二节　化学教育测量的分类 …………………………………………………………（10）
　　第三节　化学教育测量的功能 …………………………………………………………（11）
　　第四节　化学教育测量的步骤 …………………………………………………………（13）
　　第五节　化学教育测量的发展 …………………………………………………………（14）

第二章　化学教育评价概述 ………………………………………………………………（17）
　　第一节　化学教育评价的概念 …………………………………………………………（17）
　　第二节　化学教育评价的模式 …………………………………………………………（28）
　　第三节　有效的化学学习评价 …………………………………………………………（34）
　　第四节　化学教师发展性评价 …………………………………………………………（44）
　　第五节　化学教育评价的发展 …………………………………………………………（53）

第三章　化学教育测量的理论基础 ………………………………………………………（57）
　　第一节　教育统计知识 …………………………………………………………………（57）
　　第二节　常模理论 ………………………………………………………………………（68）
　　第三节　真分数理论 ……………………………………………………………………（72）
　　第四节　实证效度理论 …………………………………………………………………（74）
　　第五节　概括化理论 ……………………………………………………………………（77）
　　第六节　项目反应理论 …………………………………………………………………（80）

第四章　化学教育测量的内容及要求 ……………………………………………………（87）
　　第一节　化学教育测量的目标要求 ……………………………………………………（87）
　　第二节　化学教育测量的知识要求 ……………………………………………………（96）
　　第三节　化学教育测量的能力要求 ……………………………………………………（100）

第五章　化学试题设计与编制 ……………………………………………………………（121）
　　第一节　化学试题编制的基本原则 ……………………………………………………（121）
　　第二节　不同类型化学试题的功能 ……………………………………………………（123）
　　第三节　化学试题编制的基本方法 ……………………………………………………（141）
　　第四节　化学试题设计的案例分析 ……………………………………………………（161）

第六章　化学试卷设计与编制 …………………………………………………… (169)
第一节　化学试卷的基本特征 ……………………………………………… (169)
第二节　化学试卷的结构要素 ……………………………………………… (179)
第三节　化学试卷的组卷技术 ……………………………………………… (191)
第四节　化学试卷的评分标准 ……………………………………………… (198)

第七章　化学教育测量质量的评价 ………………………………………… (207)
第一节　化学教育测量质量的评价概述 …………………………………… (207)
第二节　化学教育测量的信度 ……………………………………………… (210)
第三节　化学教育测量的效度 ……………………………………………… (214)
第四节　化学教育测量的难度 ……………………………………………… (217)
第五节　化学教育测量的区分度 …………………………………………… (223)
第六节　化学试卷质量的评价 ……………………………………………… (228)

第八章　中学化学题型解题研究 …………………………………………… (245)
第一节　化学选择题解题方法 ……………………………………………… (245)
第二节　化学填空题解题方法 ……………………………………………… (248)
第三节　化学简答题解题方法 ……………………………………………… (251)
第四节　化学图表分析题解题方法 ………………………………………… (254)
第五节　化学信息迁移题解题方法 ………………………………………… (257)
第六节　化工流程题解题方法 ……………………………………………… (261)
第七节　化学框图推断题解题方法 ………………………………………… (264)
第八节　化学实验设计题解题方法 ………………………………………… (269)
第九节　化学计算题解题方法 ……………………………………………… (273)

第九章　国际中学化学竞赛特点述评 ……………………………………… (279)
第一节　化学奥林匹克竞赛简介 …………………………………………… (279)
第二节　我国化学竞赛试题的特点 ………………………………………… (286)
第三节　国外化学竞赛试题的特点 ………………………………………… (288)
第四节　化学竞赛典型试题解题方法 ……………………………………… (304)

第十章　国际化学高考测评改革 …………………………………………… (315)
第一节　国外化学高考测评改革 …………………………………………… (315)
第二节　我国化学高考测评改革 …………………………………………… (331)

参考文献 ……………………………………………………………………… (346)

导言　化学教育测量与评价的意义

教师只有具备了一定的测验能力才可能成为更优秀的教师。有效的测试将有助于改善教学的效果。

几乎每个人都能历数学校中开展的各种类型的测验,如期末考试、期中考试、单元检测、突击性测验(pop quizzes),以及(在公平情况下的)各种非正规的家庭小测验(mom quizzes)等。所有这些测验都有一个共同的特点:它们都表明教师想要了解学生到底掌握了哪些内容。更确切地说,教师之所以要开展测验,就是想要确定学生对他所教授的知识和技能的掌握程度。如果教师能够准确地评估学生目前的学习状况,那么之后就能够更有效地调整教学活动,以帮助学生更有针对性地获得提高和进步。研究者给出一个适用于教育背景的关于评价的操作性定义:教育评价是一种正式的方法,旨在判定学生在一些教师关注的教育变量上的状况。①

思考与讨论

化学教师为什么需要了解教育测量与评价?

诊断学生的优势和不足

通过评价学生目前的状况,教师可以弄清楚两个问题:① 学生目前存在的薄弱点,就是今后教学的重点;② 学生已经掌握的知识和技能,也就是今后不需要再重复施教的地方。如果在教学之初就进行了这种诊断性的评价,那么对于教师制订教学计划是非常有帮助的。这种早期诊断通常被称为前测(preassessment),即发生在教师开展教学之前的评价。

监测学生的发展

课堂测评的一个重要功能在于它能够确定学生是否正在朝着教师预期的教学目标前进。当然,如果所有学生取得的进步都是令人满意的,那么教师的教学就不需要作出任何调整和改变。如果大多数学生的发展是令人满意的,只有少数学生落在了后面,那么教师可以针对个别学生,有步骤地采取一些具体化的补救措施。如果大多数学生都没有获得理想的发展,那么教师就应该大幅度修改所采用的教学方法了,因为显而易见,这种教学方法是不适用的。通过上述分析可以看出,用课堂测评来监测进步是一种历史悠久且合情合理的做法。

此外,监测学生的进展还有另一个重要的作用,那就是帮助教师利用评价的结果来构建一个对自身教学过程的形成性评价(formative assessment),这种评价旨在改善尚未成功的,但有余地补救的教学。

---

① [美]詹姆斯·波帕姆.教师课堂教学评价指南[M].第 5 版.王本阳,赵婧,译.重庆:重庆大学出版社,2010:1-13.

评定等级

在大多数学校系统中,一项重要的工作就是在课程结束时或学年结束时对学生的学习成绩进行等级评定,这种评定的结果构成了学生人生履历中最初的成就记录,而且所有的记录都将伴随学生终身。因此,值得注意的是教师不要草率地去评定等级。不管我们喜欢还是不喜欢,学生的等级对他们而言都有非常重要的意义。

评定等级的最好方式就是收集与学生学业相关的各种证据,使教师在获得了足够的信息之后,再去决定学生应该归属于什么等级。

一般而言,如果教师收集的证据数量越多、种类越丰富,也就越容易对学生的等级作出更加明智的判断。

判断自己的教学效果

教师可以依据学生的表现来帮助自己评估教学工作的效果。假如针对一个为期三周的主题单元,教师设计了一些需要学生掌握的知识和技能要点。在教学之前,教师进行了一个简单的测试,结果表明:学生对该主题几乎一无所知。当单元教学结束之后,教师又开展了一个较详细的测试,结果反映:学生在单元学习的过程中已经掌握了大部分的知识和技能。

比较前测和后测的结果,不仅可以看出教师所教的学生已经获得了关于该主题的足够多的知识和技能,而且进一步证明了教师使用的教学方法是非常有效的。如果教师的教学方法确实能够促成预期结果的实现,那么这种方法就应该被坚持而不是被改变。

而与此相反,如果前测、后测的结果表明学生的进步微乎其微,学生在接受了教学之后掌握的知识和技能根本没比教学开始之前增加多少,那么学生这种缓慢的发展就意味着教师在下一学期或是下一学年再次讲授相同的主题时,需要调整自己的教学方案。

上述四条中的每一条都直接关系到如何帮助教师作出正确的决策。当一位教师使用评价来判断学生的优势和不足时,评价的结果同时也可以帮助教师判定教学目标是否实现。当教师监测学生的发展时,评价的结果也可以帮助教师决定是否需要对正在进行的教学活动作出调整。当教师评价学生并对他们进行等级评定时,学生的表现可以帮助教师决定什么样的学生应该归入什么样的等级。最后,当一名教师使用前测、后测结果判断教学程序是否有效时,这个过程也可以同时促使他决定是否要大幅度修改目前的教学设计。

 资料卡片

关于测验的自我检测

指导语

对于下列每一道题,请您使用如下选项作答:
SA=完全同意 A=基本同意 U=不确定 D=基本不同意 SD=完全不同意
以上回答没有对错之分,请您如实作答,用圆圈将您选择的答案圈出即可:
1. 教师对全班同学进行测试的主要目的是为了确定学生的分数等级。 SA A U D SD
2. 教师的教学应该以测试中可能涉及的知识和技能为主要内容。 SA A U D SD
3. 在课堂测试中,教师应该只设置客观性选择题。 SA A U D SD

4. 学生的考分是衡量教师教学工作的标准之一,但除此之外,还有很多其他的有效标准。

                       SA A U D SD

5. 在学生完成课堂作业所需要的各项能力中,教师不需要测量学生的学习自信心。

                       SA A U D SD

6. 全国统一的标准化成绩测验不应该成为衡量教师教学成果的依据。 SA A U D SD

7. 教师真的没有必要去考虑他们课堂测试的信度问题。   SA A U D SD

8. 不可能找到一种合适的方式能够精确评判学生作文的质量。   SA A U D SD

9. 面对提高学生在重要测验中得分的巨大压力,教师可以采取任何办法来开展考前准备工作。

                       SA A U D SD

10. 重要的课堂测验应该在教师设计教学活动之前就编制完成。   SA A U D SD

自测题解析指南

  对于第2题、第4题、第6题、第7题和第10题,请执行如下的评分规则:SA=5,A=4,U=3,D=2,SD=1。对于第1题、第3题、第5题、第8题和第9题,请执行如下的评分规则:SA=1,A=2,U=3,D=4,SD=5。可能获得的最高总成绩是50分,可能获得的最低总成绩是10分。当您读完这本书,您可能还想要重新检测一下(当然是在不能参考您前面作答的情况的前提之下)。

  化学教育测量与评价是根据化学教育的目的和标准,通过系统的调查、比较和收集资料,运用教育测量的原理和方法,对化学教育活动及效果进行质和量的描述或价值判断的过程。学习和运用化学教育测量与评价,有助于教师深入了解学生的学习状况,找出教学现状与教学目标的差距,恰当地做出教学决策,从而提高教学质量;有助于化学教育研究和管理工作者借鉴国际基础教育质量的通行评估指标,依据我国化学课程标准,监测化学基础教育的质量水平,通过反馈指导提高区域教育教学质量;有助于化学教育工作者科学认识化学教与学的规律,使化学教育教学实现从量性到质性的跨越,从经验到理论的升华。

第一章 化学教育测量概述

学习目标

1. 理解化学教育测量相关概念。
2. 了解化学教育测量的不同类型。
3. 认识化学教育测量的功能。
4. 初步掌握化学教育测量实施的步骤。
5. 了解化学教育测量的发展阶段。

教育测量与评价是当今世界教育科学研究的三大领域之一,它不仅在教育科学体系中具有显赫的地位,而且在教育教学过程中具有重要而广泛的应用价值,在实践中具有强烈的导向作用,常成为教育改革的突破口。

随着科学技术的发展和进步,物理测量越来越精确,同时,人们也不断地尝试对人的知识、思维、想象和能力、学术水平、成就等心理特征进行测量。现代教育理论的发展,更加注意强调人的素质教育,强调发挥人的主观能动性,强调因材施教,要检验教育的效果,离不开对被教育者的评价,其中最重要的一环就是采用教育测量的方法来检测教育效果。

第一节 化学教育测量的概念

关 键 词

测量 教育测量 化学教育测量 参照点 单位 量表

为了正确而有效地使用化学教育测量这一检测化学教学效果或学生学业的工具,有必要认识测量、教育测量等基本概念。

一、测量

什么是测量(measurement)?测量是人们认识自然界的一种方式,也是认识的一种方法。广义而言,测量就是根据法则赋予事物数量,即用一定的规则给事物属性指派数字或符号的过程即测量,这是迄今为止公认的测量定义。也可以说,测量是利用合适的工具,确定某个给定对象在某个给定属性上的量的程序或过程。作为测量结果的量通常用数值表示。

科学认识活动中的定量方法就是测量。卡尔纳普(R. Carnap)在他的著名的《科学哲学导论》中提出:"科学的概念如同日常生活的概念一样,可以方便地划分为三大类:分类的概念、比较的概念和定量的概念。而测量就是定量描述自然界、人类社会和人类自身规律性的一种方式,较之分类和比较,更能清晰而精确地表述某一事物的属性。"

测量的定义包括三个特征:事物及其属性、法则、指派数字或符号。

事物是测量的对象或目标。如在测量溶液时,首先要确定的是要测量的溶液的属性,溶液的温度、密度、酸碱性等都是溶液的属性。在化学教学中,对学生的学业水平进行测量时,无法直接进行测量,但是可以从间接的角度去测量。例如,可以从学习的目标出发,编制相应的试卷来进行测试,这样就达到测量的要求。又如,要测量学生的实验技能、批判性思维,这些也是无法直接测量的,但是这些可以在人的具体活动和行为中体现出来,所以只能通过测量其外显行为或外在表现特征来推断。

法则是指测量所依据的规则和方法,是测量的关键。例如,对温度的测量可使用温度计,摄氏温度规定:在标准大气压下,冰水混合物的温度为 $0℃$,沸水的温度为 $100℃$。这样就形成了对温度测量的规则。对气体摩尔体积的测量,必须是在标准状况下,即 $101\,kPa$、$0℃$。使用好的法则可以得到比较理想的测量结果,而较差的法则只能导致不准确的测量结果。

指派数字或符号就是用数字或符号来代表某一事物或事物的某一属性的量。例如,张三在本次单元测验中得了 87 分,李四得了 92 分,我们说李四比张三多考了 5 分。数字本身没有意义,只是一种符号。用它来代表考生的测验成绩,这时它就变成了量化的数,可以对其进行解释和分析。

二、教育测量

(一)几个基本概念

教育测量是根据教育目标的要求,按照一定的规则对教育活动的效果加以数量化测定的过程。[1] 它主要用于对学生精神特性的测定。由于教育测量主要是对学生精神特性的测定,对学生精神特性的测定比对物体的物理特性的测定要困难得多,主要原因在于学生精神时刻在发生变化,不易控制,而物体物理特性的测定无论在单位上还是在稳定性上都比对学生精神特性的测定优越得多。所以,教育测量与物质测量相比有它自己独具的特点。

关于测验的定义是广泛而复杂的。布朗(F. G. Brown)认为:"所谓测验,乃是对行为样本进行测量的系统程序。"[2] 此处系统程序是指测验在编制、实施和评分等方面都依据确定的规则。阿娜斯塔西(A. Anastasi)所下的定义更为完整,因而为大多数心理测验学家所接受:"测验实质上是行为样本的客观的和标准化的测量。"[3] 这一定义包含了三个基本因素:[4]

1. 行为样本

一般来说,测验不可能涵盖某一行为领域中所有可能的行为表现,正如医生只抽取病人的几毫升血液来检验其血液特点一样,测验也只选取一组有代表性的行为来考查个体在相应行为领域的行为特征。当个体在某一测验中的反应很恰当地反映出测验所要测的东西时,该测验就为我们提供了有用的信息。因而可以说构成测验的行为样本是相应行为领域的一个有效的代表。

---

[1] 朱德全.教育统计与测量[M].重庆:西南师范大学出版社,1998:157.
[2] F. G. Brown (1983). Principles of Educational and Psychological Testing (ed 3)[M]. New York, Holt, Rinehart Winston, 57.
[3] A. Anastasi (1982). Psychological Testing, 5th edition[M]. New York: Collier Macmillan.
[4] 张敏强.教育测量学[M].北京:教育科学出版社,1998:18-19.

2. 标准化

标准化是指测验在编制、实施、记分及分数解释方面依据一套系统的程序。只有这样，测验才有统一的标准，使不同人的测验结果具有可比性。同时，可以减少无关因素对测验结果的影响，从而使之更为准确、可靠。

3. 客观测量的评价指标

测验的标准化是测验的客观而科学的测量所要求的。但是绝对的标准化是难以做到的，那么测验的客观性在什么程度上可为公众认可？这就牵涉对测验客观性程度的几个评价指标：① 题目质量分析，包括难度和区分度。这是筛选题目以构成一个好测验的基础。② 信度，指测验结果的可靠性程度。③ 效度，指测验结果的有效性程度，这是评价测验质量最重要的指标。

思考与讨论

测验与考试是怎样的关系？

在教育测量领域，经常出现"考试"一词，比如中学毕业考试、大学入学考试等等。考试与测验的差异主要体现在：

（1）测验的范围较广，如心理测验、各种常识测验等。而考试一般指用于比较正式场合下的测验，比如说高考、自学考试等。有时二者可以互相等同，如既可说学年测验又可说学年考试；有些场合二者又不可替代，如高考不可说高测，心理测验不能称为心理考试等。

（2）测验的目标一经确定，测验的内容一般在一定的范围之内变化，且测验可以经过相当一段时间的使用，逐步达到标准化过程，而考试则是目的性较强，会受时间、目的、地域等因素的影响，且考试的标准化较难达到。当今以此来划分测验和考试时并不严格，有些已经过严格标准化过程的测验仍被称作考试，例如 GRE(Graduate Record Examination)。

(二) 教育测量的要素[①]

无论是物理特性的测量，还是精神特性的测量，都必须具有三大要素：参照点、单位和量表。

1. 参照点

参照点是计算事物数量的起点，又称零点。零点有两种：一种是绝对零点，如各种度量衡器上的零点；另一种是相对零点，是人定的零点，如温度的测量以冰点作为零点。在教育测量中，所使用的参照点几乎都采用人定的相对零点。相对零点的最大限制是不能以倍数的方式解释分数。例如，在教育测量中，甲学生的智商是 100，乙学生的智商是 50，我们不能说甲学生的智力是乙学生智力的 2 倍，因为没有真正的零智力的学生。同样甲学生的学科成绩是 100 分，乙学生的学科成绩是 50 分，我们不能说甲学生的成绩是乙学生成绩的 2 倍。这是我们在解释教育测量分数时，必须注意的问题。

2. 单位

物理测量的单位比较明显，如长度以米、厘米等为单位，重量以牛为单位，时间以月、小时等为单位。缺少单位，数量的多少就无法表示，数量分析也就无从进行。好的测量就必须具有好的单位。一个好的测量单位必须具备两个条件：一是有明确的意义，即同一单位在人们的心目中

[①] 朱德全. 教育统计与测量[M]. 重庆：西南师范大学出版社，1998：165-167.

有同样的意义;二是有相等的价值,即单位与单位之间距离要相等。物理测量所使用的单位容易符合这两个条件,而教育测量使用的单位严格地讲不符合这两个条件。如以百分制为单位测量学生学习成绩,50 分与 51 分之间价值差异不等同于 99 分与 100 分之间的价值差异。当然,教育测量必须具有单位,我们应当尽量改进教育测量的单位,使之科学化。

3. 量表

量表是参照点和单位的连续载体。它是测量的工具,是表示数量的方法。如天平是权衡质量的量表,尺子是度量长短的量表,而教育测量则是以文字试题、图形、符号、操作等方式来测量学生的学业成就、智力和思想品德等方面的发展水平。

在教育测量中所使用的量表有四种类型,即称名量表、顺序量表、等距量表和比率量表。

称名量表是一种最低水平的量表,这种量表与事物的分类相联系。它是用一定的数字对事物的类别加以标识。例如,用"1"和"0"分别表示男女学生在性别标识上的区别。这种数字只起到某种名称符号的标识作用,它只是对事物的属性进行归类以示区别,并没有高低序列的意思,更没有可加性,不能参与任何运算。运用称名量表,可以对各类别的频数进行累计,如计算参加测验的学生,有多少男生多少女生。对称名量表可运用的统计方法都属于对频数的统计处理,如百分比、χ^2 检验等。

顺序量表是表示事物相对关系(如顺序关系)的数值特征的量表。如学生学业成绩的名次,可分为第一名、第二名、第三名等等。又如学生思想品德的等级,可用优、良、中、及格和不及格五个等级表示。顺序量表优于称名量表,因为它既能对事物进行分类,又能标志各类别之间的顺序关系。但顺序量表也存在缺点。因为它不能说明每一等级之差是否有相等的距离,没有表明测量单位的大小。因此,顺序量表不具有等距性,不能进行加减乘除的运算。但这种量表在教育测量中应用较广,如百分量表即属此种量表。教育测量应用顺序量表进行统计处理的方法主要有,中位数、百分位数、等级相关系数等。

等距量表最显著的特点是等距性,它对事物所作的数量划分是等距离的,是确定的,所以,它是比称名量表和顺序量表较高一级的量表。如物理测量中的温度,用摄氏量表的刻度将冰水混合物的温度定为 0 度,1.01×10^5 kPa 下沸水的温度定为 100 度,其间作 100 等分,这样就以摄氏度为单位可以比较温度之间的差异了,而且这种量表上所表示的数值就可以进行加减运算,如可以求平均温度。由于等距量表没有绝对零点,它的零点是人定的,因此,用等距量表表示的数值虽可以作加减运算,但不能用倍数关系表示,不能进行乘除运算。等距量表虽有一些缺点,但在教育测量中却有实用意义。因为教育测量的结果都可以转化为等距量表进行比较,可以将原始测验分数转化为标准分数,进而可以将各种测验得到的不同单位的分数转换到同一等距量表上进行分析比较。等距量表在统计分析和处理时,应用比较广泛,许多统计方法都可运用。如计算平均数、差异量、相关系数等统计量,还可以运用 Z 检验、t 检验、F 检验等进行统计推断。

比率量表是测量中最高水平的量表。它既有绝对零点,又有相等的单位,因此,可以进行加减乘除运算。比率量表在物理测量中被广泛运用,但在教育测量中运用较少。因为它的使用条件极强,教育测量中的各种分数不易满足这一条件。

（三）教育测量的性质[①]

人们较易理解的测量是物理测量。物理测量一般能够获得比较准确和可靠的结果，也正缘于其直接测量的特征。与物理测量相比较，教育测量的对象是复杂得多的人。所谓千人千面，人的内在的心理亦是千差万别。人与人之间存在的差异，在心理学中被称作个别差异。教育测量永远无法直接测量，它只能通过检测心理现象的外显行为或外在表现特征来推知个体的心理能力和个性特点等。同时，教育测量很难排除一些无关因素的影响，诸如知识水平、教学条件、师资水平、情绪、健康状况、主试人导向等多方面因素都或多或少地影响到教育测量的结果，使之出现随机性或误差。

显然，教育测量的间接性、多元性和随机性注定它比物理测量要复杂困难得多。但是，美国心理与教育测量学家桑代克（E. L. Thorndike）和麦柯尔（W. A. Mc-Call）早就提出一个假说："凡是存在必有数量，既有数量即可测量。"[②]这就是说，事物的质可以转化为量来计算。

进行测量必须有相应的测量工具。显然，测量工具的性能好，测量的效果必然也好。物理测量借助于量尺、温度计、计时器、磅秤等工具，不同的工具又有不同的量纲单位，也就是说，它们各有不同的参照标准，这样才能使其测量结果具有可比性或可加性等性质。教育测量的主要工具是测验，旨在对教育效果进行科学的测量，因此，教育测量学研究的主要内容就是测验的编制和使用以及测验结果的评价。

教育测量所用的测验总是由一组题目组成，题目是构成测验的元素。好的测验必须是优良的题目的组合。比如一个用于选拔性目的的测验就应当可以把具有不同学业水平的考生区分开来，而若该测验中某一道题目所有的考生都得满分或都不得分，这一道题就失去了区分不同学业水平考生的效用。可见，选好题目是教育进行科学测量的一项重要工作。

物理测量应具有可靠性、客观性。教育测量亦同此理。一个好的测验应当在不同的人使用、不同的时间、地点施测同样具有一致性。要想确保这样的一致性，无论是物理测量，还是教育测量，都必须进行科学的测量。对教育测量而言，我们就要研究和讨论测验的可靠性和客观性，这就是测验的信度问题；我们还要研究和讨论测验反映测量目的的有效性，这就是测验的效度问题。这两个评价指标缺一不可，寻求和编制具有优良信度和效度的测验是教育进行科学测量的重要工作。

测验的结果一般都以分数或等级来表示。因此，测验分数的评定及比较、等级的划分以至对各个测验分数的解释等问题，也是教育测量学不可忽视的问题。

学校、社会对测验的要求是多种多样的，不同的测验目的有不同的测验要求，不同的测验又有不同的编制要求和不同的分数评定体系等。

三、化学教育测量

化学教育研究的对象主要有：化学课程、化学学习的原理和方法、思想教育和科学方法教育、智能培养、科学素养的培养、学业评价、化学教师、化学教学研究等。化学教育测量是将教育测量的一般原理和法则运用于化学教育过程中而自成体系的一门学科。它是教育测量的分支，是化学教育工作者的有力工具。

[①] 张敏强.教育测量学[M].北京：教育科学出版社，1998：1-3.
[②] ［美］桑代克，等.心理与教育的测量和评价[M].叶佩华，等译.北京：人民教育出版社，1985：3.

化学教育测量是一门应用性、实用性较强的学科，它是通过一定的方法和途径对化学教育目标、化学教育过程、化学教育结果以及影响化学教育的各种因素进行的一种测量活动，是有效实现化学教育目标和促进师生共同发展的不可或缺的手段。它在实践中不断地受到检验，而同时又不断地通过实践得到充实、发展和提高。

化学教育测量主要是针对狭义的教育即学校教育，即为了了解学生的化学学业发展和科学素养的培养，了解化学课堂的教学效果，了解化学教师的专业发展，了解学校的化学教育教学资源情况而进行的教育测量活动，它主要是针对化学课堂师生间的教与学的活动而进行的。化学教育测量有以下特点。[①]

1. 对学生记忆化学知识水平的测量

化学知识大多是在前人大量实验事实的基础上综合概括而成的科学结论。尽管现代化学已经发生了重大变革，化学理论也有了很大的发展，但是化学学习仍然离不开对大量化学事实的记忆。特别是在中学教育阶段，很多重要的化学事实及定律、学说等很难让学生从根本上理解，对这一类知识的学习，必须依靠准确、牢固的记忆；学生能够接受的化学理论也必须以充分记忆的化学事实为基础。因此，化学学习对学生记忆化学知识的水平有着特殊的较高要求。根据化学学科的这一特征，化学教育测量需要精心选择那些有代表性的测量目标，以便能够全面地测量学生记忆化学知识的范围及其牢固程度。

2. 对学生理解和运用化学知识水平的测量

化学是研究物质的组成、结构、性质以及变化规律的一门学科，其研究对象已经深入物质的微观层次，往往是人的肉眼不能直接观察、其他感官不能直接把握的。为了让学生能够适应现代化学从基本上是从描述性的过渡到推理性的，从主要是宏观的过渡到微观的变革，在化学教学中，必须要求学生能够突破一定的思维障碍，学会根据宏观实验现象或化学事实把握其微观化学本质，真正理解化学知识；同时，学会经过由宏观到微观的抽象概括过程，来运用化学知识解决化学问题。因此，化学教学测量必须注意测量的深度。要为学生提供展开抽象思维活动的问题情境，测评他们在由宏观到微观的思维层次上理解和运用化学知识的水平，而不能将测评范围局限于化学知识的再认识或回忆的水平上。同时，也要考虑到学生思维发展的阶段性，不要超出他们的思维发展水平，以免挫伤他们的学习积极性。

3. 对学生化学实验操作技能水平的测量

化学是一门实验科学，培养学生的实验操作技能是化学教育不可缺少的重要目标。因而，对学生化学实验操作技能水平的测评必然是化学教育测量和评价的基本特征之一。实验操作技能属动作技能领域，其测评方法有着不同于认知领域的特殊要求。长期以来，忽视实验操作技能测评或是用纸笔测验代替实验技能操作考评，在一定程度上导致中学化学教学中产生违背基本规律、忽视实验教学、教学质量下降的恶果。所以，化学教育测量必须从化学教育的基本规律出发，认真研究测量学生实验操作技能水平的切实可行的有效方法。

4. 对学生化学学习兴趣与态度的测量

通过化学教育培养学生的化学学习兴趣与积极、主动的化学学习态度，是化学教育目标的重要组成部分。学生的化学学习兴趣与态度是直接指向化学学科本身的，对这种具体指向及其程

[①] 周青，等.化学教育测量与评价[M].北京：科学出版社，2011：28-29.

度的测量显然带有一定的学科特点。

5. 对化学教师实验教学水平的测量

以实验为基础既是化学的学科特征，也是化学教学的基本特征。这一特征反映在化学教育测评上就是：在测量化学教师的教学质量和水平时，要以教师的实验教学水平为重要内容，采用各种切实可行的测评手段，考查教师能否通过实验教学让学生亲身体验探索科学规律的活动，能否结合实验事实和实验过程让学生认识化学概念和理论的形成过程并理解和掌握它们，能否结合典型的化学史实让学生了解化学科学的发展进程，能否让学生通过实验并运用已学到的知识去解决问题，使他们在科学态度、科学方法以及分析和解决问题的能力方面得到培养、训练。

第二节　化学教育测量的分类

关　键　词

准备性测验　　进展性测验　　总结性测验　　常模参照测验　　目标参照测验　　标准化测验
自编测验　　个别测验　　团体测验

化学教育测量，可以按不同的标准分出不同的类别。[①]

一、以测验时机为分类依据

准备性测验是指在进行某一学习活动之前进行的、用来测量学生对于完成某一化学学习任务的测验。也就是测量学生是否具有完成某一学习的最低知识和能力。如学习简单的分类之前，需先测验学生必要的化学反应类型、化合物类型知识。如果学生缺乏必备的知识技能，就要采取适当的补救措施。

进展性测验是指在教学进程中实施的测验。进展性测验又叫形成性测验，用以测量学生目前达到学习目标的程度和学习情况。它是教学的中间环节，它特别强调单元教学所要达到的学习结果，教学中进行的单元测验就是进展性测验。

总结性测验是在化学教学结束时进行的测验。其目的是为了了解学生在学习活动后的知识、技能、思想和心理等方面的发展情况。如期中、期末、毕业考试均属此类测验。

二、以测验结果的评价标准为分类依据

常模参照测验是以已建立的常模为标准，衡量学生在特定团体中的相对位置，并以此来解释分数的意义的测验。所谓常模，它是各个人之间进行比较的标准。化学常模就是指确定的某团体在化学考试中的平均水平，如平均数和标准差。常模参照测验的主要目的是把测验分数作横向比较，即某考生成绩和其他考生成绩比较，决定该生地位。化学升学考试属此类测验。

目标参照测验是测量学生掌握的知识和测量目标的关系，是根据原来确定的希望达到的教学目标来解释分数的测验。目标参照测验着眼于所有教学目标的完成情况，它的特点是强调测

---

① 朱德全.教育统计与测量[M].重庆：西南师范大学出版社，1998：168-171.

验紧扣目标。如化学学科单元测验、高中学业水平考试等,都属于目标参照测验。

三、以测验来源为分类依据

标准化测验是由权威性的机构和学科专家及考试专家组成的命题委员会负责组织、编制、主持的,它有客观而规范的标准,从命题、施测、阅卷到评分的各个环节都有严格规定与要求,以尽量减少各种误差,从而使考生的成绩得到较真实的反映。所谓客观标准化测验是指以一定的目的为依据,编制具有代表性的测验量表,给出标准答案、评分标准,以及标明测验常模(即年龄或年级测验平均分),用以衡量被试的所得成绩和地位。

自编测验是由教师自己编制的测验,一般学校在较小范围内考查学生化学学习成绩时所进行的各种测验,如班级的化学单元测验、期中测验等均属于教师自编测验。

四、以测验对象为分类依据

个别测验是由一个主试在规定的时间内每次只测验一个被试。其优点是主试者可以仔细观察被试者的言语、情绪和行为,易于与被试合作,所以测验结果正确可靠。这类测验的缺点是不经济,且必须是经过专业训练者才能胜任。

团体测验是用相同的测试内容,在同一时间内对许多人施测。例如,毕业考试、统考都属于团体测验。它的优点是,主试者不必接受严格的专业训练即可担任,而且节约时间。它的缺点是,对被试的行为不易作切实地观察与控制,测验的结果不及个别测验正确可靠。

思考与讨论

从不同角度对化学教育测验分类,对化学教学有何启示?

总之,教育测量的类型很多,可以从不同角度划分,分类的方法也不统一,同一个测验按不同的划分方式,也可分为不同的类型,因此分类是相对的。但要注意,由于测验的编制者给要测量的特征下的定义(操作性定义)不一样,因而在区别测验时不能只看名称,应主要看编制者的目的和测验的实际内容。

第三节 化学教育测量的功能

关键词

功能 反馈 激励 评价 选择 导向

明确的教育目的,科学的教育内容和方法,教育效果的及时检查与评定,是做好教育工作的三个主要问题。化学教育测量就是根据教育目标及教学计划的要求,用科学的方法来衡量化学教学的效果。因此,教育测量在整个化学教学中占有重要地位。[1]

---

[1] 朱德全.教育统计与测量[M].重庆:西南师范大学出版社,1998:171-173.

一、在化学教学方面的功能

在教学方面,我们可以用测验结果来考查某一种化学学习活动的效果,并用数量表示结果,这为我们提供了认识影响教学过程各因素的客观依据。具体地讲,教育测量在化学教学方面具有以下一些功能。

1. 反馈功能

在教学之前、教学过程中、教学结束时进行的各种不同目的的考试,可为教师修改教学计划,了解学生对教学目标的完成情况提供可靠的依据。通过测验,教师可以发现教学中存在的问题,还可以分辨学生的学习程度,以便有针对性地采取补救措施,促进教学效果不断提高。

2. 激励功能

教育测量可促使学生了解和确认自己的成效,从而不断端正动机,弥补不足,激发上进心,他们通过了解自己的学习成绩,会激发更强的成就动机,发挥更大的积极性;也会看到自己的缺陷和不足,以此鞭策自己,激发自己努力学习或刻苦用功以避免失败的动机。

二、在行政管理方面的功能

教育测量是教育评价的基础,它能够为制订教育计划、选择教育内容、确定教育方法、检验评定教师的教育教学效果、检查鉴定学生的发展水平,以及评价学校的办学质量提供客观的依据。具体地讲,它在行政管理方面具有以下功能。

1. 评价功能

编制良好的测验,可为教育行政领导指导教学、进行教育决策提供一定的依据。各级领导可凭借全国或地区的常模,评价某区或某校的化学教学情况,学校领导也可通过考试结果检查化学教师的工作。

2. 选择功能

教育测量能够为教育行政管理干部评定和选拔人才并作出科学决策提供理论依据,也有助于教师的资格评定和职务的晋升等。

三、在教育科研方面的功能

1. 导向功能

各级各类学校都要实现国家规定的培养目标,教育测量对学校实现培养目标具有明显的导向作用,它能对学校教育教学改革定向导航,并提供动力保证。

2. 研究功能

教育测量的结果具有极大的研究价值,它是在教育改革实验中检验其成效的必要环节和基本手段。而且,教育测量本身就是一种严肃的科学探讨。

总之,教育测量可以为改进教学管理提供科学依据,是改进教育教学、实现科学化管理和进行教育研究的重要手段和工具。

第四节　化学教育测量的步骤

关键词

属性　操作性定义　数量化　心理属性　认知领域

在进行化学教育测量时,必须了解教育测量的基本步骤。化学教育测量的基本步骤为:

一、明确所要测量的属性[①]

在进行任何测量之前,首先必须解决为什么测量和测量什么的问题,即明确测量的目的和内容。

化学教育测量的对象是学生的某种心理属性,对这类属性的认识,通常不像对物理属性那样有一致的看法。因而化学教育测量的第一步,是要在测量者的认识基础上,根据测量目的的需要,对所要测量的属性下一个比较清楚、精确和能为人们所接受的定义。

根据教学目标的要求,认知领域教学测量的目标是学生掌握知识的程度和能力发展水平两个方面,这主要通过测量学生"能否在不同的学习水平上运用知识解决问题"这一属性来实现。对这一属性的认识将随着教育心理学、教学测量实践的深入而逐步发展。

思考与讨论

缺乏经验的新手教师,该如何设计和实施化学教育测量呢?

二、确定显示属性的方法

在明确了所要测量的属性之后,测量的第二个步骤就是寻求一套能够分离出所要测量的属性,并使之显示出来的方法。在化学教学测量中,为了考查学生是否能够在不同水平上运用知识解决问题,可以采取的一种测量方法是:通过精心设计的测试题,给学生提供一个问题情境,这一情境既涉及知识的具体内容,又涉及运用知识的难度水平。学生在此情境中进行一系列的思维操作,最后给出操作结果,并显示出其外在行为,给出问题的答案。若答案正确,则可以认为学生掌握了该知识并达到了相应的学习水平。学生在试卷上给出的一系列答案即可作为化学教学测量的结果。

三、属性数量化

在确定了显示属性的操作方法之后,测量的第三个步骤就是把操作结果用数量表示出来。对学生心理属性测量也要参照标准物——量表,对属性进行数量化赋值。

[①]　周青,等.化学教育测量与评价[M].北京:科学出版社,2011:25-26.

第五节 化学教育测量的发展

关键词

主观经验性考试　　客观标准化测验　　心理测验　　智力商数

教育测量起源于我国的科举考试制度,至今已有几千年的历史。虽然教育测量起源于我国,但由于种种原因,我国的教育测量未能得到很好的发展。而在西方,19世纪以后在教育测量方面的研究得到迅速的发展,对世界各国产生了重要影响,对我国也有不少可借鉴之处。

教育测量发展的历史,大体上可以分为三个阶段。[①]

一、主观经验性考试阶段

1864年以前,西方各国学校广泛采用的考试方法是口试,对学生逐个进行口试,以评定学生的知识程度。后来学生日渐增多,这种口试方法显然对大批学生的评定带来困难。公元606年即隋炀帝大业二年,我国开始实行科举考试制度,通过分科考试来选取人才,采用贴经、墨义、策问、诗赋等方法去测试学生,这对西方产生很大影响。欧洲学校的笔试开始于1702年英国的剑桥大学,1845年美国麻省波斯顿市教育委员会开始采用笔试的方法考查该市所属学校的毕业生。以后,西方各国相继采用笔试来测评学生的成绩和能力。

主观经验性考试阶段,由于试题所覆盖的知识面窄,教师可以根据自己的知识、经验、爱好等进行评分,不能保证评分的客观性,因而这一阶段的测量不是科学的教育测量。

二、客观标准化测验阶段

1864年,英国格林威治医学院教师乔治·费舍(George Fisher)收集了许多学生的成绩,汇编成《量表集》一书,试图提供一个可以度量学生各科成绩的参考标准。该书中列有评定各科成绩的等级,评定学生成绩时,可将学生成绩与量表上的样本等级相对照,以确定学生成绩的等第。这可以说是客观标准化测量的萌芽,使教育测量走上了客观标准化测验。

由于《量表集》仅是凭费舍个人经验和思想编制而成的,缺乏依据和科学分析,没有引起更多人的关注和研究。在教育界引起对考试问题极大关注的是美国的来斯(J. M. Rice)博士,他主张用统一的测验去考查、比较各校学生的成绩,并于1895—1905年编制了算术、拼字、语言等测验。在教育界引起了强烈反响,激发了许多教育家对教育测量的普遍关注。

后来,心理测验的发展对教育测量的发展也起到了极大的推动作用。人们对智力差异的研究引起了普遍关注。1905年比纳(A. Binet)与助手西蒙(T. Simon)在《心理学年报》上发表了《诊断异常儿童智力的新方法》,介绍了第一个智力量表——比纳-西蒙量表。该量表有30个由易到难排列的项目,可以测量出高低不同的智力。1908年比纳对智力量表进行了第一次修订,把测量项目增加到59个,并采用了智力年龄的方法计算成绩。从3岁到13岁组,儿童测试的结

---

① 朱德全. 现代教育统计与测评技术[M]. 重庆:西南师范大学出版社,1998:160-165.

果,都可用智力年龄表示。1911年比纳对智力量表进行第二次修改,废除了一些旧测验,增添了一些新测验。比纳、西蒙在心理和教育测量的发展史上,作出了不可磨灭的贡献,比纳因此被称为智力测量的鼻祖。后来,斯坦福大学心理学教授推孟(L. M. Terman)在1916年发表了对比纳、西蒙智力量表最完善的修订量表。该量表载于推孟所著《智力测量》一书,其中共有90个测验项目,并引用了智力商数这一概念。德国心理学者斯特恩(W. Stern)在1904年出版的《测量智力的心理方法》一书中提出心智商数这一概念。心智商数的计算公式为:心智商数 = $\frac{智力年龄}{实足年龄}$,而推孟的智力商数的计算公式为:智力商数 = $\frac{智力年龄}{实足年龄} \times 100$,显然,智力商数为100者,表示具有中等聪明程度;智力商数在100以上者,表示具有中等以上聪明程度;智力商数在100以下者,表示具有中等以下聪明程度。这一公式是推孟在心理和教育测量方面的重大贡献。

1909年,桑代克又运用统计学上的"等距原理"发明了编制量表的单位,编写了《书法量表》、《拼字量表》、《作文量表》、《图画量表》等标准测量工具,使教育测量走上科学化道路。因此,桑代克被称为教育测量学的鼻祖。在桑代克的影响下,美国一时出现了各种标准测验量表,兴起了利用教育测量进行教育调查研究之风。在纽约、费城、波士顿等大城市先后设立了测验研究部。1918年以前,美国将教育测量多限于用在小学科目,1918年以后逐渐在中等以上学校各科目中运用,许多大学也逐渐开设了教育测量学课程。

1920年,美国测量学家麦柯尔(W. A. Mc-Call)发明了 T. B. C. F(T:total ability;B:brightness;C:classification;F:effort)制,使教育测量在科学化道路上又前进了一步。

三、客观测验的深入发展阶段

随着教育测验运动的发展,教育测量也暴露出一些弱点。20世纪30年代,美国进步主义教育联盟(Progressive Education Association,简称PEA)的一些教育专家认为,教育测量虽然可使考试客观化、标准化,但对学生的社会态度、兴趣、品德、性格等不能全部把握测量的准确性,需要进一步改革。因此,在PEA会长艾钦(W. M. Aikin)为首的领导下,由泰勒(R. W. Tyler)等教授组成了研究委员会,进行了历时8年之久的实验研究,称之为"八年研究"(1933—1940年)。其主要目的是研究全面发展人的才能,提出了一套以教育目标为核心的课程和测验的编制原则,并悉心设计了一套教育评价法,把所有能够用来考查效果的方法综合起来,以评鉴教育是否实现全部目标,从而推动了教育测量的深入发展。

美国的教育测量有了新的发展,主要表现在:教育测量由原来对学生知识的测量发展到重视对学生思想品德的测量;由原来对学生学习成绩的测量发展到对教育教学改革方案等效益方面的测量;由原来的一般"常模参照性测验",即根据所得分数的常模,来进行考生之间的分数比较,以选拔人才,发展到选用"目标参照性测验"。由于这种测验是根据学生答对试题的比例来判断学生达到教育目标的程度,因而在确定学生是否完成学习任务,能否升级、毕业等方面被广泛地应用。美国等西方国家还出现了许多从事测量研究工作的专业组织机构,最著名的有美国教育测验服务社(Educational Testing Service)。它成立于1947年,主要举办高等学校入学考试(SAT)、研究生资格考试(GRE)和"作为外语的英语测验"即"托福"(TOEFL)考试。另外还设计各种职业性考试,根据用人单位的需要临时设计各种考试,如会计、医生、律师等行业,都运用教育测量来选拔人才、分配工作和鉴定工作效率。

近几十年来,随着现代科学技术在教育测量中的运用,考试的客观性、科学性和有效性都达到了前所未有的水平。在我国,1917年以后也开始了教育测量的研究,俞子夷曾编写了《小学国文毛笔书法量表》《小学算术应用题测验》等,此外还有陈鹤琴和廖世承编制的英文、常识、历史、地理以及混合理科测验等。在这一时期,各科测验的编制规则、施测步骤、评分及统计分析方法都有较详细的规定。近几十年来我国的教育测量得到了很大发展。如林传鼎、张厚粲等编制了少年儿童学习能力测验,中国科学院心理研究所修订了《多项性格记录表》,吴天敏修订了《斯坦福 B=S 量表》以及华东师范大学等单位开展了"初中平面几何学业成绩测定"的研究,等等,目前我国有关教育测量的研究,正在生机勃勃地向前发展。

单元总结

1. 测量就是根据法则赋予事物数量,即用一定的规则给事物属性指派数字或符号的过程。包括三个特征:事物及其属性、法则、指派数字或符号。教育测量是根据教育目标的要求,按照一定的规则对教育活动的效果加以数量化测定的过程,包含了参照点、单位和量表三大要素。

2. 化学教育研究的对象主要有:化学课程、化学学习的原理和方法、思想教育和科学方法教育、智能培养、科学素养的培养、学业评价、化学教师、化学教学研究等。化学教育测量是通过一定的方法和途径对化学教育目标、化学教育过程、化学教育结果以及影响化学教育的各种因素进行的一种测量活动,是有效实现化学教育目标和促进师生共同发展的不可或缺的手段。

3. 化学教育测量根据测验的时机可分为准备性测验、进展性测验、总结性测验;根据测验结果的评价标准分为常模参照测验、目标参照测验;根据测验来源分为标准化测验、自编测验;根据测验的对象分为个别测验和团体测验。

4. 化学教育测量一般包括明确所要测量的属性、确定显示属性的方法和属性数量化三个步骤。教育测量经历了主观经验性考试、客观标准化测验、客观测验的深入发展三个阶段。

学习评价

1. 什么是教育测量?化学教育测量有何特点?化学教育测量的类型有哪些?
2. 化学教育测量有怎样的功能?请结合你的工作经验谈谈自身的看法。
3. 如果你在实际教学工作中,要对本班学生化学学习情况进行一次教育测量,你将如何进行?请结合实际工作谈谈你对化学教育测量的基本步骤的看法。
4. 查阅相关资料,选择相同内容,针对自己的教学实际,制定恰当的化学教育测量方案,并与他人讨论交流,从中发现自己的优势与不足,并在此基础上完成一篇小论文。
5. 查阅相关资料,就目前我国中学化学教育测量的发展现状,进行专题研讨,并撰写小论文。

第二章　化学教育评价概述

学习目标

1. 理解化学教育评价的相关概念。
2. 认识化学教育评价的多重功能。
3. 了解化学教育评价的多种模式。
4. 学会应用有效的化学学习评价。
5. 理解化学教师发展性评价的内涵。
6. 了解化学教育评价的发展趋势。

　　化学教育评价是依据一定的化学教育理论而进行的一种价值判断活动,这些理论和价值观构成化学教育评价的基本理论,了解化学教育评价的基本理论,对于指导化学教育评价实践活动具有重要参考价值。

第一节　化学教育评价的概念

关　键　词

评价　　教育评价　　化学教育评价　　课程标准　　教科书　　课堂教学

一、评价

　　美国学者格朗兰德(N. E. Gronlund)认为,评价是为了确定学生达到教学目标的程度,收集、分析和解释信息的(课堂)系统过程;评价包括对学生的定量描述(测量)和定性描述(非测量)两个方面,一个完整的评价计划将包含测量和非测量两种方法,用公式表示为:

　　评价＝测量(定量描述)＋非测量(定性描述)＋价值判断。[①]

　　对于评价的这种界定,对后来的评价实践产生了深远影响。著名的美国学者泰勒提出,"评价过程实质上是一个确定课程与教学实际达到目标的程度的过程"[②]。布卢姆(B. S. Bloom)在《教育评价》[③]一书中对于"评价"概念做出了两种不同的解释:第一种解释是针对"教育评价"而言的,即"评价乃是系统收集证据用以确定学习者实际上是否发生了某些变化,确定学习者个体

---

① [美]N. E. 格朗兰德. 教学测量与评价[M]. 郑军,郭玉英,等译. 石家庄:河北教育出版社,1991:294-295.
② [美]泰勒. 课程与教学的基本原理[M]. 施良方,译. 北京:人民教育出版社,1997:26.
③ [美]布卢姆,等. 教育评价[M]. 邱渊,等译. 上海:华东师范大学出版社,1987:4.

变化的数量或程度";而第二种解释是针对认知、情感和动作技能三大领域,就认知领域的第六能力层次"评价"而言的。斯塔弗尔比姆(D. L. Stuffflebeam)1969年提出,评价是"为决策提供有用信息的过程"。[①]

评价就是根据某种价值观对事物及其属性进行判断、衡量,亦即对人或物做出好与坏、真与假、善与恶、美与丑、优与劣等等的判断。评价意味着对某一事物的价值给予一般的衡量。在评价过程中,无论是事实判断还是价值判断,都需要以事实为依据,通过收集多方面的资料证据,对人类社会活动的效果、物质产品和精神产品的质量及价值等做出判断。

二、教育评价

虽然各国教育评价专家、学者对教育评价做了种种界说和解释,但迄今尚未形成统一的、为大家所公认的定义。[②]为了进一步探讨教育评价的本质属性,认识教育评价在整个教育系统中的地位和作用,以便对教育评价做出正确的、全面的表述,下文介绍几种具有代表性的界说:

(一) 早期解释

泰勒在20世纪40年代初将教育评价解释为:"确定教育目标在实际上被理解到何种程度的过程。"日本学者进一步把它界定为:"教育评价就是系统地、有步骤地从数量上测量或从性质上描述儿童的学习过程和结果,据此判定是否达到了所期望的教育目标的一种手段。"这种解释和界说,认为以教育目标为依据,评量学习结果达到目标的程度,就是教育评价。

(二) 20世纪60年代的界说

美国心理学家、教育家克龙巴赫对教育评价的阐释是基于突破行为目标模式的观点,提出:"评价是为决策提供信息的过程。"后来有人对这一界说做了具体的描述:"教育评价是一种有系统地去寻找并搜集信息资料,以便协助决策者在诸种可行的途径(方案)中择一而行的历程。"这种观点强调了评价的信息作用,扩大和拓宽了评价的功能、范围,从广义上、宏观上对评价进行了创造性的解释。

(三) 较深层的定义

美国教育学家斯克里文(Michael Scriven)和豪斯(E. R. House)把评价定义为是"一种对优缺点和价值的评估,是一种既有描述又有判断的活动。"日本心理学家大桥正夫认为:"教育评价就是对照教育目标,对教育行为产生的变化进行价值上的判断。"这种评价观点认为教育评价的着眼点在于教育现象的价值,也就是评价应当着重判断教育的效果,看其是否具有价值。这里的关键主要是价值判断。尽管各国评价学者对教育评价有不同的界说,但在这一点上已相当一致。

(四) 对教育评价的初步界定和理解

20世纪80年代以来,我国教育界也对教育评价理论进行了初步探讨。胡国锋认为:教育评价是为了更好地决策而采取多种手段、方法收集信息、使用信息,进而做出价值判断的教育过程。其中,教育评价的本质特征在于进行价值判断。

就具体操作而言,教育评价是指从特定的教育目的出发,根据一定的标准,通过特定的程序

---

① [美]克龙巴赫.通过评价改进教程[M]//瞿葆奎.教育学文集·教育评价.陈玉琨,赵中建,译.北京:人民教育出版社,1989:160.

② 胡国锋.教育测量与评价[M].第二版.广州:广东高等教育出版社,2006:9-12.

对已经完成或正在从事的教育活动进行检测，找出反映活动进程的质量或成果的水平的资料或数据，从而对特定的教育活动的质量或成果的水平做出合理判断的活动。

　　基于国内外评价学者对评价概念的阐释和对资料的分析整理，发现，尽管各国评价专家学者的哲学观、方法论不同，教育观也不同，但他们对教育评价的认识确有某些共同特点：① 承认评价是一个过程；② 价值判断是评价的本质特征；③ 以一定的教育价值观为依据；④ 采用一切可行的科学手段。

　　根据上述特点，我们认为教育评价是根据一定的教育价值观或教育目标，运用可行的科学手段，通过系统地搜集信息、分析解释，对教育现象进行价值判断，从而为不断优化教育和教育决策提供依据的过程。

　　要理解这一概念，必须明确：

　　（1）教育评价的对象、范围和地位。随着时间的推移，教育评价从早期以学生学习结果为对象，逐渐扩大了应用的范围，现代教育评价则以教育的全领域为对象。它已成为整个教育系统不可分割的有机组成部分。

　　（2）教育评价的目的和作用。它涉及评价的指导思想和教育观等基本理论问题。现代教育评价则强调评价的反馈、矫正功能即调控功能，其目的是为了"创造适合儿童的教育"，即评价是为了诊断评价对象的现状，以便发现问题，使教育、教学工作不断改进、不断完善，不断适合教育对象的需要，为促进儿童个性全面发展和提高教育质量服务。

　　（3）教育评价的依据。价值判断是教育评价的本质特征，是教育评价的核心。应当根据马克思主义价值观和社会主义现代化建设的需要，根据人才成长发展的规律，确立我们的教育价值观和价值取向，确定教育评价的价值目标和标准。

　　（4）教育评价的手段。教育评价是运用科学的方法和手段，对教育现象及其效果进行测定所作出的价值判断活动。教育评价的科学性在很大程度上取决于方法和手段的科学性。

　　教育评价与教育测量既有联系又有区别，是两个不同的概念。教育测量是借助一定的工具，给教育现象赋值，来获取评价对象数量的方法是教育评价获得数据资料的重要手段。教育测量并非教育评价，但它与教育评价有密切的联系。测量是评价的依据，评价是测量的具体体现。

三、化学教育评价

　　化学教育评价是运用系统的方法，全面收集和处理化学教育教学活动、行为之中的各种信息，从而做出价值评判和改进教育决策的过程。化学教育评价是一种特殊的评价活动，其评价范围限定在化学教育领域，其评价对象具有鲜明的化学学科特征。因此，化学教育评价遵循教育评价的基本方式、方法和基本规律的同时，又具有其自身的内在特殊性。

思考与讨论

　　化学教育评价与化学教育测量有何关系？

　　化学教育测量是把化学教育行为与事先设计的标准行为进行系统化比较，然后赋予数值的整个过程，是针对化学教育效果或者针对学生在化学学业各方面的发展，教师开展化学教育教学活动，予以测量和描述的过程，旨在获得有一定说服力的数量事实，是以量化为主要特征的事实判断。而化学教育评价则是根据一定的标准,对化学教育活动或现象的价值进行系统的调查,在获取足够多的资料事实(定性资料或定量资料)的基础上,做出价值分析和价值判断的过程。因此,化学教育测量与化学教育评价既有联系又有区别,但在一些情况下,两者常常是一致的,许多教育测量本身就含有价值判断。无论如何,高效的化学教育教学活动,都必须进行有效的化学教育测量、评价,而化学教育教学与化学教育测量、评价的最终目的,都在于提高效率,保障化学教育质量。

基础教育阶段的教育评价通常包含学校评价、课程评价、教学评价、教师评价、学生评价。其中,化学教育评价主要涉及化学课程评价、化学教学评价和学生化学学习评价三个基本领域。从评价要素来说,化学教育评价重点研究评价对象(即评价谁)、评价标准(即确定评价的基准)、如何评价(即评价的途径、方法)三类基本要素。

(一)化学教育评价的基本要素

1. 化学教育评价的对象

化学教育评价的对象包括:化学教师(如,教师个人素质、在化学教学中的行为表现等)、学生(如,学生个人在化学学习中的态度、兴趣及个性,相关能力,学业表现等)、化学学习资源(如,课程标准、教材、教学辅导材料、多媒体技术等)、化学学习环境(如,课堂氛围,师生教与学的交流,校园、社会或文化背景等)。其中,教师、学生和教学效果,是评价的重点研究对象。

2. 化学教育评价的标准

确定评价标准是评价活动的核心工作,它决定着评价的方向和目的,在评价中起到至关重要的作用。在现代教育理念下的化学教育评价活动中,考虑到评价对象的不同以及评价目的之间的差异,确立评价标准往往需要考虑多方面因素,以体现多元化的价值取向。

例如,如果从"学生化学学习的状态、获得化学发展的状况、化学教师教学的行为"三个基本维度来考查化学课堂教学评价,那么,在每个基本维度上,就需要进一步明确对师生发展有价值的若干观察标志(如,学习状态可以细化为参与状态、交往状态、思维状态、情绪状态、生成状态等),并对各个观察标志进一步明确评价的若干标准,最后构建出化学课堂教学评价体系。

3. 化学教育评价的方法

目前流行的教育评价方法通常有量化评价和质性评价两大类。量化评价方法就是力图把复杂的教育现象简化为数量,从数量的分析与比较中推断某一个评价对象的成效,其收集信息与资料的途径通常借助于教育测量。这种方法简单、明了,直接反映评价对象的特质,适用于简单、单纯的教育现象。纸笔测验即为常见的量化评价方法。质性评价方法就是力图通过自然的调查,全面充分地揭示和描述评价对象的各种特质,以彰显其中的意义,促进理解,其收集信息与资料的途径通常有:观察法、谈话法、调查法、记录袋法等。这类评价方法全面、深刻,在某种程度上是评价者对教育现象的解读,更适用于评价复杂的教育现象。在中学化学评价改革中,也作出了诸多尝试,"笔试+日常评价"、"笔试+综合性面试"、"化学实验操作考试"等,都是新的尝试和改革举措,取得了一定成效。

(二)化学教育评价的基本内容

在基础教育化学教学中,针对化学课程的评价活动,是依据一定的评价标准,通过系统地收集有关信息,采用各种定性、定量的方法,对化学课程的计划方案、实施、结果等有关问题作出价值判断并寻求改进途径的一种活动。

1. 化学课程标准评价

在化学课程中,针对化学课程计划的评价主要围绕化学课程编制的指导思想、培养目标、课程设置以及相关问题展开的评价,它是完善化学课程计划的一项重要工作。化学课程计划评价表现在中学中,往往细化为针对学校化学课程实施计划的评价;表现在省市区各级行政区域中,往往细化为针对本省市区化学课程实施方案的评价。化学课程标准作为刻画化学课程的课程目标、课程内容、课程实施的原则、建议以及与化学课程相应的评价规定的国家文件,代表着国家的意志。化学课程标准评价就是对于化学课程的目标、内容、实施、达成效果等的有效性、恰当性作出判断的过程。

有学者[①]参考美国教师联合会(American Federation of Teacher)、收获公司(Achieve Inc.)、美国太平洋研究所等组织研制开发的评价课程标准的标准,给出了评价新课程内容标准的标准(如表 2-1 所示),值得借鉴。

表 2-1 课程标准的评价标准

课程标准			评价标准
内容标准	内容的选择	基础性	内容标准应该反映学科领域形成共识的,要求全体学生掌握的基础知识、基本技能和情感态度与价值观
		学术性	内容标准应突出学科特征,反映学科中最重要的内容,兼顾学术前沿领域
		整合性	内容标准必须坚持把相关学科内容,与学生的需要整合起来,二者皆不可偏废
	内容的组织	递进性	内容标准必须随教育阶段逐步上移、增加知识的深度,提高知识的抽象程度,增强技能的复杂性。每一部分内容都要以前一部分内容为基础,并且对学生具有挑战性
		平衡性	内容标准一方面要保持知识、技能、态度三者的平衡,把重要的知识作为中坚。另一方面保持学科知识的全面广泛与突出重点知识的平衡,使标准的范围和规模可以控制
	内容的呈现	清晰性	标准必须以教育工作者、家长等能够理解的方式呈现 (1) 用散文体以合乎逻辑的形式写出来 (2) 所用词语语义上没有模棱两可之处,也没有多余的专门术语
		具体性	标准必须说明不同阶段的学生应掌握具体知识、技能和体验的情感态度
		可测性	标准必须精确预计不同阶段学生学习的结果,应选用可观察到的、表示动作的词语来描述,如"分析、比较、显示、描述等",以帮助教师辨识学生在什么时候已掌握相关知识技能

2. 化学教科书评价

开展化学教科书的评价与研究,不仅是化学课程研制开发者、组织管理者的责任,也是中小学化学教师的重要素养之一,只有不断提升教师的教科书评判意识,才能更好地保障教科书的质量。[②] 作为化学教育评价的重要组成部分之一,化学教科书评价最重要的工作是确定评价的基本标准。如图 2-1 所示,教科书的评价可从内容属性、教学属性、表征属性三个维度进行。

---

① 王凯.美国课程标准之评价标准的比较、评价与借鉴[J].比较教育研究,2004(1):38-43.
② 孔凡哲,王郢.提升教师教科书评价意识保障教科书质量[J].教育理论与实践,2006(10):58-62.

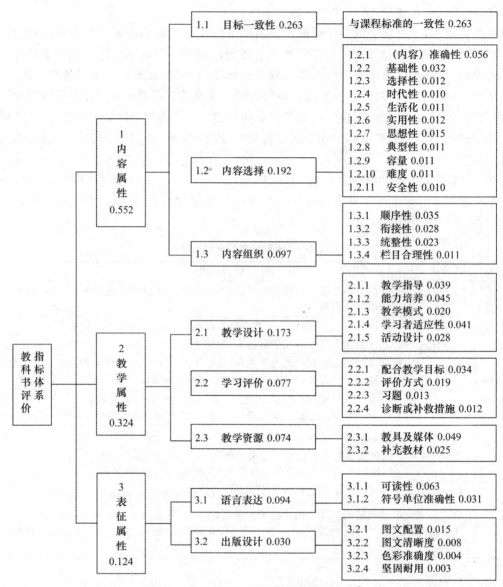

图 2-1　教科书评价指标体系层级架构图[①]

3. 学生化学学业评价

学生化学学业评价(包括学业成就评价以及日常的形成性评价等)涉及以下几个方面：

第一，化学基础知识与基本技能。化学知识不仅包括"客观性知识"，即那些不因地域、学生而改变的化学事实。它们被整个化学共同体所认同，反映的是人类对化学的认识；化学知识还包括从属于学生自己的"主观性知识"，即带有鲜明个体认知特征的化学活动经验。这些化学对象主要包括一些基本的化学事实性知识及化学概念等。知识与技能评价中还包括对过程性内容的评价，如将一些实际问题抽象为结构分析的过程；探究物质性质与物质结构关系的过程；提出问

---

① 李佳. 高中物理教科书评价指标体系构建研究[D]. 重庆：西南大学博士学位论文，2011：120.

题、收集和处理数据、做出决策和预测的过程。

第二，基本化学思想和化学活动经验。学生在化学上的发展，不仅体现在学生对于化学基础知识、基本技能的理解和掌握上，也体现在学生对基本的化学活动经验、基本化学思想的理解和掌握上。这里的基本思想，主要指化学教学的主线或化学学科内容的诠释架构和逻辑架构。对于一名教师来说，讲好一门学科的基础知识和基本技能固然是必要的，但更应当让自己和学生清晰地了解知识的产生过程、知识间的相互联系以及整个知识体系的框架，从而帮助学生理解知识本身蕴涵的思维形式和思维方法。基本活动经验，是个体在经历了具体的学科活动之后留下的、具有个体特色的内容，既可以是感觉知觉的，也可以是经过反省之后形成的经验。个体对于已有经验素材加工的深广度，直接影响着个体经验的品质。基本活动经验包含策略性内容，模式性、方法性内容与体验性内容等成分；同时，又可以区分为（行为）操作的经验、探究的经验、思考的经验与复合的经验。积累基本活动经验可以帮助学生形成理解性掌握，有助于感悟学科思维方式。在化学课程教学中，基本活动经验是综合实践活动的基本目标之一，是过程与方法目标的具体化，基本活动经验与基础知识、基本技能、基本思想同等重要。[1]

第三，化学能力。针对化学能力的评价，首先基于上述基础知识、基本技能的理解能力、应用能力等。同时，还要重视对学生化学表达、交流，以及与人合作、发现问题、解决问题等方面能力的评价。这里的化学表达能力是指，学生能够准确、合理地运用化学语言表达（无论是口头的描述、借助纸笔或是通过演示）自己思维、对化学的认识的能力。这是评价学生化学能力高低的重要指标。

第四，化学学习态度、情感与价值观。发展性化学评价体系的评价目的在于促进学生的全面发展。发展既包括认知的发展，也包括情感上的发展和化学价值观等方面的发展。在对学生进行化学教育评价时，要关注对学生情感与态度的评价，要查学生是否主动地参与教学、对学习化学是否有信心、感兴趣、对与化学有关的问题是否充满好奇心、遇到难题时是否能够积极地努力去克服和解决等。

4. 化学课堂教学评价

化学课堂教学评价是对化学课堂教学效果，以及对构成课堂教学过程各要素（教师、学生、教学内容、教学方法和教学环境等）之间相互作用的分析与评价。随着化学教育的重心转移到关注学生全面、持续、和谐的发展，构建发展性化学课堂教学评价体系成为必然趋势。对此，通常通过如下几个方面的改革突破加以具体落实：

① 化学课堂教学评价宜突出体现诊断性、形成性和建设性。课堂教学是师生交往互动、共同发展的过程，课堂教学评价只是说明了这种发展的丰富多样的可能性和各种线索，因此，对一堂课的评价不必刻意求全，重要的是把握课堂教学的核心，审视其成功与不足，追寻其原因，有针对性地提出改进教学过程、提高教学效率的切实可行的办法或建议。

② 关注学生在化学课堂教学中的表现应成为课堂教学评价的主要内容。任何课堂教学的效果都必须通过调控学生的学习状态才能得以实现，课堂教学是否以学生发展为本，学生有最深切的感受和体验。因此，提倡通过了解学生在课堂上如何讨论、如何交流、如何合作、如何思考、如何获得结论及其过程等行为表现，来评价课堂教学的成败。即便关注教师的行为，也应从关注教师如何组织并促进学生讨论、如何评价和激励学生学习、如何激发学生学习的热情和探究兴趣

---

[1] 孔凡哲.基本活动经验的含义、成分与课程教学价值[J].课程·教材·教法，2009(3)：33-38.

等,来评价教师课堂行为表现对学生"学"的价值,即"以学论教"。

③ 确立教师在化学课堂教学评价活动中的主体地位。在课堂教学活动中,教师是学习情境(situation)的创设者、组织者和学生学习活动的参与者、促进者,参与评价和分析课堂教学的质量,理应成为教师教学活动的重要组成部分。与课前必须认真备课一样,课后反思也应成为教师的一种工作方式与行为习惯,这种实践反思是开启教师自我发展的内驱力的源泉,也是教师责任感与进取心的本质表现。

思考与讨论

一堂好的化学课的标准是什么?有效的化学课堂教学评价方法有哪些?在现行教学班额过大的条件下,如何有效地开展合作学习?化学课堂上的交流主要反映在哪些方面?这些交流如何促进教学相长等。

化学课堂教学质量和效果是决定学生学习效果至关重要的因素。因此,通过课堂教学评价,调整与改进教学就显得尤为重要。现代教育理念下的化学课堂教学评价主张立足于促进教师发展和学生发展,通过多种评价方式,获得真实的评价信息。评价的目标主要包括六个方面:第一,课堂教学目标是否明确、适当,是否遵循课程标准的要求,并能够根据实际需要做出适当的调整。第二,教学目标是否关注学生的全面发展。第三,教学内容是否围绕教学目标选取,并契合学生的承受能力和发展需求。第四,教学方法的选择是否遵循教学内容与学生实际的要求,并能够提高教学效率和学生学习兴趣。第五,学生的参与度与参与面是否足够深刻、广泛。第六,教学效果是否有效,教学的效率是否理想等。

从促进师生共同发展的视角开展中学化学课堂教学评价,评价的基本标准集中体现在教学目标、学生发展、教师的课堂表现等方面,同时,不同的评课目的其侧重点有所不同。而评价的基本目的在于四个方面,即检验教学目标的达成情况;检验学生的进步与发展状况;检验教师的课堂表现及其教学基本功的实效;凝练教师的教学特色,为教师的专业发展提供建议和指导。

5. 化学教师专业发展评价

作为化学教学活动的实施者,化学教师是教学改革的主导力量,教师对教育教学改革的理解、认同和参与状况在很大程度上直接决定着教育教学改革的成效。如何建立以教师自评为主,校长、教师、学生、专业人士、家长等共同参与的评价制度,使教师能从多渠道获得信息,不断提高教学水平,真正调动起工作的积极性和热情,成为教育评价研究的重要内容。化学教师专业水平评价的基本理念主要体现在如下几个方面:

① 评价应以促进教师的专业发展为目的。教师工作是一项专门职业,每位教师都需要不断地对自己的教育教学进行反思、总结与改进,都有在教育教学过程中不断发展的内在需求和可能性,评价应成为促进教师获得专业发展的重要手段。

② 评价应重视教师的个体差异。正是教师在人格、职业素养、教学风格、师生交往类型和工作背景等方面存在巨大差异,才使得教育教学变得丰富多彩。评价应尊重教师的个体差异,并根据这种个体差异来确立个体化的评价标准、评价重点及相应的评价方法,明确地有针对性地提出每位教师的改进建议、专业发展目标和进修需求等。

③ 评价应强调教师的民主参与和自我反思。与他评相比,教师最了解自己,最清楚自己的工作背景和工作对象,最知道自己工作中的优势和困难。因此,对教师的评价必须充分发挥教师

本人的作用,突出教师在整个评价过程中的主体地位,鼓励教师进行自我评价。

(三) 化学教育评价的功能

按照系统论的观点,评价功能是教育评价系统结构的内在机制,是构成评价系统的各个要素的组成形式在运动状态下所发挥的功效,是评价系统内部所固有的一种潜在能量。这种潜能只有在评价实践中才能表现或释放出来,这种功能的外在表现即是作用。

1. 导向功能

化学教育评价是根据化学教育目标进行的,它通过对现状与目标之间的距离的判断,能有效地促进被评对象不断接近预定的目标,它对实现教育目的和贯彻方针,有相当强的制约和保证作用。通过评价目标、指标体系的引导,可以为学校指明办学方向,为教师与学生指明教与学的奋斗目标。在基础教育阶段,化学教育评价对于提高化学教育教学效果具有显著功效。

评价的结果必然是一种反馈信息,这种信息可以使教师及时知道自己的教学情况,也可以使学生得到学习成功和失败的体验,从而为师生调整教与学的行为提供客观依据。教师据此修订教学计划、改进教学方法、完善教学指导;学生据此变更学习策略、改进学习方法、增强学习的自觉性。评价标准的导向性对于化学教育活动的开展,具有鲜明的调控、导向作用。

2. 诊断功能

化学教育评价是对化学教育教学结果及其成因的分析过程,借此可以了解教育教学各方面的情况,从而判断它的成效和缺陷、矛盾和问题。全面的学生评价工作,不仅能正确估计学生的成绩在多大程度上实现了课程教学目标,而且能解释成绩不良的原因,如学校、家庭、社会和个人中哪方面的因素是主要的,就学生个人来说,主要是由于智力因素,还是学习动机等其他非智力因素的影响,或是两者兼而有之。教学评价如同体格检查,是对教学现状进行一次严谨的科学诊断,以便为教学的决策或改进指明方向。其实,就化学教育活动来说,诊断功能不仅包括针对知识与技能教与学的情况的诊断、分析,也包括针对过程体验与方法感悟的诊断分析;同时,也要体现对于情感体验、态度形成与价值观变化上的诊断效果。

3. 甄别、选拔功能

评价的甄别、选拔功能是指,通过教育评价筛选出适合接受高一级教育的儿童,在这种理念下,教育评价是为了"选拔适合教育的儿童",重在对学生学力水平的鉴定和测量,目的在于筛选、甄别、选拔适合享受高一级教育的学生,是一种淘汰学力水平较低学生的一种手段,在方法上偏重于相对评价和常模参照测验,其功能是比较、甄别、选拔。当然,在以往的化学教育教学活动中,我们过于强调评价的选拔功能,而忽略了学生、教师、学校和课程发展中的需要,这是应当避免的。事实上,教育评价更是"为了创造适合儿童的教育",目的则在于力求发现并选择尽可能适合的教育方式,从而使学生得到全面的发展。

4. 激励、改进功能

化学教育评价对化学教育教学过程有监督和控制作用,对教师和学生则是一种促进和强化。通过评价,反映出教师的教育教学效果和学生的学习成绩。经验和研究都表明,在一定限度内,经常进行记录成绩的测验对学生的学习动机具有很大的激发作用,这是因为,较高的评价能给教师、学生以心理上的满足和精神上的鼓舞,可激发他们向更高目标努力的积极性;即使评价较低,也能催人深思,激起师生奋进的情绪,起到推动、督促和改进的作用。因而,在化学教育教学过程中,有效利用评价的激励、改进功能,充分激发学生、教师、学校和课程的内在发展动力,促进其不断进步,实现自身价值。

5. 教学功能

化学教育评价本身也是一种教学活动。在这种活动中,学生的知识、技能将获得长进,甚至产生飞跃。例如,经历测验就是一种重要的学习经历和经验,它要求学生事先对教科书进行复习,巩固和整合已学到的知识技能,事后对试题进行分析,又可以确认、澄清和纠正一些观念。另外,教师可以在估计学生水平的前提下,将有关学习内容用测试题的形式加以呈现,使题目包含某些有意义的启示,让学生自己探索、领悟,获得额外的学习经验或达到更高的教学目标。这就是化学教育评价的教学功能。

总之,化学教育评价的核心功能在于促进学生发展。即重在强调"发展",即从"选拔适合教育的儿童"转到"创造适合儿童的教育",注重为所有学生都获得良好的发展而创造平等、公正的机会与条件。从"选拔"走向"发展",意味着化学教育评价要立足差异性,从思想上、情感上、行动上接纳智力不同、兴趣爱好不同、个性心理品质不同的学生;意味着不再将评价视为筛选淘汰的工具,而是一种积极而及时的诊断问题、总结成绩、改进教学目标、优化教学方案、促进学生发展的有效手段。化学教育评价从"选拔"走向"发展",也就意味着,由"鉴别"走向"改进",即由原来的了解现状、探明价值、鉴别出等级,转变为不仅要进行事后评价,评价教育结果是否达到目标,更注重于发挥教育评价在教育活动之前、之中的导向功能,促使教育活动改进,使教育目标一步一个脚印地达成,使学生获得发展。

(四)化学教育评价的基本类型

根据不同的分类标准,可以将化学教育评价分为不同的类型。例如,按教育评价功能的不同,可分为诊断性评价、形成性评价和终结性评价;按评价基准的不同,可分为相对性评价、绝对性评价和个体内差异评价;按评价内容的不同,可分为过程评价和结果评价;按评价分析方法的不同,又可分为定性评价和定量评价;按评价对象和范围的不同,可分为宏观评价、中观评价和微观评价;按评价性质的不同,可分为需要性评价、可行性评价和配置性评价;按评价主客体不同,可分为自我评价和他人评价。

1. 相对性评价、绝对性评价和个体内差异评价

相对性评价是指依据评价对象的集合来确定评价标准,然后利用这个标准来评定每个评价对象在集合中的相对位置的教学评价类型。绝对性评价是指在评价对象群体之外,预定一个客观的或者理想的标准,并运用这个固定的标准去评价每个对象的教学评价类型。个体内差异评价是指把每个评价对象个体的过去与现在进行比较,或者把个人的有关侧面相互进行比较,从而得到评价结论的教学评价类型。

2. 定性评价和定量评价

定量评价也叫量化评价,通过精确的数据,如集中量数(含算术平均数、中位数、众数、倒数平均数、几何平均数等)和差异量数(如四分位差、百分位差、平均差、方差与标准差等)来描述数据的集中趋势和离散趋势,从而揭露化学教育中所存在的问题。但是,化学教育是一个非常复杂的系统,单纯依靠数字来刻画教育现象、完成完整的教育评价几乎是不可能的。

定性评价也叫质性评价或自然主义评价,它主张评价应全面反映教育现象的真实情况,为改进教育提供真实可靠的依据。也就是说,评价应该关注学生的学习过程,及时发现问题并加以纠正,应该"防患于未然",而不是像量化评价那样做"事后诸葛亮"。而且,通过评价,应该使被评价者感受到关怀,充满希望,并有明确的改进方向。在定性评价中,评价的主体除教师外,学生可以加入评价的过程中来,进行自我评价;家长、其他同学、其他教师、社区人员也可以参与对学生的评价。

现代教育理念主张定性评价与定量评价相结合,主张综合运用各种评价手段全面描述学生化学学习的过程。为此,学校和教师要对学生的学习档案资料和考试结果进行分析,客观地描述学生化学学习的进步与不足,并提出建议,用"等级性评价＋激励性评语＋化学特长"的方式,来评定学生的化学成绩。评价要关注学生的个性差异,保护学生的自尊和自信心,激发学生的学习热情,促进学生全面发展。教师要善于利用评价所提供的大量信息,反思和改进教学,适时调整和改善教学过程。

3. 诊断性评价、形成性评价和终结性评价

诊断性评价是为了使化学教育教学活动适合于学生的需要和背景,通常在化学课程和一个学习单元开始之前,对学生所具有的认知、情感和技能方面的条件进行的评估。例如在新的教学开始前,教学需要回答两个主要问题:学生在多大程度上具备进行后续学习所需的知识和能力;学生在多大程度上已经达到了后续教学预期的教学目标。对于前者,需要进行预测性测试,关注学生是否具备必要的技能和知识储备,若是,则可以按照计划开展教学,否则需要提供支持性的相关的知识、技能。对于后者,一般用配置性测验,其焦点是如何配置,学生是否达到了预期的效果。

形成性评价就是在课程编制、教学和学习的过程中使用的系统性评价,以便做出改进。正如美国著名的教育评价专家布卢姆所言:"既然形成性评价是在形成阶段中进行的,那就要尽一切努力用它来改进这一过程。"就本质而言,诊断性评价其核心功能在于监测学习过程,检验学生是否达到了预期的学习目标。达到,则需要提供反馈、强化学习,进而按照原计划进行教学;否则,需要提供集体或个别矫正,进行诊断性评价,查找学习困难的原因。形成性评价的目的是激励学生学习,帮助学生有效调控自己的学习过程,使学生获得成就感,增强其自信心,培养其合作精神,提高其自主学习的能力。

终结性评价是在学完某门课程或某个重要部分之后进行的、旨在评价学生是否达到教学目标要求的概括性水平较高的测试和成绩评定。一般说来,终结性评价所覆盖的内容是综合性的,并且,终结性评价既可以用考试方式进行,也可以采用实习作业方法进行测评。通常意义下的期末考试就是典型的终结性评价。表 2-2 是对三种评价的比较。

表 2-2　三种评价的比较

种类	诊断性评价	形成性评价	终结性评价
职能	确认必备的技能具备与否	确认源于教授方式的特点而造成的学生分类问题,确认影响不同类型学生继续学习的因素	对师生作出关于学生的学习进展的信息,明确单元结构的错误,以便明确地制定矫正教学的方针
时机	在单元、学期、学年开始时,正常的教学活动尚未纳入轨道之前实施	在教学展开的过程中	在单元、学期、学年结束时
重点	认知能力、情意及技能,生理因素、心理因素	环境因素,认知能力	一般侧重认知能力,有的学科则强调技能和情感、态度、价值观方面的评价
手段	摸底用的形成性测验和终结性测验,标准学力测验、观察和检验表	特别编制的正式测验	期末测验或终结性的测验

正如教育部《关于积极推进中小学评价与考试制度改革的通知》(教育部教基[2002]26 号文

件)中所指出的:中小学评价与考试制度改革的根本目的是为了更好地提高学生的综合素质和教师的教学水平,为学校实施素质教育提供保障。要把形成性评价与终结性评价结合起来,使发展变化的过程成为评价的组成部分。终结性评价侧重于教育教学的最终结果,而形成性评价则侧重教育教学的过程,诱发教师开展教学反思。在终结性评价中,学生只有一次机会展示他们的学习能力和所学的知识,没有改正和提高的机会。而形成性评价中,学生可以有多次机会展示他们的能力与所学知识,允许其改正提高。当然,终结性评价与形成性评价在测试结果、评估设计、课堂管理、反馈等方面也有区别。

第二节 化学教育评价的模式

关 键 词

评价模式　行为目标模式　CIPP模式　目的游离模式　应答模式　自然探究模式
评价方式　量化评价方法　观察法　访谈法　自我反省　表现性评价　档案袋评价

一、化学教育评价的主要模式

评价模式是指如何进行评价活动,即规定评价活动的程度、方法以及收集信息的技术等。不同的教育价值观念,对应不同的教育评价标准,从而做出不同的价值判断,表现为不同的评价模式和评价方法。在教育评价的发展过程中,出现了许多评价模式,现简要介绍,为化学教育评价模式的选择提供借鉴。①

(一) 行为目标模式

"教育评价之父"——鲁尔夫·W.泰勒提出的行为目标模式,是西方现代教育评价史上第一个较完整、影响较大的理论模式,从20世纪30年代到60年代,它一直在评价的实践中雄踞指导地位,也是其他各西方教育评价理论流派攻击与争论的焦点。

图 2-2　目标、教育过程、评价的循环圈②

行为目标模式是以目标为中心的评价模式。它把教育方案、计划的目标用学生的特殊成就来表示,并把这一行为目标当做教育过程和教育评价的依据。根据这一模式,教育评价就是判断实际活动达到目标的过程。因而,行为目标模式把目标、教育过程与评价作为一个循环圈(见图2-2)。预定的目标决定了教育过程,同时也规定了评价就是找出实际活动偏离的程度,从而通过信息反馈,促进实际工作尽可能达到目标。

泰勒的行为目标模式的原则归纳起来主要包括七个方面:① 确定教育目标;② 经过若干筛选过程(如哲学、心理学的分析,教育实验)后,将选定的目标用有关术语加以表述;③ 找出这些

---

① 单志艳.如何进行教育评价[M].北京:华语教学出版社,2007:14-21.
② 陈玉琨.教育评估的理论与技术[M].广州:广东高教出版社,1987:26.

行为表现的条件和情景;④ 确定满足客观性、可靠性与有效性诸方面的测量方法;⑤ 运用这些方法检查行为变化;⑥ 根据结果对活动、方案作出判断,并说明原因;⑦ 修正方案,重复循环过程。

泰勒模式的结构紧凑,也颇能指导实际的教育教学评价,因而在相当一段时间,成为美国教育评价领域独一无二的指导理论。但由于其固有的不足:忽视目标以外的结果,因而在20世纪60年代以后受到了人们的批判。

(二) CIPP 模式

从1957年起,经过10年左右的时间,美国的斯塔弗尔比姆(D. L. Stufflebeam)首先提出了CIPP模式。与泰勒模式以目标为中心不同,CIPP模式是一种以决策为中心的评价模式。CIPP即 Context(背景)评价、Input(投入)评价、Process(过程)评价和 Product(结果)评价4个词第一个字母的组合。它是把这4类评价结合起来的一种评价模式。该模式认为,泰勒提出的作为评价中心和根本的目标本身也需受到评价,评价也不应局限于确定目标的达到程度,而应成为决策提供信息的过程。为了达到这一目的,该模式对教育计划和方案执行过程中的决策类型作了一个简单的划分,每个决策类型分别对应一种评价类型,从而组成 CIPP 模式。具体说来,组成 CIPP 模式的4种决策类型及其相应的评价是:① 预期结果的决策。为这类决策提供信息的是背景评价(Context)。这种评价实际上是根据社会需要对教育目标本身作出价值判断,以期发现教育计划的目标同计划的实际影响的差异。所以,其实质是诊断性的。② 预期方法的决策。为这类决策提供信息的是投入评价(Input)。它是在阐明了决策的目标后,对达到目标所需而且可以得到的条件进行评价,实质上是对教育方案、计划可行性的评价。③ 实际方法的决策。为这类决策提供信息的是过程评价(Process)。它为计划方案的制订者提供反馈信息,用于发现其实施过程中的潜在问题。④ 实际结果的评价。为这类决策提供信息的是结果评价(Product)。在整个模型中,背景评价是个不断循环的往复过程,而投入、过程、结果评价则在背景评价提出需要,发现问题,并要求予以解决的时候进行。

显然,CIPP模式突破了泰勒的框架,扩大了评价的范围和内容,特别是目标的合理性与可行性受到充分重视,从根本上克服了前述泰勒模式的主要缺陷。CIPP模式也重视过程的评价,具有动态评价的特征,能较全面、系统地反映评价对象的全貌。它更好地反映了社会对评价的新要求,反映了评价的现代发展,开辟了更有效地评价教育和教学管理以及全面评价教育和教学活动的可能性。但是,在CIPP模式中,目标仍是一个重要概念,在需要解决的问题与投入条件相对稳定的情况下,实际结果的评价就会成为最主要的,因此,CIPP模式也就转化为泰勒模式。

(三) 目的游离模式

目的游离模式,是针对目标评价模式把教育活动的目标即预期效应,与教育活动非预期效应(斯克里文称之为副效应)割裂开来这种做法的弊病而提出来的。斯克里文断定:"对目的的考虑和评价是一个不必要的,而且很可能是有害的步骤。"[①] 按照斯克里文的观点来看,目标评价很容易使评价人受方案制定者确定的目的的限制。所以严格地按目的办事,往往会大大地限制评价的范围及其深远的意义。因此,他建议把评价的重点由"方案想干什么"转移到"方案实际干了什么"上来。斯克里文认为,评价委托人不应把方案的目的、目标告诉评价人,而应当让评价人全

---

① [瑞典]托斯顿·胡森,等.简明国际教育百科全书·教育测量与评价[M].许建钺,等编译.北京:教育科学出版社,1992:51-53.

面地收集关于方案实际结果的各种信息,不管这些结果是预期的还是非预期的,也不管这些结果是积极的还是消极的,这样才能使人们对方案作出正确的判断。

对斯克里文的目的游离评价,批评者说,它简单地用评价人的目的替代了方案管理者的目的。评价人毕竟还应该有判断赞成与不赞成的准则。对其持支持态度的人则认为,评价中最重要的准则并非是方案应当满足其目的的程度,而是方案能满足其实际需要的程度。目的游离评价正是一种"以需要为基础的评价"。

(四) 应答模式

应答模式是由斯塔克(R. E. Stake)首先提出,再由他人进一步发展而形成的。斯塔克认为,要使评价结果能真正产生效用,评价人要关心活动的决策者与实施者所关心的问题。因此,他建议把问题作为评价的先行组织者。同时,他强调评价须从关心这一活动的所有人的需要出发,通过信息反馈,使活动结果能满足大多数人的需要。具体地说,应答评价是通过评价者与同教育活动有关的各种人员接触,了解他们的愿望,然后把它同实际活动进行比较,对教育决策或方案作出修改,对大多数人的愿望作出应答,以使教育能满足各种人的需要。与泰勒模式相比,应答模式强调了"多元现实性"和价值观念的发散性。和斯克里文的观点一样,斯塔克认为,评价经验的内在价值比评价难以捉摸的收益有时更有意义。在方法上,它注重与科学主义相对的自然主义方法,强调了非正式的观察、交往、描述性的定性分析方法。

(五) 自然探究模式

我国台湾有些学者认为,自然探究模式是课程评价的"新典范"。它是建立在现象学、解释学、日常语言分析以及符号互动论基础之上的评价模式。

作为一种评价模式,自然探究具有以下特点:① 自然情境的研究,即不以人为的方式来介入,谋求研究情境的自然性。② 以人为研究工具。由于研究的主体与客体是交互影响的,因此以主体来解释现象是必要的。③ 重视隐约的知识。实证研究重视的是理性的论证,然而自然探究认为,诸如"直觉"、"感受"也是有价值的。④ 采取质的研究方法,研究样本的选取以研究目的为转移,以归纳法处理有关资料,从事实中获取理论,而不是由理论演绎假设,再由实验加以证实。自然探究要求研究设计随研究工作的展开而逐步形成。研究结果的真实性是暂时的,因此,试图将研究结果普遍加以推广并不是明智的做法。由于其结果并不需要普遍推广,因此,其研究结果的解释也是以个案方式进行的。由"焦点"决定研究领域,研究工作随"焦点"的转移而不断拓宽。对一研究结果的判断,其标准并不需要取得一致的见解。在评价资料收集上,自然探究广泛地采用了人类学的相互作用与非相互作用的资料收集法,这也是它的一个重要特点。

思考与讨论

试比较行为目标模式、CIPP 模式、目的游离模式、应答模式、自然探究模式各自的优、缺点。

此外,在西方现代教育评价理论中,还有反对者模式、消费者导向模式、医疗模式、费用—效益分析模式、分析软件包模式、EPIC 模式、CEMREL 模式以及爱特金森模式等等。

评价的模式化研究为人们提供了如何实施一个特定评价的一般轮廓。在化学教育过程中,怎样合理运用某一种评价模式来实现评价的目的,需要考虑多方面的因素,特别是要重视被评价者(教师和学生)的观点和态度,必要时,可根据实际情况修改模式,甚至创造新模式。

二、化学教育评价的基本方式、方法

化学教育评价的重要工作就是确定评价的方式、方法,这是开展化学教育评价活动的核心工作之一。

(一)化学教育评价的基本方式

评价方式是表示所实施的或者可以被实施的评价模型中所有的组成部分,也就是说,评价方式可以看做是一个"向量",它的分向量包括七项:[①] ① 评价的对象。即评价谁。② 评价的目标。即评价什么,哪些数学内容和相应的哪些学生能力所组成的评价目标。③ 评价的项目。如,如何根据目标提出评价测试的要求。④ 评价的时机。如,何时评价。⑤ 评价的过程与情况。⑥ 评价的判定与记载。如,突出什么?记录什么作为评价过程的结果?⑦ 评价结果的报告。

(二)化学教育评价的基本方法

评价方法主要是解决如何评价的问题。而评价方法与评价的目的、目标是互动的,互相牵制的;同时,为了达到特定的评价目的,评价特定的对象与目标,往往需要运用特定的评价方法。

1. 量化方法

测验法是一种量化取向的评价方法,是化学教育中应用最为广泛的评价方法,它是根据化学教育目标,通过编制试题、组成试卷对学生进行测试,引出学生的化学学习表现,然后按照一定的标准对测试结果加以衡量的一种评价方法。

测验法作为一种量化的评价方法,主要特点是其评价信息的处理可以运用一定的化学统计工具,评价结果是以一组数据的形式呈现,它可以通过纸笔、操作、口头、电脑等多种方式进行,而其测试项目往往都可以赋予一定的分数,并存在标准的答案。测验法自身的这种特点决定了其功能的有限性,主要适用于化学基础知识与基本技能的评价。也就是说,它只能用于可以转化为分数的学生学习表现的评价,而那些无法简单地以数字加以衡量的学习目标,比如,学生的化学学习兴趣、化学学习特点、化学学习中的情感体验等,则难以用测验加以评价。因此,近年来,随着评价方式的改革,引入了一些质性的评价方法,以弥补量化方法的不足。

2. 质性方法

质性方法的基本取向在于其对评价信息的收集、整理与评价结果的呈现都充分发挥教育主体自身的投入,并以非数字的形式呈现评价的内容与结果。这种取向的评价方法促使评价由外部转向内部,由被动转向主动,充分调动与发挥教师与学生的主动性,并使得评价的过程成为促进发展的过程。观察、访谈、自我反省等都是重要的质性方法。

(1)观察法

观察法是一种描述性的收集资料的方法,是评价主体通过感官或借助一定的科学设备在自然或人为创设的条件下考察教育活动的方法。

观察法适用于对教师课堂教学和学生学习的评价。外部评价人员和专业教育研究人员可以通过观察了解教师的工作状况、课堂教学情况以及学生的学习状态;更重要的是,化学教师可以通过日常的、自然的观察获得学生化学学习状况和各方面发展的信息。因为教师每天与学生有

[①] M. Niss,唐瑞芬,等编译.国际展望:数学教育评价研究[M].上海:上海教育出版社,1996:11,55.

大量直接接触的机会,与学生进行直接的交往和对话,教师可以在课堂教学过程中,在各种学习活动中直接看到学生最真实的表现。

因此,当教师有意识地去运用观察来了解学生时,他就会在学生对化学的学习兴趣、学习态度、学生学习化学的信心、学生的意志力、学生发现问题、解决问题的能力等这些不容易量化的发展目标方面获得丰富的评价信息,从而更有针对性地对学生提供指导和帮助。

资料卡片

以下是针对课堂教学过程中的学生学习的一种课堂观察框架与工具。

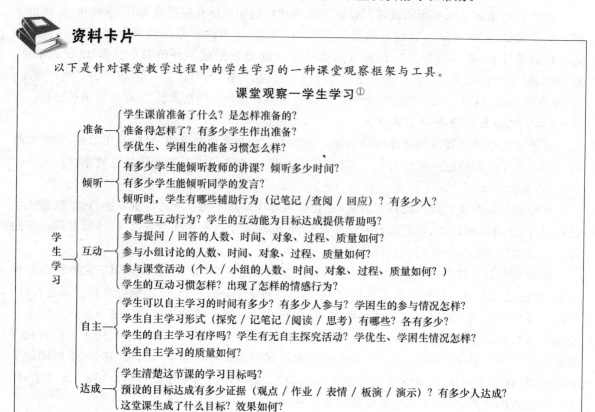

(2)访谈法

访谈法也可称为面谈(interview),就是评价者通过与被评者面对面地口头交谈的方式获取评价信息的方法。这种方法作为一种研究性交谈,与日常的谈话是有区别的。首先,评价中的访谈有着明确的目的。评价中的访谈是通过面对面的谈话了解被评者在工作、学习中的表现、感受和想法,了解存在的问题,探索问题产生的原因,这种目的是双方在谈话之前就明了的,并且谈话过程始终围绕着目的进行。第二,具有较强的灵活性。谈话内容往往是根据评价的目的和谈话者的特点来设计的,但也可以根据当时当地的情况和谈话对象的特点以及谈话者的反应灵活地调整问题,视情况添加或删减问题。

通过访谈的方式,教师能更好地了解学生的内心世界,也能够更好地面向全体。通过交谈,

---

① 沈毅,林荣凑,吴江林,崔允漷,等.课堂观察框架与工具[J].当代教育科学,2007(24):18.

了解受访者的所思所想,获得被评者在情感态度与价值观、行为规范等方面的信息,了解他们的生活经历和这些经历对他们的影响,促进谈话双方的理解,增进感情和信任。由于访谈往往是评价者与被评价者面对面的交谈,因此更适用于个体评价,那么对于大面积的学生评价而言就受到人力、时空的限制,因而使用不是很普遍。访谈法更多地用于对测验、观察等评价方法的补充。

(3) 自我反省

自我反省属于自我评价,无论对于教师还是学生而言,这种经常性的自我反省对取得新的进步都是十分必要的。教师可以通过撰写教学札记、教学反思等方式对自己的课堂教学、师生关系、工作方式等方面进行必要的反思,明察自己工作的优缺点,寻找自己不断进步的生长点。学生要在教师的指导下,明确自己的学习目标,并参照学习目标对自己的学习进行经常性的总结与反省,既要看到自己的进步与优点、特长,又要看到自己的不足和尚需改进之处,这样既有助于树立自己的自信心,又不断地促使自己寻求新的进步。写化学日记就是自我反省、自我评价的一种很好的方式。

(4) 表现性评价

表现性评价是通过学生完成实际任务来展现学习成就的评价方式。它是一种值得重视和探索的评价方法。这种基于实际任务的评价,是通过向学生提供一个具有一定任务性的、具体的问题情境,在学生完成这一任务的过程中,考查学生各方面的表现。对学生表现的考查可以是多方面的,包括相关的知识与技能,对实际问题的理解水平,在完成任务时所采取的策略,表现出来的态度与信心,以及广泛利用各种知识解决问题的能力等。表现性评价的问题多是学生比较熟悉的问题情况,并且一般不是唯一的答案。通过表现性评价,可以反映学生学习的不同水平,也可以分析学生解决问题的过程与策略,展示学生独特的方法和能力。

(5) 成长记录袋

成长记录袋也可称为记录袋评价、档案袋评价,是根据课程与教学目标的要求,将能够反映学生成长与发展的各种作品收集起来,以全面地、动态地反映学生的学习与发展状况。建立化学学习档案,促使学生成为自己学习的主人。他们在教师的指导下,按照师生共同制定的标准去搜集、准备作品,并可以根据自己的兴趣对自己的作品进行个性化的设计。同时,伴随作品,学生要附上对自己作品以及某一阶段学习的自我反省与评价。通过成长记录袋这样一个制作过程,学生能够认识到自己是学习的主人,从而以更强的责任感去投入自己的学习;同时,它能充分尊重学生个体差异,并充分发挥每个学生独有的优势和创造性,帮助学生树立学习化学的信心,并让学生看到自己的成长过程,从而获得学习化学的成功体验。

此外,即使是传统的笔试评价方式,也发生变化,评价的材料已经不再局限在纸笔测试,而是多种方式结合使用,口试、开放性的考试、操作式考试、合作式考试等方式方法,已经在新课程改革实验区使用。

总之,在现代教育中,化学教育评价的评价方式更富有层次性和多样性,趋向于丰富多彩,不仅仅采用笔试,更多地是采取开放的、多样化的方法,全面关注学生学习化学的现状、潜力和发展趋势。

第三节 有效的化学学习评价

关键词

化学学习评价　　评价理念　　评价特征　　评价框架　　评价方法

《基础教育课程改革纲要(试行)》指出,应建立促进学生全面发展的评价体系。评价不仅要关注学生的学业成绩,而且要发掘学生多方面的潜能,了解学生发展中的合理需求,帮助学生认识自我、建立自信。发挥评价的教育功能,促进学生在原有水平上的发展,必须探索新的评价方法。

一、化学学习评价的含义

化学学习评价是指有计划、有目的地收集学生在学习化学新知、运用化学的能力和对化学的情感态度与价值观等方面的有关证据,并根据这些证据对学生的化学学习状况或某个课程或教学计划做出判断的过程。从这个定义中,我们可以看出:

第一,化学学习评价是一个有计划、有目的的过程。对学生而言,化学学习评价不仅需要反映学生化学学习的成就和进步,激励学生学习化学;同时,诊断学生在学习中存在的困难,帮助学生调整和改善化学学习过程;不仅需要全面了解学生化学学习的历程,帮助学生认识自己在解题策略、思维方法或学习习惯上的长处和不足,而且,使学生形成正确的学习预期,形成学生积极的情感态度与价值观,帮助学生认识自我,树立信心。针对教师而言,化学学习评价需要及时反馈学生化学学习的信息,了解学生学习的进展及其遇到的问题;同时,需要及时了解教师自身在知识结构、教学设计、教学组织等方面的表现,随时调整和改进教学进度和教学方法,使教学更适合学生的学习,更有利于学生的全面发展。

第二,化学学习评价针对化学学习的不同方面,选择的收集学生有关证据的方法也都会不同。例如,针对化学能力的评价,包括抽象思维能力、形象思维能力和推理能力等方面的评价,也包括对提出和解决问题能力、解决问题的策略、创新和实践能力,以及合作与交流等方面的评价。评价中应当针对学生的具体特点和具体内容,选择恰当有效的方法。对学生知识技能掌握情况的评价,可采取定量评价和定性评价相结合的方式,结果评价与过程评价相结合。而情感、态度、意志、价值观等方面的评价,主要通过教学过程中对学生的参与和投入等方面的考查。

第三,对化学学习的评价结果进行处理。这个过程是评价的四个环节中唯一涉及要对结果划分定级的环节,因而,也是既带有客观性又带有主观性的一个环节,而评价的任务则是试图在客观性和主观性之间找到一个很好的平衡点。化学课程的评价具有相当强的导向作用,而化学教育是学生全面发展教育的一个组成部分,如果只是将评价的任务限定在学生对概念和解题技巧的理解和掌握的一些客观性试题的考核上,就会使教师和学生只关注这些任务,忽视其他一些任务,比如,一些开放性试题的解决,需要小组共同合作才能完成的任务,表达学生对化学学习的认识以及情感和态度的协作任务等。

第四，对化学学习的评价不仅包括对评价结果的正确处理，也包括对评价结果的正确利用。正确的利用评价结果有助于对学生的化学学习状况或课程或教学计划做出合理的解释和评估，从而，有助于改进相应的学习、教学和课程，并影响着下一阶段的评价，形成一个良性的循环过程(如图 2-3 所示)。

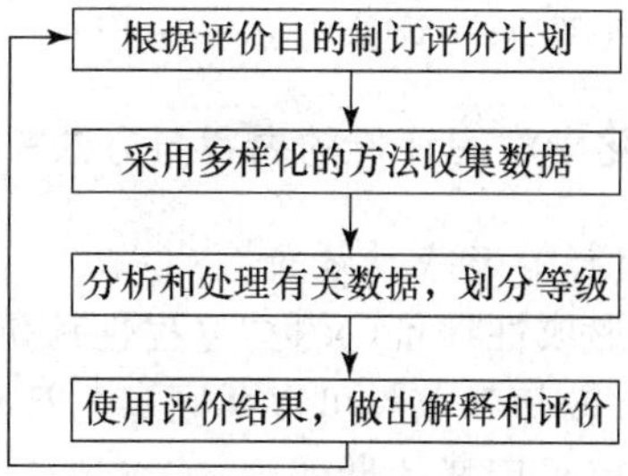

图 2-3　评价所涉及的循环往复的四个环节

二、化学学习评价的理念、特征与框架

(一)化学学习评价的理念

化学学习评价的基本功能是诊断与甄别、促进与发展、调整与管理，但其核心是依据并服务于课程标准和目标的，可见，评价目标与课程目标具有很强的对应性。课程目标的多元化决定了评价目标的多元化。再者，突出评价的发展性功能是化学新课程评价改革的核心；突出评价的过程性是开展发展性评价的基本策略。因此，学习成绩评价的核心内涵是注重学生发展状况的过程性评价，实现评价目标多元化、评价手段多样化，强调形成性评价与终结性评价相结合、定性评价与定量评价相结合、反思性评价与激励性评价相结合。

(二)化学学习评价的特征

(1)评价目标多元化：化学知识和技能目标的评价，过程与方法目标的评价，情感、态度与价值观目标的评价。

(2)评价形式多元化：书面测验法、观察法、谈话法、调查法等。

(3)评价主体多元化：教师测评、学生自评、同学互评、家长参评等。

(4)评价内容多元化：化学"双基"学习评价、实验过程性评价、表现性评价、任务性化学学习评价、体验型化学学习评价等。

(5)评价地点多元化：课堂评价、实地考察评价、网络信息活动评价等。

(6)评价成果多元化：化学墙报、小论文、小制作、小发明、调查报告、自制仪器、化学标本、化学学具等。

(7)考试方式多元化：口头型考试评价、开放型考试评价、操作型考试评价、合作型考试评价。

(8)评价注重过程：表现性评价、档案袋评价、交流评议、案例分析评价、利用网络平台评价。

(三)化学学习评价的框架

在新课改背景下，应坚持以发展性评价的理念为指导。图 2-4 所示的学习评价框架即呈现了两种不同的评价水平、两种不同的评价方式相结合的状况。

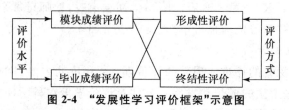

图 2-4　"发展性学习评价框架"示意图

其中，两种不同的评价水平是指第一层次的模块成绩评价和第二层次的毕业成绩评价，毕业成绩评价同时包括选拔性的升学成绩测评；两种不同的评价方式是指在两个不同层次的评价中

共同采取两种评价方式——形成性评价和终结性评价。

三、化学学习评价的内容与方法[①]

（一）形成性评价

形成性评价（又称"过程性评价"）可以采取测试与非测试、个人与小组相结合的形式；学生、同伴、教师和家长可以共同参与评价。形成性评价是在一种开放、宽松的氛围中进行的，评价结果虽可采用描述性评价、等级评价或评分等形式来体现，但它更重视质性评价。

1. 化学档案袋评价

化学档案袋评价是促进学生发展的一种有效的评价方式。学生在学习档案中可收录自己参加学习活动的重要资料，如实验设计方案、探究活动的过程记录、单元知识总结、疑难问题及其解答、有关的学习信息和资料、学习方法和策略的总结、自我评价和他人评价的结果等。教师应鼓励学生根据学习档案进行反省和自我评价，将学习档案评价与教学活动整合起来。

研究者建议化学档案袋的建立以每一模块为时段，即伴随着一个模块的学习，学生便拥有一个化学档案袋，当此模块学习结束时，对学生的评价也宣告完成，具体的评价内容和方法详见表2-3。此评价的综合等级将成为模块学分认定的重要依据之一。

表2-3　化学档案袋评价表

姓名_____　班级_____　模块名称_____　评价时间_____

档案内容		化学作业	模块测验	实验评测	探究报告	作品展示	试卷订正	总结反思	进步或特色
量化等级	自评								
	同学评								
	家长评								
	教师评								
质性评语	自评								
	同学评								
	家长评								
教师评定									综合等级

注：评价等级采用A、B、C、D、E五级制，其中A为优秀，B为良好，C为中等，D为合格，E为不合格。

档案袋可以由学生自己保管，也可以由教师统一保管。学生自己保管便于及时存放自己的作品和有关资料，并可以随时检查，但教师要注意提醒学生好好保存；教师保管则需要注意及时收发。在具体的使用过程中，学生要经常观看、调换作品，由此看到自己的进步和不足；教师可以定期让学生将档案袋带回家，请家长观看、评价；学期结束时，教师对每个学生的档案袋给予评价后，将其作为一张重要的"学习成绩报告单"发给学生带回家。

2. 化学探究学习活动评价

化学课程中的科学探究的评价体现新的评价理念：评价的主要目的不是为了对学生进行甄别和选拔，而是为了促进学生的成长和发展。它注意评价学生在科学探究活动中的情感、态度和价值观，对科学探究过程的体验和感受，对科学探究方法的了解和掌握情况，科学探究的能力以

[①] 王后雄,王胜.高中化学新课程学业评价的设计与实施[J].教育测量与评价,2009(10):26-33.

及探究的结果等。评价宜采取多样化的方式,重视学生的自我评价、活动表现评价以及改进的纸笔测试评价,且应注重多元化、全程化、主体性、实效性、激励性和发展性。当然,化学探究学习的材料也是化学档案袋的重要组成元素。表2-4为化学探究活动评价表。

表2-4 化学探究活动评价表

姓名_____ 班级_____ 评价时间_____

研究课题			全体成员		总结形式	
评价项目	评价要点	探究过程评价等级				
		自评	同学评	家长评	教师评	
发现问题,提出问题	是否善于发现问题和提出问题,是否经常独立提出问题,是否具有提出问题的积极性					
	能否有效利用已有信息提出化学问题,能否补充解决问题的必要条件					
	提出的问题是否具有探究价值,即问题是否具有一定的广度、深度,是否新颖					
提出解决问题的假设	能否根据已有的知识、经验,或通过收集相关信息,将已有的化学知识与问题相联系,提出解决问题的假设					
获取和加工信息的能力	收集信息的渠道是否宽泛,内容是否丰富且有效,整理和加工的信息是否简约、有条理					
探究方法的了解与运用	能否运用文献法、观察法、实验法、数据处理法、科学抽象法、假说法等解决实际问题					
解决问题,得出结论	能否分析信息,得出结论					
	能否从不同角度寻找解决问题的方法与途径					
	是否具有独立思考与反思的习惯,是否具有质疑意识					
	能否与他人团结合作解决化学问题					
表达、交流探究成果	能否条理清晰、完整地表达探究过程与结论					
	能否将论据与论点联系起来,得出基本合理的解释					
	能否用语言、文字、图表等多种方式表达学习成果					
评价反思的能力	是否有对探究结果的可靠性进行评价的意识					
	能发现自己与他人的长处和不足					
	能否提出改进后续学习的具体建议					
综合等级						

注:评价等级采用A、B、C、D、E五级制,其中A为优秀,B为良好,C为中等,D为合格,E为不合格。

对化学探究学习的评价,应将重点放在探究过程中,而不必执著地追求探究结果的准确性和可行性,其目的是着力培养学生主动探索、锐意创新、合作协调的思维品质。

活动表现评价是一种值得倡导的评价方式。它通过观察、记录和分析学生在各项学习活动中的表现,对学生的参与意识、合作精神、实验操作技能、探究能力、分析问题的思路、知识的理解和应用水平以及表达交流技能等进行评价。活动表现评价的对象可以是个人,也可以是团体;评价的内容既包括学生的活动过程,又包括学生的活动结果。活动表现评价要有明确的评价目标,应体现综合性、实践性和开放性,力求在真实的活动情景和过程中对学生的知识与技能,过程与方法,情感、态度与价值观等方面进行全面评价。表2-5为化学实验活动表现评价表。

表 2-5 化学实验活动表现评价表

姓名_____ 班级_____ 评价时间_____

活动阶段	评价项目	自评	小组评	教师评
实验准备	1. 实验探究目标明确 2. 实验探究方案：a. 自己独立提出的；b. 与同学讨论确定的；c. 教师提供的 3. 对实验进行了充分的准备，对实验中可能出现的问题进行了分析			
实验过程	1. 设计的实验方案：a. 合理、简洁；b. 合理、复杂；c. 不合理 2. 实验操作：a. 实验操作规范；b. 能比较顺利地完成实验；c. 盲目尝试；d. 基本不做，主要观看别人做 3. 实验记录：a. 能够把观察结果及时准确地记录下来；b. 没有做记录 4. 遇到疑惑的问题时：a. 自己思考并设法解决；b. 向老师请教；c. 不了了之 5. 对待他人建议的态度：a. 思考后有选择地改进；b. 全部采纳；c. 不愿听取			
实验态度	1. 实验表现：a. 积极参与；b. 一般；c. 应付 2. 节约：a. 注意节约；b. 一般；c. 浪费严重 3. 实验清洁：a. 保持清洁；b. 一般；c. 实验不清洁 4. 书写实验报告：a. 认真；b. 一般；c. 不认真			
实验结果	1. 对于未能解决的问题进行质疑 2. 思考本次探究的改进及收获，并作了记录 3. 采用恰当的方式表达自己的观点 4. 积极参与班级小组的讨论、交流			
教师评定		综合等级		

注：评价等级采用 A、B、C、D、E 五级制，其中 A 为优秀，B 为良好，C 为中等，D 为合格，E 为不合格。

需要说明的是，上述的评价体系只是罗列了化学实验活动表现的主要方面，而不是全部。另外，根据实际需要，我们还可以对各具体项目细分等级，这种等级通常以表现性行为的方式加以描述。对于每一目标在各等级上的表现，教师都应该收集一些实际的样例，以便判断学生在各类目标上所达到的水平。

3. 化学单元学习评价

对中学化学课程而言，我们仍然要重视每个单元结束后的评价工作，但要摒弃单一的以考试分数量化学习效果的方法，而应采取质性评价与量化评价相结合的形式，不仅要检查、诊断学生的学习状况，还要对学生的学习起到激励和促进的作用。

化学单元测评中的质性评价方法多为描述和记录学生一个单元的学习状况，真实、深入地再现学生的发展过程；而量化评价方法则包括纸笔测验和实验考查等。两者的结合更能让我们科学地对学生的成绩表现进行全面的评价。单元学习测评可以培养学生的反思能力，具有反思能力的学生能够思考自己究竟想学什么、应该怎样学，这时他们会主动探索如何来规划自己的学习进程和评估自己的学习效果。单元学习测评可提高学生学习的责任感及内驱力，并使他们学会客观地评判自己的缺点，从而自觉地加以改进。表 2-6 为高中化学单元学习评价表。

表2-6　高中化学单元学习评价表

姓名_____　班级_____　评价时间_____

单元名称		自我总结	评价等级			
评价项目			自评	同学评	家长评	教师评
1. 你在本单元主要学到了哪些知识和技能？						
2. 你在本单元撰写的调查报告和实验报告质量怎样？						
3. 你在本单元提出的问题(或课题)数量及其解答情况如何？						
4. 你在本单元拓展学习了哪些化学知识？						
5. 你在本单元的学习兴趣、学习态度、学习方法如何？						
6. 你对本单元的训练(或测试)做过哪些订正与分析？						
7. 你在本单元做过哪些归纳与总结？						
8. 你在本单元学习中有无进步，具有哪些个性或特色？						
9. 单元学习结束后，你还想解决什么问题？						
教师评定					综合等级	

注：1. 评价等级采用 A、B、C、D、E 五级制，其中 A 为优秀，B 为良好，C 为中等，D 为合格，E 为不合格。
2. 单元测试分值中 90 分以上的为 A 等级，80～89 分的为 B 等级，70～79 分的为 C 等级，60～69 分的为 D 等级，60 分以下的为 E 等级。

上述评价指标体系有利于学生自我诊断、自我激励。为了发现和发展学生身上的多方面潜能，引导学生实施自我评价，制定的评价指标必须有利于学生自己进行评价。

① 自我诊断：为了便于学生针对学习目标进行自我诊断，我们在评价指标设计中对前述三个维度的目标进行了分解，即用二级、三级目标分别对三个维度进行了细致的说明，然后再要求学生对照细化的评价指标进行学习情况的陈述，这种方式有利于学生对自己的学习进行诊断性的质性评价。

② 自我激励：为了引导学生进行自我激励，使其看到自己在学习中的成功，增强其自信心，我们在评价指标的设计中，对三级指标的说明使用了许多鼓励性的词语，如"提高"、"增强"、"进步"、"新认识"等等，要求学生所作的陈述也是描述自己在学习中的"收获、进步、体验"等。此外，在"教师评定"这一栏中教师还应当对学生的进步多加肯定，鼓励学生不断努力。

当然，在形成性评价中，每个学生可能获得多个项目的等级评价，在进行综合评定时，各种评价项目会由不同的评价主体给出多个评价等级，其中，出现最多的等级就是学生的过程性评价等级。如果相邻等级出现的次数相同，本着鼓励的原则，教师应优先选取较高的等级；如果不相邻的等级出现次数相同，教师可取中间等级作为学生的过程性评价的等级。

（二）终结性测验

终结性测验是指在一个模块学习结束后，以水平测试的要求为主，采用纸笔考试的形式对学生进行评价。在我国现行的考试体制下，终结性测验将依然是最为重要的评价方式。

1. 水平参照考试

考试从类型来看，分为水平参照性考试和常模参照性考试。化学的水平参照性考试的内容、目标要求都应以课程标准的基本要求为依据，以分数或等第反映学生个体某阶段的学习成绩，其目的在于引导学生重视过程，及时反思、反馈、激励、调控，使教师能进行有效的诊断教学。水平参照性考试没有甄别功能,不能人为地规定它必须达到多少比例才算达标,中学化学新课程各个模块终结性测验应以水平参照性考试为主,以便发挥其导向、调控、激励、发展等功能。

常模参照性考试常以学生个体的标准分或原始分为参考群体,观察个体在群体中的位次或百分位。常模参照性考试具有甄别功能。它的初衷之一就是要将参加考试的学生群体中不同水平层次的学生区分开来,以便应用考试结果。高考就是典型的常模参照性考试。常模参照性考试十分关注试题的难度和区分度、考试的效度和信度。

2. 水平测验的设计

在化学课程的教学过程中,测验(考试)是必不可少的。测验就是测量学生在所学习的部分或在全部的教学内容后应获得的学业成绩和学习、发展水平,其中,有些是显性的,有些是隐性的。

① 认知性学习水平测验

高中化学新课标将认知性学习目标按从低到高的水平分为四个层次:第一层次为知道、识别、说出、列举等;第二层次为认识、了解、区分、比较、能表示等;第三层次为理解、解释、说明、预期、判断等;第四层次为应用、设计、评价、解决、证明等。在测量不同学习水平的教学目标时,测量水平要与教学目标相应的学习水平一致。

当然,我们在评价学生化学知识的掌握情况时要注意测验试题设计的层次性。学生对化学知识的学习过程和对学生学习情况的检测要求,由低到高可分为三个层次:陈述性知识、程序性知识和策略性知识。

陈述性知识解决"是什么"、"知其然"的问题。认知水平为说出、识别、描述等。知识的形态为表层化的知识。

[例1] (上海市高考题)上海市环保部门为了使城市生活垃圾得到合理利用,近年来逐步实施了生活垃圾分类投放的办法。其中,塑料袋、废纸、旧橡胶制品等属于( )。

    A. 无机物   B. 有机物   C. 盐类   D. 非金属单质

[例2] (1)分别写出由氧气在一定条件下生成下列物质的化学方程式(必须注明反应条件)。
① O_3:_____。② Na_2O_2:_____。③ Na_2O:_____。
(2)指出氧元素在下列各物质中的化合价:O_3;Na_2O_2;Na_2O。

例1属于"识别"这一层次的学习水平测试,一般要求学生能够知道分类知识,并对"垃圾"进行识别,不要求学生对知识的理解,测试时主要看学生能否识别有关知识。

例2属于"能表示"这一层次的学习水平测试,要求学生能用化学方程式表示指定的生成物,并能根据化合价规则及钠元素的化合价确定氧元素的化合价。

程序性知识解决"为什么"、"知其所以然"的问题。认知水平主要为理解、解释、说明、转化、分析、解析和推断等。知识的形态为内化的知识。

[例3] 某非金属单质A和氧气发生化合反应生成B。B为气体,其体积是反应消耗的氧气体积的两倍(同温、同压)。以下对B的分子组成的推测一定正确的是( )。

    A. 有1个氧原子   B. 有2个氧原子   C. 有1个A原子   D. 有2个A原子

[例4] 向纯碱溶液中滴入酚酞试液,观察到的现象是_____,原因是_____;若在该溶液中再滴入过量的氯化钙溶液,所观察到的现象是_____,原因是_____。

例3属于"理解"或"推断"这一层次的学习水平测试,要求学生能理解和应用化学反应中的质量守恒定律和阿伏伽德罗定律,并能对其进行简要的推断。

例4属于"解释"这一层次的学习水平测试,要求学生运用化学平衡移动的原理去判断盐类水解平衡移动的方向,从而解释实验中的有关现象。

策略性知识是关于如何学习和思维的知识,是可以泛化和迁移的方法论意义上的"高端"知识(即能力)。它解决"怎么办"和"如何做"的问题,认知水平为应用、设计、评价、解决、证明等。知识的形态为知识的升华。

[例5] 已知一种信息素的结构简式为 $CH_3(CH_2)_5CH=CH(CH_2)_3CHO$。试设计实验方案以检测该信息素中所含的官能团。(要求写出实验步骤、实验现象及有关反应的化学方程式)

[例6] 有一种生氧防毒面具,它由面罩、生氧罐、呼气管和吸气管等组成。使用时,人体呼出的气体由呼气管进入生氧罐,经干燥后,其中的二氧化碳与罐中的过氧化钠(Na_2O_2)反应,产生氧气和碳酸钠,氧气沿吸气管进入面罩。

(1) 请画出上述防毒面具的工作原理图,并写出产生氧气的化学方程式_____。
(2) 若罐中装入超氧化钾(KO_2)代替 Na_2O_2 也能达到同样的目的。
① 写出 KO_2 与 CO_2 在罐中反应的化学方程式_____。
② 若从生氧罐便于携带考虑,Na_2O_2 和 KO_2 应选用哪种更好?为什么?

例5属于"设计"这一层次的学习水平测试,要求学生运用信息提示及已学知识设计实验,证明信息素中含有碳碳双键和醛基这两种官能团。实验设计时学生要考虑溴水也能氧化醛基。

例6属于"解决"、"设计"、"评价"等层次的学习水平测试。学生不仅要"设计"出防毒面具的工作原理图,还要将已知的化学反应 $2Na_2O_2+2CO_2=2Na_2CO_3+O_2$ 类推到 KO_2 与 CO_2 的反应中,更要从"量"上考虑,评价 Na_2O_2 与 KO_2 做原料的优劣,突出了对学生解决实际问题和科学探究能力的考查。

② 技能性学习水平测验

中学化学新课标中将技能性学习目标的水平从低到高分为三个层次:第一层次为初步学习、模仿(如物质的组成和结构的检测方法、控制反应条件的一些方法等);第二层次为初步学会、独立操作、测量(如物质的检测、分离、提纯和溶液的配制等实验技能);第三层次为学会、掌握、灵活运用等(包括常见仪器的使用及实验基本操作、化学用语、简单计算等)。对技能性学习目标水平的评价除采取纸笔测验外,也要结合实验操作。

化学实验操作过程性评价(考查)主要包括以下三点:第一,对化学实验知识与技能掌握情况的评价,如实验技能、已有经验和知识、观察、记录能力等。第二,对化学实验探究能力发展情况的评价,如严谨科学性、实践能力、主动积极性等,特别突出对创新能力的评价。第三,对化学实验态度、情感与价值观形成的评价,如心理准备、参与意识、合作精神、自主性、实验态度、对实验的兴趣、行为习惯等。

化学实验操作过程性评价标准分为行为习惯、实验预习、实验操作、实验报告和交流合作五个一级指标,下设若干二级指标,每个指标均赋予一定的分值,并且制定具体的评分标准。由此得出的评价结果既是学生档案袋评价的一部分,又是学校对班级进行评价的依据之一。

3. 传统的纸笔测验方式的改革

纸笔测验是一种重要而有效的评价方式。在化学教学中,运用纸笔测验的重点应放在考查学生对化学的基本概念、基本原理以及化学、技术与社会相互关系的认识和理解上,而不宜放在考查学生对知识的记忆和重现上;应重视考查学生综合运用所学知识、技能和方法分析与解决问题的能力,而不单是强化解答习题的技能;应注意选择具有真实情景的综合性、开放性的问题,而不宜孤立地对学生的基础知识和基本技能进行测试。

纸笔测验是教师对学生的知识与技能进行评价常采用的一种方法,在使用这种评价方法时,教师应根据新课改的需要对其作出相应的改进。就认知评价而言,化学新课程强调的重点与以往相比有许多变化。表2-7为化学新、旧课程认知评价对照表。

表2-7 化学新、旧课程认知评价对照表

传统的认知评价重点	新课改要求的认知评价重点
对实验现象和化学反应方程式的记忆	对生活现象和实验现象的说明和解释
概念定义的背诵,针对定义关键字、词的是非判断(注重识记)	利用概念分析和说明有关现实生活及科技领域的事实和现象(注重应用)
对每一个知识点孤立地进行评价,或人为进行综合评价,以考查知识为主	对核心的重点内容组块进行整体考查,以考查学生的能力为主
化学计算追求形式和繁杂数学化	用反应事实、化学概念和数学方法模拟解决真实问题
对实验操作的评价强调具体规范和细节	在实验操作中考查操作,重视操作的活动功能和目的
对实验的基本操作、分离提纯、气体制备等的具体步骤、注意事项的复述与是非判断、改错等	突出对学生实验能力和思维能力的考查,考查学生是否具备初步的实验设计能力和科学探究能力
虚拟的对纯化的知识点的考查	真实情景下对学生解决实际问题的考查
选择题、是非题、计算题占绝大部分比例	解答题、实验题、信息迁移题、开放题、探究题将占相当比例
题目数量很多	题目数量减少

(三)化学模块成绩评价

化学模块学业成绩评价应该由形成性评价和终结性测验共同组成。其中,形成性评价的成绩由上述的各次单元测定成绩、化学档案袋评定等级、探究学习评价成绩综合评定。终结性测验可根据模块性质区别对待,必修模块可以由市一级的教学主管部门统一组织考试,选修模块则由学校自主命题考试,考试成绩也由百分制折算成等级制。同时,化学教师要综合过程性评价的所有材料,对学生的模块学业状况作出质性评定。表2-8为化学模块学业成绩评定表。

表2-8 化学模块学业成绩评定表

姓名_____ 班级_____ 评价时间_____

模块名称				综合等级
形成性测验	评价项目等级			
	单元成绩	第一单元		
		第二单元		
		第三单元		
		第四单元		
形成性评价	化学档案袋等级			
	化学探究活动等级			
	化学实验表现等级			
终结性测验	分值		等级	
教师寄语				

注:1. 评价等级采用 A、B、C、D、E 五级制,其中 A 为优秀,B 为良好,C 为中等,D 为合格,E 为不合格。
2. 模块测试分值中90分以上的为 A 等级,80~89分的为 B 等级,70~79分的为 C 等级,60~69分的为 D 等级,60分以下为 E 等级。

模块成绩评定后,教师便可以对学生该模块的学分进行认定。学分认定的原则为:① 终结性评价与过程性评价均为 D 等级以上者可直接获得该模块的学分;② 若过程性评价与终结性评价其中一个为 E 等级,而另一个为 A 等级或 B 等级,可获得学分;③ 过程性评价为 D 等级或 C 等级,终结性评价为 E 等级者须申请补考笔试,补考必须在 C 等级以上方可获得学分,否则应重修该模块;④ 过程性评价为 E 等级,终结性评价为 C 等级或 D 等级者须补足材料后申请重新评价,重新评价不合格者须重修该模块;⑤ 过程性评价、终结性评价均为 E 等级者,须重修该模块方可获得学分。

化学课程要建立目标多元、方式多样、注重过程、全面反映学生选课情况和学业发展过程的学分管理评价机制。教学时,教师应认真分析各课程模块的具体特点,有针对性地选择合理有效的评价策略和多种评价方式,对学生的学习情况进行全面、综合的评定,从而决定其是否应该获得相应课程模块的学分。对于高中必修课程模块,教师应综合使用纸笔测验、学习档案和活动表现等方式对学生进行评价。在高中选修课程模块中,"化学与生活"模块的纸笔测验试题应提倡开放性、应用性,密切结合生活实际,考查学生对身边化学现象和生活中化学问题的分析能力。同时,教师应提倡通过开展辩论、角色扮演、小型调查等活动对学生进行表现性评价。"实验化学"模块的评价则应在实验过程中进行,从实验设计、实验过程、实验操作、实验报告、交流讨论、合作意识以及实验态度等方面予以考查。

(四)化学毕业成绩评定

评定学生的毕业成绩同样需要终结性的学业水平考试和过程性评价。化学毕业水平考试的目的在于检查学生达到的化学学业成绩水平,并将其作为学生能否毕业的依据之一。学业水平考试应该由省一级的教育主管部门统一组织命题、考试。与模块学业成绩评价一样,学业水平成绩评价也要反映学生学习过程的质性水平。表 2-9 为高中化学学业水平评价表。

表 2-9 高中化学学业水平评价表

	模块名称	过程性测评等级	终结性测评等级		
化学模块测评成绩	化学 1(必修)				
	化学 2(必修)				
	化学与生活(选修)				
	化学与技术(选修)				
	物质结构与性质(选修)				
	化学反应原理(选修)				
	有机化学基础(选修)				
	实验化学(选修)				
毕业水平考试成绩	分　　值	等　　级			
过程性表现评价	评定项目	评定等级			
		自评	同学评	家长评	教师评
	活动表现评价 探究活动				
	实验考查				
	学习档案				
	个性特长				
	学习表现评价 考勤守纪				
	态度情感				
	学习方法				
	合作精神				

教师评定	总评等级

注：1. 评价等级采用 A、B、C、D、E 五级制，其中 A 为优秀，B 为良好，C 为中等，D 为合格，E 为不合格。
2. 模块测试分值中 90 分以上的为 A 等级，80～89 分的为 B 等级，70～79 分的为 C 等级，60～69 分的为 D 等级，60 分以下的为 E 等级。

化学毕业成绩评定要建立目标多元、方式多样、注重过程的评价机制，全面反映学生的选课情况和学业发展过程，在评价的方式上，采用纸笔测验评价、活动表现评价、过程表现评价相结合的评价模式来评定学生的毕业成绩。

第四节 化学教师发展性评价

关 键 词

化学教师评价　课堂教学能力　绩效　专业发展

在影响学生发展的所有外部条件中，教师是至关重要的。关于化学教师评价，起初人们认为化学知识的积累是化学教师发展最为重要的因素，于是，将教师的学历提升、知识学习作为教师发展的一条重要途径。随着认识的不断深入，人们逐渐觉察到，在化学教师专业发展中，化学教师的专业能力、专业经验似乎比知识更重要，于是，促进化学教师能力发展成为人们的关注点，而化学教师评价，其侧重点也逐渐从静态的知识、业绩评价，转移到关注化学教师专业发展水平和可持续发展的动态评价，以及综合评价。

一、化学教师评价的基本内涵

所谓化学教师评价，就是指以化学教师作为评价对象、以化学教师所从事的化学教育教学活动以及化学教师自身的专业发展能力水平，作为评价的具体内容，以达到某种特定的评价目的的专门的教育评价活动。

长期以来，化学教师评价通常是以奖惩为目的的，以化学教师过去和当前的表现作为奖惩的依据，强调学校组织目标的实现。这种评价是面向过去的一种评价，属于终结性的评价。而发展性化学教师评价，是一种新兴的、面向未来的化学教师评价制度。它注重化学教师个人的工作表现，而且更加注重化学教师未来发展和学校的未来发展。目前，国内外的学者普遍推崇发展性化学教师评价，并将促进化学教师专业发展作为发展性化学教师评价的目的。

当前，在我国实施的发展性化学教师评价，实质上是，把评价从一种单纯的管理手段提升为一种专业指导，通过评价来对化学教师的专业发展予以有效的帮助和支持，以调动化学教师内在的发展需求为前提，引导教师通过自我反思、自我规划，积极获取外部评价信息来不断学习，不断调控教育教学行为，不断提升专业素养，以实现真正意义上的专业发展。

就我国中学化学教师评价的实际情况来看，按照评价方法的不同，可以将化学教师评价分为课堂观察、学生成就、档案袋评价等；按照评价内容，可以将化学教师评价按照"条件（素养）——过程（职责）——成果（绩效）"的结构模式，分为教师素养、教师教学、工作绩效三个类别。

二、化学教师课堂教学能力评价

课堂教学是实施课程计划的主渠道,课堂教学评价是课程评价体系中的重要环节。课堂教学既要重过程也要重结果,遵循形式受内容制约、形式为目的服务的原则,要关注一堂课教学目标的制定、教学内容的选择,更要关注教学过程设计、学生主动参与度、体验和感受等。

思考与讨论

表 2-10　化学课堂教学评价表[①]

评价时间_____　课题名称_____　执教者_____　评估人_____

评价指标		评分栏				说明
母项	子项	A	B	C	D	
教学目标 12%	1. 符合课标要求　体现教材特点	4	3	2	1	
	2. 面向全体学生　切合学生实际	4	3	2	1	
	3. 明确三基要求　渗透情感教育	5	4	3	2	
教学内容 20%	4. 教学容量适当　重点关键突出	5	4	3	2	1. 评估人根据评估要素及要求在评分栏(在相应的分值上打"√")打分,然后将各分值相加,得出总分,再转换成评估等级。 2. 分数转换评估等级:85~100 分为优,74~84 分为良,60~73 分为合格,60 分以下为不合格。 3. 评估人由专家、教师、学生、家长等多元参与。
	5. 难易把握适度　联系学生实际	5	4	3	2	
	6. 拓展延伸适宜　依据及时调整	5	4	3	2	
	7. 是否科学健康　培养健全人格	5	4	3	2	
教学方法 20%	8. 创设课堂情景　调动学习动因	5	4	3	2	
	9. 教学步骤合理　课堂结构科学	5	4	3	2	
	10. 方法灵活多样　媒体运用恰当	5	4	3	2	
	11. 讲练有机结合　导给学习方法	5	4	3	2	
学习状况 20%	12. 学习目标明确　学习兴趣浓厚	5	4	3	2	
	13. 实验操作规范　参与探究积极	5	4	3	2	
	14. 善于观察思考　常能提出问题	5	4	3	2	
	15. 愿意交流合作　与人配合默契	5	4	3	2	
教师行为 16%	16. 授课精神饱满　教态亲切民主	5	4	3	2	
	17. 教学思路清晰　引导点拨得法	6	5	4	3	
	18. 语言准确生动　演示板书规范	5	4	3	2	
教学效果 12%	19. 学生情绪饱满　思维活动活跃	4	4	3	2	
	20. 学生反馈正确　智能活动有效	4	4	3	2	
	21. 设计风格独特　达到教学目标	4	4	3	2	
评估总分						

请对上述评价表(表 2-10)做出评价。

1. 他评方案

他人评教是指同行、领导、专家等课堂教学活动以外的人员通过对课堂教学的观察,就课堂教学活动的运行做出的价值判断。

基于评价功能的充分发挥和使用方便的考虑,可以将教师自评的量化评价表与他人评价的

[①] 周雪春. 新课程下高中化学教学评价的探索与实践[J]. 化学教育,2006(5):25.

量化评价表合二为一,设计为同一量表(参见表 2-10)。这样的设计主要是为了在评价后双方可以方便地就表征课堂教学情况的各项进行对比、分析,便于交流,阐述各自的观点,达到肯定共识、交换不同意见的目的。诚然,对课堂现象观察的角度,授课者本人与听课者是不会完全相同的,这种差别正构成了各自作为评价主体的优势,这种优势正是他评与自评契合的结合点,是评价功能实现的最主要的途径之一。除量化评价表外,还可以采用质性他评方案,与量化评价相互补充、互相印证,不求全面,但强调新课程特别关注的理念的落实,可采用建议性评价提纲的方式。

 案例研讨

质性他评提纲[①]

听课人员在课后可根据自己的感受,对这节课做出质性评价,目的是肯定课的成功之处,找出可以改进的方向,以实现共同提高。下列问题可供评价时参考:

1. 教师制定的本节课的教学目标恰当吗?还有可改进的余地吗?从学生的学习成效看,这节课实现的教学目标有哪些?

2. 该教师教学的基本技能如何?优势是什么?劣势是什么?

3. 除教科书外,教师开发利用了哪些课程资源?(如社会生活、生产实践、新闻事件、学生经验、教师经验、课堂中的偶发事件等)这些资源的筛选、组织如何?

4. 课堂中,教师提出了哪些驱动性的问题,用以引发学生的思考和讨论?

5. 课堂中,学生提出了哪些有探究价值的问题、解决问题的方案,或根据事实、资料进行了比较、分类、归纳或概括等?

6. 在课的进行中,该教师运用了哪些方式对学生的学习活动进行评价?这些评价起到了什么作用?还可以有什么改进?

7. 在学生充分讨论和思考的基础上,教师是如何抓住了有利的时机、实事、证据对学生进行有效的认知干预,促使其认识和观点获得发展的?

8. 这节课最大的特点是什么?最成功的是什么?最遗憾的是什么?

9. 从这节课中发现的,课改中需继续研究的问题是什么?

10. 就该教师的教学风格发展和专业水平,你提出的建议是：_____。

试分析该质性他评提纲有何特点?

2. 学生评教方案

学生是教学交往活动的主体之一,是教学活动的直接参与者。故学生评教不属于他人评教,而应是与教师自评、他人评教并列的一种评价方式。

学生评教有着自己的特点:第一,中学生的心理发展还不成熟,思维能力虽有较大的发展,但辩证逻辑思维能力还存在明显的差异。而对课堂教学活动的评价又是一个从注意、感知到辩

---

① 娄延果,郑长龙.新课程理念下教师化学课堂教学效果评价方案的构建[J].化学教育,2004(6):27-32.

证推理的心理过程,中学生还不能准确地把握这一过程。第二,中学生不具有教育学、心理学和有关化学新课程的理论知识,教育现象的产生原因、教育学实质、对后续学习的影响等都不会有系统、清晰的认识。所以,学生评教方案不设置量化评价,不让学生进行量化打分;不让学生做教学价值判断,只描述对课堂活动和现象的心理感受;不求全面,只从学生最能体会的、能做出描述的,特别是新课程强调的环节、现象、过程进行评价。

案例研讨

学生评教的调查方案①

亲爱的同学们:

　　为了了解你们在刚才这节课中的体会和收获,下面有几个问题请你回答,请在你同意的选项字母上画"√",可选1项、多项,也可不选,但务必请按照你的真实感受认真填写,不用写你的姓名。谢谢!

1. 你对化学教师的印象是:

他(她)　A. 很亲切　B. 是我们的朋友　C. 知识渊博

　　　　D. 很严厉　E. 看不起我　F. 我不喜欢他(她)

2. 在这节课中老师曾提出过问题让你们思考、回答,面对老师的问题,你的感觉和行动是

　A. 非常感兴趣,愿意去思考或与同学讨论

　B. 担心老师批评,被迫去思考或想法找到答案

　C. 我只是不经心地思考了其中的一部分

　D. 我没去思考,只想等其他同学回答或等老师讲解

3. 通过这节课的学习,你觉得学习化学

　A. 是一种有趣或吸引人的活动

　B. 学好化学对我将来走向社会有用途

　C. 学化学就是学一些道理、掌握一些知识

　D. 学化学是一件需要耐着性子去做的活动

　E. 学好化学对我们的生活、学习和工作都很有帮助

4. 今后你还希望老师与你们一起用这节课的方式去上课、学习化学吗?

　A. 非常愿意　　B. 愿意　　C. 还行　　D. 不太愿意　　E. 非常不愿意

5. 在本节课中,你从其他同学的方案设计、讨论、发言中得到的启发、收获大吗?

　A. 较大　　B. 有一些　　C. 几乎没有

6. 下课了,你还有问题想去问这位老师,或与他(她)再争论吗?

　A. 有　　B. 没有

7. 在这节课中,下列念头(想法)你曾有过哪些?

　A. 有一次或几次,特别想把我的想法告诉老师和同学们

　B. 有一次或几次,特别想与老师或同学们争论

---

① 娄延果,郑长龙. 新课程理念下教师化学课堂教学效果评价方案的构建[J]. 化学教育,2004(6):27-32.

C. 有一次或几次我特别想去查查资料或动手试一试，找出问题的答案和结果

D. 以上念头我都未曾有过

8. 你在问题 7 中的想法实现过吗？（7 题选 D 的不用答）

A. 实现过多次　　B. 实现了几次　　C. 实现了一两次　　D. 从未实现过

9. 总结一下这节课你都有哪些收获？

10. 上完这节课，你最想对同学或小组同伴说的话是什么？你最想对化学老师说的话是什么？

试分析该学生评教方案评价了教师素质的哪些方面？

3. 教师自评方案

《纲要》提出"建立教师自评为主，校长、教师、学生、家长共同参与的评价制度，使教师从多种渠道获得信息，不断提高教学水平"。教育实践研究与反思能力是教学专业化发展最基本、最主要的途径。教师要在化学教育实践中求得发展，最重要的是研究和反思，在教学评价中不断地提高从教综合能力。教学反思能力是指教师在职业活动中把自我作为意识对象，以及在教学过程中将教学活动本身作为意识对象，不断对自我及教学活动进行积极主动的检查、评价、反馈、控制和调节的能力。反思主要在教学之后进行，分个人反思和集体（教研组或备课组）反思两种情形，其目的主要是找出自己或他人或所在教学集体教学的优点及不足。

资料卡片

教师反思的形式

（1）课后札记。根据反馈，分析某节课的得失，追溯教学设计及实施中的成功与不足。

（2）教学评价会诊。针对自身在教学过程中存在的问题，通过专家、教师同行的集体评议或共同"诊断"，帮助自己建立"实践—反思—再实践"的智慧生成路径。

（3）阶段小结和学期（年）小结。反思这一阶段或这一学期（年）教学的思路、过程、措施、方法等有哪些成绩和问题？原因何在？

（4）专题反思。比如对教学设计、探究式教学、实验教学等进行专题反思。

（5）教研组或备课组集体研讨，交流得失，分析原因，取长补短。

认真的反思是教师发展的催化剂，能够使不足或失败向成功转化，使成功的经验逐步向理论转化。例如，对一次失败的化学实验，通过反思找出原因并加以改进，则会使下一次同一实验得心应手，并将引发对类似实验的联想与思考，从而扩大成果的迁移价值。一个高水平的教师必然是善于对自己的教学实践进行反思的教师。同时，反思会促进教师的理性认识向更高层次发展，形成自己独具特色的教育理论体系和教育实践流派。表 2-11 为教师教学反思评价标准。

表 2-11　教师教学反思评价标准

项目	指标	分值
自我评价	1. 反思教学任务的完成情况：实际教学效果与备课设想的差距，知识传授的效果如何等 2. 反思教法情况：反思教法的成功之处与存在问题，教学步骤与方法调整的原因，以便今后进一步深化和完善 3. 学法指导工作情况：教师在学生预习、自学、阅读、归纳、思维训练等方法指导是否到位，以便提高学生的自学能力及增强终身学习的愿望、创新意识等	30
问题反思	1. 反思教学中有哪些最不满意的教学环节（或方法）并能从中总结出教训 2. 反思课堂上突发事件及处理情况，如当学生注意力分散时，当学生意外提问时或学生做小动作时甚至无法预料的事件，你是如何机智处理的 3. 反思课堂上反映出来的问题，如学生对知识的掌握程度、能力培养、创新思维的开发、学生的感受和体验等方面的问题	40
教学重建	1. 反思自己通过教学实践认为最满意的教学环节（或方法），在教学中就某个问题有什么新体会，学生行为给了什么新的启示等，这些切身体验与新课程理论联系起来，成为一种更好的策略 2. 对某些不足之处有什么更好的策略 3. 对某些教学环节的改进有什么更好的设想	30
总分		100

思考与讨论

为什么通过化学课堂教学评价有利于促进化学教师不断提高教学水平？

三、化学教师绩效评价

绩效考评法是指学校在一定时期内，根据绩效管理的需要，针对教师所承担的工作，运用各种科学的定性与定量的方法，对其工作结果和工作表现进行考评。化学教师的绩效评价是对化学教学工作目标、工作分析所确定的岗位职责执行和完成情况的一种评估与监督。而评价、考核的结果是支付公平合理的薪酬、制定员工聘用、晋升、发展等决策的重要依据。评价涉及从教师个人到学科团队的考核内容、考核方法、考核结果使用等指标。

对教师进行绩效考评应该包括两个方面的考评：第一，对教师工作结果的考评；第二，对教师工作表现的考评。工作结果是相对教师承担的工作而言的，即教师完成工作的结果或履行职责的结果。工作结果是教师对学校所作的贡献，也是教师在学校所具有的价值。在学校中，教师的工作结果具体表现为完成工作的数量和质量。工作结果是绩效考评最基本的组成部分，其考评通常采用可以量化的评价标准。工作表现指教师完成工作或履行职责过程中的行为、态度和素质，而不是指教师把工作完成得如何。如果某位教师工作完成得很好，但是，在完成工作的过程中，他没有规范自己的行为，也没有表现出良好的素养，而是违反校规，对学生采用了"打骂"的高压手段。那么，尽管这位教师获得了较好的工作结果，但是他的工作表现至少不能算太好。对"工作表现"的考评通常采用非量化的评价标准。[①]

---

① 任子朝,孔凡哲.数学教育评价新论[M].北京：北京师范大学出版社,2010：224-225.

在实际工作中，化学教师的绩效评价，通常集中体现在教学态度、教学实效、教研成果、学生满意程度分析等方面，因而，开展教师工作绩效的评价，通常围绕着教学态度、教学实效、教研成果、学生的满意度等若干方面构建指标体系。其中，教师的教学成果评价主要从学生的学习进展与行为变化来对教师的劳动价值做出判断。当然，化学教师工作业绩评价，还应该关注教师工作的不同类别，诸如，针对毕业班教师的评价与非毕业班教师的评价，其侧重点也有所区别。

研究表明，学校组织气氛与教师工作绩效正相关非常显著。学校组织气氛能较好地预测教师工作绩效。其中，教学气氛是教师工作绩效的显著预测变量。学校组织气氛主要影响教师任务绩效。[1] 同时，有关研究显示，教师的工作绩效与工作环境、组织承诺及人力资源管理的水平有关。[2] 因而，建立"以激励为主体"的人力资源管理机制，形成终身学习的氛围，激发教师内在的需要动机，激活教师自觉的教学、科研行为等做法，是提高教师工作绩效、实现教师可持续发展的有效策略。

四、化学教师专业发展评价

教师专业发展是教师个体专业不断发展的历程，是教师不断接受新知识、增长专业能力的过程。[3] 教师专业发展是一个有意识的过程，一个持续的过程，同时也是一个系统的过程，这是教师专业发展的三个鲜明特征。而当前教师专业发展的主要模式通常采用培训、观察/评估、参与发展/完善过程、研究小组、探究/行动研究、个体指导活动、辅导等几种常用方式。

化学教师作为从事化学教育的一个特殊的教师群体，在专业发展方面除一般教师专业发展的特征，还有其自身的特殊性。化学教师专业发展的因素和历程也有其特殊性。

（一）化学教师专业发展评价的具体内容

衡量化学教师专业发展的水平，既要充分考虑教师的内在条件，也要考虑教师的外在条件。其中，内在条件既表现在教师潜在的知识、能力和经验、经历和专业阅历，也包括潜在的发展可能性；外在条件既包括直接作用于教师专业发展的必备条件，诸如专业引领、专业发展的氛围，也包括间接作用于教师专业发展的因素，诸如学校条件、环境、机会等。

1. 内在条件评价的基本维度

内在条件是教师专业发展的潜在因素，是动力源泉和基本前提。进行化学教师专业发展评价，首先必须立足化学教师的内在条件，依据教育部颁布的《中学教师专业标准（试行）》开展积极有效的评价。这既需要对化学教师自身所拥有的专业理念与师德、专业知识、专业能力、专业经验以及专业视野、专业潜质，进行直接的评价，也需要结合化学教育教学专业活动，根据活动的实效，对化学教师所拥有的这些内在条件进行间接评价。

（1）专业理念与师德

化学教师的专业理念与师德包括职业理解与认识、对学生的态度与行为、教育教学的态度与行为、个人修养与行为四个方面。

（2）专业知识

化学教师的专业工作具有典型的多重性，既具有教育性，又具有学科性，因而化学教师的专业知识发展包括教育知识、学科知识、学科教学知识、通识性知识。

---

[1] 潘孝富，秦启文，谭小宏.学校组织气氛与教师工作绩效的关系分析[J].心理科学，2006，29(6)：1489-1491.
[2] 吴湘萍，徐福缘，周勇.高校教师工作绩效的影响因素分析[J].华东师范大学学报：教育科学版，2006，24(1)：30-37.
[3] 教育部师范教育司组织编写.教师专业化的理论与实践[M].第2版.北京：人民教育出版社，2003：50.

(3) 专业能力

专业能力主要包括以下几个方面：

① 教学设计：即科学设计教学目标和教学计划；合理利用教学资源和方法设计教学过程；引导和帮助中学生设计个性化的学习计划。

② 教学实施：即营造良好的学习环境与氛围，激发与保护中学生的学习兴趣；通过启发式、探究式、讨论式、参与式等多种方式，有效实施教学；有效调控教学过程，合理处理课堂偶发事件；引发中学生独立思考和主动探究，发展学生创新能力；发挥好共青团、少先队组织生活、集体活动、信息传播等的教育功能；将现代教育技术手段整合应用到教学中。

③ 班级管理与教育活动：即建立良好的师生关系，帮助中学生建立良好的同伴关系；注重结合学科教学进行育人活动；根据中学生世界观、人生观、价值观形成的特点，有针对性地组织开展德育活动；针对中学生青春期生理和心理发展特点，有针对性地组织开展有益身心健康发展的教育活动；指导学生理想、心理、学业等多方面发展；有效管理和开展班级、共青团、少先队活动；妥善应对突发事件。

④ 教育教学评价：即利用评价工具，掌握多元评价方法，多视角、全过程评价学生发展；引导学生进行自我评价；自我评价教育教学效果，及时调整和改进教育教学工作。

⑤ 沟通与合作：即了解中学生，平等地与中学生进行沟通交流；与同事合作交流，分享经验和资源，共同发展；与家长进行有效沟通合作，共同促进中学生发展；协助中学与社区建立合作互助的良好关系。

⑥ 反思与发展：主动收集分析相关信息，不断进行反思，改进教育教学工作；针对教育教学工作中的现实需要与问题，进行探索和研究；制订专业发展规划，积极参加专业培训，不断提高自身专业素质。

(4) 专业经验

教师专业发展是以实践性知识为保障的，实践性知识具有情境性、案例性、综合性、隐蔽性和个体性等特点。教师的专业经验是教师从事教学工作的基本参照，也是教师工作智慧的来源渠道之一。对于教师专业发展而言，专业经验发挥着重要作用，对于新手走向称职期的教师来说，直接和间接的专业经验，可以提供开展教学工作的样板和参照；对于教学风格形成期的教师以及正在走向专家型的教师而言，专业经验是专业智慧和独具个人魅力的专业风格形成的基本素材。无论对于哪个层面的教师，专业经验集中体现为两个方面：一方面是指教师拥有从事本专业工作的基本经验，积累了内容相对丰富的专业案例；另一方面则是教师拥有创造性工作的一些经历和经验。

(5) 专业视野、可持续发展的专业潜质

教学观念和教师实践性知识具有内隐性，正如著名教育家杜威指出的，"教师对于教学应该提出适当的怀疑，而不是毫无批判的从一种教学方法跳到另外一种教学方法，教师应对实践进行反思"。不仅如此，教师专业发展的核心在于教育知识的建构运用、教育才能的不断增长和教育智慧的感悟与积淀，其重要途径就是教学反思。教学反思是实施新课程的一个不可或缺的技能要求，也是提升教师素质的重要途径。

2. 外在条件评价的基本维度

良好的外在条件是教师专业发展的基本要素。许多教师之所以没能获得理想的专业发展，其内在因素是主要的，但是，外在条件和环境的缺失，也是不容忽视的重要因素。教师专业发展的外在条件虽然很多,但是,其核心集中在社会氛围、同伴互助的环境、专业引领的条件和机会,以及有利于教学反思的外在环境。

社会氛围,即对本专业良好认同的社会文化氛围、专业人员的期待,与社会提供的实际地位的吻合程度。一定的社会地位也在某种程度上体现着社会对于化学教师所提供的专业工作的认同、期待。化学教师能够透过社会对其工作的认同,进一步体会到自身的价值,进一步激发献身化学教育事业的信心;如果化学教师所拥有的社会地位,与社会对于化学教师的社会认同、专业期待,彼此之间存在较大反差,那么,化学教师队伍整体的发展就会受到显著影响。

同伴互助的环境,即拥有本专业、本领域的同行形成的互助群体。事实上,化学教师之间相互交流、相互提供客观的、非正式评价的反馈,相互帮助,一起协调工作,相互提供需要的支持,常常能够满足化学教师的许多职业需求,正所谓"远亲不如近邻",与专业引领、自我反思相比,身边的同伴的互助作用有时很有效。

对不同发展阶段的教师而言,专业引领的作用有所不同:对于新手走向称职型的教师,专业引领的重点在于激发新手的主动性和自觉性,将新的教育教学理论物化为实际的教学行为,对教学实践进行及时的回味和总结,以便于更好地把握教学规律;对于教学风格磨炼期的教师来说,专业引领的重点在于引导教师及时总结、提炼自己的教学体会,进而升华为教学理念,奔向教学独具魅力的研究型教师;对于教学风格升华期的教师来说,专业引领的重点在于激发教师的自我意识,进一步细化专家型教师的努力目标,及时进行必要的知识更新和观念转变。因而,在化学教师专业发展评价过程中,甄别被评价者是否具有恰当的专业引领的条件和机会,以及这些条件和机会实际运用的效果,就成为化学教师专业发展评价的重要内容之一。

有利于教学反思的外在环境和条件,即形成有助于开展专业反思的机制(外在动力和约束的制度)和自我约束条件。"经验+反思=成长"成为教师专业成长的成功公式。

(二)化学教师专业发展评价的基本步骤

1. 制定化学教师发展目标

根据国家要求,结合学校实际和教师自身实际,在评价者参与下制定远期发展目标和近期发展目标,目标要突出师德修养、课堂教学、科研工作和个人专业发展等方面的内容。发展目标可以不断修改、充实和完善。

2. 收集评价信息

收集信息是发展性教师评价的关键阶段。评价者必须大量掌握有关被评教师的信息,评价才有坚实的基础。收集信息的方法有课堂听课、教师自我评价、广泛征求第三方意见(包括学生评教、同行评议、家长意见等)、查阅文献资料(如教师参与校本教研情况、教案、学生成绩、作业、作品等)等方式。根据教师专业发展条件,可将评价方法划分为静态评价和动态评价两种。

3. 面谈评价

面谈是发展性评价的重要方式。面谈前,通常需要拟订一份面谈的提纲和议程,面谈过程中评价者与评价对象进行广泛深入的对话交流,肯定成绩,探讨问题,寻找解决问题的方法和途径。

4. 撰写评价报告

评价报告通常由评价者撰写。评价报告通常包含两部分,第一部分包括评价者和评价对象在面谈中的谈话要点和结论;另一部分则是反映未来发展目标和发展行动计划的信息,主要包括:① 对评价对象工作成绩肯定的描述;② 指出其不足、提出改进意见的建议;③ 反映评价对象未来发展目标和发展需求等。

第五节 化学教育评价的发展

关键词

评价功能　目标系统　测评技术

我国化学教育评价的发展,是伴随着教育测量和评价理论的研究和发展而逐步开展起来的。现阶段,化学教育测量和评价研究主要是将一般教育、心理测量和评价理论引入化学教育中,结合化学学科特点,在理论研究和实践探索的基础上,逐步建立化学教育测量和评价的理论和方法体系。现将近年来化学教育测量和评价研究与实践的主要内容及其发展趋势概述如下。

思考与讨论

新课程已在全国范围内实施,化学教育评价也应随之发生相应的变化,试分析产生了哪些变化?

一、评价功能的开发和利用

化学教育评价改进教学活动的功能已经日益被认识和开发。《基础教育课程改革纲要》指出:"建立促进学生全面发展的评价体系。评价不仅要关注学生的学业成绩,而且要发现和发展学生多方面的潜能,了解学生发展中的需求,帮助学生认识自我,建立自信。发挥评价的教育功能,促进学生在原有水平上的发展。"

新课程评价既要发挥评价的甄别与选拔的功能,同时,更要发挥教育功能、改进与激励功能,使评价的过程成为促进学生提高的过程。课程评价要走出观念陈旧、目标单一、以选拔为主的评价模式,创造出新的激励性和发展性的评价思路和评价方法,保护学生的自尊心和自信心,为每个学生的发展提供广阔的空间。表 2-12 为评价在化学教学实践中所发挥作用的主要变化。

表 2-12　评价在化学教学实践中所发挥作用的主要变化

提　倡	避　免
在发挥改善教师的教学作用上的变化	
将评价和教学结合在一起	仅仅依靠定期的测试
从不同的评价方式和情境中收集信息	仅仅依据一种信息渠道
面向一个更长期计划的目标,收集每位学生进步的证据	仅仅主要针对课程内容的覆盖率制订评价计划
在提供反馈信息、促进学生学习的作用上的变化	
针对化学能力的发展进行评价	仅仅针对特殊事实性的知识和孤立的技能,进行评价
与学生交流他们解化学题的行为和过程,更加关注化学活动的连续性和学生化学理解的深广度	简单地指出答案是否正确
使用多样化的评价手段和工具	仅仅靠单一的测验、考试
学生学会评价自己的学习进步和发展	教师和外部机构是学生学习状况的唯一评判者
在化学学习的成就和进步方面作用的变化	
对照行为标准评价每一位学生的行为表现	仅仅评价学生对特殊的事实性的知识和技能的掌握状况
针对化学能力的发展和情感态度与价值观诸多方面的变化进行评价	仅仅依据学生在化学知识技能上的变化进行评价

目前,化学教育评价的功能还有待于进一步开发。例如,测评的诊断功能应用得还不够广泛;对测评的教学功能还不能有意识地加以应用;对形成性评价与总结性评价怎样更好地结合、相互匹配等问题,还有待于深入研究。

二、目标系统的建立和完善

化学教育评价要以化学教育目标为客观标准,建立化学教育目标系统是化学教育评价的必然要求。中学化学课程标准提倡培养学生"具有健壮的体魄和良好的心理素质,养成健康的审美情趣和生活方式"、"具有社会责任感,努力为人民服务"、"具有初步的创新精神、实践能力、科学和人文素养以及环境意识",用一种整体的观点来全面把握和促进学生的个性发展,知识与技能、过程与方法、情感态度与价值观三者和谐地统一,形成了新的中学化学课程体系。课标已经对化学知识和化学实验技能的水平层次作了比较明确的说明。但课标中提出的"初步学会"、"学会"等表示教学要求的词汇,并没有作明确的界定,不同的教师就会有不同的理解,因此,课标所规定的化学教学目的与要求,还不能作为目标系统使用。

化学新的课程目标对评价提出了新的要求,其中首要的是将促进学生科学素养的全面发展作为化学教学评价的根本目的和宗旨,由此决定了新的评价将不再仅仅评价学生对化学知识的掌握情况,而是更加重视对学生科学探究的意识和能力、情感、态度、价值观等方面的评价。而且,即使是评价学生对化学知识的掌握情况,也更加关注学生对化学现象和有关科学问题的理解与认识的发展,而不再纠缠对概念名词术语和具体细节性事实的记忆背诵,更加重视学生应用所学化学知识分析和解决实际问题能力的考查和评价。

通过认知评价重点的比较,化学新课程对学生的学习评价由过去的唯认知性评价转向对科学素养的评价,由静态结果性评价转向活动过程与活动结果相结合的评价,由一元化的评价目标转向多元化的评价目标。为了学生的发展,教师可根据新课程的要求进行化学教学的评价研究,全面考虑评价的功能、内容、目标、方法、实施及评价结果的呈现、分析及反馈等方面,成为评价的研究者、改革者和实践者。

目前,对化学教育目标系统的研究对于情感领域和实验技能领域内目标的研究比较薄弱;对目标系统的内容、形式等方面还未能取得共识。这些将是今后化学教育测量和评价研究的重点课题之一。

三、测评方法和技术的改进

教育测量的理论、方法和技术逐步用于化学教育测量。1987 年,广东省进行了化学标准化考试试验。教育统计方法和电子计算机技术逐步用于对测量结果的统计、分析过程。对学生测验成绩的统计已经不仅仅满足于平均分、及格率、优秀率等传统数据,标准差、相关系数、标准分等统计量数也开始用于学生成绩的描述;借助电子计算机,能够对测验的信度、效度、难度、区分度等进行统计,甚至进行因素分析,使通过测量所得到的信息更加丰富、全面、系统、准确,提高了评价结果的可靠性。至 20 世纪 90 年代,光电阅读技术已经在全国范围内用于高考阅卷,大大提高了高考阅卷工作的效率和评分的准确性。

新课程提出,以质的评价统整,与量的评价结合,形成多元化的评价方法,利用多种评价方式关注学生的个体差异。传统的课程评价重视指标性评价。由于指标和我们真正要评价的属性并非必然一致,如学生考试的成绩、学校升学率的高低在一定程度上反映了学校的教育质量,但是考试的分数、学校的升学率,绝不是衡量教育质量的唯一因素,因此发展性评价体系应该具有科学性、可行性、灵活性、差异性等特点,体现了当前课程发展的最新思想,同时又是针对我国现行评价工作中存在的问题而提出的。

目前,化学教育实际中测验的改进主要是集中在认知领域,而对情感领域和动作技能领域化学教育目标的测量还缺乏行之有效的工具;教育统计方法的应用还不够广泛,针对化学教育领域的统计分析方法尚未形成;化学教育评价还缺乏代表性好、适用范围广的常模资料或其他能被广泛接受的评价标准。这些也将成为今后化学教育评价研究的努力方向。

案例研讨

化学考核与评估应对学生有全面、公正的客观评价

我国教育历来重视考试成绩。但现今的考试仍以卷面考试为主,考试内容又以知识点为主,这样,不利于学生的个性发展和全面发展。只有涵盖多方面能力考核,才能对学生的素质有一个全面、公正的客观评价,才能将素质教育落到实处。

1. 对学生的信息素养的评价

生活在信息时代的受教育者,仅仅掌握大量事实信息是远远不够的,还应该能够高效地获取信息、准确地评价信息、创造性地使用信息,在化学课堂教学中,引导学生学会收集和利用信息进行学习。例如,在讲原子结构时,组织学生讨论有关电子、原子核、质子、中子的发现过程;讲原子核、同位素时,让学生收集有关核反应、核能、核辐射等内容的信息资料;有时进行课堂辩论,激起学生的参与热情。把学生通过各种渠道(网络、电子媒体、图书馆的书、报、杂志等)收集到的信息资料及参与讨论时的表现(如批判性分析和创造性使用信息的能力)作为成绩记录在案。这种考核方法,促进了学生信息素养的提高。

2. 对学生创造性思维能力和想象能力的评价

学生创造性思维能力和创造性想象能力包括对问题的高度敏感性、思维的灵活性、认识的新颖性。例如,硝酸银与氢氧化钠反应时产生的是棕色沉淀,而硝酸银与氨水反应时产生的却是白色沉淀,这是为什么?这两种沉淀的成分是什么?在讨论这个问题时,可鼓励学生提出多种假设,设计多种方案来验证设想。通过比较筛选,确定其中最优方案,再对学生创造性思维能力和创造性想象能力进行考核评价。评价可以不拘形式,采用演讲或书面报告。教师应积极挖掘学生作品方案中合理的、新颖的具有创造智慧的成分并给予鼓励。

3. 对学生创造性组织与实施活动能力的评价

通过课题小组的方式,加强对学生创造性地组织与实施某种活动能力的培养。例如,学生在暑假承包了一个游泳池的管理,主要负责对游泳池水质卫生的消毒工作。小组成员研究了这个游泳池中应通入多少氯气才能既达到卫生要求又不危害人体健康的方案,并探索了最佳的消毒时间。他们的工作得到泳客们的一致好评,并为游泳馆节省了大量费用。游泳馆采纳他们的实施方案,并作为池水消毒制度固定下来。这项工作让学生充分感受到自己劳动所创造的价值。考评前,每个课题小组写出一份翔实的报告,交给由老师和各课题小组组长组成的考评委员会阅读;考评时,各课题小组派代表上台,讲述本课题的设计思路和实施过程及效果,全班同学参与评审,考评委员会可以提出各种问题以检验其实施效果。然后,老师综合考评委员会的评定,给予评分。

上述案例是一位化学教师对化学课程评价目标和评价方法的探讨,请结合该案例反思自身的评价观。

单元总结

1. 化学教育评价是运用系统的方法，全面收集和处理化学教育教学活动、行为之中的各种信息，从而做出价值评判和改进教育决策的过程。化学教育评价主要涉及化学课程评价、化学教学评价和学生化学学习评价三个基本领域。具有导向、诊断、甄别、选拔、激励、改进、教学等功能，核心功能在于促进学生发展。

2. 化学教育评价分为不同的类型。例如，按评价基准的不同，可分为相对性评价、绝对性评价和个体内差异评价；按评价分析方法的不同，又可分为定性评价和定量评价；按评价内容的不同，可分为过程评价和结果评价；按教育评价功能的不同，可分为诊断性评价、形成性评价和终结性评价；按评价对象和范围的不同，可分为宏观评价、中观评价和微观评价；按评价性质的不同，可分为需要性评价、可行性评价和配置性评价；按评价主客体不同，可分为自我评价和他人评价。

3. 化学教育评价模式主要有行为目标模式、CIPP 模式、目的游离模式、应答模式、自然探究模式等。测验法是常用的量化评价方法，质性评价方法则可采用观察法、访谈法、自我反省、表现性评价、成长记录袋等。

4. 化学学习评价是指有计划、有目的地收集学生在学习化学新知、运用化学的能力和对化学的情感态度与价值观等方面的有关证据，并根据这些证据对学生的化学学习状况或某个课程或教学计划做出判断的过程。

5. 化学教师评价是指以化学教师作为评价对象、以化学教师所从事的化学教育教学活动以及化学教师自身的专业发展能力水平，作为评价的具体内容，以达到某种特定的评价目的的专门的教育评价活动。课堂教学能力可采用自评、他评、学生评相结合的方式进行。绩效考评包括对教师工作结果的考评和对教师工作表现的考评。衡量化学教师专业发展的水平，既要充分考虑教师的内在条件，也要考虑教师的外在条件。

6. 我国化学教育评价研究与实践在评价功能的开发和利用、教育目标系统的建立与完善、测评方法和技术的改进等方面有了一定的发展。

学习评价

1. 如何理解化学教育评价的含义？化学教育评价常用哪些基本方法？
2. 化学教育评价具有哪些功能？化学教育评价一般包含哪些基本内容？
3. 试举出当前化学教育课程改革中的学生化学学业评价的两种常用方法。
4. 根据你的理解，试提出针对中学的化学课堂教学的一个评价标准，并简要说明你评价的侧重点。

第三章　化学教育测量的理论基础

> **学习目标**
> 1. 掌握初步的教育统计知识。
> 2. 理解常模的含义和常见的常模类型。
> 3. 全面把握标准分数。
> 4. 正确理解真分数理论。
> 5. 掌握信度与效度的含义与作用。
> 6. 理解效标和实证效度的含义。
> 7. 掌握实证效度的估计方法。
> 8. 初步理解概化理论和项目反应理论。

现代教育测量理论是指在真分数理论基础上产生的心理测量理论，它们正在走逐步与认知心理学、现代信息技术等相结合的道路。近代以来，化学考试技术不断革新，测验常模、分数标准化、大尺度量表与题库、计算机化的自适应测验等，都是测量理论应用于化学教育实践的结果。

第一节　教育统计知识

> **关 键 词**
>
> 教育统计　变量　抽样　差异量数　集中量数　正态分布　概率　相关性

教育统计学作为一门应用性学科，把数理统计的原理和方法应用于教育问题研究，在教育现象的质和量的统一中专门研究其数量方面的问题。它有助于从一大堆资料中得到数据，从而精确地表达被其描述的事件的性质。对于教育教学研究人员和学校管理人员，教育统计提供了一种进行教育教学评价的手段和探索教育教学规律的科学方法；对于教育行政部门，则通过一目了然的概括数字为制定教育方针提供了科学、可靠的依据。

一、统计资料的收集

教育统计资料的来源是广泛的，但教育研究的目的不在于认识个别、具体研究对象的特点，而在于揭示教育现象的内在本质联系，把握教育的一般规律。限于种种原因，研究常常是用对少量对象进行调查、观察或实验所得结果去揭示上述一般规律，这就有了一个如何收集教育统计资料（即选择研究对象）的问题。

(一) 变量

在教育研究中,在性质、数量上可以变化的量以及测量或操纵的因子或条件,被称之为变量。[①] 如学生的学习内容、年龄、能力等,由于这些并不是固定不变的,故称之为变量。与变量相反的是常数,常数是在一定范围内不会改变的一种量数。如阿伏伽德罗常数等就是常数。

变量依其相互关系,可以分为自变量与因变量。自变量就是实验因素,又称实验因子,它是由实验者操纵的。因变量是一种假定的结果变量,是实验对象在实验因素和其他控制变量的作用下的反应。例如,若一项实验想考查甲、乙、丙三种教学方法的教学效果如何,教学方法就是实验的自变量,教学效果就是因变量。自变量与因变量的相互关系可以表示为函数关系和非函数关系。在一个问题中有两个变量 x 和 y,如果可以表示为 $y=f(x)$ 的关系,则称 x 和 y 是函数关系,即变量 y 是变量 x 的函数。变量 x 叫做自变量,变量 y 叫做因变量。非函数关系称为相关关系,两个变量之间不精确、不稳定的变化关系称为相关关系。

变量根据其所表示的数据的性质还可分为四种类型:称名变量、顺序变量、等距变量和比率变量。称名变量表示事物在属性与类别上的不同。例如,我们把学生按性别分类时,常用数字"1"表示男生,"0"表示女生,以这种方式定义的变量便于在计算机中进行统计分析与处理。顺序变量是根据事物的某种属性对其排序所得到的变量。例如,学生学习成绩的第 1 名、第 2 名……顺序变量既没有相同的单位又没有绝对的零点。等距变量是有相同的单位而没有绝对零点的变量。例如,温度的度数就属于等距变量。比率变量是既有相同的单位又有绝对零点的变量。例如,学生的身高、体重等就属于比率变量。

(二) 抽样

研究课题所明确划定了的范围,即全部应被研究的对象叫做总体(population)。如果对总体中所有个体(individual)逐一进行调查测试就称为普查。如果从总体中抽出一部分个体进行测试,并根据测试结果推断总体的一般特征,就叫做抽样调查。被抽出的个体所组成的集体(子集)则叫做样本(sample)。抽取样本的过程叫做抽样(sampling)。[②]

抽样必须遵循随机的科学原理,保证被研究的总体中的所有个体都有同等被抽取的机会。这是因为判断样本好坏的唯一标准是样本对总体是否有良好的代表性,也就是说抽取的样本应是一个具体而微小的总体。遵循随机化原则抽取样本不仅可以保证样本对总体具有良好的代表性,而且是对观测数据进行统计分析的前提条件。非随机抽取的样本则没有利用概率知识进行统计处理、分析的基础。这种按照随机化原则进行抽样,叫随机抽样(Random Sampling)。随机抽样有以下几种不同的形式。

(1) 简单随机抽样:它是从调查总体中完全随着偶然机会抽取调查个体的一种方法。这种方法的优点是能确保总体中所有个体都有同等被抽取的机会。

(2) 机械抽样(或等距抽样法):是按照一个与研究问题没有直接关系的标志把总体中所有个体加以排列,依一定距离机械地抽取。如在一个 60 人的班级中抽选 12 个学生作为研究的样本,我们可以根据学号,抽选学号的个位数是 5 和 0 的学生。

(3) 整群抽样:每次抽取的都不是个体,而是总体中的某个单位,最后再对被抽取的单位中

[①] 朱德全,宋乃庆.教育统计与测评技术[M].重庆:西南师范大学出版社,2007:13-14.
[②] 李广洲.化学教育统计与测量导论[M].南京:南京师范大学出版社,1998:2-55.

包含的所有个体毫无遗漏地逐一调查或测试,此法实际上是随机抽样与普查相结合。其优点是省时、省力、易于实行,缺点则是代表性太差,故很少采取此法。

(4)分层抽样:把总体中所有个体按照一定的标志(和研究课题有关)分为不同的类型或层次,然后再用简单随机抽样的方法从不同的类型或层次中抽取一定数量的个体组成样本。如若各层次中被抽取的人数比例相等,则称为等比例分层抽样;如若按已知各层次人数比例分布情况分配每一层次被抽取人数的多少,则称为概率比例分层抽样。显然概率比例分层抽样所得样本的代表性高,因为用此法总体中的每个个体被抽选的机会是均等的、随机的,满足了随机抽样的最基本要求。分层时需注意层内样本变异要小,层与层之间变异则要尽可能大一些。

案例研讨

例如从某市七个区初三年级 1049 个班级中分类抽取 200 个班级来了解他们的化学教学情况。该市初三年级的 1049 个班级分布在七个区,各区班级数如表 3-1。按照概率比例分层抽样的方法,首先要求出各区抽取班级的比例,然后以预定抽取的 200 个班级分别乘以各区比例即可得应从该区抽出的班级数。

表 3-1 从某市七个区初三年级 1049 个班级中抽取的班级数

各区的名称	一区	二区	三区	四区	五区	六区	七区	总计
班级数	222	147	216	135	124	125	80	1049
抽取的比例	0.21	0.14	0.20	0.13	0.12	0.12	0.08	1.00
抽取班级数	42	28	40	26	24	24	16	200

至于各区如何从本区的初三年级班级中随机抽取,则可利用随机数表。

以上几种抽样方法中,分层抽样简便易行,充分利用了研究者已有的知识信息,故可花较少的经费、代价,获得高精度的研究结果,是研究中最常用的方法。但是以样本代表值来推断总体,误差(系统误差、随机误差、样本误差等等)必然存在,即使样本容量尽量增大,它的代表值也只是极其接近于总体参数。

抽样方法确定下来以后,样本容量(Sample Size——样本内所含个体数量,用 N 表示)的大小也要予以确定。样本所含个体的多少,不仅会影响研究结果精确度的高低,而且会影响研究所需费用的多少,故要谨慎确定。样本容量超过 30($N>30$)叫做大样本,样本容量小于 30($N \leqslant 30$)叫做小样本(也有以 50 为界之说)。可以用经验法或公式计算法确定样本容量大小。若凭经验确定样本容量,则应注意以下几点:① 分数、智商、反应时间等表现为一串连续数列的计量资料,样本容量可以小一些,而靠点个数获得的计数资料则需适当增大一些;② 总体中个体之间变化大、差异较明显的,样本容量要大一些,反之则可小一些;③ 影响个体的因素较为复杂、多变时,样本容量要大一些;④ 花费少、简便易行的研究(如问卷调查)可适当增加样本容量,而花费多又难于进行的研究(如实验、谈话等),样本容量可减少一些;⑤ 不重复抽样的样本容量可小一些,而重复抽样的样本则要大得多才能达到同样高的精确度。

二、统计资料的整理

原始数据的整理就是依据研究任务的要求,对收集来的大量观测数据进行初步加工整理,使之系统化,成为能够表明事物总体构成的全面资料,从而可以提供大量规律性知识和有用信息。

(一) 分组

分组是根据研究任务,将所研究的现象按照一定标志区分为不同类型或不同性质的组。通过分组,可以对各种类型的数字资料进行分析研究。标志是统计总体中的个体所具有的属性或特征,分组标志可分为品质标志和数量标志,它的选择是进行统计分组的关键,必须根据研究的具体目的选择能够反映所研究现象之本质的标志。若按一个标志分组称为简单分组,如按性别研究学生的学习情况,如果再按年龄、家长职业等标志来分组就是复合分组了。按数量标志分组时可以将邻近的若干量数按一定组距来分组,这被称为组距式分组。

(二) 汇总

资料汇总就是把总体中各个体的指标数值归纳到各组中去,并计算出总体和各组的个体数(次数)及指标数值的总计数。

(三) 描述性统计

1. 统计图、表

统计表把所研究的现象和过程的数字指标用表格形式呈现,避免了冗长的文字叙述,便于各项目之间相互关系的比较,易看出规律性的东西,也便于进一步计算和检查。统计表的基本形式是次数分布(Frequency Distribution),即总体中所有个体在各组中的分布情况的一系列数字。可分为:① 简单次数分布表;② 相对次数分布表;③ 累积次数分布表;④ 累积次数的百分比分布表等。统计表一般都包括标题、标目、线条、数据和表注等几个部分。

编制次数分布表可按如下步骤:① 找出全距;② 确定组数和组距(组数以 10 组为宜,组距则以 3、5、7 等单数为宜;③ 列出组限;④ 将数据归组(划记)。根据某市一所中学高二年级 144 名学生某次(2012 年秋)化学考试成绩制成的次数分布和累积次数分布表,见表 3-2。表中的上累是指数据从下向上逐步累积,下累则是数据从上向下逐步累积。依据此表可以很方便地找出学生成绩在若干分以上的人数、百分比以及若干分以下的人数、百分比。如 90 分以上的有 9 人,占总数的 6.25%;60 分以下的有 22 人,占总数的 15.27%。

表 3-2 144 名学生化学成绩的次数分布和累积次数分布表

组别	组中点	次数	相对次数	上累 次数	上累 百分比	下累 次数	下累 百分比
90~100	95	9	0.0625	144	100.00	9	6.25
80~90	85	28	0.1944	135	93.74	37	25.69
70~80	75	40	0.2778	107	74.30	77	53.47
60~70	65	45	0.3125	67	46.52	122	84.72
50~60	55	12	0.0833	22	15.27	134	93.05
40~50	45	5	0.0347	10	6.94	139	96.52
30~40	35	4	0.0278	5	3.47	143	99.30
20~30	25	1	0.0069	1	0.69	144	100.00
总计		144	1.000				

次数分布除用表表示外,还可以用图示。图示可以使统计人员一目了然地综合全盘事实。一般图示多用直方图和多角图两种。根据表 3-2 的数据作出的次数(相对次数)多角图见图 3-1。

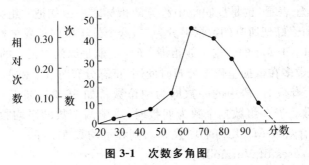

图 3-1 次数多角图

2. 集中量数(Measures of Central Tendency)

原始的数据资料,如人们所常用的数量化学业成绩——考试分数,经过整理汇总之后,可以看出有集中的趋势,也就是说在次数分布中所有的考分数据都环绕着某一重心位置。集中量可以说是一组数据资料的代表值——代表了这些数据的典型水平,反映了这些数据资料次数分布中的集中趋势。常用的集中量数有平均数、中位数等。

(1) 平均数

平均数包括算术平均数、加权平均数、几何平均数和调和平均数。算术平均数简称均数(常用 M 或 $\overline{X}$ 代表样本均数,μ 代表总体均数),表示一组已知性质相同的数据的集中趋势,用它来说明的是共性——样本或总体内被平均标志的一般水平。通过计算平均数,人们可以比较不同组数据之间的差异。

计算公式如下:

对未分组的数据资料: $M = \sum X / N$ (公式 3-1)

对简单次数分布资料: $M = \sum (fX)/N$(式中 $N = \sum f$) (公式 3-2)

加权算术平均数常用符号 M_W 表示: $M_w = \sum(WX)/\sum W$ (公式 3-3)

式中,W 被称为"权",相当于 $M = \sum(fX)/N$ 式中的 f。W 反映了一个数列中各项数目的不同比重,"权"愈大,其相应数值所起的作用亦愈大;反之,作用就愈小。M_W 在实质上是算术平均数的另一种形式。我们平时计算学生的学期成绩时,往往规定平时占 10%,期中占 30%,期末占 60%,这实际上就是在确定"权"的大小。

M_W 可以用于已知两个以上不同集体的平均成绩,求它们的总平均成绩。

 案例研讨

某校高二两个班化学期中测验,理科班 46 人,均分 87.2 分;文科班 58 人,均分 70.4 分。求两个班的总平均分。

解: $M_W = \dfrac{46 \times 87.2 + 58 \times 70.4}{46 + 58} = 77.8$

显然不能不考虑两个班的学生人数,简单地把两个班的平均分相加除以 2。若那样,总平均分就变为 78.8 分。

M_W 还可以用来较为合理地比较学生的平均成绩。

(2) 中位数

中位数常用符号 M_d 表示，也是反映集中趋势的指标之一。如把一组数据按数值大小顺序排列，处于中间位置的数值恰好把所有的数据一分为二，这个处于中间位置的数值即可认为是中位数 M_d——这时大于 M_d 和小于 M_d 的数据个数相等。M_d 可能是原始数据中的某一个，也可能根本就不是原来有的数。中位数多在数据呈偏态分布时使用（正态分布时 M_d 和 M 合二为一）。

当一组数据个数为奇数时，居中的一数即为中位数。如 96,94,86,80,70,60,55 这七个数，80 居中，故 80 为中位数。当一组数据个数为偶数时，居中两个数的平均数即为中位数。除以上所介绍的集中量外，还有众数 M_o、几何平均数 M_g、调和平均数 M_h 等。

3. 差异量数（Measures of Variability）

大量原始数据资料（如考分）有环绕某重心位置的集中趋势，也有着环绕该重心位置的分布范围。用来概括、规定这一分布范围的统计量数被称为差异量，显然差异量表明了这众多数据的离散程度。就某个整体而言，集中量（均数）自然反映了该集体的典型水平，差异量则反映了该整体中个体的整齐程度。

差异量可分为相对差异量和绝对差异量两类。绝对差异量有全距（两极差）R，四分差 QD，平均差 AD，标准差 S；相对差异量则有差异系数 CV 和偏态系统 SK。

常用 S 表示样本标准差，σ 表示总体标准差。标准差是常用的描述数据离散趋势的统计量之一，它是以均数为依据而求得的差异量。标准差的数值越大，该样本中数据的离散趋势就越大，均数 M 的代表性就愈小；标准差的数值越小，该样本中数据的离散程度就越小，均数 M 的代表性就越大。

计算公式如下：

$$S = \sqrt{\frac{\sum(X-M)^2}{N}}$$ （公式 3-4）

标准差 S 是比较科学、完善的差异量，能反映全部数值的差异情况，适合于代数方法运算，受抽样变动的影响较小。标准差多和均数结合起来使用，其缺点是计算较难，特别是在样本规模很大的时候。另外结果也容易受到两端极值的影响。

4. 相关量

两个或两个以上变量，它们的若干对（组）观测数据之间可能存在着数学上所描述的某种函数关系（这时它们相互之间呈现一种完全确定的关系），也可能存在着一种不确定的关系——彼此之间在某种程度上的相互联系，显然，这种相互联系是通过总体中的大多数表现出来的一种统计关系，我们称这种相互联系为"相关"。如我们在日常的化学教学活动中体会到诸如语文、数学、物理等学科知识的掌握会影响到化学知识的掌握程度，要探讨这些学科学习之间关系的密切程度，就要用到相关知识。再如我们如果要评价一次化学测验，要计算信度等质量指标，这其中也涉及相关知识的应用。

若从变量变动的方向来分，则有正相关、负相关和零相关。

正相关（Positive Correlation）：两相关的变量中，若其中一个变量增加，另一个变量也随之增加；或其中一个变量减少，另一个变量也随之减少。在相关散布图中，分布方向是从左下方向右上方伸展（图3-2甲）。

负相关（Negative Correlation）：两相关的变量中，若其中一个变量增加，另一个变量反而减少;若其中一个变量减少,而另一个变量反而增加。在相关散布图中,分布方向是从左上方向右下方伸展(图 3-2 乙)。

零相关(Zero Correlation):两变量中,当其中一个变量增减时,另一个变量不发生变化,即其中某一个变量增减对另一个变量的影响很小。从散布图看分布方向是与横坐标相平行(图 3-2 丙)。

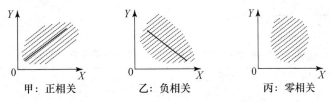

图 3-2　各种相关的(二元)散布图

所谓相关散布图(Scatter Diagram)就是根据两个变量成对的数据在平面上描点所做的图,其主要功用则是作为相关分析的初步工具。若散布范围广阔,则表示相关程度小;若散布范围狭窄,则表示相关程度大。若散布点分布形状为一椭圆形,中心密集,两端细长分散,则这种相关表现为直线趋势,且椭圆形越窄,相关程度越高。若散布点分布呈现出弯月状,则这种相关表现为曲线趋势。

正相关、负相关和零相关可以用图形表示出来,也可通过相关系数表示出来。根据数据资料的性质和分布情况相关系数有多种:积差相关系数 r(总体则用 ρ 表示),等级相关系数 r_R,点双列相关系数 r_{pbi} 等。这些都是简相关的,另还有复相关中的偏相关系数,如 $r_{12.3}$,$r_{12.34}$ 等。

(1) 积差相关(Product-moment Correlation)

积差相关系数适用于来自正态总体的两连续变量。

计算公式如下:

$$r=\frac{\sum xy}{NS_XS_Y}=\frac{\sum[(X-M_X)(Y-M_Y)]}{NS_XS_Y} \quad (公式 3-5)$$

上式中:x 为 X 数列的各量数数据与平均数之差,$x=X-M_X$;

y 为 Y 数列的各量数数据与平均数之差,$y=Y-M_Y$;

S_X 为 X 数列的标准差,S_Y 为 Y 数列的标准差,N 为数据对数(样本容量)。

由于 x 和 y 都是离差,因此 xy 被称为积差,$\frac{\sum xy}{N}$ 则被称为协方差(COV,Covariance)。

相关系数的符号"+"表示两变量变化方向一致,即正相关;"-"表示变化方向相反,即负相关。至于相关系数的绝对值,则表示了两变量之间关系的密切程度。相关系数的值介于 ±1 之间。表 3-3 为相关系数的值 r 所代表的相关程度。

表 3-3　相关系数的值 r 所代表的相关程度

相关系数的值 r	-1.0	0.0	0.0~0.3	0.3~0.5	0.5~0.7	0.7~0.9	0.9~1.0	1.0
相关程度	完全负相关	完全无关	低	普通	显著	高	极高	完全正相关

r 的计算公式在样本容量较小($N\leqslant 30$)时可靠程度不高,这是因为相关描述的关系是一种统计关系(故相关又被称为统计相关),而统计关系只有在样本容量足够大时才能显示出来。

即使从总体相关系数 $\rho=0$ 的总体中随机抽取样本，由于抽样的偶然性所造成的抽样误差，计算出的样本相关系数 r 的数值也有可能不等于零。故不能直接根据样本相关系数 r 数值的大小对变量 X 和 Y 之间关系的密切程度作出判断。因此在计算出样本的 r 值以后，一般还要作假设检验。

 案例研讨

表 3-4　15 个学生物理与化学成绩的相关系数计算表

编号	物理成绩 X	化学成绩 Y	X^2	Y^2	XY
1	31	32	961	1024	992
2	23	8	529	64	184
3	40	69	1600	4761	2760
4	19	21	361	441	399
5	60	66	3600	4356	3960
6	15	41	225	1681	615
7	46	57	2116	3249	2622
8	26	7	676	49	182
9	32	57	1024	3249	1824
10	30	37	900	1369	1110
11	58	68	3364	4624	3944
12	28	27	784	729	756
13	22	41	484	1681	902
14	23	20	529	400	460
15	33	30	1089	900	990
Σ	486	581	18242	28577	21700

（注：此次成绩满分各为 70 分）

$$r = \frac{21700 - 486 \times 581/15}{\sqrt{18242 - 486^2/15} \times \sqrt{28577 - 581^2/15}} = 0.739$$

检验：此例中 $N=15$，$r=0.739$；

　　查表　$\alpha=0.05$ 时，$\rho_{0.05}(13)=0.514$；

　　　　　$\alpha=0.01$ 时，$\rho_{0.01}(13)=0.641$。

（括号中的 13 为自由度 df，$df=N-2$）

$\rho_{0.05}(13)=0.514$ 的意思是当自由度 df 为 13 时，零相关总体的相关系数 $|\rho|<0.514$ 的可能性为 95%。此时根据样本数据计算而得的 r 数值若小于查表得到 $\rho_\alpha(N-2)$ 的值，则说明求得的 r 可靠程度不高，该样本有可能来自零相关总体，所以有此数值则可能是误差因素引起的。

案例中 $r=0.739>0.514=\rho_{0.05}(13)$。这说明样本所来自的总体在 95% 的可靠程度上和零相关总体有显著差异，故可以用该样本的 r 值作出解释。

积差相关系数是一个很有用的教育统计量。用它可以测量某个学生集体任意两门课程学习成绩间的相关情况,如数学课成绩与物理课成绩的关系,但要注意排除共变因素的影响。也可用它来研究某个集体中学生成绩的变化情况。另外在选取适当的"效标"以后,可用它来研究课程考试的信度乃至效度;以整份试卷为背景,计算试题的区分度,以作为筛选试题的依据,等等。

(2)等级相关(Rank Correlation)

当两列数据是等级次序时,两变量的总体分布也不一定是正态分布,这时用等级相关系数 r_R 表示这两变量的相互关联程度。这里介绍斯皮尔曼二列等级相关。计算公式如下:

$$r_R = 1 - \frac{6\sum D^2}{N(N^2-1)} \quad \text{(公式 3-6)}$$

式中,N 为成对数据的个数;D 为对应的两个等级数据的秩次(即带序数的等级)之差,$D = R_1 - R_2$。

计算等级相关系数时,只考虑数据所在位置。如果所给的是定性等级,则需要将其转换成定量等级。转换的方法是:先按定性等级的顺序排序数(最大的序数等于数据的个数),然后对它们赋秩次。在赋秩次时,对相同的等级要赋予它们序数的平均值作为它们的共同秩次。

案例研讨

某省的一次高中化学竞赛中,两位老师独立地对 10 名参加决赛考生的化学实验操作进行五级评等,结果见表 3-5。

表 3-5 等级相关系数计算表

考生号	教师甲		教师乙		D	D^2
	等第	秩次	等第	秩次		
1	优	2	良	3.5	−1.5	2.25
2	中	7.5	中	5.5	2.0	4.00
3	及	9	差	9.5	−0.5	0.25
4	良	5	良	3.5	1.5	2.25
5	优	2	中	5.5	−3.5	12.25
6	差	10	差	9.5	0.5	0.25
7	良	5	优	1.5	3.5	12.25
8	优	2	优	1.5	0.5	0.25
9	中	7.5	及	7.5	0.0	0.00
10	良	5	及	7.5	−2.5	6.25
合计					0.0	40.00

对于这 10 位考生,教师甲给了三个"优",这三个"优"应该排的序数是 1、2、3,故以这些序数的平均值 $(1+2+3)/3 = 2$ 作为"优"级的共同秩次;"良"出现了三次,故"良"级的秩次为 5;2 个"中",对应的秩次为 7.5;一个"及",秩次为 9;而"差"的秩次则为 10。对教师乙给的定性等级作同样的"排序赋秩"工作,将结果填入上表。这样就完成了定性等级向定量等级的转化。

所以 $r_R = 1 - \dfrac{6\sum D^2}{N(N^2-1)} = 1 - \dfrac{6 \times 40}{10(100-1)} = 0.76$。

(3) 点双列相关(Point Biserial Correlation)

点双列相关系数 r_{pbi} 适用于 X、Y 两变量中,一为来自正态总体的连续变量,另一为真正的二分名义变量(如对与错、合格与不合格、男与女等)。计算公式为:

$$r_{pbi} = \frac{M_p - M_q}{S_t}\sqrt{pq} = \frac{M_p - M_q}{S_t}\sqrt{\frac{n_p}{n_q}} \qquad \text{(公式 3-7)}$$

式中,M_p 为 p 部分的 X 数列的均数;M_q 为 q 部分的 X 数列的均数;S_t 为连续变量 X 数列的标准差;p 为二分变量 Y 中某一值的比例;q 为二分变量 Y 中另一值的比例($q=1-p$)。

资料卡片

表 3-6　10 名学生某次化学考试的总分及其性别如下

考生号	1	2	3	4	5	6	7	8	9	10
性别	M	F	F	F	M	F	F	M	F	M
分数	70	70	60	30	55	40	60	75	90	100

根据表中数据:

男生比例:$p=4/10=0.4$,女生比例:$q=1-0.4=0.6$,

男生平均:$M_p = \frac{70+55+75+100}{4} = 75$,女生平均:$M_q = \frac{70+60+30+40+60+90}{6} = 58.3$,

考分标准差 $S_t = 21.1$,所以 $r_{pbi} = \frac{75-58.3}{21.1}\sqrt{0.4 \times 0.6} = 0.39$。

r_{pbi} 是积差相关系数的一种简便形式,$-1 \leqslant r_{pbi} \leqslant 1$。其显著性检验亦可用"积差相关系数显著性临界值表"。

对于上例,查"积差相关系数显著性临界值表"可得 $\rho_{0.05}(8)=0.632$、$\rho_{0.01}(8)=0.765$,均大于计算而得到的 r_{pbi} 的值,故可认为该次化学成绩和性别没有明显的相关。

相关系数只描述了两变量之间的变化方向以及密切程度,但并未揭示两者之间的内在本质联系。因此,两变量相关也并不意味着它们相互之间存在因果关系,只意味着两个变量变化一致性的程度。

(四) 推断性统计

1. 概率(Probability)

在相同的条件下存在多种可能的结果,而究竟出现哪一种结果无法事先确定的现象叫随机现象。例如,抛向空中的一枚硬币落地结果可能是正面朝上,也可能反面朝上;对于一道客观选择题,单靠猜测,则有可能猜对,也有可能猜错;这些都属随机现象。其中出现的各种可能的结果称为随机事件,简称事件。

就个别试验和观察而言,时而出现这种结果,时而出现那种结果,呈现着一种完全的偶然性,难以体现出其中的规律性。但如果进行多次试验和观察,事件的出现情况就能体现出一定的规律性。如向上抛掷硬币的试验,若硬币质地均匀,那么出现正面和出现反面的可能性都是 50%。历史上很多人做过这个试验,结果表明,抛掷次数越多,出现正面的可能性越来越近于一个稳定值(50%),这说明随机事件发生可能性的大小是随机事件本身固有的,不随人的意志而改变。人们把随机事件 A 发生可能性的大小称为随机事件 A 发生的概率(Probability),记做 $P(A)$。概率分先验概率和经验概率。

先验概率(Prior Probability)又称作古典概率。对于先验概率来说,概率是一种比率,比率的分子代表事件成功或失败的次数,分母代表事件可能发生的总次数。在这里,人们在事前就已经知道可能影响事件出现的种种事实,能事先决定事件的概率,并且可利用研究对象的物理或几何性质具有的对称性,事先确定事件发生的概率。如抛硬币,出现正面的先验概率为 1/2。

经验概率(Empirical Probability)又称为后验概率或统计概率。当事件的成功或失败事前无从知道,因而无从推算成功的概率时,只有借助于试验或调查来估计事件发生的概率,此即经验概率。它实际上以经验为根据。例如事件 A 在 N 次试验中发生(成功)n 次,比值 n/N 就被称为事件 A 发生的相对次数。若事件 A 发生的总次数 N 无限增大,此时相对次数 n/N 的极限(亦即稳定值)就被称为在单一的试验中事件 A 发生(成功)的概率。

$$P(A) = \lim_{N \to \infty} n/N \tag{公式 3-8}$$

任何随机事件 A 发生的概率总是大于或等于零,小于或等于 1,即 $0 \leq P(A) \leq 1$。概率等于零时,该事件为不可能事件,概率等于 1 时,事件为必然事件。

概率的两个基本定理为:

(1) 加法定理: $P(A_1 + A_2 + \cdots + A_n) = P(A_1) + P(A_2) + \cdots + P(A_n)$ (公式 3-9)

几个互不相容的事件中至少有一个发生的概率等于这几个互不相容的事件概率之和。

(2) 乘法定理: $P(A_1 A_2 \cdots A_n) = P(A_1) \times P(A_2) \times \cdots \times P(A_n)$ (公式 3-10)

几个相互独立的事件同时发生的概率等于它们各自发生的概率之乘积。

案例研讨

一份化学试卷由 10 道 4 选 1 的单项选择题组成,考生全凭随机猜测得满分的概率有多大?

若 A_i 表示[该生猜对第 i 题]这一事件($i = 1, 2, \cdots, 10$),显然事件 A_i($i = 1, 2, \cdots, 10$)相互独立,若就某一题而论,猜对的概率 $P(A_i) = 1/4$。故根据乘法定理,A_i($i = 1, 2, \cdots, 10$)同时发生的概率为

$P(A_1 A_2 \cdots A_{10}) = P(A_1) \times P(A_2) \times \cdots \times P(A_{10}) = (1/4)^{10} = 0.000000954$

可见对于一份只有 10 道四选一单项选择题的试卷,要想凭猜测完全答对,也几乎是不可能的。实际上,全凭猜测答对 6 题或 6 题以上的可能性也只有 0.0193,不到 2%。因而,随着试题数量的增加,考生要凭猜测得高分几乎是不可能的。

2. 正态分布(Normal Distribution)

进行某种试验,可能会有各种不同的结果,例如调查每天到图书馆看书的人数 X。显然,如果进行一次观察,变量 X 究竟取什么数值完全是偶然的。像 X 这种以偶然方式(随机方式)取值的变量被称为随机变量。有的随机变量的可能值是离散的,可以一个个数出来,称为离散型随机变量;而另外一些随机变量的可能值则是连续的,可以充满某一区间,例如气温,从最低气温到最

高气温中间的每一个数值均可能取到,这样的随机变量则被称为连续型随机变量。

经研究发现,连续随机变量在随机因素的影响下能取种种不同的数值,虽然人们不能确切地预言变量取什么值,但变量的值落在任一区间的可能性的大小(概率)是确定的,其分布可用正态分布(意为"正常状态下的分布")曲线函数加以描述:

$$Y = f(X) = \frac{1}{\sigma\sqrt{2\pi}} \exp\left[\frac{-(X-\mu)^2}{2\sigma^2}\right]$$ (公式3-11)

式中,X 为连续随机变量,X 的可能值($-\infty < X < +\infty$);Y 为相应的函数值(此时 Y 轴尺度为相对次数,亦称频率,频率总和为 1),也就是曲线在 X 点的高度。$X = \mu$,$Y_{max} = f(\mu) = 1/(\sigma\sqrt{2\pi})$;$X \to \infty$,$Y = f(X) \to 0$。$\mu$ 为连续随机变量 X 的均值,称为正态曲线的位置参数,μ 值越大,曲线越往右移。σ^2 则为 X 的方差($\sigma > 0$),σ 称为正态曲线的形状参数,σ 越大,曲线越扁平;σ 越小,曲线则越陡峭。因此,正态分布是一簇分布。曲线下 c、d 间的面积(阴影部分)在数值上就等于随机变量 X 出现在 c、d 间的概率(见图3-3)。整个曲线左右关于 μ 对称,两头小、中间大,形态端正,有些像平放的钟。这时我们说连续随机变量 X 服从参数为 μ、σ^2 的正态分布(故 X 又被称为正态变量),简记为 $X \sim N(\mu, \sigma^2)$。大量实践证明,人的能力呈正态分布。根据研究,考试或测验的分数分布从整体上看符合正态分布,其概率分布曲线也呈正态,即 $X \sim N(\mu, \sigma^2)$。其中 X 表示考试成绩分数,μ 是均分,σ^2 是方差。

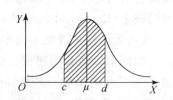

图3-3　正态发布 $N(\mu, \sigma^2)$ 的函数曲线

若 $\mu = 0$,$\sigma = 1$,上式变为 $Y = 1/\exp(-X^2/2)$,此时则称随机变量 X 服从标准正态分布,该分布图形对称于 Y 轴,称为标准正态分布曲线。

除上述概率和正态分布的统计外,推断统计还包括总体平均数的估计、统计检验、总体比率推断、方差分析、聚类分析、非参数检验等。

第二节　常模理论

关键词

常模　发展常模　组内常模　标准分数　智商

一、常模的含义

常模就是测验所应该测察的被试群体在所测特性上的一般水平或水平分布状态。[①]这种被测量的人的内部心理特质,并非随意所指特质,而是某特定群体在一定时段内普遍地、稳定地存在着的心理特质,如人格和智力等。要弄清楚某一普遍稳定的基本心理特质在某特定群体中的一般水平或水平分布状态,就要坚持客观原则与态度,采取严格科学的方法去探求。

---

① 漆书青.现代测量理论在考试中的应用[M].武汉:华中师范大学出版社,2003:106.

常模建立起来之后，是为解释测验分数服务的。用附有常模资料的测验来测任一具体个体，此个体在测验上的分数，就可以去跟常模资料作比较，也就是去跟特定群体在所测特质上的一般水平或水平分布状态作比较，看看是高于还是低于常模样组的一般水平，究竟高多少或低多少，从而参照着常模样组来说明其水平的优劣高下。所以，常模参照测验解释分数的意义，就是要去说明所测个体水平在所参照团体中的相对地位。常模参照测验分数，是一种相对评分分数，所测被试分数的意义是由他跟其他被试水平相互比较的关系来确定的。

常模是解释分数意义的参照体系，是对个体作出相对意义评定的实际依据。按照这种作为依据的"被试群体一般水平或一般水平分布状态"的具体形式的差别，它可分为发展常模与组内常模两个大类，而发展常模还包括年龄常模与年级常模两个子类，组内常模也包括百分等级常模与标准分数常模两个子类。

二、发展常模

发展常模就是某类个体正常发展进程中特定阶段的一般水平。年龄常模，就是那些随年龄增长而变化的心理特性的、某特定年龄段上正常个体的一般水平。在比纳智力测验中，用这个年龄段上绝大部分个体（如80%～85%的个体）都能答对的测验项目来代表。在比纳之后，人们为了使被试测值跟正常发展水平比较后的结果能更好地予以量化，提出了智商（IQ）的概念。智商就是被试的智力年龄与生理年龄的比，即

$$IQ = \frac{智力年龄}{生理年龄} \times 100 \quad (公式3-12)$$

当IQ为100时，说明智力发展正常；大于100，则智力得到了加速发展；小于100，智力发展滞后。

年龄常模通常用一个特定年龄学生在测验中获得的分数的平均数或中位数表示。年级常模就是一个特定年级学生在测验中取得的分数的一般水平。发展常模直观好懂，但也有不足：一是认知、心理运动或情感特征在整个年龄或年级范围内的发展并不完全均衡。年龄和年级常模错误地暗示被测试能力的增长比率每年都不变。二是所得年级当量常易引起误解。

三、组内常模

由于前述发展常模颇显不足，人们就努力开发组内常模。组内常模在解释被试分数时不再简单地只使用一般水平值，而是使用整个被试群体（常模样组）在所测特性上的水平分布状态。这样，将被试个体所得分数去跟被试群体（实际上是常模样组）的整个分布状态作对比，就可准确确定被试水平在所测群体中的相对地位而获得相应的地位量数。比如是分布的上尾端还是下尾端，抑或中部等，从而确定其优劣。

资料卡片

一般认为，在考试领域内，人的能力高低，学生成绩好坏的考评结果基本上都是呈正态分布或近似正态分布的。

在已知参加考试的全体学生分数分布接近正态的前提下，学生集体的分数分布可能会呈现出图3-4所示的几种典型形态。

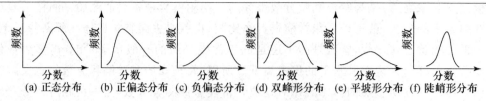

图 3-4 常见的考试分数的频数分布曲线

(1) 正态分布。说明测试结果与学生的实际状况一致,各种难度的项目比例合理,如图 3-4(a)所示。

(2) 正偏态分布。说明试题难度偏高,如图 3-4(b)所示。呈这种分布的试题有利于将成绩优秀的学生和中等程度的学生区别开,但不利于将中等程度的学生和成绩较差的学生区别开。

(3) 负偏态分布。说明试题难度偏低,如图 3-4(c)所示。呈这种分布的试题有利于将成绩较差的学生和中等程度的学生区别开,但不利于将中等程度的学生和成绩优秀的学生区别开。

(4) 双峰形分布。说明试题存在两极分化现象,即难度偏高的和难度偏低的项目较多,而中等难度的项目偏少,项目难度的分布缺乏梯度,不够合理,如图 3-4(d)所示。呈这种分布的试题可以区别中等程度的学生,但不利于区别出成绩优秀的学生和成绩较差的学生。

(5) 平坡形分布。说明试题中各种难度的项目比例接近,梯度较大,如图 3-4(e)所示。呈这种分布的试题区分度较高,但分数之间的差异偏大。

(6) 陡峭形分布。说明试题中等难度的项目较多,梯度偏小,如图 3-4(f)所示。呈这种分布的试题几乎不能将不同程度的学生区分开,分数分布过于集中。

整个常模样组所测特性水平的分布状态,可以用次数分布表来刻画,这样其地位量数就可以采用百分等级;也可以用分布的某些参数来刻画,因而其地位量数就可以采用标准分数(即 Z 值)。因此,组内常模的具体形式就有百分等级常模与标准分数常模这两个子类。

(一) 百分等级常模

百分等级是指在常模团体中,某个分数以下的人数的百分比。百分等级分数是把常模团体的全体学生分为 100 份,按被评学生的原始分数换算出其在常模团体中的相对位置后所得到的一种导出分数,常用 PR 表示。例如,某学生在一次化学考试中的原始成绩转化为百分等级分数 $PR=75$,则表明在全体学生中有 75% 的人低于该生的分数。PR 越小,表明所处的相对位置越低,成绩越差。

百分等级常模求取的步骤是要对实测资料按科学要求编制出次数分布表,再按如下公式求取指定的测验分数所对应的百分等级,或指定的百分等级所对应的测验分数,即

$$PR = \left(\frac{f(X-L_b)}{i} + F_b\right)\frac{100}{N}, \quad \text{(公式 3-13)}$$

$$X = L_b + \frac{\frac{PR}{100}N - F_b}{f}i, \quad \text{(公式 3-14)}$$

式中,X 是测验分数,PR 是百分等级,L_b 是指定的测验分数或指定的百分等级所在组的下限,F_b 是到上述下限时的累积次数,f 是所在组的次数,i 是组距,N 是常模样组的容量。

无论测验分数的分布是何种形态,都可以用百分等级表示某学生在团体中的相对位置。可以用百分等级分数来比较一个学生两次测验的成绩,也可以比较两个团体的测验成绩。与教学中常用的排名次相比,百分等级分数更具一般意义。因此,它在实际教学中的应用十分广泛。

(二) 标准分数常模

百分等级这种具有通用价值的相对地位量数,由于是不等单位的,故只具可比性而无可加性。能否找到一种形式的组内常模,其取值是等距量尺上的值,既有可比性又有可加性呢?这种组内常模就是标准分数常模。

求取标准分数常模,首先也是将所编测验向常模样组施测,以获得实测资料;然后按实测资料求出其平均数与标准差。

假定就初中化学方程式书写测验来说,能求得平均数$\overline{X}=34.58$,标准差$S=9.48$。按下式就能确定指定的测验分数的标准分数

$$Z = \frac{X - \overline{X}}{S}, \quad \text{(公式 3-15)}$$

式中,Z为标准分数,X为原始分数,$\overline{X}$是原始分数的平均数,S为原始分数的标准差。

标准分数具有以下性质:

(1) 一组标准分数的平均分为0,标准差为1。

(2) 标准分数的绝对值表示某一原始分数与平均分的距离,标准分数的正、负表示原始分数是在平均分之上还是之下。

(3) 标准分数的分布与原始分数的分布相同。如果原始分数的分布是正态或接近正态,则标准分数的分布范围在$-3 \sim +3$。

(4) 在原始分数的分布是呈正态或接近正态时,标准分数和百分等级分数有对应关系。如果知道某学生的Z值,可以直接查正态分布表,Z值所对应的正态曲线下面积比例乘以100便是该分数的百分等级,如果已知百分等级,也可查正态分布表找到其对应的Z值。

假定4名被试在3科学业成就测验上分数如表3-7所示,按原始分累加求和总成绩是丁>甲=丙>乙;按标准分数科学地组合其总成绩是丁(2.4621)>乙(1.2761)>甲(0.9076)>丙(0.6458)。

表3-7 多个测验分数不同组合法的对比

	常规		原始分数				Z值			
	X	S	甲	乙	丙	丁	甲	乙	丙	丁
语文	81.5	8	85	90	76	80	0.4375	1.625	-6.875	-1.875
数学	89.5	13	92	80	96	103	0.1923	-0.7308	0.5000	1.0385
化学	72.5	9	75	81	80	87	0.2778	0.9444	0.8333	1.6111
总成绩($\sum$)			252	251	252	270	0.9076	1.2761	0.6458	2.4621

表3-7说明,按原始分累加求和最差的乙,按标准分科学组合后显著优于甲与丙,位居第二;按原始分累加求和相等的甲与丙,按标准分科学组合后甲也明显优于丙。所以,直接用原始分累加求总分,常常会歪曲事情的本来面目。

资料卡片

标准分数 Z 值会出现负值且常有多位小数,使用时易引起一般公众的误解,还会带来计算上的不便,因而可进一步作线性变换,使其在形式上表现为不含多位小数的正值。线性变换只对数据形式作出参照点的"平移"与单位的"放缩",因而不会改变问题的实质。线性变换的通式为:

$$Z' = AZ + B (A \text{ 表示标准差}, B \text{ 表示平均数})。$$

美国大学入学考试委员会使用的标准分数是:

$$CEEB = 100Z + 500。$$

著名的托福(TOEFL)考试,按下式报告考试成绩:

$$TOEFL 分数 = 70Z + 500。$$

许多心理测验使用的一种叫 T 分数的标准分数是:

$$T = 10Z + 50。$$

还有一些心理测验其分量表的标准分数是:

$$量表分 = 3Z + 10。$$

我国出国人员外语考试的标准分数是:

$$EPT = 20Z + 90。$$

第三节 真分数理论

关 键 词

真分数 信度 信度指数 信度系数 观察分数 误差分数

一、真分数理论概述

(一) 真分数理论模型及其假设

真分数理论模型是参照物理量测量分析框架而建立起来的。真分数即测量中不存在测量误差时的真值或客观值,其操作定义就是无数次测量的平均值,①通常用 T 表示。观察分数是真分数与误差分数的和,或者说,真分数是观察分数与误差分数的差。所以,真分数理论的基本方程式为

$$X = T + E, \quad (公式 3-16)$$

式中,X 是观察分数,T 是真分数,E 是误差分数。

这一真分数模型建立在如下三个假设的基础上。

假设Ⅰ:真分数不变,是一个常数。

虽然公式 3-16 是一个随机变量模型,但在讨论问题时所涉及的时空范围内,所测的每一个

---

① 金瑜.心理测量[M].上海:华东师范大学出版社,2001:175.

体被考察特质的取值,都只能假定它是不变的,是一个确定值。一般认为,在未经筛选的大群体中,基本心理特性如智力水平和人格的内外倾特点等,取值分布均服从正态。

假设Ⅱ:误差是完全独立、期望为零的正态随机变量。

这里只关注随机误差,而把系统误差当做可以识别与控制的东西来对待。或者说,即使控制不了,也可将其值测量出来而从结果中减去。根据这一假设可有:$\varepsilon E = 0$,即误差分数的期望为零;$\rho(T, E) = 0$,即误差分数跟真分数的相关为零,彼此独立;$\rho(E_1, E_2) = 0$,即不同测验间误差分数的相关为零,彼此独立。

假设Ⅲ:人们能够编制出平行测验,至少在理论分析中可以使用平行测验思想。

经典真分数理论认为,当两测验能对同总体被试以同等程度测量所测特质时,测验就是平行的。换言之,测量同一特质的两个测验,如果控制误差的能力相同,它们就是平行的。具体说,两平行测验对同一总体被试施测后,所得观察分数的平均数与方差相等。即有

$$\varepsilon X = \varepsilon X',$$
$$\sigma^2(X) = \sigma^2(X'),$$

式中,X和X'代表两平行测验上的观察分数。根据以上定义,我们可以对实际工作中的测验做检验,看是否能视为平行测验;或对本来拟编制成平行测验的测验做检查,看是否达到了预定要求。客观实践告诉我们,要真正编制出严格符合要求的平行测验,几乎是不可能的。即使有了两个或多个平行测验,对同一批被试施测,测验间也必定有相互作用的影响存在,希望彼此独立也是困难的。

(二) 真分数理论假设的几个推论

有了上述模型和假设,就可得出几个大有用处的重要结论;尤其对建立真分数理论的信度概念来说,它们更是关键的基石。

推论Ⅰ:在所有平行测验上,真分数的平均数与方差均相等。

推论Ⅱ:平行测验向被试总体施测后,个体间误差分数方差等于个体内误差分数方差。

推论Ⅲ:假定$X_1, X_2, \cdots, X_k$是一批平行测验,那么,任何一个平行测验上,观察分数的平均数都等于真分数平均数,因而彼此相等;任何一个平行测验上,观察分数的方差都是真分数方差与误差分数方差的和,因而彼此相等。

推论Ⅳ:假定$X_1, X_2, \cdots, X_k$是一批平行测验,那么,任意两平行测验间的相关均相等。

总之,真分数理论模型主要就是一个观察分数等于真分数与误差分数之和的线性模型,但它建立在几个必备假设之上,并附属包含几个重要推论。根据这一模型、假设和推论就可以合乎逻辑地构建起真分数理论的信度概念,并开发出估计信度的技术。

二、真分数理论的信度概念

(一) 信度概念的理论分析

物理量测量理论的主要内容就是控制测量中的随机误差、提高测量精度的误差理论。心理和教育测量中,参照物理量测量而发展起来的真分数理论,首先主要也是讨论控制误差的问题。测验信度就是指同一测验对同一对象反复施测或一批平行测验对同一对象施测所得观察分数的一致性、可靠性。它反映的正是控制误差能力的大小。

按照真分数理论模型,定义信度可用如下办法:考察一个测验向某一对象总体施测后,所得

观察分数跟真分数的相关。由真分数理论模型可知,观察分数取值不但受真分数影响,而且还受误差分数影响。误差分数跟真分数彼此独立,误差的大小是会决定观察分数跟真分数相关取值的。如果这一相关取值为 1.00,就意味着误差已被完全控制,观察分数就能毫无偏差地传达真分数信息。观察分数跟真分数的相关就被定义为对测验控制误差能力大小的一种量度,被称为信度指数(index of reliability)。

信度指数是观察分数跟真分数的相关,按相关的定义应为

$$\rho(X,T) = \frac{\sum xt}{Nd\sigma_X\sigma_T} = \frac{\frac{\sum t^2}{N} + \frac{\sum t\varepsilon}{N}}{\sigma_X\sigma_T}。$$

因为 $\frac{\sum t^2}{N} = \sigma_T^2$,$\frac{\sum t\varepsilon}{N} = p(T,E)\sigma_T\sigma_E = 0$,故

$$\rho(X,T) = \frac{\sigma_T^2}{\sigma_X\sigma_T} = \frac{\sigma_T}{\sigma_X}, \qquad \text{(公式 3-17)}$$

即信度指数等于真分数标准差与观察分数标准差的比。这一定义虽然符合真分数理论模型的根本逻辑,却无法实际使用。因为这一比值中的分子是真分数标准差,而真分数标准差无法实际得到。所以,信度指数这一概念只有理论分析的价值。

(二) 信度系数的定义

经研究,人们从两平行测验向同一总体被试施测后,考察所得两批观察分数的相关系数。也就是说,要从一平行测验所得值在预估另一平行测验分数值的准确性方面来衡量测验控制误差的能力。因为被试真值是不变的,若测验控制误差的能力强,同一被试无论用这一平行测验还是另一平行测验上的观察分数都不会对真值有过大偏离,所以用一个测验上的观察分数去估计另一测验上的观察分数,应该是相当准确的。亦即测验控制误差的能力强,两平行测验上分数的相关就应该大。如果误差被完全控制住,平行测验上观察分数的相关就应该为 1.00。这样,平行测验上观察分数的相关,被称为信度系数(reliability coefficient)。它也是测验控制误差能力的一种量度。

把信度定义为两平行测验上观察分数的相关,最早是由斯皮尔曼(G. S. Spearman)所提出的。信度系数的计量学本义是一个比值,是真分数方差对观察分数方差的比。因而,它只能在 0 到 1 的区间取值,它的计算操作是求相关系数。

第四节 实证效度理论

关键词

效度 效标 实证效度 相关法 分组法 预期表法 命中率法

某个测验在使用中具有较好的稳定性,即信度较好,并不意味着这个测验就测量到了它所要测量的东西。这就涉及效度的基本问题。

一、效度的概念

测量的效度就是衡量测验结果的有效性或准确性程度的质量指标,它是反映测量结果与所要测量的结果相符合的程度,是一个测验对于它所要测量的行为特征能够测量到的程度。

经典测验理论将效度定义为:与测量目标有关的真实分数方差与观测分数方差之比率,即

$$r_{XY} = S_V^2 / S_X^2, \tag{公式 3-18}$$

式中,r_{XY} 为测量的效度系数,S_V^2 为被试的真正特质水平上的方差,S_X^2 为观测分数的方差,即测量结果的总方差。

教育测量中的效度问题比其他领域的效度问题更为重要。教育测量的对象是人的心理特性,只能通过间接的方法,根据被试在测验中具有可测性的外部表现(如语言或动作)的测量,来推测被试的心理特性。并且,被试的心理特性与外部表现之间,一般仅具有相关关系而无函数关系,外部表现并不能准确无误地反映某种心理状态。同时,人能够有意识地调节自己的外部表现,掩盖自己的内心活动,这些就更增加了认识其心理特征的难度。

测验的效度是相对的。第一,测验的效度是对一定的测验目的而言的。如果测验能够准确地测量出所要测量的东西,那么就是高效度的测量;反之,则是低效度的测量。例如,一个智力测验,如果实际测量的不是智力的高低而是知识的多少,那么,这个测验的效度就低了。第二,测验效度的评价只有程度上的评价,而没有"有"或"无"的问题。测验是根据一组行为样本来测量某种特征的,这样测量的结果就只能达到某种程度的正确性,或多或少地都会反映出来,而不会完全没有。

测验的信度和效度有一定的联系,信度是效度的必要条件。某个测验的信度如果很低,则说明这个测验的误差较大,测量的结果是不可靠的,就更谈不上有效了。但信度高并不能说明效度一定高。例如,我们想利用测量学生的计算能力来预测他在化学学业上的成绩,虽然计算能力的测量结果可以有很高的信度,但计算能力与化学学业成绩并没有必然的联系,并不能保证计算能力强的学生在化学的其他方面也强,所以这种测量的预测效度是极低的。通常,在信度和效度之间,首先要保证高效度,高效度必然是高信度。

二、实证效度的概念

目前,教育测量界将效度分为三大类:内容效度、构想效度和效标效度。内容效度旨在确定测量的领域是否具有代表性;构想效度是指测验对于被称作构想某一理论概念或特征测量的程度;效标效度旨在预测或估计某些行为表现,因为效标效度需要有实际证据,所以又叫实证效度。

(一)效标和效标测量

1. 效标

效标指的是衡量测验有效性的外在标准,通常是指我们所要预测的行为。根据搜集效标的时间,可以将效标效度分为预测效度和同时效度。同时效度的效标资料是与测验分数同时搜集的。例如,大学入学考试可以用中学成绩作效标。同时效度常用的效标是在校的学业成绩、教师的等级评定等。预测效度的效标资料需要过一段时间才可搜集到。此种效度对人员的选拔和安置工作非常重要。常用的效标是专业训练的成绩、实际工作的表现等。

2. 效标测量

阿斯汀(A. W. Astin)将效标分为观念效标和效标测量。观念效标是一个概念,效标测量则是对观念效标的数量化。例如,对于大学入学考试来说,我们感兴趣的是"大学学习的成功",这是观念效标,而大学的学习成绩,则是效标测量。如果无效标测量,观念效标是毫无用处的。好的效标测量必须真实地反映观念效标的重要侧面;必须稳定可靠;必须客观,避免偏见;在保证有效性的前提下,效标测量必须尽可能简单、省时、花费少。

(二) 效标效度的估计方法

效标效度一般可以通过统计分析得到一个数量指标,因此又称为统计效度。常用的估计方法有相关法、分组法、预期表法、命中率法等。

1. 相关法

确定效标效度最常用的方法是计算测验分数与效标测量的相关。相关法的优点是:① 提供了预测源与效标间的数量关系;② 可利用回归方程式来预测每个人的效标分数。缺点是:① 如果预测源与效标之间不是直线关系,便会低估测验的效度;② 不能提供关于取舍正确性的指标。

2. 分组法

确定效标效度的另一种方法是看测验分数能否区分由效标测量所定义的不同团体。例如在大学里,我们根据教师评定,把学生分为合格与不合格两组。然后回过头去查阅他们的高考分数,若两组在高考分数上有显著差异,那就可以认为高考是有效的,否则便认为是无效的。

3. 预期表法

预期表法是将预测源分数和效标分数制成双维图表,并将每个变量按水平分成若干档次,然后列出每个档次上的人数百分比。例如,表3-8是根据某大学一年级学生样本制作的用高考成绩预测大学一年级成绩的预期表。

表3-8 预期表

	大学一年级成绩				
	A	B	C	D	E
高考成绩 高	60	40			
高考成绩 中	10	20	40	30	
高考成绩 低		10	40	40	40

从预期表我们可以看出效标效度的高低。从右下角到左上角的对角线上各格中的数字越大,说明效标效度越高。

4. 命中率法

在某些情况下,预测源和效标都是二分的,我们可以得到一个预测命中表(见表3-9)。

表3-9 命中表

测验预测 \ 效标成绩	失败(−)	成功(+)
成功(+)	A(失误)	B(命中)
失败(−)	C(命中)	D(失误)

这里有两个效度指标：

总命中率
$$P_{CT} = \frac{命中}{命中+失误} \times 100\% = \frac{C+B}{A+B+C+D} \times 100\%, \quad (公式\ 3\text{-}19)$$

正命中率
$$P_{CP} = \frac{成功人数}{选择人数} \times 100\% = \frac{B}{A+B} \times 100\%。 \quad (公式\ 3\text{-}20)$$

在总命中率和正命中率之间，究竟采用哪一种指标要根据测验目的来定。当测验用于提高工作或学习效率时，应重视正命中率，当强调维护社会公平时，则应重视总命中率。

（三）效标分数的预测

我们知道了测验的效度系数，就可以根据一个人的测验分数预测他的效标分数。

如果 X、Y 是两列呈直线关系的变量，只要确定出两者间的回归方程，就可以从一个变量估计另一个变量。最简单的回归方程为

$$\hat{Y} = a + b_{yx}X,$$

式中，$\hat{Y}$ 为预测的效标分数，a 是纵轴上的截距，b_{yx} 为斜率，X 为测验分数。

要得到回归方程，就必须确定 a、b 这两个常数：

$$a = \overline{Y} - b_{yx}\overline{X},$$
$$b = r_{xy} \cdot S_y/S_x,$$

式中，$\overline{Y}$、$\overline{X}$ 分别为效标分数与测验分数的平均数，S_y、S_x 分别为效标分数与测验分数的标准差，r_{xy} 为效标分数与测验分数的相关。

第五节　概括化理论

关　键　词

概括化理论　　测量情境关系　　测量目标　　测量侧面

概括化理论（generalizability theory，简称 GT）简称概括化理论，又译为概括力理论或拓广力理论。它主要是一种测验信度理论，但也涉及对效度的探讨，是对经典真分数理论（CTT）特别是其信度理论的有力拓展，是方差分析方法在测量资料变异性，尤其是测量误差来源的具体分解与深入考察上的有效运用。概括化理论使人们站到新的理论高度，更加有力而又具有预控性地去改善和提高测量的精度与准确性。

概括化理论对经典真分数理论的突破与发展主要表现在两个方面：第一，在理论观念上，提出了测量情境关系（the context of measurement situation）概念，并由此出发来界定与考察真分数、测量误差及其来源的问题，改变了真分数固定不变、测量误差只是个含混不清的随机误差、求测验信度就是计算相关系数值等传统看法。第二，在工作方法上，提出了"G 研究"加"D 研究"两步走，以便"拓广"与"概括化"误差控制认识成果这样一个工作框架。具体说，就是在一定的测量情境条件下，设计并进行试验性测试，按所获数据资料估出各种来源的方差分量，然后考察改变测量情境关系的某些方面时，由相应方差分量决定的类信度系数（reliability-like coefficient）会出

现何种结果,以便帮助作出今后应如何去控制和改进测量精度的优化政策。这跟经典理论中只是在施测后分析数据以确认误差值的做法,是大相径庭的。

一、概化理论的概念框架

由图 3-5 可见,概化理论的主要概念问题包括四个方面,即:观察全域、G 研究、概化全域、D 研究。其研究的主要统计问题包括:全域分数方差分量、误差方差分量、概化系数和可靠性指数。

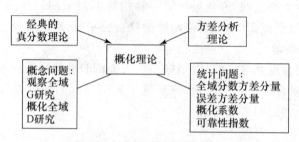

图 3-5　概化理论的概念框架

经典的真分数理论将所有的测量误差都看做是随机误差,对不同来源的误差不加区别。而概化理论认为测量误差中既有系统误差,也有随机误差,并且同时讨论这些误差对测量结果的影响。经典的真分数理论假定平行考试的平均分、方差和协方差均相等,而概化理论将试卷看做是一个由无数试题组成的全域的一个样本,它只假定平行考试来自于同一全域。概化理论的这些发展扩展了误差变异和信度的概念,在教育考试中应用这些概念可以做出不同类型的决策。

概化理论将考试或试卷看做是对考生进行观测的一个样本,该样本来自一个观察全域,观察全域有许多不同的观察试题(卷),决策者认为所有这些观察试题(卷)是可以互相替代的。

概化理论的一个基本核心概念,就是测量情境关系。测量情境关系是测量目标(object of measurement)与测量工作所处的情境条件或者说测量侧面(facets of measurement)的统一与结合,就是"测什么"与"怎么测"的统一。教育与心理测量总有一定的对象,要测量的总是具体的人,是人的内部心理特质、特性与结构,这就成为测量目标。而测量工作总是由一定的人来实施,并使用一定的工具,处在一定的时空中,这些情境条件或者说怎么测的规定性,就构成了测量侧面。教育考试中每一方面的特征,如试卷中的试题、题型、某一测量目标下的试题等,均可称作一个侧面,它相当于实验研究中的一个因素,所有侧面的所有水平的组合确定了观察全域。

二、概化理论的基本原理

概化理论把测量者希望测量的那些实体称为测量目标,在心理与教育测量中测量目标通常是人的能力、成就等特性。对测量目标的测量都是在特定的测量条件下进行的。概化理论用侧面(facet)这一概念来表示一组特定的测量条件,并称条件的数量为该侧面的水平(level)。如果要求每个被试写两篇题目不同的短文,并由三名评分者给所有短文评分,这里,测量目标就是被试的写作水平,题目和评分者就是两组测量条件或两个侧面,其水平数分别是 2 和 3。概化理论认为这些侧面对测量结果有影响,是测量误差的来源。概化理论的主要任务就是区分出误差的各种来源,并把误差方差分解成各个相应的方差分量,为控制和减少测量误差提供依据。

整个任务涉及概化研究(generalizability study,简称 G 研究)和决策研究(decision study,简称 D 研究)。G 研究的目的是辅助设计一项具有充分概化力的 D 研究,G 研究的设计需要预计到测量的不同用途和目的,并且应该提供尽可能多的测量变异来源的信息,其主要工作是用方差分析等方法来估计方差分量,为 D 研究提供分析数据。故原则上 G 研究应该在 D 研究之前进行。概化理论把观察分数的总体方差(total variance)分解成测量目标方差、侧面方差、各种交互作用方差,以及交互作用与其他不明的变异来源的混杂(confound)效应的残差方差部分。D 研究则为做决策或解释搜集数据。研究者在 D 研究时,首先要界定出概化全域(universe of generalization),它包含了研究者希望把研究结果推广而至的所有侧面及其水平数。然后研究者需要明确对测量结果是作相对决策,还是作绝对决策,以便确定相应的测量误差和概化系数。所谓相对决策是把某个被试的分数与其他被试进行比较而做决策,例如常模参照测验的结果解释。绝对决策则是指只根据某个被试自己的分数,不与其他被试进行比较而做决策,例如标准参照测验的结果解释。最后用 G 研究所得到的方差分量估计值来评价各种可能的 D 研究设计方案的效果,从中选出最佳的设计,而使测量误差趋于最小。

概化理论为评价 D 研究不同设计方案的效果提供了两个误差指标:用于相对决策的相对误差方差和用于绝对决策的绝对误差方差。前者是每个侧面与测量目标之间交互作用的方差分量之和;后者是除测量目标之外的,包括所有交互作用的方差分量以及各侧面的方差分量之和。为了进一步说明在被试行为样本的基础上,把其观察分数推广到它的全域分数的精确性,概化理论还提供了两个类似于经典信度系数的指标,一个是用于相对决策的概化系数(generalizability coefficient),简称 G 系数,是测量目标方差与测量目标方差加上相对误差方差之和的比率,近似等于观察分数与全域分数相关平方的期望值。在概化理论中,全域分数(universe score)就是个体所有重复测量结果的期望值,测量目标的方差实际就是全域分数方差。另一个指标是用于绝对决策的依存性指标(index of dependability),又称 Φ 系数,是测量目标方差与测量目标方差加上绝对误差方差之和的比率。

侧面有随机(random)和固定(fixed)之分。如果一个侧面代表的是概化全域更为广阔的一组条件,样本所包含的条件是从全域中随机抽取出来的,样本容量比全域要小得多,或者容量相同的样本之间可以互换,这个侧面就是随机侧面。如果一个侧面是指概化全域和实际观察拥有相同的一组条件,或者说侧面条件穷尽了全域所有的条件,这个侧面就是固定侧面。例如,某成就测验,在获取实际观察值时有两个评分者,若研究者在 D 研究选定的评分者不是这两个评分者,而是与之相当的其他多名评分者,评分者侧面就是随机的;反之,如果 D 研究的评分者仍是原来的那两位,评分者侧面就是固定的。须指出的是,当侧面固定时,该侧面实际上就成为测量目标的一部分,因此要达到推广测量结果的目的,研究设计至少要有一个侧面是随机的。当测量条件有多侧面时,两个侧面可以相互交叉(crossed),也可以一个侧面嵌套于(nested)另一个侧面。如果一个侧面的每一个条件都和另一个侧面的每一个条件结合起来出现,那么这两个侧面就是交叉的。例如,8 份测验的每一种均在 4 个场合里实施一次,测验和场合这两个侧面就是交叉的。如果一个侧面的不同条件组与另一个侧面的每个条件分别结合起来出现,就称前一个侧面嵌套于后一个侧面。上一例中,若把测验分成 4 组,每组测验只在 4 个场合中的一个场合实施一次,且 4 组测验对应的场合均不相同,那么测验这个侧面就嵌套于场合侧面。同理,测量侧面可以交叉、也可以嵌套于被试中。侧面的随机或固定,侧面水平数的多少,侧面之间、侧面与被试之间是交叉还是嵌套,共同决定着设计方案的制订。而设计方案不同,两种误差方差和 G 系数、Φ 系数也就随之不同。

在假设 G 研究和 D 研究的测量条件来自同一个全域的基础上,整个概化理论的研究过程就是:根据 D 研究可能的设计方案进行 G 研究,包括设定可接受的观察全域、进行方差分析等步骤,然后进行 D 研究,运用 G 研究提供的方差分析结果估计各种可能的设计方案相应的误差方差和 G 系数或 Φ 系数,最后结合实际情况选择一个最适宜的 D 研究设计方案。

概化理论研究分析的全过程,可见图 3-6 的解析。

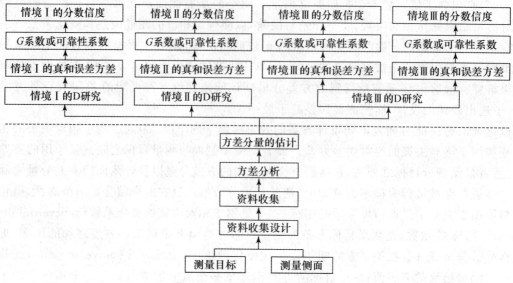

图 3-6 概化理论分析过程图示

请注意该图中的研究情境Ⅲ。在这里,信度和效度的证据都被导出。在经典理论中,只能各自分别单独地估计信度与验证效度,不能利用同一批资料既估计信度又分析效度。概化理论却能同时做到这两者。

第六节 项目反应理论

关键词

项目反应理论　参数估计　信息函数　相对效率

自 20 世纪 60—70 年代以来,以项目反应理论为核心的现代考试理论取代了古典考试理论,成为心理计量学研究的核心内容。

项目反应理论实际上是一组具有共同基本思想的试题应答模型或项目反应理论模型的统称,其基本思想是:考生对某道试题的应答可以看做是考生的特征和试题特征的函数。这些模型假定,考生的应答,即考生的行为表现,依赖于一个或多个因素,称这些因素为特质(traits)或能力(abilities)。一组试题中每一道题都测量某一特质或某些特质。最简单的项目反应理论模型假定：考生在某道试题上的表现只依赖于某一潜在的特质，并且考生在该试题上的表现以及测量的特质之间的关系可以描述为单调的增函数关系。这个函数通常称为试题特征函数（item characteristic function），其图像称为试题特征曲线（item characteristic curve）。这个函数确定考生对试题做出正确应答的概率随考生特质水平的增加而增加。与经典的真分数理论、概化理论不同，项目反应理论由一组数学模型组成，这组数学模型的主要作用是估计模型参数，如考生的能力参数、试题参数，研究考生对试题应答的数据与数学模型的拟合程度。

一、项目反应理论的基本假定

1. 考试的单维性假定

单维项目反应理论假设由考生的能力组成的抽象能力空间是单维的，即决定考生对试题应答的能力只有一种，这就是考生的某种能力水平。而考试中的所有试题都应该测量同一能力。尽管在实际考试中，有许多因素影响考生对试题的应答，如考生的动机、态度、焦虑、智力的敏感性、生理状况等，但是只要考试所测量的能力是影响考生对试题进行应答的主要因素，就可以将考试看做是单维的。

2. 局部独立假定

局部独立假定是指考生对考试中任一试题做出正确应答的概率不受考生对其他试题应答的影响，即考试中任何一道试题都不会给另一道试题提供线索，考生对任何一道试题的应答不会依赖于他对另外一道试题的应答。这样，影响考生对某个试题做出正确应答的概率完全取决于考生的能力水平和试题的特征。

从统计的角度看，对于能力水平相同的考生而言，考试中所有试题彼此之间是独立的，互不相关的，即"局部"是对具有某种相同能力水平的考生群体而言的，不是对具有不同能力水平的考生群体而言的，所以称这个假定为局部独立假定。如果考试满足局部独立假定，则考生在考试中得分的概率等于考生在各个试题上的分概率和乘积。

3. 试题特征曲线假定

试题特征曲线是指试题正确应答概率函数的图像形式。试题特征曲线假定是指对试题正确应答概率函数或其图像形式所作的假设。不同的试题反应模型有不同的试题特征曲线假定。如Rasch模型的试题特征曲线假定是：各试题基本没有猜测成分，且各试题的区分度相同。而逻辑斯蒂双参数模型的试题特征曲线假设是：所有试题没有猜测因素。

二、项目反应理论的主要优点

如果项目反应理论的一般假定能够得到满足，并且某一特定的试题反应模型能够拟合考试结果，则使用项目反应理论模型具有四个方面的优点。

1. 对考生能力水平的估计与考试采用的试题无关

在经典的真分数理论中，考生的分数与考试的试题相关，即考生在考试中获得分数的高低，除取决于其本身的能力外，还取决于试题的难度。试题难度越大，考生的得分就越低，用不同的试题对同一考生进行考查不一定能得到相同的分数。

而项目反应理论认为，只要试题都符合试题应答模型，则无论用哪些试题对考生进行测试，所获得的考生的能力参数 θ 是不变的。项目反应理论模型的这一性质称为能力参数不变性。因此，即使是考生参加不同的考试，能力水平也可以对比。

2. 对试题参数的估计与考生样本无关

在经典的真分数理论中，试题的统计量完全依赖于参测的考生样本。这种性质称为考试结果的群体依赖性。这主要是因为经典的真分数理论认为，试题的难度、区分度的定义均与考生样本的水平相关。经典的真分数理论为了避免样本对参数估计的影响，采用随机抽样来保证样本的代表性。但抽样前，考生群体的分布不一定是随机的，真正的随机抽样是做不到的。

而在项目反应理论模型下，如果用同一批试题对来自同一总体的不同子样本进行测试，只要子样本足够大，则估计出来的试题的难度参数、区分度参数和猜测度参数都是一样的。这一性质称为试题的参数不变性。从项目反应理论的任何一个模型可见，试题应答函数或曲线是考生正确应答的概率对能力参数的回归。对试题应答函数而言，回归线的形态，即试题参数的大小，与考生的人数分布无关，即能力参数为 θ 的考生对试题 i 正确应答的概率，仅仅依赖于能力参数 θ，与具有 θ 水平的考生人数无关，因此试题的参数与样本无关。

3. 考生的能力参数与试题的难度参数可以直接对比

经典的真分数理论中，考生的能力量表和试题的难度量表不一致。考生的能力量表是考试的试卷总分，其参照标准是考试的全部试题；试题的难度量表是考生群体的得分率，其参照标准是考生群体。某一考生得了 70% 的分数，表示其正确应答了 70% 的试题；而试题难度为 0.70 表示有 70% 的考生答对了该试题。由于二者的参照标准不同，经典的真分数理论无法判断难度为 0.70 的试题是否与得分 70% 的考生水平相匹配。因此，考生的分数与试题的难度完全不可比。

而在项目反应理论中，考生的能力参数与试题的难度参数定义在同一量表上，二者相互匹配，可以互相对比。教育考试设计和开发中，一项基本要求就是试题的难度应该与考生的能力水平相匹配，这样，测量可以达到最佳效果。在试题难度与考生的能力水平相匹配的情况下，才有可能设计出难度与能力水平相匹配的试题。

4. 可以直接估计考生能力参数估计值的精度

经典的真分数理论和概化理论均不能估计每个考生个体的能力水平。这两种方法都是围绕观察分数，确定一个置信区间，在此置信区间内，合理地推测考生个体的能力水平——真分数或全域分数，置信区间的大小是由置信度和测量误差共同确定的。另外，经典的真分数理论和概化理论确定置信区间时，是以考生群体的表现为基础的，因此无论考生个体的能力是高，还是低，或是中等，置信区间对每个被试是相同的，即每个考生考试分数的测量误差都是相同的。显然，这个假设是极其不合理的。

项目反应理论完全克服了经典测量理论的这一弊端，它用试题和考试的信息函数来表示能力水平估计值的测量精度。试题提供的信息量随能力水平的不同而变化，在一定的条件下，整个考试的信息量等于所有试题信息量的加和。考试中，所有试题均独立地对考试的总信息量作贡献，这样试题的信息量与考试的信息量之间存在明确的逻辑关系。同一考试对不同水平的考生提供不同量的信息，不同水平考生能力估计值的测量精度也各不相同。如果依据项目反应理论，建立了题库，则可以根据对不同能力水平估计值的精度要求，编制相应的试题。这是项目反应理论的突出优点。

三、项目反应理论的应用

(一) 参数估计和数据模型拟合检验

大规模教育考试命题和评价中,应用项目反应理论的一个重要任务是对模型参数,包括考生的能力参数和试题的参数进行估计,同时对考试数据与模型的拟合进行检验。

参数估计以及数据与模型的拟合都要利用一定的考生考试结果作为样本进行。样本的主要要求是(Hambleton & Swaminathan,1985):① 数量足够大,一般 800~1000 人。② 样本应该跨全距,且高分端和低分端数量相比一般的样本要高,以比较精确地确定试题特征曲线的位置。

对项目反应理论模型参数进行估计的步骤如下:

(1) 对各种试题反应模型与数据资料的拟合程度进行初始检验,选择出合适的模型。

(2) 采用迭代法(如 newton-raphson 法)计算每道试题的试题参数和考生的能力分数。

(3) 再次对模型与数据拟合程度进行检验,使得两者之间的一致性最大。

进行参数估计一般都有专门的计算机软件,考试的开发者、设计者以及评价者可以使用这些软件进行参数估计。但是,所选用的模型与数据是否拟合,一般需要使用者自己进行检验。

(二) 试题和考试信息函数

大规模教育考试关注的一个非常重要的问题就是考试结果的可靠性。经典的真分数理论用测量误差大小来表示测量结果的可靠性。项目反应理论中,与测量误差相关的两个中心概念是试题信息和考试信息。

项目反应理论的一个非常重要的优点是用试题和考试的信息函数来表示考生能力水平估计值的测量精度。要达到这个目的需要具备以下四个条件(本书的讨论是在这四个条件的前提下进行):① 所选择的项目反应理论模型适当。② 对试题参数做出了精确的估计。③ 考生的能力参数是用最大似然法估计的。④ 考试的长度足够大。

1. 试题信息函数

项目反应理论中,试题信息函数的定义式如下:

$$I_i(\theta) = \frac{[P'_i(\theta)]^2}{P_i(\theta)(1-P_i(\theta))}, \ i=1,2,\cdots,n, \quad \text{(公式 3-21)}$$

式中,$I_i(\theta)$ 为用试题 i 测量能力水平为 θ 的考生时,所能提供的信息量;$P_i(\theta)$ 代表能力为 θ 的考生答对试题 i 的概率;$P'_i(\theta)$ 为 $P_i(\theta)$ 的导函数。

公式 3-21 适合于双歧评分试题,对于多级评分试题,每一评分等级的信息量为

$$I_i(\theta) = \sum_{k=0}^{m} \frac{P'^2_{ik}(\theta)}{P_{ik}(\theta)}。 \quad \text{(公式 3-22)}$$

试题的信息函数在命题和试题评价中可以起到非常重要的作用。首先,试题难度与考生能力水平相差越大,试题的信息量越小,试题的效果或质量就越差。提高试题的区分度,对于提高试题的信息量,也就是提高试题的质量或测试效果,是非常重要的。其次,试题信息函数显示出:在连续的能力水平上,试题的贡献很大程度上取决于试题的区分度;这种贡献在某一能力水平时可以达到最大,该能力水平则取决于试题的难度。波恩鲍姆(Birnbaum,1968)证明在能力水平 θ_{max} 处,试题提供的信息量达到最大。

资料卡片

图 3-7 显示出六道典型化学试题的信息函数曲线,该六道典型化学试题的试题参数列于表 3-10 中。

表 3-10 六道典型化学试题的试题参数

试题	参数 b_i(试题难度)	参数 a_i(试题区分度)	参数 c_i(试题的猜测度)
1	1.00	1.80	0.00
2	1.00	0.80	0.00
3	1.00	1.80	0.25
4	−1.50	1.80	0.00
5	−0.50	1.20	0.10
6	0.50	040	0.15

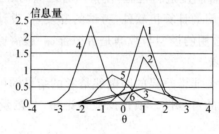

图 3-7 六道典型试题的信息函数曲线

图 3-7 显示了以下重要信息:

(1) 当 $c>0$,试题提供的信息量,在能力水平略高于难度处,达到最大。(比较试题 1、2 和 3 曲线的峰值位置)

(2) 区分度参数 a 对试题提供的信息量影响明显。(比较试题 1 和 2 曲线的峰值)

(3) 其他参数相同的情况下,如果 $c>0$,试题提供的信息量将明显降低。(比较试题 1 和 3 曲线的峰值)

(4) 从统计的角度看,区分度很低的试题对考试而言,几乎是无用的。(试题 6)

(5) 区分度很大的试题也只能在一定的能力水平范围内,提供较大的信息(试题 1 和 4),而在某些能力水平范围内,即使是中等区分度的试题,其提供的信息量甚至高于高区分度的试题(试题 5)。由图 3-7 可见,试题 5 对于评价中等能力水平的考生比试题 1 和 4 用处更大。

2. 考试信息函数

项目反应理论中定义考试的信息函数 $I(\theta)$ 为

$$I(\theta) = \sum_{i=1}^{m} I_i(\theta)。 \qquad (公式 3\text{-}23)$$

上式表明:试题的信息函数具有加和性,考试在能力水平 θ 处所提供的信息是各个试题在能力水平 θ 处所提供的信息之和,也就是说项目中每个试题独立地对考试信息量作出贡献。显然,在项目反应理论中,不需要知道其他试题的情况,就可以确定每道试题对考试信息量的贡献。经典的真分数理论和概化理论不具备这种功能。在真分数理论和概化理论中,试题对考试的贡献和区分度指数的确定与其他试题相关,因为考试分数与其他试题相关,改变任何一道试题的分数都会对考试的分数产生影响,从而改变所有经典的试题和考试指数。

项目反应理论证明,考生能力参数估计值的标准误差 $SE(\theta)$ 与考试的信息量 $I(\theta)$ 之间存在下列关系:

$$SE(\theta) = \frac{1}{\sqrt{I(\theta)}}。 \quad \text{(公式 3-24)}$$

只要获得了 θ 的最大似然估计值,公式 3-24 的关系总是成立的。知道了在能力水平 θ 处考试的信息量,就可以对能力参数估计值精度做出估计。在项目反应理论框架中,能力参数估计标准误差的作用与经典测量理论中测量的标准误差的作用是相同的。然而不同的是能力参数估计标准误差是随能力水平的变化而变化的,而经典的测量标准误差则是不变的。

能力参数 θ 的标准误差 $SE(\theta)$ 是能力的最大似然估计值非正态分布的标准偏差。如果试卷较长,估计值的分布是正态的,即使考卷长度只有 10～20 道试题,分布也近似正态,且基本能够满足大部分研究的要求。在此条件以及在置信度为 95% 的情况下,考生能力参数估计值的置信范围是

$$\theta - 1.96 \times SE(\theta) < \hat{\theta} < \theta + 1.96 \times SE(\theta)。 \quad \text{(公式 3-25)}$$

一般而言,$SE(\theta)$ 的数量级取决于三个方面的因素:① 试题数(试卷越长,估计值的标准误差越小)。② 试题的质量(一般试题的区分度 a 越大,猜测参数 c 越小,估计值标准误差越小)。③ 试题难度和考生能力的一致程度(试题的难度与考生的能力越接近,估计值的标准误差越小;反之,试题过易或过难,标准误差就越大)。

能力参数估计值的标准误差的大小可以随着考试信息量的增大迅速地减小。一般大规模考试要求考生能力参数估计值误差不能大于 0.25,因此考试信息量至少达到 16;如果考生能力的估计误差控制在 0.20 以内,考试信息量应超过 25。

(三) 考试的相对效率

考试开发和考试研究者有时要比较几个测量同一能力的考试的信息函数,进而评价和选择考试。

比较和选择不同考试的信息函数时,要计算两个考试在能力水平 θ 处的相对效率 $R_E(\theta)$。而

$$R_E(\theta) = \frac{I_A(\theta)}{I_B(\theta)}, \quad \text{(公式 3-26)}$$

式中,$I_A(\theta)$ 和 $I_B(\theta)$ 分别是考试 A 和考试 B 在共同能力量表的能力水平 θ 处的信息函数。

例如,如果 $I_A(\theta)=25$,而 $I_B(\theta)=20$,则 $R_E(\theta)=1.25$。这个结果意味着,如果考试 B 需要获得与考试 A 同样的效果,考试 B 必须加长 25%。换言之,如果考试 A 试题数减少 20%,在能力水平 θ 处,仍然可以获得与考试 B 同样的测量精度。然而,这个结论以下列假定为基础:增加或减少的试题在统计质量上能够与考试中的其他试题相比较。

近 20 年以来,以项目反应理论为代表的考试理论研究取得了长足进展,即出现了多维度项目反应理论(Multi-dimensional IRT)、非参数项目反应理论(Non-parametric IRT)以及认知诊断理论(Cognitively Diagnostic Theory)等。这些新的理论的出现加深了人们对项目反应理论的理解,也对考试实践产生了深远影响。

单元总结

1. 变量依其相互关系,可以分为自变量与因变量。自变量就是实验因素,又称实验因子,它是由实验者操纵的。因变量是一种假定的结果变量,是实验对象在实验因素和其他控制变量的作用下的反应。自变量与因变量的相互关系可以表示为函数关系和非函数关系。根据变量是否成为某特定研究所操作的因子或条件,变量可以分为研究变量和非研究变量。

2. 全部应被研究的对象叫做总体。如果对总体中所有个体逐一进行调查测试就称为普查。如果从总体中抽出一部分个体进行测试,并根据测试结果推断总体的一般特征,就叫做抽样调查。被抽出的个体所组成的集体(子集)则叫做样本。抽取样本的过程叫做抽样。按照随机化原则进行抽样,叫随机抽样。随机抽样有简单随机抽样、机械抽样(或等距抽样法)、整群抽样、分层抽样等类型。

3. 统计资料的整理可以按照分组、汇总、描述性统计与推断性统计等几个步骤进行。描述性统计中涉及统计图表的绘制、集中量数、差异量数与相关量的统计。推断性统计则涉及概率、正态分布、总体平均数的估计、统计检验、总体比率推断、方差分析、聚类分析、非参数检验等。

4. 常模就是测验所应该测察的被试群体在所测特性上的一般水平或水平分布状态,是解释分数意义的参照体系,是对个体作出相对意义评定的实际依据。按照这种作为依据的"被试群体一般水平或一般水平分布状态"的具体形式的差别,它可分为发展常模与组内常模两个大类,而发展常模还包括年龄常模与年级常模两个子类,组内常模也包括百分等级常模与标准分数常模两个子类。

5. 真分数即测量中不存在测量误差时的真值或客观值,其操作定义就是无数次测量的平均值,通常用 T 表示。按照真分数理论模型,信度指数等于真分数标准差与观察分数标准差的比。平行测验上观察分数的相关,被称为信度系数。

6. 效度即与测量目标有关的真实分数方差与观测分数方差之比率。教育测量界将效度分为三大类:内容效度、构想效度和效标效度。内容效度旨在确定测量的领域是否具有代表性;构想效度是指测验对于被称作构想某一理论概念或特征测量的程度;效标效度旨在预测或估计某些行为表现,因为效标效度需要有实际证据,所以又叫实证效度。效标指的是衡量测验有效性的外在标准,通常是指我们所要预测的行为。效标效度常用的估计方法有相关法、分组法、预期表法、命中率法等。

7. 概括化理论简称概化理论,主要概念问题包括四个方面,即:观察全域、G 研究、概化全域、D 研究。其研究的主要统计问题包括:全域分数方差分量、误差方差分量、概化系数和可靠性指数。

8. 项目反应理论是一组具有共同基本思想的试题应答模型或项目反应理论模型的统称,其基本思想是:考生对某道试题的应答可以看做是考生的特征和试题特征的函数。

学习评价

1. 在进行调查研究时,为何要进行抽样?如何保证抽样的有效性?抽样有哪些类型?
2. 常用的集中量数和差异量数有哪些?统计这些数据,在化学教育测评中有何意义?
3. 化学教育测量的基本理论有哪些?它们各自的含义与作用是什么?

第四章 化学教育测量的内容及要求

学习目标

1. 了解教育测量目标分类理论。
2. 理解化学教育目标与化学教育测量标准的关系。
3. 了解化学教育测量目标编制的一般程序。
4. 熟悉化学教育考试的内容领域。
5. 分析化学试题所考查的核心学科能力。

第一节 化学教育测量的目标要求

关 键 词

教育测量目标　分类　SOLO分类法　化学教育目标　化学教育测量目标体系

化学教育测量的核心问题有三个：测量什么、如何测量、如何评分。考试设计和命题首先必须明白测量目标是什么。教育测量的对象、内容、方式、方法与手段，只能根据既定目标的客观需要抉择。只有确定了测量的目标，设计有了明确的指导思想和依据，才不致产生测量的形式与内容不符、方法与目的脱节、愿望与效应相悖的不良后果。

一、教育测量目标分类理论

目标是从人的需要出发所规定的行为目的，是人们争取达到的某种意想结果的标准、规格或状态。教育测量目标是人类社会根据自身的需要确定的教育测量活动的标准、方向和要求。

教育目标分类学是教育理论体系中一种较新的理论，其中比较有影响的是布卢姆、加涅(R. M. Gagne)、桥本重治等人的教育目标分类学以及SOLO分类理论，它们对考试目标的分析和确定有着重要的指导意义。

(一) 布卢姆的教育目标分类

教育目标分类理论源于泰勒的研究成果。以布卢姆为代表的美国心理学家从20世纪40年代后期开始构想教育目标的分类。他们借鉴生物学的分类方法，遵循教育—逻辑—心理原则，使教育目标明确化、系统化，把以培养人为核心的所有教育目标综合归纳为认知、情感和动作技能三大领域。布卢姆和克拉斯沃尔(D. R. Krathwohl)、哈罗(A. J. Harow)以及辛普森(E. J.

Simpson)等分别在 1956 年、1964 年、1972 年相继出版了三个领域的《教育目标分类学》[①]。这是全世界公认的权威性的教育目标分类系统。

布卢姆的目标分类学是以学生学习的外显行为来陈述教育目标,是典型的行为主义心理学主导下的产物。布卢姆目标分类学分为认知领域、情感领域和动作技能领域。

1. 认知领域的目标

认知目标包括学习者认知活动中对知识的回忆、理解能力和智慧、技能发展的要求。布卢姆把它分为两大方面:知识和理智技能,后者又分为领会、运用、分析、综合和评价五类。这就是人们通常说的认知领域六级目标。

布卢姆的认知目标分类理论是认知领域的目标分类中最成熟、最具有教学意义的理论,它具有四个显著特点:① 所有认知行为均可归入六类目标中的一类;② 这些类别按照它们的复杂程度和人们对其实体的意识程度作出有层次的排列;③ 分类体现了累积性,每一层次的行为包含了较低层次的行为;④ 构成认知领域各类别行为基础的过程,不受教学类型与学生年龄的限制,在不涉及特定知识时,过程也不受教材限制。

2001 年,由安德森(L. W. Anderson)和克拉斯沃尔共同主编的《面向学习,教学和评价的分类学——布卢姆教育目标分类学的修订》出版,该分类学的一个重大变化就是将原来的一维分类改为二维分类,即原来的知识水平独立成一个知识维度,包括程序性知识、陈述性知识及元认知知识,而认知过程分为记忆、理解、应用、分析、评价和创造六个层次。每个认知操作类型还包括若干子类型(见表 4-1)。对于教育测量工作者而言,理解这些认知操作类型及其子类型的内涵,有助于根据试题的测量目标要求和内容标准的要求设计合适的试题。

表 4-1 布卢姆教育目标分类(2001)的认知操作类型

认知类型	记忆	理解		应用	分析	评价	创造
子类型	辨认		解释	执行	区分	检查	假设
			举例说明				
			归类				
			概括		组织		设计
			推理				
			比较				
	复现	阐述	论证	实施	归因	评价	生产
			论断				
			重新设计				
			预测				

2. 情感领域的目标

情感领域的目标是根据人对客观事物的态度和价值内化的过程所制定的。它描述了从外部事物的注意到态度和价值内化为人格特征的整个过程,以及这个过程中的各个检测点。克拉斯沃尔等人将情感领域的目标划分为五个由简单到复杂的层次。[②]

---

① [美]布卢姆.教育目标分类学(第一分册)[M].上海:华东师范大学出版社,1987.
② [美]布卢姆,等.教育目标分类学(第二分册)[M].上海:华东师范大学出版社,1989:174.

"接受"(注意)是指学习者对某种特定现象或客观刺激的感知,即准备接受或予以注意。例如,认真听别人讲解,意识到某事物的重要性等。接受分为觉察、愿意接受和有控制的或有选择的注意等三个亚类目标。

"反应"是一种很低水平上的参与。在这个水平上的学习者不是停留在对现象的注意,而是对该现象作出某种反应。它已经超越了"主动接受"的水平,正向少量的"参与"进行转移,但这时还谈不上具有某种"态度"或者价值判断。例如,参加学习小组活动、完成作业等。反应分为默认时的反应、愿意的反应和满意的反应等三个亚类目标。

"价值化"是在事物、现象、行为具有价值的意义上使用的范畴。当看到事物、现象、行动具有价值时,表示接受和追求。当个人通过对价值作出判断和评价后,有一部分被接受、内化,从而转化为个人自身的价值标准。所以,这时所表现出来的态度、信念、行动都非常稳定、坚决。例如,刻苦学习电脑、积极参加体育锻炼等。价值化分为价值的接受、对某一价值的偏爱和信奉等三个亚类目标。

"组织化"是确立价值间相互关系的范围。随着人们对价值的接受、内化,会发现价值不是只有一个,而是具有多个。为了避免这些价值之间的冲突,有必要把诸价值组织成一个体系,这样不仅可以明确价值之间的相互关系,也可以用这个体系统帅各种价值。这种价值组织体系的内化便形成了人们的价值观念体系,组织化分为价值的概念化、价值体系的组织两个亚类目标。

"个性化"指价值或价值体系为个体所内化,是价值内化的最高水平。它包括了最广泛意义上的目标,即包括了关于一切已知、可知事物和现象的价值体系,价值观、人生观、世界观都在这里得到反映。在态度和价值观个性化的水平上,目标具有高度概括性,强调信念、态度、行动的一致性。个性化分为泛化心向和性格化两个亚类目标。

3. 动作技能领域的目标

这个领域的目标主要涉及运动技能发展的目标,包括骨骼和肌肉的使用、发展和协调,该领域还可称为"心理运动领域"。哈罗将动作技能领域的目标分解为反射动作、基本动作、知觉能力、体能、技能动作和有意沟通六类。辛普森则将动作技能领域的目标分成知觉、定式、指导下的反应、机械化动作、复杂的外显行为、适应和创作七个类别。

(二) 加涅的学习目标分类理论

美国当代著名教育心理学家加涅研究了人类习得性能的类别,并在《学习的条件和教学论》一书中,把学习的结果进行了分类。他提出五种学习结果:

(1) 言语信息是指一种陈述观念的习得能力。如果学生能够用命题的形式来陈述自己已经习得的内容,我们就可以说他已经具有言语信息的能力。

(2) 智慧技能指个体对照他所知的某些现存条件,知道如何完成一项活动的能力。智慧技能包括四方面的能力:① 辨别。是将刺激物的某一特征和另一特征,或将一个符号和另一个符号区分开来的能力。② 概念。是指确定一类事物的关系和属性的能力。细分为具体概念和定义概念两个亚类。③ 规则。将一类刺激与一类反应联系起来的能力,如将有关生活问题与化学中"原电池原理"的反应联系起来的能力。这实质上是一种运用规则的能力。④ 高级规则。又称"解决问题",指习得由两个以上较简单的规则结合成较复杂的规则的能力。

(3) 认知策略是学习者用来指导自己注意、学习、记忆和思维的能力。它与智慧技能的区别在于智慧技能指向学生的环境,使学生能够处外部的信息,如数字、文字和符号等;而认知策略则是学生应付环境事件过程中控制自己内部的行为。

(4) 动作技能是指学生在各种情境中从事动作活动时表现出来的技能。这个层次的能力表现为,在一定的时间内,完成规定的动作且这些动作已被组织成一个连贯的、精确的和完整的动作。

(5) 态度是一种影响和调节一个人行动的内部状态。这是情感领域的目标,以体验目标的形式,它要求在设计教育考试时,采用适当的方法,引起学生内在情感体验,以达到情感教育的要求。

加涅区分了三种不同的知识(陈述性知识、程序性知识及策略性知识)。这一目标分类对教育考试有着重要影响,即对陈述性知识及程序性知识必须采用不同方法进行考试。

(三) 桥本重治的教育目标分类

日本的桥本重治从认知、技能和态度三个方面对教育目标进行了分类。他将认知目标划分为知识、理解与思考、创造两个层次。理解是指把握事物或现象之间的关系,表现为对概念、原理、法则等所表明的事物以及事物特性之间的关系和规律性的认识。知识与理解的不同在于记忆是其不可缺少的重要因素,不是记忆的东西,不能称其为知识,所以教学的知识目标在于能再认或再现教学内容。知识是理解的基础,而知识的获得又依赖于理解,两者密切相关,不可分割。思考是面对新问题,应用已知的知识、技能分析解决问题的能力。知识主要借助于过去的记忆,思考则面对未来和未知,获得新概念。创造和思考有许多共同之处,但它以发散思维为主,产生具有独创性的产品。它也离不开聚合思维,此外还包含意志、恒心、积极性等态度因素。

(四) SOLO 分类法

SOLO 的英文全称为 Structure of the Observed Learning Outcome,即可观测的学习结果的结构,是由香港大学教育心理学教授比格斯(J. B. Biggs)与其同事在长期的研究和探索中总结出来的,将学习结果划分为五个不同层次进行评价的分类法。

SOLO 分类法将学生学习的结果根据认知水平的高低分为五个层次,这五种结构的基本含义可表述如下:[①]

前结构:学生对知识点还没有真正理解,解决问题时逻辑性差,甚至处理问题时发生错误。

单点结构:解决问题时,只能想到某一知识点,立即得出结论。

多点结构:解决问题时,能够想到多个知识点,但不能将各个知识点有机地联系起来。

关联结构:解决问题时,能够想到多个知识点,并可以将这些知识点联系成一个整体。

拓展结构:解决问题时,能够进行抽象的理论概括,能对结论进行反省,从而得以扩展。

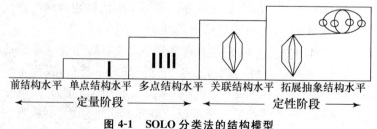

图 4-1　SOLO 分类法的结构模型

---

① J. B. Biggs, K. F. Collis. Evaluating the Quality of Learning The SOLO Taxonomy [M]. New York:Acdemic Press,1982:192.

SOLO分类法的结构模型可以用图4-1表示。从图可以看出,前结构水平上为空白即还没有掌握该知识;单点结构和多点结构水平上为数目不等的竖条,每个竖条代表一个知识点,两个结构水平之间的差别是知识点的多少;关联结构水平是各知识点之间联结成一个整体,代表知识点之间的整合;拓展抽象结构水平是在关联结构水平的基础上将知识整体进行迁移和拓展。所以,前结构、单点结构和多点结构还处在定量阶段,学生的学习还处于知识的积累层面;而关联结构和拓展抽象结构已达到定性评价的层次,学生已能将知识进行整合、应用和有效的拓展。这五种层次代表了学生对知识的掌握程序,根据学生在解决问题时的回答,可以判断出学生的认知属于哪一个层次,从而掌握学生的学习结果和进程。

二、化学教育目标

化学教育(教学)目标是指化学教育(教学)活动的主体在具体的化学教育(教学)活动中所要达到的预期结果和标准,其主要内容是学生的思维、情感和行为的变化方式。化学教育目标系统由一系列大小不等,但存在递进关系的各个具体的化学教育目标组合而成,它包括化学教育的总目标、学年目标、学期目标、单元目标、课时目标等各个层次,各个下属层次的目标都是其上位目标的具体化。化学教育目标系统中各层次教育目标之间的关系如图4-2所示。

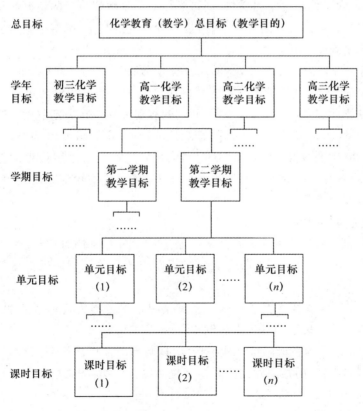

图4-2 化学教育目标系统中各层次教育目标之间的关系

(一) 化学教育目标的制定

测评标准是人们在测评活动中应用于测评对象的价值尺度和界限。化学教育测评的标准及制定标准的依据是化学教育目标。

(1) 以化学教育目标作为化学教育测评标准，是实现化学教育测评功能的基础。进行化学教育测评的目的，就是为了实现化学教育目标。化学教育目标反映了人们从事化学教育活动的目的和意愿，当它被当做测评的标准或依据时，才能够使目标起着引导和制约教学，对学生的发展起着调节和控制作用，并最终决定和支配着学生的发展方向和达到教育目标的程度。化学教育目标作为化学教育测评标准，在决定测评活动方向的同时，保证了化学教育目标对化学教育活动的指导作用。

(2) 化学教育目标能够作为化学教育测评的标准或作为制定测评标准的依据。化学教育测评的标准包括最基本的两方面内容：一是化学教育活动的效果，可称之为效果标准；二是化学教育活动的效率，即一定时间内化学教育活动效果的大小，可称之为效率标准。化学教育测评实质上就是将测量对象在某一时刻的态度与教学目标所确定的状态进行比较并做出价值判断，因而，化学教育目标可直接作为化学教育测评的效果标准。而化学教育测评的效率标准又以效果标准为前提和依据。以化学教育目标作为测评标准的基础或依据，能够满足各种化学教育测评活动的需要。例如，测评学生的化学学习质量，要以学生对化学教育目标的达到程度为依据。无论是测验的信度、效度检验，还是对试题难度、区分度合理程度的判定，都要根据测验目标与化学教育目标的一致性程度来判断。

(3) 化学教育目标作为测评标准，能够保证化学教育测评的客观性。化学教育目标一旦确定之后，就可以独立于人们的主观意识之外而存在。测评者和被测评者可以同时参照化学教育目标检测化学教育测评本身，从而成为一种"外在的客观标准"，在一定程度上避免了测评者主观因素对测评过程的影响，保证了测评过程的客观性。同时，由于教育目标的这种客观性，测评活动的主体能够对测评标准取得共同认识，从而消除彼此之间由于主观认识的偏差而造成的测评误差，并且能够在对教育目标取得共同认识的基础上，交流有关教育活动的信息，更好地实现对教育活动的反馈调控。

(二) 化学教育目标结构框架

根据课程标准、学生、教学条件等具体情况制定化学教育目标时，既要考虑化学教育目标在内容、类别、学习水平上的不同，还要符合教育目标制定的具体原则。试提出如下化学教育目标的结构框架：

(1) 以化学知识和实验技能教学的内容及其学习水平分类为目标系统的主要载体，情感领域目标要结合知识和技能教学的具体内容制定。

(2) 以化学知识结构为目标系统结构的依据，即目标的前后序列服从化学知识的结构序列。目前，主要是以化学教材中的知识序列为目标系统的结构依据；实验技能领域目标的结构序列服从知识结构序列。

(3) 要根据化学知识结构和教学评价的要求，划分合适的教学单元，确定单元内所含知识、技能点的学习水平，作为学生的到达目标；整个单元对学生在能力和情感方面的要求，作为方向目标提出。

(4) 教学目标和学习目标分列。学习目标要涵盖单元内知识与技能、过程与方法学习的主要内容,包括准备目标、(课堂)完成目标、(课后)提高目标,使学生明确学习要求及其计划安排;教学目标要包含学习目标,并在此基础上,围绕课堂教学的完成目标,确定对教师的课堂教学行为的具体要求,以保证目标的实现。

(5) 情感领域的目标,以体验目标的形式只出现在教学目标中,要求教师在进行知识、技能教学的同时,采用适当的方法,引起学生内在的情感体验。

(三) 化学教育目标的具体制定

思考与讨论

在日常教学设计时,化学教师应如何制定化学教育目标?

1. 划分适中的化学教学单元

在划分教学单元时,需要注意以下两点:各个单元的教学内容要有相对完整性;单元教学内容及其所对应的单元教学时间要有利于形成性评价的实施。

为了使单元教学内容有相对完整性,要考虑到化学学科的知识结构特点及其教学要求。可以将化学教材中的章或节作为单元划分的基础,这样能够利用现有教材的知识结构,便于单元划分,提高工作效率。根据我国中学化学课程设置的实际状况,可以 4 个教学周的教学时数之总和作为一个单元教学时数的基数,为了使单元教学内容有相对完整性,允许有一个教学周时数的弹性变化。

2. 确定单元内各个知识点的学习水平

确定化学知识点的学习水平一般要考虑到四个因素:该知识点在整个知识结构中的地位、作用及其发展;该知识点在教学过程中对培养学生科学素养的作用;学生接受该知识点的学习基础及其他教学条件,即学生能够达到某种学习水平的可能性;该知识点在解决常见化学问题中的作用或使用的频度,即该知识点的实用价值。

按照认知领域化学教育目标分类的学习水平,属于"记忆"水平的可以是那些要求学生较准确地记忆或再认,但并不需要理解(或是难以理解)的知识,如重要的化学用语、物质的物理性质、一般化学事实等类知识;属于"理解"水平的是那些要求学生弄懂、弄通、知晓其来龙去脉的知识,如一般化学概念、原理等;属于"应用"水平的是那些经常在各类化学问题中出现的、要求学生掌握其运用条件的知识,如一些重要元素化合物的化学性质等重要的化学事实、化学理论、化学原理等;对能够培养学生正确思维方法、开拓思路、激发兴趣的知识点,要划到较高层次。通过考察和分析一些较重要的化学测试题,如高考化学试题等,发现出现在难度较大、综合性较强、对于解题十分关键且出现频率较高的知识点,也将它们划到较高的学习水平之中。

为分散难点,对某些学生难以一次就达到较高学习水平的知识点,可以在目标系统中分级出现,开始出现在较低水平,以后逐步过渡到较高水平。从学生的接受能力和教学条件出发,在不同的教学系统中,同一知识点可以划到不同的学习水平之中。如重点中学和一般学校在知识水平上应有所区别,后者在某些知识点上要比前者低一个层次或一个亚层次。

3. 确定方向目标

根据单元内知识内容、学习水平及其教学过程的具体特点,规定结合本单元知识的学习着重发展学生能力和情感的基本要求,以指导整个单元的教学过程。

4. 确定准备目标、完成目标和提高目标

在知识点及其学习水平确定之后,化学教育目标的主体——认知领域目标就已经确定了。但这并没有规定达到目标的具体过程。还需要指明教师和学生在教学过程中更具体的行为目标,使他们明确自己的任务,并相互配合,以利于提高教学效率。

准备目标是学生在课前需要掌握的、作为课堂学习的基础的、过去的学习目标。制定准备目标的目的是为了指导学生的课前预习。准备目标也可以是学生通过自学就能够达到,因而不需要经过课堂学习的那些目标。

完成目标是通过课堂教学过程帮助学生达到的目标。这些目标是从全部目标中挑选出来的,以它们作为课堂教学目标,有利于教师发挥其对教学过程的主导作用,帮助学生理解知识、发展能力,提高学习效率。

提高目标是那些需要学生在课后通过进一步努力才能达到的目标。这些目标为学生的课后复习、提高指明方向。

5. 确定体验目标

根据课堂教学目标中所包含的化学知识的具体内容,确定教师必须采取的行为方式,以引起学生一定的感情体验,从而培养学生正确的兴趣、态度和某些基本观点。

三、化学教育测量目标体系

建构化学教育测量目标的体系务必坚持三条原则:一是完整性,尽可能编制出完整的目标系统;二是明确性,即所阐述的目标能清晰地指明预期的学习结果;三是适切性,即所编制的目标应在学生"最近发展区",学生经过努力可以达到的程度。建构教育考试目标分类体系还应综合当前国际上关于化学教育目标研究的最新成果,并结合我国化学教育教学实践。化学教育测量目标分类体系应由认知、情感和动作技能三个领域的12个类别组成,其体系结构如图4-3所示。

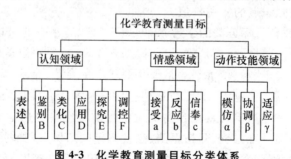

图 4-3 化学教育测量目标分类体系

化学教育测量目标的编制程序是:①

1. 阐述化学教育测量目标

在阐述化学教育测量目标时,应注意遵循以下几点:① 用预期的学习结果阐述每个一般目标;② 用一个动词阐述一般目标;③ 每个一般目标只包含一个学习结果;④ 每个一般目标应具

---

① 中小学素质教育考试的理论和方法课程组.中小学素质教育考试的理论和方法[M].武汉:华中师范大学出版社,2001:105-107.

有适当的一般性;⑤ 目标之间不重叠。

在教育测量目标体系中,一般目标指的是三个领域的 12 个类别的目标,即表述、鉴别、类化、应用、探究、监控、接受、反应、信奉、模仿、协调和适应,它们的内涵都有明确的界定。这里,对于化学学科而言,需要做的一个工作是一般目标化学化,即需进一步用化学的语言界定三个领域内各类别目标的内涵。

2. 阐述具体测量目标

在阐述具体测量目标时,应注意遵循以下几点:① 列举说明每个教学目标的具体学习结果的代表性样本;② 用一个可以观察的行为指明目标;③ 保证每个具体学习结果与一般目标一致;④ 如果有必要,可补充低一个层次的具体目标。

每个一般目标都必须由一组具体学习结果的样本加以确定,以便使学生能展示他们是否达到了这一目标。用具体学习结果说明一般目标时应注意以下问题:

(1) 叙述时都用一个动词开始,这个动词所表明的是明确的、可观察的结果,即这一结果可由外部观察者来评价。表 4-2 列出了关于目标表述中的性能动词和行为动词,供阐述具体目标时参考选用。

表 4-2 目标表述的性能动词及行为动词

考试目标		性能动词	行为动词
认知领域	表述	叙述	复述、画出、表明、描述、列举
	鉴别	判别	标出、挑出、指明、例举、阐述
	类化	形成	列举、分类、归纳、选择、分析、比较
	应用	解决	阐明、解释计算、推出、证明
	探究	生成	提出、导出、设计、制定、探寻
	调控	采用	比较、评析、发现
情感领域	接受	注意	听从、赞同、容忍
	反应	认可	称赞、相信、响应、参与、遵守
	信奉	赞赏	决定、建立、确定、贯彻、抵制、拒绝
动作技能领域	模仿	仿照	模仿、学会
	协调	执行	调节、操作
	适应	自动	使用、装配

(2) 列举每一个一般目标的所有具体的学习结果是不可能和不现实的,因此,选取的样本应尽可能有代表性。一般地说,对于一个一般目标列举 4~5 个具体的学习结果较为合适。

上述一般目标和具体目标都应与具体的学习内容无关,以使它们可以用于各种学习单元。并使具体学习结果在阐述时,能用学生的行为类型来表述每一个一般目标,而不至于用学生学习的具体内容加以表述。

3. 编制化学教育测量目标

在编制化学教育测量目标时,应特别注意以下几点:① 确定化学考核内容;② 界定考核内容掌握程度的各层次的含义;③ 规定考核内容应达到的最终结果。编制的形式一般采用条目式或列表式。在教学实践中,认知目标的表述办法一般宜采用"五成分目标",或简化的三成分目标方式陈述。而情感领域和动作技能领域可以采用多种技术,或较为灵活的方式来表述。

第二节 化学教育测量的知识要求

关键词

化学高考　内容领域　内容范围　必考内容　选考内容

一、化学教育考试的内容领域特征

描述大规模教育考试学科的内容领域是为了明确地定义考试的内容领域的范围、内容领域的结构,即内容领域不同方面知识的比例,以及相关的行为目标。

综合各类教育考试的内容目标,一般每个内容领域都具有以下特征。

第一,内容领域具有范围,或内容领域是由确定的内容组成的。只有位于内容领域范围内的试题才能够用来有效地测量考生在该内容领域方面的表现水平。如果考试的试题位于确定的内容领域范围之外,这个试题就不是有效的试题;如果一个考试中有相当一部分试题位于确定的内容领域之外,这个考试就不可能是该内容领域的合适样本。因此,对内容领域范围的描述是确定试题是否位于内容领域范围内的基础。

第二,内容领域具有结构,即内容领域由分为不同类型的内容组成,不同类型的内容有一定的比例。表4-3内容领域的描述有助于理解内容领域范围和结构的概念。

第三,内容领域每一类型的内容都具有可测量的行为目标。教育考试的内容领域及其行为目标是由中学化学课程标准确定的,一般教育考试的内容领域不会超过课程标准规定的内容领域,而且每一领域的内容范围也只能与课程标准大体相当,不应超过课程标准的内容范围。

二、高考化学新课标卷考核内容与范围

(一)必考内容

必考内容涵盖必修模块"化学1"、"化学2"和选修模块"化学反应原理"的内容。根据化学的学科体系和学科特点,必考内容包括:化学学科特点和化学研究基本方法、化学基本概念和基本理论、常见无机物及其应用、常见有机物及其应用和化学实验基础五个方面。(见表4-3)

表4-3　新课程高考化学考试内容及比例构成表

内容说明	课程模块	内容要素	知识板块		分值比例
必考内容	"化学1"、"化学2"、"化学反应原理"	化学学科特点和化学研究基本方法、化学基本概念和基本理论、常见无机物及其应用、常见有机物及其应用和化学实验基础五个方面	化学基本概念和基本理论	约40%	85%
			常见无机物及其应用	约15%	
			常见有机物及其应用	约10%	
			化学实验基础	约20%	
选考内容	"化学与生活"、"化学与技术"、"物质结构与性质"、"有机化学基础"	考生从中任选一个模块考试,试卷中设计了若干道等值的"选做题"	化学与生活	约15%	15%
			化学与技术		
			物质结构与性质		
			有机化学基础		

◆ 化学学科特点和化学研究基本方法

(1) 了解化学的主要特点是在原子、分子水平上认识物质。了解化学可以识别、改变和创造分子。

(2) 了解科学探究的基本过程,学习运用以实验和推理为基础的科学探究方法。认识化学是以实验为基础的一门科学。

(3) 了解物质的组成、结构和性质的关系。了解化学反应的本质、基本原理以及能量变化等规律。

(4) 了解定量研究的方法是化学发展为一门科学的重要标志。理解摩尔(mol)是物质的量的基本单位,可用于进行简单的化学计算。

(5) 了解科学、技术、社会的相互关系(如化学与生活、材料、能源、环境、生命过程、信息技术的关系等)。了解在化工生产中遵循"绿色化学"思想的重要性。

◆ 化学基本概念和基本理论

(1) 物质的组成、性质和分类。① 了解分子、原子、离子等概念的含义,了解原子团的定义;② 理解物理变化和化学变化的区别与联系;③ 理解混合物和纯净物、单质和化合物、金属和非金属的概念;④ 理解酸、碱、盐、氧化物的概念及其相互联系。

(2) 化学用语及常用计量。① 熟记并正确书写常见元素的名称、符号、离子符号;② 熟悉常见元素的化合价,能根据化合价正确书写化学式(分子式),或根据化学式判断化合价;③ 了解原子结构示意图、分子式、结构式和结构简式的表示方法;④ 了解相对原子质量、相对分子质量的定义,并能进行有关计算;⑤ 理解质量守恒定律的含义;⑥ 能正确书写化学方程式和离子方程式,并能进行有关计算;⑦ 了解物质的量的单位——摩尔(mol)及摩尔质量、气体摩尔体积、物质的量浓度、阿伏伽德罗常数的含义;⑧ 根据物质的量与微粒(原子、分子、离子等)数目、气体体积(标准状况下)之间的相互关系进行有关计算。

(3) 溶液。① 了解溶液的含义;② 了解溶解度、饱和溶液的概念;③ 了解溶液的组成,理解溶液中溶质的质量分数的概念,并能进行有关计算;④ 了解配制一定溶质质量分数、物质的量浓度溶液的方法;⑤ 了解胶体是一种常见的分散系。

(4) 物质结构和元素周期律。① 了解元素、核素和同位素的含义;② 了解原子构成,了解原子序数、核电荷数、质子数、中子数、核外电子数以及它们之间的相互关系;③ 了解原子核外电子排布;④ 掌握元素周期律的实质,了解元素周期表(长式)的结构(周期、族)及其应用;⑤ 以第三周期为例,掌握同一周期内元素性质的递变规律与原子结构的关系;⑥ 以ⅠA和ⅦA族为例,掌握同一主族内元素性质递变规律与原子结构的关系;⑦ 了解金属、非金属在元素周期表中的位置及其性质递变的规律;⑧ 了解化学键的定义,了解离子键、共价键的形成。

(5) 化学反应与能量。① 了解氧化还原反应的本质是电子的转移,了解常见的氧化还原反应;② 了解化学反应中能量转化的原因,能说出常见的能量转化形式;③ 了解化学能与热能的相互转化,了解吸热反应、放热反应、反应热等概念;④ 了解热化学方程式的含义,能用赫斯定律进行有关反应热的简单计算;⑤ 了解能源是人类生存和社会发展的重要基础,了解化学在解决能源危机中的重要作用;⑥ 了解原电池和电解池的工作原理,能写出电极反应和电池反应方程式,了解常见化学电源的种类及其工作原理;⑦ 理解金属发生电化学腐蚀的原因,金属腐蚀的危害,防止金属腐蚀的措施。

(6) 化学反应速率和化学平衡。① 了解化学反应速率的概念、反应速率的定量表示方法；② 了解催化剂在生产、生活和科学研究领域中的重大作用；③ 了解化学反应的可逆性；④ 了解化学平衡建立的过程,理解化学平衡常数的含义,能够利用化学平衡常数进行简单的计算；⑤ 理解外界条件(浓度、温度、压强、催化剂等)对反应速率和化学平衡的影响,认识其一般规律；⑥ 了解化学反应速率和化学平衡的调控在生活、生产和科学研究领域中的重要作用。

(7) 电解质溶液。① 了解电解质的概念,了解强电解质和弱电解质的概念；② 了解电解质在水溶液中的电离,以及电解质溶液的导电性；③ 了解弱电解质在水溶液中的电离平衡；④ 了解水的电离、离子积常数；⑤ 了解溶液pH的定义,了解测定溶液pH的方法,能进行pH的简单计算；⑥ 了解盐类水解的原理、影响盐类水解程度的主要因素、盐类水解的应用；⑦ 了解离子反应的概念、离子反应发生的条件,了解常见离子的检验方法；⑧ 了解难溶电解质的溶解平衡及沉淀转化的本质。

(8) 以上各部分知识的综合应用。

◆ 常见无机物及其应用

(1) 常见金属元素(如 Na, Al, Fe, Cu 等)。① 了解常见金属的活动顺序；② 了解常见金属及其重要化合物的主要性质及其应用；③ 了解合金的概念及其重要应用。

(2) 常见非金属元素(如 H, C, N, O, Si, S, Cl 等)。① 了解常见非金属单质及其重要化合物的主要性质及应用；② 了解常见非金属单质及其重要化合物对环境质量的影响。

(3) 以上各部分知识的综合应用。

◆ 常见有机物及其应用

(1) 了解有机化合物中碳的成键特征。了解有机化合物的同分异构现象。

(2) 了解甲烷、乙烯、苯等有机化合物的主要性质。

(3) 了解乙烯、氯乙烯、苯的衍生物等在化工生产中的重要作用。

(4) 了解乙醇、乙酸的组成和主要性质及重要应用。

(5) 了解上述有机化合物发生反应的类型。

(6) 了解糖类、油脂、蛋白质的组成和主要性质及重要应用。

(7) 了解常见高分子材料的合成反应及重要应用。

(8) 以上各部分知识的综合运用。

◆ 化学实验基础

(1) 了解化学实验是科学探究过程中的一种重要方法。

(2) 了解化学实验室常用仪器的主要用途和使用方法。

(3) 掌握化学实验的基本操作。能识别化学品安全使用标识,了解实验室一般事故的预防和处理方法。

(4) 掌握常见气体的实验室制法(包括所用试剂、仪器,反应原理和收集方法)。

(5) 能对常见的物质进行检验、分离和提纯,能根据要求配制溶液。

(6) 能根据实验试题要求,做到：① 设计、评价或改进实验方案；② 了解控制实验条件的方法；③ 分析或处理实验数据,得出合理结论；④ 绘制和识别典型的实验仪器装置图。

(7) 以上各部分知识与技能的综合应用。

（二）选考内容

选考内容涵盖选修模块"化学与生活"、"化学与技术"、"物质结构与性质"、"有机化学基础"的内容，考生从中任选一个模块考试。

◆ **化学与生活**

（1）化学与健康。① 了解食品中对人类健康有重要意义的常见有机物，了解合理摄入营养物质的重要性，营养均衡与人体健康的关系；② 了解氨基酸、蛋白质的结构和性质特点；③ 了解维生素和微量元素对人体健康的重要作用；④ 了解常见食品添加剂的作用；⑤ 了解药物对维护健康的作用；⑥ 了解毒品的危害。

（2）生活中的材料。① 了解金属与合金在性能上的主要差异，了解生活中常见合金的组成；② 了解金属腐蚀的化学原理、金属防护的常用方法、防止金属腐蚀的重要意义；③ 了解水泥、玻璃和陶瓷的主要化学成分、生活原料及其用途；④ 了解生活中常用合成高分子材料的化学成分及其性能，评价高分子材料的使用对人类生活质量和环境质量的影响。

（3）化学与环境保护。① 了解水污染的危害，了解污水处理中主要的化学方法及其原理；② 了解大气主要污染物，了解减少大气污染物的原理和方法；③ 了解生活废弃物处置的方法、"白色污染"危害和防治方法。

◆ **化学与技术**

（1）化学与资源开发利用。① 了解煤、石油和天然气等综合利用的意义；② 了解我国无机化工的生产资源和产品的主要种类；③ 了解海水的综合利用，了解化学科学发现对自然资源利用的作用；④ 了解化学对废旧物资再生与综合利用的作用。

（2）化学与材料的制造、应用。① 了解社会发展和科技进步对材料的要求，了解化学对材料科学发展的促进作用；② 了解金属材料、无机非金属材料、高分子合成材料、复合材料和其他新材料的特点，了解有关的生产原理；③ 了解用化学方法进行金属材料表面处理的原理；④ 了解我国现代材料研究和材料工业的发展情况，了解新材料的发展方向。

（3）化学与工农业生产。① 了解化学在水处理中的应用；② 了解合成氨的主要原理、原料、重要设备、流程和意义，认识催化剂的研制对促进化学工业发展的重大意义；③ 了解精细化工产品的生产特点、精细化工在社会发展中的作用；④ 了解化学肥料、农药等在农业生产中的作用。

◆ **物质结构与性质**

（1）原子结构与元素的性质。① 了解原子核外电子的能级分布，能用电子排布式表示常见元素（1～36号）原子核外电子的排布，了解原子核外电子的运动状态；② 了解元素电离能的含义，并能用以说明元素的某些性质；③ 了解原子核外电子在一定条件下会发生跃迁，了解其简单应用；④ 了解电负性的概念，知道元素的性质与电负性的关系。

（2）化学键与物质的性质。① 理解离子键的形成，能根据离子化合物的结构特征解释其物理性质；② 了解共价键的主要类型 σ 键和 π 键，能用键能、键长、键角等说明简单分子的某些性质；③ 了解简单配合物的成键情况；④ 了解原子晶体的特征，能描述金刚石、二氧化硅等原子晶体的结构与性质的关系；⑤ 理解金属键的含义，能用金属键理论解释金属的一些物理性质；⑥ 了解杂化轨道理论及常见的杂化轨道类型（sp，sp^2，sp^3），能用价层电子对互斥理论或者杂化轨道理论推测常见的简单分子或者离子的空间结构。

（3）分子间作用力与物质的性质。① 了解化学键和分子间作用力的区别；② 了解氢键的存在对物质性质的影响，能列举含有氢键的物质；③ 了解分子晶体、原子晶体、离子晶体、金属晶体的结构微粒、微粒间作用力的区别。

◆ **有机化学基础**

(1) 有机化合物的组成与结构。① 能根据有机化合物的元素含量、相对分子质量确定有机化合物的分子式;② 了解常见有机化合物的结构,了解有机物分子中的官能团,能正确地表示它们的结构;③ 了解确定有机化合物结构的化学方法和某些物理方法;④ 了解有机化合物存在异构现象,能判断简单有机化合物的同分异构体(不包括手性异构体);⑤ 能根据有机化合物命名规则命名简单的有机化合物;⑥ 能列举事实说明有机分子中基团之间存在相互影响。

(2) 烃及其衍生物的性质与应用。① 以烷、烯、炔和芳香烃的代表物为例,比较它们在组成、结构、性质上的差异;② 了解天然气、石油液化气和汽油的主要成分及其应用;③ 举例说明烃类物质在有机合成和有机化工中的重要作用;④ 了解卤代烃、醇、酚、醛、羧酸、酯的典型代表物的组成和结构特点以及它们的相互联系;⑤ 了解加成反应、取代反应和消去反应;⑥ 结合实际了解某些有机化合物对环境和健康可能产生的影响,关注有机化合物的安全使用问题。

(3) 糖类、氨基酸和蛋白质。① 了解糖类的组成和性质特点,能举例说明糖类在食品加工和生物质能源开发上的应用;② 了解氨基酸的组成、结构特点和主要化学性质及氨基酸与人体健康的关系;③ 了解蛋白质的组成、结构和性质;④ 了解化学科学在生命科学发展中所起的重要作用。

(4) 合成高分子化合物。① 了解合成高分子的组成与结构特点,能依据简单合成高分子的结构分析其链节和单体;② 了解加聚反应和缩聚反应的特点;③ 了解新型高分子材料的性能及其在高新技术领域中的应用;④ 了解合成高分子化合物在发展经济、提高生活质量方面的贡献。

第三节 化学教育测量的能力要求

关键词

化学课程标准　化学考试大纲　能力　学科能力　观察与实验能力　化学学习能力
化学思维能力　科学探究能力　实践与创新能力　中考　高考

我国化学课程标准、高考化学考试大纲(课标版)分别提出了不同内涵的化学学科能力要求,其原因在于,化学学科能力理论的建构缺乏明确的理论基础。为此,学者们构建了"智力—知识—技能—科学方法"能力理论,提出了化学学科的核心能力——观察与实验能力、化学学习能力、化学思维能力、科学探究能力、实践与创新能力,并界定了其能力结构要素。这一能力观对于改变课程改革中能力内涵模糊、能力要求弱化的现状具有非常重要的现实意义。重视培养学生的能力,是基础教育改革与发展的世界性趋势,是全面提高学生素质的必然要求。重视能力和科学素养的考查是新课程教育改革的一个特点。

一、化学学科能力的要求分析[①]

(一) 化学课程标准能力要求

进入21世纪,《化学课程标准》主要强调科学探究能力、实验能力及实践能力。《义务教育化学课程标准》提出了科学探究的八个要素:提出问题、猜想与假设、制订计划、进行实验、收集证

---

① 司马兰,王后雄,王敏.化学学科能力的基本理论问题[J].中国考试,2010(5):3-10.

据、解释与结论、反思与评价、表达与交流等。强调增进对科学探究的理解,发展科学探究的能力。课程标准通过描述性的说明,界定了该能力的要求,并按照教育经验逐级找出培养这种综合能力所应具有的准备条件。然而,从实际实施情况来看,这种没有凝练的能力培养要求过于琐碎。《普通高中化学课程标准》提出了"帮助学生形成终身学习的意识和能力"、"发展学生的科学探究能力"、"提高综合应用化学知识解决实际问题的能力"、"培养学生的创新精神和实践能力"等能力目标。

课程标准关于化学能力的要求,较好地体现了化学学科的基本特点、素质教育的核心与学生发展的有机统一。这表现为:第一,对人才的培养提出了更高的要求,注重培养学生的学习能力、探究能力、创新精神和实践能力;第二,重视科学方法在培养能力中的作用,强调综合能力的功能。化学课程标准提出的能力要求是建立在杜威的教学理论基础上,强调在"做中学",在"做"中验证所获经验的有效性。

(二) 化学考试大纲(新课标版)能力要求

2007年,教育部考试中心为首批四省区新课程高考研制了符合课程标准教学的《化学考试大纲》。考试大纲明确提出了化学考查的能力要求,这些能力要求是根据高等学校招生的基本要求,考虑中学生经过中学阶段的学习所能达到的能力程度来制定的,同时,还考虑到高考中能够实现。新课程高考对化学能力的具体要求为:

(1) 接受、吸收、整合化学信息的能力:① 能够对中学化学基础知识融会贯通,有正确复述、再现、辨论的能力;② 能够通过对实际事物、实验现象、实物、模型、图形、图标的观察,以及对自然界、社会、生产中的化学现象的观察,获取有关的感性知识和印象,并进行初步加工、吸收、有序存储的能力;③ 能够从试题提供的新信息中,准确地提取实质性内容,并经与有关知识块整合,重组为新知识块的能力。

(2) 分析问题和解决(解答)化学问题的能力:① 能够将实际问题分解,通过运用相关知识,采用分析、综合的方法,解决简单化学问题的能力;② 能够将分析解决问题的过程和成果,用正确的化学术语及文字、图表、模型、图形等表达,并作出解释的能力。

(3) 化学实验与探究能力:① 了解并初步实践化学实验研究的一般过程,掌握化学实验的基本方法和技能;② 在解决简单化学问题的过程中,运用科学的方法,初步了解化学变化规律,并对化学现象提出科学合理的解释。

思考与讨论

试比较《化学课程标准》与《化学考试大纲(新课标版)》在能力要求上的异同,比较结果对化学教学有怎样的启示?

从以上能力要求来看,可以得出如下结论:第一,课程标准与考试大纲关于能力的要求的表述有较大的不同,但都能较好地体现化学学科的特点;第二,能力是概括化与系统化的知识与技能、过程与方法,虽然课程标准没有正面提到培养能力,但是却对构成能力的知识与技能、过程与方法的培养做了详细的规定,这样在相当程度上能达到培养能力的目的;第三,对于能力要求来说,本来就是比较抽象的概括,考试大纲在具体能力要求方面做了细致的规定,使较难掌握的高度抽象化的能力概念的内涵具体化,变得充实和容易理解,有利于对中学教学质量的检查和评价。然而,目前尚无公认的一个逻辑严谨和令人信服的关于能力的理论体系,在一定程度上制约化学教育教学的发展。

二、化学学科能力

一般认为,化学学科的基本特点包括:① 化学是一门实验科学,又是理论科学。就心理特征范畴而言,化学学科应当培养最基本、最重要的能力有观察能力、思维能力、记忆能力、实验能力、自学能力和科学探究能力。② 化学是一门中心的、实用的、创造性的学科。培养学生终身学习能力、创新精神和实践能力是对创造性的时代的回应,是一种具有更高要求的综合能力。③ 化学从它的早期萌芽到近现代发展,都以它丰富的方法论和世界观等化学方法和化学思想影响着人们的思想、观点和方法。化学科学发展中蕴涵的理论思维、科学方法、科学品质是人类宝贵的精神财富,为科学探究能力、问题解决能力的构建奠定了发展基础。所以说,实验基础、理论思维、科学方法、创造功能和应用价值是化学的五种基本成分。

从心理学的角度来看,能力是指完成某种活动的本领,它包括完成某种活动的具体方式,以及成功地完成某种活动所必需的个性心理特征。从学习活动来看,能力是作为掌握和运用知识、技能的条件并决定活动效率的一个个性心理特征。通常将能力分为一般能力和特殊能力。观察能力、记忆能力、思维能力、自学能力等属于一般能力,实验能力属于特殊能力。一般能力是特殊能力的条件和基础,特殊能力的发展又能促进一般能力的发展与提高。

学科能力是学生的智力、能力与特定学科的有机结合,是学生智力、能力在特定学科中的具体体现。借鉴邢红军等人的观点①,王后雄等人提出了化学学科能力结构的"四要素":智力+知识+技能+科学方法→(形成)能力。其中,智力包括注意力、观察力、记忆力、思维力、想象力等,指个体潜在的心理能力。技能包括动作技能和心智技能。知识和科学方法构成了学习者的认知结构。化学知识、技能和科学方法是构成化学学习能力的基本要素。

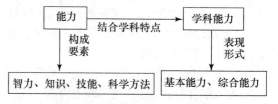

图 4-4 化学学科能力的构建

综上所述,可以用图 4-4 表示化学学科能力的构成要素、形成途径和表现形式之间的相互关系。

把"智力—知识—技能—科学方法"能力构成理论与化学的学科特点结合起来,并根据因素分析"从众多变量的交互相关中找出起决定性作用的基本因素,为建立科学理论提供明确证据"的思想,化学学科能力理论构建如下:

首先,智力中的观察力、思维力和想象力在化学能力中是三个重要因素,而注意力和记忆力则相对次之。其次,技能中的操作技能和心智技能是两个重要的因素。知识和科学方法是两个重要的因素。进一步,把上述七个重要因素与化学的五个基本特征进行交互相关,从而建构出新的化学学科能力结构:① 观察与实验能力;② 化学学习能力;③ 化学思维能力;④ 科学探究能力;⑤ 实践与创新能力。这五种能力较好地解决了一般能力与学科特殊能力、基本能力与综合能力两者融合的问题。尽管能力之间存在着重叠与关联等问题,但客观地反映了不同能力之间相互制约、互为前提的交叉关系,突出了学科的特征和新课程改革的目标,形成了一个多因素、多形态、多层次的化学学科能力结构。

---

① 邢红军,陈涛梅.物理能力的基本理论研究[J].首都师范大学学报:自然科学版,2006(4):29.

> **思考与讨论**

试结合案例谈谈你对化学学科能力概念、内涵的理解。

(一) 观察与实验能力

从能力理论的角度看,智力中包含有观察力,技能中则包含有操作技能。从化学学科特点看,化学是一门以实验为基础的科学,观察和实验是化学研究的基本方法,因而,把观察与实验能力作为化学学科的基础能力。

对客观事物的观察是获得知识的最基本途径,也是认识客观事物的最基本环节,更是思维的基础。观察能力可以明确为:能够通过对实验现象、实物、模型、微观结构、图形、图表以及自然界、生产和生活中的化学现象的观察,获取有关的感性知识和印象,并对这些感性知识进行初步加工和记忆的能力。

化学实验能力是多种成分组成的一种综合能力。这种能力的基础包括化学基础知识、实验操作技能之外,还应包含发现问题的能力、设计实验方案的能力、观察实验并进行思维加工的能力等。根据化学课程标准的目标和要求,可以进一步制定培养化学实验能力的具体要求:① 能恰当地使用化学仪器和试剂,用正确的化学实验基本操作,完成规定实验的能力,并能初步处理实验过程中有关安全问题的能力;② 观察记录实验现象,分析实验结果和处理实验数据,得出正确结论的能力,简明、扼要和规范地记录实验过程、条件、现象和结果,具有撰写实验报告的能力;③ 初步处理实验过程中的有关安全问题的能力;④ 能识别和绘制典型的实验仪器装置图的能力;⑤ 根据对问题的分析提取恰当的实验课题,设计或评价简单实验方案的能力,具有通过化学实验来探索规律、解决问题的能力。

(二) 化学学习能力

化学学习能力是化学学习活动中形成和发展起来的,是学生运用科学的学习方法去获取信息、加工和利用信息、分析和解决化学实际问题的一种综合能力。这项综合能力需要记忆能力、思维能力、自学能力等多项基本能力的支持。记忆能力是根据化学学科的特点和化学知识的规律性以及正确运用心理学的记忆规律进行记忆的能力,这种能力在化学用语的记忆和熟练应用上特别重要;思维能力是整个学习能力结构的核心;自学能力带有综合性,自学能力能促使思维能力向较高层次发展。

化学学习能力的形成和发展是通过化学知识、技能和科学方法的获得和广泛迁移,从而使它们得到不断综合和概括化而实现的这一形成过程,从学习者的内因分析依赖于学生对知识、技能和科学方法的掌握质量及其结构化、网络化、程序化水平,依赖于学生的一般智力水平以及以学习动机为核心的非智力因素的调控;从外部环境来分析,主要受知识的外部结构化水平、教学过程科学化水平、教学策略的有效性水平、教学评价的适时性和促进性水平等教学因素的影响。根据化学学习能力的特点,可以把它明确分为三个方面:① 对化学应该掌握的内容融会贯通,对化学知识作"意义记忆"和"抽象逻辑记忆",有正确复述、再现、辨认的能力;② 能够通过积极地观察、思考和不断地整合,运用科学思维方法,获取感性知识并进行加工、吸收、有序存储的能力,具有自我获取知识、更新知识的能力;③ 能够从涉取的信息中,准确提取实质性内容,并经与已有知识块整合,重新组合为新知识块的能力,在分析、评价的基础上应用新信息,进而解决过去从未涉及的新问题的能力。

(三) 化学思维能力

思维能力是诸种能力的核心。化学学科以化学知识为载体，部分地承担着思维能力的培养。化学学科的思维能力，既有适用于各个不同学科的共同性的能力，也有化学学科的独具的、有自身特点的思维能力。可以把能力理论中的想象能力、思维能力与化学学科特点交互结合从而形成化学思维能力。

化学学科思维能力，可概括为六项：① 对中学化学应该掌握的内容融会贯通。将知识点统整，使之网络化，有序地存储，作"意义记忆"求抽象"逻辑记忆"，有正确复述，再现辨认的能力。② 能将实际问题（或题设的情境）分析，找出应答的关键，能选择和调用储存的知识，将它们分解、迁移、转换（联想、类比、模仿和改造）、重建，使问题得到解决的应用能力。③ 能将化学知识（含实际事物、实验现象、数据和各种信息），按内在联系抽象归纳，逻辑地统摄成规律，并能按此规律进行推理（发散和收敛）的创造能力。④ 对原子、分子、化学键等微观结构有一定的三维想象能力。⑤ 通过分析和综合、比较和论证，选择解决问题的最佳方案的评价能力。⑥ 将化学问题抽象成教学问题，利用数学工具，通过计算和推理（结合化学知识），解决化学问题的计算能力。

(四) 科学探究能力

科学探究是一种重要的学习方式，也是中学化学课程的重要内容，对发展学生的科学素养具有不可替代的作用，是学生积极主动地获取化学知识、认识和解决化学问题的重要实践活动。探究学习也是培养学生探究意识和提高探究能力的重要途径。在科学探究的活动中，融合了提出问题能力、自主学习能力、科学认知能力（科学方法）、实验能力等诸种能力，可见，科学探究能力是一种需要多项基本能力参与的一种综合能力。科学探究能力是新课程区别于以往课程的一种新的能力观。

科学探究能力的具体要求是：① 了解并初步实践科学探究的一般过程，具有发现学习生产、生活中有意义的化学问题，并按照科学探究的步骤去解决新问题或探究新知识的能力；② 通过以实验为主的多种探究活动，强化科学探究的意识，能根据具体情况设计解决化学问题的实验方案，运用科学方法，揭示化学变化的规律对化学问题提出科学合理解释的能力。

(五) 实践与创新能力

课程标准中明确规定："高中化学课程应有助于学生主动构建自身发展所需的化学基础知识和基本技能，有利于学生体验科学探究的过程，学习科学研究的基本方法，加深对科学本质的认识，增强创新精神和实践能力。"化学的创造性是化学学科发展的动力，是化学教育的最高目标追求，这一能力观适应了当今社会飞速发展对化学人才培养的高水准和高素质的要求。

实践与创新能力的要求包括：① 联系生产、生活实际，能够将实际问题分解，通过综合运用化学及其他学科知识，采用分析、综合的方法，分析解决实际问题的实践应用能力；② 能够综合运用化学知识或相关信息，运用一定的科学方法，进行科学探究和探索新科学知识的创造能力。

对能力问题的研究，采用跨学科的方式探讨化学学科能力理论，为我国化学教育改革及考试评价提供了新的思路，其研究具有以下特点：第一，发展性。学科能力的构建与社会对人才培养的要求、课程改革和素质教育目标相一致，反映了能力内涵的时代性与实践性，明确基本能力和综合能力是化学学科能力的不同表现形式，突出了化学学科能力的核心成分。第二，自洽性。较好地解决了教学大纲、课程标准、考试大纲能力各行其道的状况，使化学学科能力内涵表述一致，促进化学教学与测量评价能力标准的整合与统一。第三,创新性。明确了能力结构和功能要求,使知识、技能、科学方法与能力的培养不再相互孤立,较好地解决了能力理论中继承与创新、渗透与融合的难题。第四,操作性。提出明确、具体的能力内涵及其分项规定,便于教师学习掌握和执行,为能力的培养落到实处提供了必要的理论依据,也便于检查和评定学生学业成绩和衡量教师的教学质量。

三、中考、高考化学测量的能力要求

中考、高考是一种选拔性考试,旨在选拔具有学习潜能和创新精神的考生。作为一个科目,中考、高考化学必须以学科知识和技能为基础,向能力测试倾斜,并在测试考生进一步学习所必需的知识、技能和方法的基础上,全面检测考生的化学素养。①②③

(一) 观察能力

1. 化学学科中的观察能力

所考查的是一种较为全面、深刻的观察能力。在观察物质的微观结构图形、模型时,也要求从中获取应得的大量信息,观察也应该深入,并且与加强思考相结合,而不能仅仅停留在表面上。对原子、分子、化学键等微观结构有一定的三维的想象能力是化学观察能力的重要特征。

[例1] (贵阳市中考题)有科学家曾预言:"水,不久将成为一个深刻的社会危机。"近年来,我国许多省、市都不同程度地发生了缺水现象,严重影响了经济发展和人民生活。为提醒广大公民节约用水,国家制定了"节水徽记",如图。请说明"节水徽记"表达了什么意思。

[解析] 本题考查考生对特定图形的观察能力,对图形寓意的思维能力,以及对水资源及保护水资源的科学素养。

[答案] 徽记上方的弧线代表着自来水管和水龙头,龙头中间滴下的一滴水,被一只伸出的手掌仔细"接住",寓"节水"之意,请每位公民像对待掌上明珠一样珍惜每一滴水。

[例2] (全国高考题)某期刊封面上有一个分子的球棍模型图(如右图所示)。图中"棍"代表单键、双键或三键,不同颜色的球代表不同元素的原子。该模型图可代表一种( )。

A. 卤代羧酸   B. 酯
C. 氨基酸   D. 醇钠

[解析] 观察模型可见,绿球和绿球相连,而且绿球还连接了其他球,可以初步判断,绿球代表碳原子或氮原子。再由5个白球都处于末端,它们分别都只跟一个球相连,可以推断,白球代表氢原子。红球既可只连绿球,也可一端连绿球一端连白球(氢原子),可以推断为氧原子。蓝球连了2个氢原子后再连在绿球上,而这个绿球已经连了3个球(至少4价),由此排除绿球是氮原子,而认定它是碳原子,于是蓝球是氮原子。该模型代表甘氨酸(氨基乙酸)。

[答案] C

---

① 廖平胜,王后雄.初中升学考试标准及实施大纲(化学)[M].北京:教育科学出版社,2003:128-136.
② 王后雄.新课程高考化学测量的能力要求研究(Ⅰ)[J].中国考试,2009(11):14-22.
③ 王后雄.新课程高考化学测量的能力要求研究(Ⅱ)[J].中国考试,2009(12):24-31.

2. 对化学现象的观察能力

对自然、生产、生活、科学的观察是获取化学知识的重要手段,近年来中考、高考化学试题重视化学与社会联系的题目,其目的之一就是考查考生的观察能力。

[例3] (全国高考题)下列有类环境问题都是由化学物质引起的,在下列组合中对应的化合物不正确的是( )。

A. 温室效应:二氧化碳　　　　　　B. 光化学污染:氧化氮

C. 酸雨:二氧化碳　　　　　　　　D. 臭氧层破坏:氟氯烃

[解析] ①温室效应主要与 CO_2 和烃类等有关。对这些原因,关心环保问题的中学生在学习化学时都应该知道;②光化学污染的形成,主要与烃类及氮氧化物有关;③酸雨的形成主要与 SO_2 的排放有关;④臭氧层破坏主要与氯氟烃和氮氧化物有关。

[答案] C

3. 对观察结果的初步加工能力

初步加工就是将观察得到的印象加以分析,从中提取事物的特征;或者在对大量事物的观察中,归纳同类事物的共同特性。化学试题中有许多试题是考查考生观察后整理加工能力的。中考、高考化学试题中还经常出现一些图形和曲线,这些图形和曲线隐含着大量的信息,必须通过对观察结果的加工,才能找出其规律。

[例4] 往含 I^- 和 Cl^- 的稀溶液中滴入 $AgNO_3$ 溶液,沉淀的质量与加入 $AgNO_3$ 溶液体积的关系如右图所示,则原溶液中 $c(I^-)/c(Cl^-)$ 的比值为( )。

A. $(V_2-V_1)/V_1$　　　　　　　　B. V_1/V_2

C. $V_1/(V_2-V_1)$　　　　　　　　D. V_2/V_1

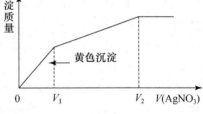

[解析] 据图像知,在 $0 \sim V_1$ 生成黄色沉淀 AgI,则 $V_1 \sim V_2$ 生成 $AgCl$ 沉淀,$c(I^-)/c(Cl^-)$ 与耗去的 $AgNO_3$ 溶液的体积成正比。

[答案] C

(二) 实验能力

1. 独立完成实验的能力

中学化学课程标准里规定的学生实验,基本上是为了紧密配合学生课堂学习,培养学生动手能力而设置的典型实验。化学命题对此给予了足够的重视。

[例5] (全国高考题)下列有关使用托盘天平的叙述,不正确的是( )。

A. 称量前先调节托盘天平的零点　　　　B. 称量时左盘放被称量物,右盘放砝码

C. 腐蚀性的药品放在玻璃皿里称量　　　D. 用托盘天平可以准确称量至0.01g

[解析] 本题以托盘天平的使用为素材,考查考生化学实验基本操作能力。托盘天平是中学化学实验中使用频率较高的一种仪器,是初中化学实验基本操作的重要内容,托盘天平的使用中明确指出,称量前先调节托盘天平的零点;称量时称量物放在左盘,砝码放在右盘;称量干燥的固体药品放在纸上称量,易潮解的或有腐蚀性的药品必须放在玻璃器皿里称量;托盘天平能准确称量到0.1克。

[答案] D

在历年高考化学试题中,有时是直接考查某一"规定实验",也有时是按照某些"规定实验"的

基本要求,或由其发展、派生出来的内容来命题,借以考查考生本项实验能力。在高考化学试题对化学实验的基本操作考查中,既有常见仪器的主要规格及其使用,又有实验操作;既有对正确操作的了解,又有对错误操作的辨认。

独立完成实验的能力包括理解实验原理、实验目的及要求,了解材料用具,掌握实验方法步骤,会控制实验条件和使用实验仪器,会处理实验安全问题,会观察、分析和解释实验中产生的现象、数据,并得出合理的实验结论。

2. 正确得出实验结论的能力

化学实验的目的是通过实验观察化学反应现象,从而了解大量物质变化的事实,加深对所学知识的理解。对观察实验现象能力的考查,既可以是直接由实验现象得出正确结论,也可以是将实验方法与正确结论联系起来进行设问。对实验结果分析能力的考查,要求分析实验成功的关键、产生误差的原因。对实验结果处理能力的考查,可以是报告数据,也可绘制曲线图,或归纳出计算公式等方式。

[**例6**] (北京市石景山区中考题)某纯碱样品中含有少量氯化钠杂质,现用右图所示装置来测定纯碱样品中碳酸钠的质量分数(装置中必要的铁架台、铁夹等在图中均已略去)。

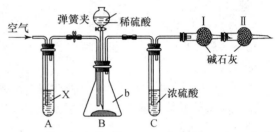

实验步骤如下:① 按图将仪器组装好,并检查气密性;② 准确称盛有碱石灰(固体氢氧化钠和生石灰的混合物)的干燥管Ⅰ的质量为83.4g;③ 准确称量6.0g纯碱样品放入容器b内;④ 打开分液漏斗a的旋塞,缓缓滴入稀硫酸,至不再产生气泡为止;⑤ 打开弹簧夹,往试管A中缓缓鼓入空气数分钟,然后称量干燥管Ⅰ的总质量85.6g。

试回答:

(1) 若④、⑤两步实验操作太快,其测定的结果_____(填"偏大"或"偏小");

(2) 鼓入空气的目的是_____;装置A中的试剂X应选用_____;

(3) 若没有C装置,则会导致测定结果_____(填"偏大"或"偏小");

(4) 根据实验中测得的有关数据,计算出纯碱样品中Na_2CO_3的质量分数为_____(计算结果保留一位小数)。

[**解析**] 本题是一个测定物质纯度的综合实验设计题,不仅要求通过实验数据处理求出混合物中某成分的质量分数,还要求分析装置设计和操作过程对实验测定结果的影响。既然是定量实验,减少实验误差是关键,因此装置A、C、Ⅱ都是为减少误差而设计的,A、Ⅱ装置防止空气中的二氧化碳被Ⅰ中碱石灰吸入而使测定结果偏大;C装置防止水蒸气被Ⅰ中碱石灰吸入而使测定结果偏大。如果滴入硫酸速度太快,产生二氧化碳速率过大,Ⅰ装置没有充分吸收,会使测定结果偏小;如果过早打开弹簧夹,反应产生的二氧化碳会被A装置中X溶液(NaOH溶液)吸收也会使测定结果偏小;如果不鼓入空气,装置中部分二氧化碳没有被Ⅰ装置吸收也会使测定结果偏小,综上所述此题综合考查了实验操作能力、实验设计能力、实验结果分析能力。

[**答案**] (1)偏小 (2)使容器b中产生的CO_2全部排出;NaOH溶液 (3)偏大 (4) 88.3%

3. 处理实验安全问题的能力

实验室所用的药品,很多是易燃、易爆、有腐蚀性或有毒的。因此,在使用时一定要严格遵照有关规定和操作规程,保证实验安全。为此,要求学生有高度的安全意识,具有安全操作知识和处理安全问题的能力。部分中考试题,结合实验原理、实验装置、操作过程等,考查有关化学实验安全问题。

[例7] (全国高考题)下列实验操作与安全事故处理错误的是(　　)。

A. 使用水银温度计测量烧杯中水浴温度时,不慎打破水银球,用滴管将水银吸出放入水封的小瓶中,残破的温度计插入装有硫粉的广口瓶中

B. 用试管夹从试管底由下往上夹住距试管口约1/3处,手持试管夹长柄末端,进行加热

C. 制备乙酸乙酯时,将乙醇和乙酸依次加入到浓硫酸中

D. 把玻璃管插入橡胶塞孔时,用厚布护手,紧握用水湿润的玻璃管插入端,缓慢旋进塞孔中

[解析] 乙醇与浓H_2SO_4混合是放热过程,类似浓H_2SO_4的稀释,应将浓H_2SO_4慢慢加入乙醇中,所以C操作错误。水银(汞)有挥发性,汞蒸气有毒,所以洒落的水银应回收。汞比水重,不溶于水,所以可以水封保存。汞易被硫粉吸收,所以不易收回的汞可用硫粉处理。

[答案] C

4. 识别和绘制装置图的能力

化学实验要求学生将一些仪器组合成为实验装置,因此,识别典型实验仪器装置和绘图,是一种重要的能力。

[例8] 观察下图所示的A、B实验操作和实验装置图,(1)在图中括号内写出仪器的名称。(2)列举利用B装置能制取哪些气体。

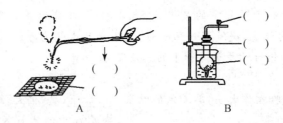

[解析] 本题考查常见仪器的识别能力。图中仪器是同学们在实验中常见常用的仪器,但不少同学对它们的名称混淆不清,在组合装置中识别仪器也感到迷茫,甚至对知道仪器的名称不能用准确的汉字表达。

[答案] (1) A:坩埚钳;石棉网　B:弹簧夹(止水夹);铁夹;干燥管

(2) 利用B装置可制取氢气、二氧化碳等气体

在高考化学对考生实验能力的考查中,主要通过下列方法来考查这种能力:(1)对于一些实验仪器和实验装置判断有无错误,有时还要求对错误的地方加以纠正;(2)对于试题所给出的单件仪器或小的装置先进行识别,然后再装配成整体装置;(3)绘出单件仪器或整体的装置图;(4)分析和评价新的仪器及装置的作用等。

[例9] 某研究性学习小组的同学对绿矾受热分解的情况进行探究。资料表明,在加热条件下,三氧化硫具有比较强的氧化性。

(1)甲同学认为,绿矾受热分解的产物是FeO,SO_3,H_2O。你支持甲同学的观点吗?说明你的理由。

(2)实验是解决问题的重要手段。乙同学用如下装置通过实验来探究绿矾受热分解的产物(加热及夹持装置未画出):

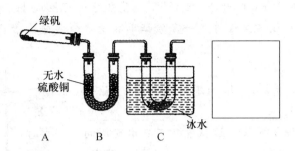

实验过程中发现：装置A中有残留固体，装置B中无水硫酸铜变蓝，装置C中的U形管中有无色晶体出现。回答下列问题：

① 在装置C导管出口处还应有的实验现象是_____。
② 装置A中残留的固体是_____；装置C中的U形管中无色晶体是_____。
③ 乙同学为了验证绿矾受热分解的所有产物，在C装置后连接了一个装置，并选用了合理的药品，不仅达到了实验目的，而且还起到了一举两得的效果。请你在C装置后的方框中画出该装置，并注明选用的药品。
④ 写出绿矾受热分解的化学方程式。

[解析] 本题主要考查考生的实验设计能力和科学探究能力。第③小题要设计检验SO_2和除去有毒SO_2的装置。可以用品红试液或酸化$KMnO_4$溶液检验SO_2，用NaOH溶液除去多余的尾气。

[答案]（1）不支持，FeO有还原性，SO_3有氧化性，受热时要发生氧化还原反应

(2) ① 在C装置的导管出口处有刺激性气体　② Fe_2O_3；SO_3

③ 见右图

④ $2FeSO_4 \cdot 7H_2O \xrightarrow{\triangle} Fe_2O_3 + SO_2\uparrow + SO_3\uparrow + 14H_2O$

5. 设计实验方案的能力

中考、高考化学试题中对考生设计简单实验能力的考查赋予了较多的关注。其中包括：某个实验操作顺序的设计，确认某混合物组分实验的设计，验证化学原理的设计等。有定性的，也有定量的实验设计。这类简单实验设计的试题，一般都是思考性、综合性较强，有一定的难度，需要考生细心、冷静地审题，深入、全面地思考，从而得出合理的结果。这是一种较高水平的能力考查。

[例10] 乙二酸(HOOC—COOH)俗称草酸。某校学生为探究乙二酸的部分化学性质，进行了下述实验：

(1) 向盛有少量乙二酸饱和溶液的试管内滴入用硫酸酸化的$KMnO_4$稀溶液，振荡，观察到的现象为_____，说明乙二酸具有_____（填"氧化性"、"还原性"或"酸性"）。

(2) Mn^{2+}离子是$KMnO_4$溶液氧化乙二酸($H_2C_2O_4$)的催化剂。有人提出该反应的历程为：

$Mn(\text{VII}) \xrightarrow{Mn(\text{II})} Mn(\text{VI}) \xrightarrow{Mn(\text{II})} Mn(\text{V}) \xrightarrow{Mn(\text{II})} Mn(\text{IV}) \xrightarrow{Mn(\text{II})} Mn(\text{III}) \xrightarrow{C_2O_4^{2-}} Mn(C_2O_4)_n^{3-2n} \longrightarrow Mn^{2+} + CO_2$

请设计一个实验方案来验证这个历程是可信的（只需给出设计思想）_____。

(3) 已知：草酸在约157℃时升华,在175℃时受热分解可生成 H_2O、CO_2 和 CO；草酸钙是难溶于水的白色固体。该校学生设计了一套验证草酸受热分解并检验产物中有 CO_2 的实验装置,如下图所示。

请回答：

① 从环境保护的角度看,应增加尾气处理装置,你如何进行尾气处理_____。

② 依据题给数据,请分析根据D试管中石灰水变浑的现象,能否确定草酸分解产物中 CO_2 _____（填"能确定"或"不能确定"）,理由是_____。

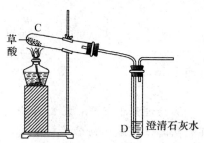

[解析] 该题第(2)问要求设计一个合理的实验方案来证明该反应历程。分析题意可以看出,本题的实验方案设计应围绕"有"和"无" Mn^{2+} 离子时,对反应速率的不同影响去设计。由此,可产生两种常见的实验思路：

① 对比实验：取两份草酸溶液,向其中一份溶液中加入含 Mn^{2+} 离子的溶液,另一份不加；在滴加 $KMnO_4$ 溶液时,加 Mn^{2+} 者反应速率快。

② 阻断实验：寻找一种试剂能与 Mn(Ⅵ),Mn(Ⅳ)或 Mn(Ⅲ)生成难溶物(或配合物),加入这种试剂后,反应速率变慢。

[答案] (1) $KMnO_4$ 溶液紫色褪去,还原性。(2) 见解析。(3) 将 CO 点燃处理(或将尾气通入到某种能吸收 CO 的试液中)。(4) 不能确定,部分 $H_2C_2O_4$ 加热时升华,与 $Ca(OH)_2$ 反应也能生成沉淀(CaC_2O_4)。

(三) 思维能力

思维能力渗透于观察能力、实验能力、自学能力之中,并发挥核心作用。思维能力是能力结构中极为重要的组成部分。思维能力的素质包括：思维的敏捷性(灵活性、针对性、适应性),思维的严密性(精确性、科学性、逻辑性、深刻性),思维的整体性(广阔性、综合性),思维的创造性等。思维方式有多种：逻辑思维和形象思维,定向思维和非定向思维,正向思维和逆向思维,发散思维和收敛思维,定式思维和非定式思维,求同思维和求异思维及集中思维、统摄思维。

1. 中考化学所考查的思维能力

中考化学试题考查思维能力,主要有五项。

(1) 对应掌握的内容有正确复述、再现、辨认的能力

对中学化学应掌握的内容,能融会贯通,将知识点统摄整理,使之网络化,有序地存储,作"意义记忆"和抽象"逻辑记忆",有正确复述、再现、辨认的能力。这是思维能力的第一个层次。

[例11] (南京市中考题)下图表示各物质间的转化关系：

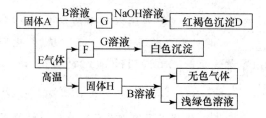

根据推断,将下列字母所代表的物质的化学式填在相应的横线上:

A._____,D._____,G._____,H._____。

[解析] 本题通过铁及其化合物之间的网络图来考查相关的化学反应知识。试题涉及11种未知物及NaOH溶液(已知物),还涉及典型物质的颜色及复分解反应、置换反应等知识,知识覆盖面较广,用以考查考生的思维能力。

[答案] Fe_2O_3,$Fe(OH)_3$,$Ca(OH)_2$ 或 $Ba(OH)_2$,Fe。

(2) 对知识的分解、迁移、转换、重组能力

能够将已存储的知识进行分解、迁移、转换、重组,用以解决实际问题(或题设情境),找出解答的关键,从而解决问题。题设情境往往是由多种因素构成的。将这些因素一一分解,便于找出解题的关键,确定解题步骤,顺利解答,有时解题需要用几个不同知识块中的若干知识点的组合,答题时首先明确答题涉及哪些知识块,然后将有关知识块分解转换,重新组合。

[例12] (常州市中考题)有一种含有碎菜叶、碎塑料薄膜、泥沙、氯化钠、碳酸钠,还具有一定臭味的生活污水(生活污水的成分十分复杂,此外为了便于讨论,已将其组成作了"简化"),将其去渣去臭味处理后可转化为厕所的清洗用水。

问:(1) 采取何种操作,可除去污水中的碎菜叶、碎塑料薄膜及泥沙?

(2) 用什么物质,可除去污水的臭味?

(3) 把生活污水回收处理,进行再利用的目的是什么?

(4) 怎样检验(1)和(2)处理后的水里存在的阴离子?(提示:Ag_2CO_3 是一种不溶物,若方法不当,会对实验产生干扰)

[解析] 本题将课本知识与环保、生活中的现象有机地结合起来考查,体现了中考命题的方向:掌握知识是为了运用知识解决生产生活中的实际问题,避免将知识死记硬背,着力考查考生思维能力。

[答案] (1) 可用过滤操作(或答捞去碎菜叶、碎塑料薄膜、沉淀泥沙等)

(2) 活性炭(或答木炭、吸附剂、除臭剂、微生物等)

(3) 目的有:减少污水排放,减轻水源污染;节约水资源;降低生活用水成本;变废为宝;等等。

(4) 取2支试管各加少量待测液,在一支中加入稀硝酸,若有气泡冒出,原液中有 CO_3^{2-} 存在;在另一支试管中滴入 $AgNO_3$ 溶液,有白色沉淀,再加入稀硝酸,有部分沉淀不消失,原液中有 Cl^-。(说明:① 可用 Ca^{2+}、Ba^{2+} 等检验 CO_3^{2-} 的存在。② 上述两步操作可一次完成,如先加稀硝酸见气泡,加稀硝酸至无气泡放出时再加 $AgNO_3$ 溶液见沉淀;或先加 $AgNO_3$ 溶液见沉淀,再加稀硝酸见气泡,且沉淀只能部分溶解,等等。但所有试剂与现象、结论应准确。③ 若用 $Mg(NO_3)_2$ 排除干扰,无效。)

(3) 对信息的抽象归纳、逻辑推理能力

能将化学信息(含实际事物、实验现象、数据和各种信息、提示、暗示)按题设情境抽象归纳,逻辑地统摄成规律,并能运用此规律,进行推理(收敛和发散)的创造能力,这类能力包括两种重要的科学思维方式:归纳思维和演绎思维,这类思维能力属于较高层次。

[例13] (杭州市中考题)取四种植物的花瓣,分别放在研钵中,加入酒精研磨。各取少许,用稀酸或稀碱进行检验,结果如下表所示。问:

花的种类	花汁在酒精中的颜色	花汁在酸中的颜色	花汁在碱中的颜色
大红花	粉红色	橙色	绿色
玫瑰	粉红色	粉红色	绿色
万寿菊	黄色	黄色	黄色
雏菊	无色	无色	黄色

(1) 能做酸碱指示剂的花汁有_____。
(2) 玫瑰汁中加入 Na_2CO_3 溶液后呈现的颜色是_____。

[解析] 所谓酸碱指示剂指的是在酸性溶液或碱性溶液中能显示不同颜色的物质,选择指示剂当然首先考虑在酸性、碱性溶液中的变色情况。由题中所给的信息,可做酸、碱指示剂的花汁有:大红花、玫瑰、雏菊;因 Na_2CO_3 的水溶液呈碱性,故玫瑰花汁加入 Na_2CO_3 溶液后呈绿色。此题考查对信息的提取和运用能力。

[答案] (1) 大红花;玫瑰;雏菊 (2) 绿色

(4) 通过分析、综合、比较、论证,选择最佳方案的评价能力

通过分析和综合,比较和论证,选择解决问题的最佳方案的评价能力,解决一个具体问题可以采用多种方案时,可以通过分析,评选出最佳方案,这是一个复杂、深刻的思维过程。分析、综合、比较、论证都是较高层次的思维活动。

中考化学试题,常常用一题多解的设计技巧,考查考生思维的敏捷性和灵活性。这类试题若依常规思路解答,虽能得到结果,但费时费力,复杂易错。一道高质量的化学试题,往往有多种不同的解法。创新能力强的考生,因解题方法简捷、独特、效率高、解题迅速,为考试赢得了宝贵的时间。

[例14] 有三位同学在实验室中,用下列三种方案制取二氧化碳:

甲:木炭在氧气中燃烧;乙:高温煅烧石灰石 $CaCO_3 \xrightarrow{燃烧} CO_2$;丙: $CaCO_3 \xrightarrow{稀盐酸} CO_2$

你认为哪种方案最合理,并说明不选其他几种方案的理由。

[解析] 本题考查判断思维能力。判断实验室制取二氧化碳的方案是否可行应从以下几方面考虑:(1) 操作是否方便;(2) 条件是否易达到;(3) 制取气体的纯度是否高;(4) 制取成本是否廉价等。显然:甲方案操作不方便,纯度不高,制取成本高;乙方案温度要求高,条件不易达到。

[答案] 丙方案最合理。甲方案中虽然能产生二氧化碳,但先要制氧气,成本高,操作复杂,碳在氧气中燃烧产生二氧化碳浓度很低。乙方案中,在一般实验里很难达到碳酸钙分解的温度。

(5) 利用数学工具解决化学问题的能力

将化学问题抽象为数学问题,利用数学工具,通过计算和推理(结合化学知识),解决化学问题是一种特别重要的能力。

数学是现代化学中不可缺少的重要工具,将化学问题抽象为数学问题,是思维的飞跃,也是高层次的思维能力。在强调学科知识综合的今天,更显示了它的重要性。这类试题设置适当的情景,要求考生全方位地根据化学基本概念、规律,合理地运用数学工具进行定性、定量的分析。

历年中考化学试题对化学计算给予了应有的重视,有的计算题是为了考查考生的思维过程

和思维能力,有的计算题是典型的拉分题,部分抽象思维能力较差的考生只好放弃。

[例15] (南通市中考题)化学兴趣小组同学在综合实践活动中了解到,某石灰厂有一批石灰石原料,其中含有的杂质是二氧化硅(二氧化硅不溶于水,不能与盐酸反应,高温时不发生分解反应)。为了测定该石灰石的纯度,兴趣小组同学取用2g这种石灰石样品,用实验室现有的未知溶质质量分数的稀盐酸20g分4次加入,充分反应后,经过滤、干燥等操作后称量,每次稀盐酸用量及剩余固体的质量见下表,利用实验数据绘制的图像(见右图)计算:

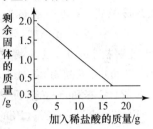

稀盐酸的用量	剩余固体的质量
第一次加入5g	1.5g
第二次加入5g	1.0g
第三次加入5g	0.5g
第四次加入5g	0.3g

(1) 该石灰石样品的纯度是_____。
(2) 所用的稀盐酸中溶质的质量分数是多少?
(3) 如果该石灰厂煅烧50吨这种石灰石,最多可得到含杂质的生石灰多少吨?

[解析] 此题把实验数据列成表,然后进行数学抽象,用盐酸的增加量作为自变量,以剩余固体的质量为因变量作出函数图像,从图像中既可看出随着盐酸质量增加固体质量减少的关系,同时还可以看到与2g石灰石样品中$CaCO_3$完全反应所消耗的盐酸质量在15～20g之间;2g石灰石样品含二氧化硅等杂质为0.3g。本题考查了知识综合运用能力。

[答案] (1) 85%　(2) 7.3%　(3) 31.3

2. 高考化学所考查的思维能力

高考化学所考查的思维能力,涵盖了化学思维能力的诸方面。

(1) 理解基本概念、原理和规律的能力

理解化学基础知识的含义及其适用条件,能用适当的形式(如文字、公式、图或表)进行表达,并能够正确解释和说明有关自然科学现象和问题,即不仅"知其然",还能"知其所以然"。化学是研究自然界物质的存在、结构、性质和制备的科学。观察和分析化学现象,理解化学的主要概念、原理和规律是掌握化学的基础,是形成科学思维的正确途径。理解化学的基本概念、原理和规律不仅要知道它们的含义,还要知道它们的前因后果,适用条件和范围,以及相关知识之间的联系和区别。认识概念和规律的表达形式,描述和解释化学现象和规律。

[例16] (上海市高考题)牙齿表面由一层硬的、组成为$Ca_5(PO_4)_3OH$的物质保护着,它在唾液中存在下列平衡:

$$Ca_5(PO_4)_3OH(s) \underset{矿化}{\overset{脱矿}{\rightleftharpoons}} 5Ca^{2+} + 3PO_4^{3-} + OH^-$$

试回答下列问题:

(1) 进食后,细菌和酶作用于食物,产生有机酸,这时牙齿就会受到磨蚀造成龋齿,其原因是_____。

(2) 已知$Ca_5(PO_4)_3F(s)$的溶解度比上面的矿化产物更小,质地更坚固。请用离子方程式表示,当牙膏中配有氟化物添加剂后能防止龋齿的原因:_____。有人认为加氟预防龋齿,氟的含量越多,效果越好,你的看法是:_____。

(3) 根据以上原理,请你提出一种其他促进矿化的方法:_____。

[解析] (1)酸性物质使沉淀溶解平衡 $Ca_5(PO_4)_3OH(s) \rightleftharpoons 5Ca^{2+}(aq)+3PO_4^{3-}(aq)+OH^-(aq)$ 向右移动,导致 $Ca_5(PO_4)_3OH$ 溶解,造成龋齿。

(2) 根据题示信息,F^- 替换平衡中的 OH^-,生成溶解度更小、质地更坚固的 $Ca_5(PO_4)_3F$。$5Ca^{2+}+3PO_4^{3-}+F^- \rightleftharpoons Ca_5(PO_4)_3F \downarrow$;$Ca_5(PO_4)_3OH+F^- \rightleftharpoons Ca_5(PO_4)_3F+OH^-$;过量的氟会改变口腔的酸碱性,对人的健康反而不利。

(3) 加入含有可溶性 Ca^{2+} 的物质。

(2) 对化学问题的推理和论证能力

能够根据已知的知识和题目、给定的事实和条件,抽象、归纳相关信息,对化学问题进行逻辑推理和论证,得出正确的结论或做出正确的判断,并能把推理过程正确地表达出来。

[例17] (全国高考题)右图中各物质均由常见元素(原子序数≤20)组成。已知A,B,K为单质,且在常温下A和K为气体,B为固体。D为常见的无色液体。I是一种常见的化肥,在其水溶液中滴加 $AgNO_3$ 溶液有不溶于稀 HNO_3 的白色沉淀产生。J是一种实验室常用的干燥剂。它们的相互转化关系如右图所示(图中反应条件未列出)。

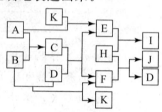

请回答下列问题:

(1) I的化学式为_____;J的电子式为_____。

(2) 反应①的化学方程式为:_____。

(3) F的水溶液与氯气反应的离子方程式为:_____。

[解析] 据题意,D为 H_2O,I为 NH_4Cl 或 KCl,J为 $CaCl_2$,再结合框图反推出 H 为 HCl,F 为 $Ca(OH)_2$,E 为 NH_3,再进一步推出 K 为 H_2,A 为 N_2,结合 J 为常见干燥剂得出 B 为 Ca[注意:若 B 为 Mg,则 J 为 $MgCl_2$(不常见)]。

[答案] (1) NH_4Cl $[:\overset{..}{\underset{..}{Cl}}:]^- Ca^{2+} [:\overset{..}{\underset{..}{Cl}}:]^-$ (2) $Ca_3N_2+6H_2O \rightleftharpoons 3Ca(OH)_2+2NH_3\uparrow$

(3) $Cl_2+2OH^- \rightleftharpoons ClO^-+Cl^-+H_2O$

(3) 分析问题和解决问题的能力

能够独立地对所遇到的问题进行具体分析,找出起重要作用的因素及相关条件;能够把一个复杂问题分解成若干较简单的问题,找出它们之间的联系;能够灵活综合运用化学中的多种知识解决所遇到的问题。包括:① 能够对实际问题进行分析,通过运用相关知识,采用分析、综合的方法,解决简单化学计算的能力;② 能够将分析解决问题的过程和成果,用正确的化学术语及文字、图表、模型、图形等表达,并做出解释的能力;③ 能够运用化学知识,对有关见解以及解决问题的方案、过程和结果进行评价的能力。

[例18] 在一定条件下,RO_3^{n-} 和氟气可发生如下反应:

$$RO_3^{n-}+F_2+2OH^- \rightleftharpoons RO_4^-+2F^-+H_2O$$

从而可知在 RO_3^{n-} 中,元素 R 的化合价是( )。

A. +4   B. +5   C. +6   D. +7

[解析] 方法一：得失电子守恒法。

要配平氧化还原方程式，首先要找出反应中被氧化和被还原的物质。从反应式可知：F_2 得到 2 个电子被还原为 $2F^-$，RO_3^{n-} 失去 2 个电子被氧化为 RO_3^{2-}，观察化学式 RO_4^- 可知 R 是 +7 价，所以，R 应为 +5 价。答案为 B。

方法二：离子方程式电荷守恒法。

因为在离子方程式两边的电荷总数要相等，即：$-n+2\times(-1)=-1+2\times(-1)$

解得：$n=1$，RO_3^{n-} 即得知 R 为 +5 价。

（四）自学能力

自学能力是独立自主学习，掌握和应用知识的能力，从信息论的角度来看，自学能力是一种信息加工能力。自学是人类获取知识的主要途径。中考化学试卷中，考查自学能力，主要是通过信息迁移题来实现的。中考化学试题考查自学能力主要有三项。

1. 接受和理解新信息的能力

了解化学科学发展的最新成就及其对社会发展的影响。这方面的知识通常不是课本中已有的，但又与人类进步、社会发展紧密相关，常出现在报纸杂志和广播电视等新闻媒体中。能读懂一般性科普类文章，理解有关文字、图表的主要内容及特征，并能与已学过的知识结合起来解决问题。包括在阅读化学方面的资料时要着重了解所提出的新概念、新理论、新发现、新技术和新方法等。这是对考生自学能力的最低要求。

[例 19] 天津是我国研发和生产锂离子电池的重要基地。锂离子电池正极材料是含锂的二氧化钴（$LiCoO_2$），充电时 $LiCoO_2$ 中 Li 被氧化，Li^+ 迁移并以原子形式嵌入电池负极材料碳（C_6）中，以 LiC_6 表示。电池反应为 $LiCoO_2 + C_6 \rightleftharpoons CoO_2 + LiC_6$。下列说法正确的是（　　）。

A. 充电时，电池的负极反应为：$LiC_6 - e^- \rightleftharpoons Li^+ + C_6$

B. 放电时，电池的正极反应为：$CoO_2 + Li^+ + e^- \rightleftharpoons LiCoO_2$

C. 羟酸、醇等含活泼氢的有机物可用作锂离子电池的电解质

D. 锂离子电池的比能量（单位质量释放的能量）低

[解析] 充电相当于电解过程，电极不能叫正负极，A 错；放电相当于原电池原理，正极的电子反应，B 正确；C 中 Li 可与羟酸、醇发生反应，不能作为电解质；D 中由于 Li 的相对分子质量小，则比能量高。

[答案] B

2. 整合新信息的能力

考生在阅读试题，接受信息的同时，与原有的知识有机地结合起来，将有关知识从已有的知识网络中提取出来，一一分解，经过思维活动，进行迁移、重组、转换等一系列信息加工，形成回答本题的知识基础。

[例 20]（南京市中考题）与金属和盐的反应规律相似，非金属也有这种规律。Br_2、I_2、Cl_2 及其化合物间有如下的反应关系

$Br_2 + 2NaI \rightleftharpoons 2NaBr + I_2$　　$Cl_2 + 2NaI \rightleftharpoons 2NaCl + I_2$　　$Cl_2 + 2NaBr \rightleftharpoons 2NaCl + Br_2$

试确定三种非金属单质的化学活动性由强到弱的顺序。

[解析] 本题考查知识的迁移能力。比较 Fe,Cu,Ag 的金属活动顺序可以用置换反应来论证：$Fe+CuSO_4 == FeSO_4+Cu$ $Fe+2AgNO_3==Fe(NO_3)_2+2Ag$ $Cu+2AgNO_3==Cu(NO_3)_2+2Ag$

由上述反应可得出的结论：金属活动顺序：Fe>Cu>Ag,同理也可推理出 Br_2、I_2、Cl_2 的非金属活动顺序：$Cl_2>Br_2>I_2$。所不同的是：论证金属活动顺序是用金属单质置换可溶性盐中的阳离子；论证非金属活动顺序是非金属单质置换盐中的阴离子。

[答案] $Cl_2>Br_2>I_2$

3. 评价新信息的能力

信息评价包含对问题所指的目标、题给信息的隐显和因果关系的合理性、解决问题的清晰性和可靠性、解题思路的简捷性和最优化等多方面的评价，其中尤以思路评价最为艰难。这种能力是对自学能力提出的更高层次的要求。

[例 21] 羟基磷灰石[$Ca_5(PO_4)_3OH$]是一种重要的生物无机材料，其常用的制备方法有两种：

方法 A：用浓氨水分别调 $Ca(NO_3)_2$ 和 $(NH_4)_2HPO_4$ 溶液的 pH 约为 12；在剧烈搅拌下，将 $(NH_4)_2HPO_4$ 溶液缓慢滴入 $Ca(NO_3)_2$ 溶液中。

方法 B：剧烈搅拌下，将 H_3PO_4 溶液缓慢滴加到 $Ca(OH)_2$ 悬浊液中。

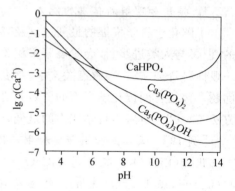

3 种钙盐的溶解度随溶液 pH 的变化如右图所示（图中纵坐标是钙离子浓度的对数），回答下列问题：

(1) 完成方法 A 和方法 B 中制备 $Ca_5(PO_4)_3OH$ 的化学反应方程式。

① $5Ca(NO_3)_2+3(NH_4)_2HPO_4+4NH_3·H_2O == Ca_5(PO_4)_3OH↓+$ _____

② $5Ca(OH)_2+3H_3PO_4=$ _____。

(2) 与方法 A 相比，方法 B 的优点是 _____。

(3) 方法 B 中，如果 H_3PO_4 溶液滴加过快，制得的产物不纯，其原因是 _____。

(4) 图中所示 3 种钙盐在人体中最稳定的存在形式是（填化学式）_____。

(5) 糖粘附在牙齿上，在酶的作用下产生酸性物质，易造成龋齿，结合化学平衡移动原理，分析其原因 _____。

[解析] 本题新信息通过文字、图形及化学用语等形式显性或隐性呈现出来，对加工信息形成了一定的难度。(1) 可据复分解反应规律补项。(2) 比较①、②反应的副产物可得出结论。(3) H_3PO_4 滴加过快，反应液局部酸性过大，会有 $CaHPO_4$ 生成。(4) 在人体中的 pH 接近中性，此时溶解度最小的为 $Ca_5(PO_4)_3OH$。

[答案] (1) ① $10NH_4NO_3$；$3H_2O$ ② $Ca_5(PO_4)_3OH↓+H_2O$

(2) 唯一副产物是水，工艺简单 (3) 反应液局部酸性过大，会有 $CaHPO_4$ 产生

(4) $Ca_5(PO_4)_3OH$ (5) 酸性物质使沉淀溶解平衡 $Ca_5(PO_4)_3OH(s) \rightleftharpoons 5Ca^{2+}(aq)+3PO_4^{3-}(aq)+OH^-(aq)$ 向右移动，导致 $Ca_5(PO_4)_3OH$ 溶解，造成龋齿。

(五) 科学探究能力

科学探究的过程、技能是科学教育的重要内容,它能帮助学生理解科学知识的产生和发展过程,能使学生理解科学的本质,能促使学生形成科学思维的习惯。科学探究是指运用化学知识,解决化学问题的实践活动的能力与素质。它涉及提出问题、猜想与假设、制订计划、实验、收集证据、解释与结论、反思与评价、表达与交流等,侧重于考查科学探究的方法和科学素养。其中考查的科学探究能力主要有以下三个方面。

1. 化学实验中的探究能力

此类能力要求是以实验为基础,根据科学探究的要求设计探究性实验方案,旨在增进学生对科学探究的理解、掌握基本实验技能、发展科学探究能力。

[例22] (广东省高考题)已知某混合金属粉末中,除铝外还含有铁、铜中的一种或两种,所含金属的量都在5%以上。请设计合理实验探究该混合金属粉末中铁、铜元素的存在。仅限选择的仪器和试剂:烧杯、试管、玻璃棒、量筒、容量瓶、滴管、药匙;1 mol/L 硫酸、2 mol/L 硝酸、2 mol/L NaOH 溶液、20% KSCN 溶液。

完成以下实验探究过程:

(1) 提出假设。假设1 该混合金属粉末中除铝外还含有____元素;假设2 该混合金属粉末中除铝外还含有____元素;假设3 该混合金属粉末中除铝外还含有 Fe,Cu 元素。

(2) 设计实验方案。基于假设3,设计出实验方案。

(3) 实验过程。根据(2)的实验方案,叙述实验操作、预期现象和结论。

[解析] (1) 三种可能分别是 Al,Fe;Al,Cu;Al,Fe,Cu

(2) 设计的基本思路是:若加 NaOH 溶液溶解样品中的 Al,过滤得固体(Fe,Cu),再向固体中加稀 H_2SO_4 以溶解 Fe,过滤得固体(Cu),再向滤液和固体中分别加 KSCN 溶液(加少许稀 HNO_3)和稀 HNO_3(后加 NaOH 溶液),其中少许稀 HNO_3 的作用是将 Fe^{2+} 氧化成 Fe^{3+}。

[答案] (1) Cu Fe(答案的顺序可交换)

(3)

编号	实验操作	预期现象与结论
①	用药匙取少许样品,加入试管 A 中,再用滴管取过量 NaOH 溶液并滴加到试管 A 中,充分反应后,静置,弃去上层清液,剩余固体备用	样品部分溶解,并有气体放出
②	往试管 A 的剩余固体中加过量稀硫酸,充分反应后,静置。取上层清液于试管 B 中,剩余固体备用	固体部分溶解,并有气体放出,溶液呈浅绿色,可能含铁
③	往试管 B 中加入少许稀硝酸,再滴加 KSCN 溶液	溶液先变成黄色,加 KSCN 后显血红色,结合②可知,一定含铁
④	往②剩余固体中加入稀硝酸,再滴加 NaOH 溶液	固体溶解,有无色刺激性气体产生并很快变成红棕色,溶液显蓝色,加 NaOH 溶液后有蓝色沉淀产生,一定含铜

2. 社会实践中的探究能力

此类能力要求从生活周围环境中提炼出素材,用化学视角和科学探究的方法解决重要的实践活动,旨在考查学生是否掌握基本的科学探究方法,测查学生科学探究的能力。

[例23] 据新华网报道,2005年3月29日晚,京沪高速公路江苏淮安段上行线发生一起交通事故,一辆载有约35吨液氯的槽罐车与一辆货车相撞,导致槽罐车中的液氯大面积泄漏。由于肇事的槽罐车驾驶员逃逸,而货车驾驶员当场死亡,事故没有能得到及时的报告,造成了公路旁3个乡镇被严重污染,与事故发生地相距300米的村庄,24小时内中毒者达300多人,死亡48人。事故发生地翠绿的麦苗一夜之间全变为黄色。

(1) 根据你所学的有关化学知识,从下面的两个问题中任选一题作答:
① 如果当时你恰好在现场,你应该采取怎样的方法有效地保护自己和你的家人?
② 如果你是负责处置紧急情况的专业人员,当接到紧急报告后,你将会采取怎样的措施?

(2) 某探究活动小组在进行"重大化学污染事件对环境的影响"课题研究时,确定了对"氯气对不同植物污染的影响"子课题进行研究,并制订了研究方案。请你回答下列问题:
① 该课题拟采用的研究方法是_____。
② 如果让你完成该课题的研究报告,你的报告中应含有的主要内容是_____。

[解析] 该题是以重大污染事件为背景设计的一道探究类开放性试题。第(1)问运用氯气的物理性质和化学性质等知识去寻找问题的答案。(1)① 可以跑到高处、逆风逃生、用湿衣服(或毛巾)捂住口鼻,或用沾有碱性物质(如纯碱等)的毛巾、口罩捂住口鼻等;② 戴上防毒面罩,迅速疏散村民,将翻落的槽罐吊移至水池,进行液碱稀释中和,或向事发地周围空气喷淋碱性溶液或水,阻止氯气弥漫和扩散等。此问为学生开放性思维的发展提供了广阔的天地。

第(2)问模仿科学探究的基本过程,考查探究环节中有关基本要素的问题。(2)① 实验法、观察法等;② 前言(提出探究问题、意义等),提出假设,制订计划与实验,结论与评价,表达与交流等。

3. 课题研究中的探究能力

开放型的探究试题所提供的研究性学习(课题)内容既不拘泥于教材,也不局限于教材的知识视野,但较接近学生的日常生活和社会经验,更是他们创造力的最好展现形式;研究性学习课题没有唯一的答案,只能从不同的角度、不同方法、不同的需要去权衡利弊,进行评价;该类题型较好地把课内和课外、学校与社会有机地联系起来。

[例24] (上海市高考题)"M3型电池和普通碱性电池性价比的研究"是某校学生摄影协会提出的一个研究课题,目的是通过研究,为摄影协会选择性价比(可拍摄照片张数与所用电池费用之比)较高的电池提供依据。他们分成A、B两组开展了调查和实验。A小组利用两台相同型号的照相机,分别装上两种电池各4节在暗室中连续拍照,每次都用闪光灯,直到两种电池都不能使相机闪光为止,B小组用同样装置,在校外不同地方拍摄,有时用闪光灯,有时不用。结果A小组用M3型电池拍了293张照片,用普通碱性电池拍了184张照片。B小组用M3型电池拍了583张照片,用普通碱性电池拍了364张照片。

(1) 你认为_____小组实验结果更可靠,原因是他们控制了_____等影响实验结果的因素。如果M3型电池每4节36元,普通碱性电池每4节28元。试参照图a所示的直方图,在图b中画出该组的性价比直方图。

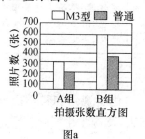

图a

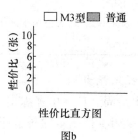

图b

(2) 锌-锰碱性电池以氢氧化钾溶液为电解液，电池总反应式为：Zn(s)＋2MnO$_2$(s)＋H$_2$O(l)$=\!=\!=$Zn(OH)$_2$(s)＋Mn$_2$O$_3$(s)，该电池工作时，锌为____极，外电路中每通过 0.1 mol 电子，锌的质量理论上减少_____g。

(3) 你认为他们的实验存在的问题是(举出一例)_____。
请你提出一个与 M3 型电池有关的新的、有价值的课题名称：_____。

[解析] 本题属以研究性学习立意的能力题。从研究的内容、方法手段、数据材料、结论结果、评价思考等方面为考生提供开放性思维的空间，这种创新的试题丰富了考试内容，对考试改革起到很好的示范和导向作用。试题选取"M3 型电池和普通碱性电池性价比的研究"课题，提出"性价比"的概念，提供了 A、B 两组开展调查和实验的具体细节(过程和数据)，用于实验比较的直方图。通过以上提示，要求考生进行分析比较(判断哪组实验结果可靠，说明原因)，指出实验中的某些不足，提出与 M3 型电池有关的新的、有价值的课题。意图十分明显，是探索性、开放性、创造性思维能力的好题。

[答案] (1) A 组实验结果可靠。因为每次拍照都闪光和拍照时背景亮度相同。性价比直方图见下图。　(2) 负　3.25

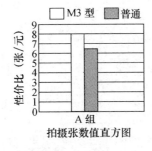
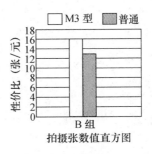

(3) 实验还存在的问题是实验所选用的电池样本太少。新课题有："M3 电池工作寿命较长的原因探究"；"M3 电池的放电规律实验研究"；"M3 电池的环保问题研究"等。

单元总结

1. 教育目标分类学是教育理论体系中一种较新的理论，其中比较有影响的是布卢姆、加涅、桥本重治等人的教育目标分类学以及 SOLO 分类理论。

2. 化学教育(教学)目标是指化学教育(教学)活动的主体在具体的化学教育(教学)活动中所要达到的预期结果和标准，其主要内容是学生的思维、情感和行为的变化方式。

3. 化学教育测评目标的编制程序一般包括：阐述一般考试目标、阐述具体测评目标、编制化学教育测评目标三个基本环节。

4. 化学教育考试的内容领域是为了明确地定义考试的内容领域的范围、内容领域的结构，即内容领域不同方面知识的比例，以及相关的行为目标。高考化学新课标卷的必考内容涵盖必修模块"化学 1"、"化学 2"和选修模块"化学反应原理"的内容。根据化学的学科体系和学科特点，必考内容包括：化学学科特点和化学研究基本方法、化学基本概念和基本理论、常见无机物及其应用、常见有机物及其应用和化学实验基础五个方面。选考内容涵盖选修模块"化学与生活"、"化学与技术"、"物质结构与性质"、"有机化学基础"的内容，考生从中任选一个模块考试。

5. 我国化学课程标准、高考化学考试大纲(课标版)分别提出了不同内涵的化学学科能力要求。学者们构建了"智力—知识—技能—科学方法"能力理论,提出了化学学科的核心能力——观察与实验能力、化学学习能力、化学思维能力、科学探究能力、实践与创新能力。中考、高考化学以学科知识和技能为基础,向能力测试倾斜,并在测试考生进一步学习所必需的知识、技能和方法的基础上,全面检测考生的化学素养。

学习评价

1. 布卢姆、加涅、桥本重治等人的教育目标分类学以及 SOLO 分类理论各有怎样的特点?为化学教育测量目标的制定提供了哪些启示?
2. 化学教育考试学科的内容领域主要包括哪些内容?
3. 我国化学课程标准、高考化学考试大纲(课标版)分别提出了怎样的化学学科能力要求?
4. 什么是化学学科的核心能力?中考、高考化学试题如何体现能力立意?

第五章　化学试题设计与编制

学习目标

1. 认识化学试题设计的基本概念。
2. 了解化学试题编制的基本原则。
3. 理解化学试题不同题型的功能。
4. 综合应用化学试题的设计技术,设计不同类型、不同水平的化学试题。
5. 依据化学试题设计的规范对化学试题的设计质量作出评价。

在化学教育评价技术中,化学考试设计的技术是核心,而其中的化学试题命制技术又是核心中的要害,试题设计的实际效果如何,直接影响着测试的质量和效果。事实上,化学教育的任何测试(测量)的试题命制,都需要根据测试目的和要求,兼顾社会需求、可行性与经济效益等因素,确定采用何种题型的试题以及各种题型如何搭配才能发挥整体效益。

第一节　化学试题编制的基本原则

关键词

试题设计　目的性　有效性　基础性　协调性　典型性　灵活性　科学性

化学教育中的试题设计是指,在一定的教育理念的指导下,立足测试的目的和要求,命题者综合运用已有的经验和现有的测试条件、设备等因素,统筹规划整套试卷或局部的测试单元,最大限度地发挥不同类型的题型的功能,进而实现测试的整体效果,以便于达到测试的预期目标。

为了使化学教育测量能测验到学生的真实情况,使编制出的测验试题具有优良性,在编制试题过程中必须遵循以下几项原则。

一、目的性原则

编制测验必须具有目的性,我们应针对不同的目的来编制测验。测验目的的确定将界定测验指向哪些行为特征(能力、情绪、动机等)和哪些受测对象(被试的年龄阶段、被试的生活背景等)。如,在"能力立意"的测试中,必须坚持"以化学知识及其应用为依托,着力考查化学能力","通过化学知识和化学能力的考查,考查一般的心理能力","能力考查的宗旨在于测试继续深造的潜质,甄选优秀的人才"等基本思想。[①] 如果测验的目的在于测量学生学习某新课之前所需具

---

① 教育部考试中心.高考化学测量理论与实践[M].北京:高等教育出版社,2005:247-249.

备的知识和能力,则测验必须难度适中,范围要界定为有关的预备知识;如果测验的目的是为了了解学生学习某一单元或某一章的进步情况及对所学课程的掌握情况,那么,测验的题目应由有限的教材范围内的综合性试题组成,试题比新课前的准备性测验要难些,但不应难于课程结束时的总结性测验。因此,编制化学测验时必须明确测验的目的,才能编制出有效的测验。测验目的关系到测验项目的取样,也关系到受测的团体,因而在编制教育测验时必须遵循目的性原则。

二、有效性原则

有效性原则是指化学测试应当有效地反映学生的化学学习状况,关注对学生化学学习各个方面(过程与结果、知识与能力、思维水平与思维品质等)的考查,发挥各类化学试题的功能,使得试题设计与其要达到的评价目标相一致,使得试题的求解过程反映新课程理念所倡导的化学活动方式,如观察、实验、猜测、验证、推理等,而不能仅仅是记忆、模仿与熟练。化学试题的设计,必须充分考虑被测试者的身心发展水平,利用被测试者的实际,最大限度地发挥试题的立意、呈现载体、设问方式对于学生思维发展水平的甄别、激励和改进等多种功能。

三、基础性原则

基础性是化学试题设计的取材原则,试题应首先关注化学课程标准中最基础和最核心的内容,突出对学生基本化学素养的评价,即所有学生在学习化学和应用化学解决问题过程中最为重要的、必须掌握的核心观念、思想方法和常用的技能。同时,试题背景应来自于学生所能理解的生活现实和社会现实,符合学生所具有的化学和其他学科的知识水平和思维发展水平。例如,应用性问题的题材应当具有鲜明的时代特征,能够在学生的生活中找到原型等。

四、协调性原则

协调性设计思想表现为,一方面,化学试题的设计在于取得测试的整体效果,一套试卷中的试题类型及其比例、分布状态等,都要服从于试卷的整体目标。另一方面,题型的设计必须坚持稳定与创新相协调的原则。这里的稳定性,是指题型设计应从化学教育的实际出发,在难度、方向、结构等方面应与往年保持相对的稳定,不宜作过大的变化,化学测试改革应渐变而不宜突变,这有利于继承多年以来所积累的长处与形成的特色,有利于教学秩序的相对稳定,有利于试题改革的稳定进行,有利于逐步推进素质教育。但是,不能因为稳定而妨碍创新,创新才是化学测试命制的主旋律。题型应做到稳中求变,变中求新,新中求好,给学生提供创新、展示才华的机会。设计良好的新情景题、开放性试题、探究题、综合题与小巧别致的填空题、选择题等,是有效途径。

五、典型性原则

教育测验一般是要测量被试对全部教学目标的完成情况,但由于考试时间及其条件限制,任何一种测验都不能把教学目标中各种学习结果都包括进去。题目是教学目标的一种抽样,因此,这种抽样也就必须具有典型性,编制测验前必须编制测验的双向细目表。双向细目表是把教学目标和教学内容都反映出来的框架,它包括各项教学目标在教学内容各方面的分数分配情况。

六、灵活性原则

灵活性原则是指测验要根据实际情况，灵活选择适当的题型，难度要适宜。通常应采取以客观性题型为主，主、客观试题相结合的方法灵活编制测验，题目要按由易到难的顺序排列。

七、科学性原则

科学性原则即要求测验的每一题目语言要清楚准确，方便学生思考，避免出现含糊不清的用语，使学生无从着手或无法把握题目的要求。提示语要科学，答案明确无争议。在编拟主观试题的同时，应拟出标准答案及答案中各种可接受的变式。化学试题的设计，要遵循科学、公平、准确、规范的评价原则，要避免和杜绝出现政治性、科学性和技术性错误，要做到：① 命题的内容不能超出化学课程标准的要求；② 试题涉及的知识结构合理；③ 试题的难易比例配搭恰当；④ 试题的文字、语言表达、图形、序号、标点符号等要准确无误；⑤ 题型的设计要符合测试的目标和要求；⑥ 试题的参考答案和评分标准要正确、准确、便于操作。

第二节　不同类型化学试题的功能

关键词

客观题　主观题　选择题　填空题　简答题　计算题　开放题　探究题　信息迁移题

在考查知识和能力的过程中，由于知识和能力的要求不同，层次不同，从而所需的考查方法不尽相同。试题的类型是反映考查内容的形式，它服从于教育测量的目的和内容与要求，不同的题型，功能不同，因此使用什么样的题型，怎样充分发挥各种题型的功能，对于化学试题的质量以及教育测量目标的实现都具有很重要的意义。

一、考试题型的类型及其特点

确定题型对考试设计有着非常重要的意义。首先，题型与考试的效度和信度有非常密切的关系。题型不同，测量的行为目标可能有所不同，产生的效果也可能不完全相同。题型不同，测量结果的可靠性也可能不相同，分数的误差也可能不相同，信度也就不相同。第二，大规模教育考试的题型对学校的教学方式和教学训练方式有明显的影响。它既可能促进也可能阻碍学校的课程教材改革，既可能促进也可能阻碍教师教学方式的改善以及学生学习方式的改善。第三，从经济的角度看，大规模教育考试题型对评分的成本也有很大的影响。

国外对题型的划分方法比较多，除主观题和客观题外，较常见的有选择型（multiple-choice）和建构型（constructed/response）题型、固定应答（fixed response）和自由应答（free response）题型，选择（selection）和输出（production）题型。在每一种题型分类方案中，前一类包含的题型大致与客观题一致，后一类包含的题型大致与主观题一致。表5-1列出了客观题与主观题的优劣比较。

表 5-1　客观题与主观题优劣比较

	客观题	主观题
信度	较高	较低
效度	较低	较高
覆盖面	较宽	较窄
陈述性知识	较适宜	较窄
程序性知识	较不适宜	较适宜
猜测可能性	测验时较大	测验前较大
常模的建立	较易	较难

根据考生解题时思维方式的特点,高考化学题型又可以分为六类:

(1) 再认型:指对所学知识回忆、再认、辨认,即可回答的试题。高考中这类试题常加以"包装",并跟 STS(Science, Technology and Society)相联系。

(2) 推演型:指对已学知识直接引用,再根据相似、类似、借用、模仿的规律举一反三,进行推理考察就可以回答的试题。

(3) 开发型:指必须发掘已学知识的内涵,包括描述性和程序性知识,作较深层次开发,从中发现隐含的或自行总结归纳出某些规律和解题关键,据此再予以发散、推理才可以解决的试题。

(4) 重组型:指将已经掌握的多种信息(知识块、信息块)予以筛选、提取、转换、倒置,特别是正向、逆向、横向重组后才能解决的试题。

(5) 结构反应型(也称新信息给予型):指必须将试题所给予的新信息吸收消化后重组成新的知识结构,然后再按再认型、推演型、开发型或重组型的思维方式才能解决的试题。

(6) 探究型:指问题本身比较复杂,要细加分析,分别予以讨论才能得到完整答案的试题。或者是有多种可能解答还需要分别比较评价选择最佳答案的试题。这种分类方法是在命题实践中根据能力测试的特点制定的,尚未定型。它作为调整全方位测试能力的试题组卷有实践意义。

但是有些题目也可能同时分属 2 种甚至 3 种类型,尤其是在高分题中的若干小题又可有不同层次或应用不同思维方式。有的题目可以多解,所使用的思维方式也可能属于不同类型。还有些题目,本来属于开发型,由于考生考前进行过类似题目的模拟训练,使解题时这个题目实际成为推演型甚至回忆再现型。有人建议将 6 类题型归并成为 3 类,即将上述第 3~6 类合并为一类。3 类题型名称分别为:① 再认型;② 推演型;③ 综合应用型。

再认型试题示例

[例 1]　久置空气中会发生颜色变化,但颜色变化不是由于跟氧气反应引起的物质是(　　)。

A. 过氧化钠固体　　　B. 亚硫酸钠固体　　　C. 硫酸亚铁晶体　　　D. 苯酚晶体

[解析]　只有过氧化钠淡黄色固体久置空气中与空气中 H_2O、CO_2 反应生成 $NaOH$、Na_2CO_3 而变色,为应选项。亚硫酸钠、硫酸亚铁和苯酚固体都因被空气中氧气氧化而变化,是干扰项。这些性质考生在学习时已经熟悉,答题时只要复现再认即可。

[答案]　A

推演型试题示例

[例 2]　有一种白色粉末由等质量的两种物质混合而成,分别取适量该白色粉末置于 3 支试管中进行实验。(1) 逐滴加入 6 mol·L^{-1} 盐酸,同时不断振荡试管,有气泡产生,反应结束后得到无色透

明溶液;(2)加热试管中的白色粉末,试管口有水滴凝结;(3)逐滴加入 6 mol·L^{-1}硫酸,同时不断振荡试管,有气泡产生,反应结束后试管中还有白色不溶物。下列混合物中符合以上实验现象的是(　　)。

A. $NaHCO_3$、$AgNO_3$　　　　　　B. $BaCl_2$、$MgCO_3$

C. NH_4HCO_3、$MgCl_2$　　　　　　D. $CaCl_2 \cdot 6H_2O$、Na_2CO_3

[解析]　本题对一种白色粉末有三种可能性做实验检查。考生可通过逐步排除法得到结果。由实验1,A选项可生成 AgCl 沉淀,因而排除 A;由实验2,B选项试管口没有水滴,因而排除;由实验3,C选项没有白色不溶物,因而排除 C;最后认定 D 项正确。这是用一连串严密逻辑推理解题。

[答案]　D

综合型试题示例

[例3]　(广东省高考题)某温度下在密闭容器中发生如下反应:
$$2M(g)+N(g) \rightleftharpoons 2E(g)$$
若开始时充入 2 mol E(g),达平衡时,混合气体的压强比起始时增大了 20%;若开始时只充入 2 mol M 和 1 mol N 的混合气体,达平衡时 M 的转化率为(　　)。

A. 20%　　　　B. 40%　　　　C. 60%　　　　D. 80%

[解析]　本题是一道等效平衡题。如果考生明确在某温度下密闭容器中从反应两端投料达到平衡的情况是相同的,则很快可以得出平衡时 M 的转化率为 60%。观察并思考得出等效平衡,是开发出题目中所给的信息。

[答案]　C

二、常见化学题型的测量功能

(一) 选择题

1. 选择题的基本类型

选择题是客观性试题,它在化学试题中占有较大的比例。选择题有如下四个特点:① 考查的信息量大,知识的覆盖面广。因为它的题量大、选项多,所涉及考查的知识内容也丰富。② 可以根据考生易出现的问题,广泛地设置情境,能够较好地进行有效的测试。③ 便于控制试题的难度。④ 评分客观,可用机器阅卷,减少了评卷的劳动强度。选择题最大的缺点,就是只能考查思维的结果,不能考查思维的过程,限制了创新能力的考查,有一定的猜测度。

化学选择题的分类大致有以下五种:

(1) 单项选择题。就是从四个选项中选出一个是本题的正确答案,这是最普通的。

[例4]　(广州市中考题)考试卷用的纸张,下列性质属于其化学性质的是(　　)。

A. 白色　　　B. 不溶于水　　　C. 可燃　　　D. 易撕碎

[解析]　本题主要考查物质的性质(物理性质、化学性质)的判断、化学规律的理解能力。

[答案]　C

(2) 双项选择题。就是从每道选择题里有两个选项符合题意,只要选错一个选项,就不给分。双项选择题比单项选择题迷惑性大。

[例5] 饮用水用 Cl_2 消毒会促使一些致癌物质生成。为消除隐患,现已采用高效安全的 ClO_2 消毒杀菌。下列对 ClO_2 的叙述中错误的是( )。

　　A. ClO_2 是一种氧化物　　　　　　B. ClO_2 是一种化合物
　　C. ClO_2 是一种混合物　　　　　　D. ClO_2 中含有氧气

[解析] 本题主要考查考生对氧化物、化合物、混合物、纯净物等概念的理解及概念的迁移能力。

[答案] C、D

(3) 组合式选择题。这类题型的特点是较多地设置一些备选答案,然后将它们组合成为4个选项。这是一种变多选项为单选项的题型。它在化学试题中也经常被采用。组合式选择题型由于设置的备选答案理论上可以不受数目的限制,因而它所包容的信息量较前两类选择题型为多,从而有利于提高试题的综合程度,使其难度可控制在需要的范围内。

[例6] 下列气体在实验室既可用排水法收集,又可用向下排空气法收集的是( )。
　　① O_2　② H_2　③ CO_2　④ CH_4　⑤ CO
　　A. ②④⑤　　　B. ①②④⑤　　　C. ②③④⑤　　　D. 只有②④

[解析] 本题主要考查5种气体的溶解性及其密度大小(与空气比较),以及选择气体收集方法的依据等知识。

[答案] D

(4) 一带多选择题。这类题型的特点是给出一种信息或一段有关化学知识的叙述,然后用几个小题通过单选、多选、组合选择等不同形式、多方面地对考生进行考查,既可以包括理论上的阐释,又可以包括应用上的推论,如果是3个小题,可以设置多达12个选项,其中倘再有组合式选择题型,则事实上的供选内容会更多,由于从众多角度来设置选项,可以使设问的内容更为开放,涉及面更为宽阔,就可能更全面地考查考生,这对于试题的鉴别作用是十分有利的。

[例7] 根据以下叙述,回答(1)至(3)题:某化工厂按如下步骤进行生产:(1) 以煤为燃料煅烧石灰石;(2) 使步骤(1)中产生的氧化钙跟水反应;(3) 熟石灰跟碳酸钠反应。

　(1) 该厂生产中涉及的物质有:① 石灰石;② 纯碱;③ 烧碱;④ 二氧化碳;⑤ 熟石灰。下列叙述正确的是( )。
　　A. 起始原料是①②　　　　　　B. 起始原料是②⑤
　　C. 最终产品是④⑤　　　　　　D. 最终产品是③④

　(2) 该厂生产过程的优点可能有:① 排放的气体对大气无污染;② 生产过程中的部分产品可作为起始原料使用;③ 无高温作用。其中正确的是( )。
　　A. 可能是①　　B. 只有②　　C. ①和③　　D. ③

　(3) 生产过程中没有涉及的化学反应类型是( )。
　　A. 分解反应　　B. 化合反应　　C. 置换反应　　D. 复分解反应

[解析] 这道试题首先给定一个情境:某化工厂生产的步骤,然后根据这份背景材料下设三个选择题,从不同的角度、方式来进行设问。

[答案] (1) A,D　(2) B　(3) C

(5) 比较式选择题。指运用化学知识比较给定"量"的大小,一般"量"都隐含在数字之中。

[例8] (高考科研题)下列(1)~(3)小题中都隐含着2个数字,请比较这2个数字的大小,

用 A、B、C、D 分别表示前者和后者的关系，A 表示"大于"，B 表示"小于"，C 表示"等于"，D 表示"不能肯定"。

(1) $^{40}_{19}$K 和 $^{40}_{20}$Ca 原子的质量数。（　　）

(2) 在相同温度下，100 g 水中最多能够溶解的无水硫酸钠和芒硝的质量。（　　）

(3) 纯水在 20℃和 80℃的 pH。（　　）

[解析]　此类选择题主要运用化学知识对前后两种物质（状况）的"量"的大小进行比较。

[答案]　(1) A　(2) B　(3) B

2. 选择题的测量功能

选择题是最常见的一种客观性题型。从测量功能的角度看，它可以测量最简单的行为目标，也可以测量比较复杂的行为目标。从涉及的内容领域看，它几乎适合于所有的学科和所有的内容领域。因此，无论是在常模参照考试还是标准参照考试中，以选择题为代表的客观性题型都得到广泛的应用。我们可以从对知识的理解、技能的应用、对过程和方法的理解等角度大致列出选择题的主要测量功能。[①]

(1) 测量对知识的记忆和理解

① 测量对一般事实性知识的记忆水平。对一般事实性知识的记忆是其他认知过程的基础，尽管现代教育不主张死记硬背，但对许多学科领域的学习而言，基本的事实性知识还是非常重要的，用选择题测量考生对一般事实性知识的记忆水平是最常见的一种测量方法。这种选择题题干最常用的动词包含"是"、"属于"、"有"等，选择的对象常见的是"谁"、"什么"、"何时"、"何地"等。

② 测量对一般事实性知识的理解水平。对事实性知识的理解比记忆更加重要，在理解基础上的记忆往往比单纯的记忆更加长久。一般如果需要理解的知识在题干中，则选择项就是要考生理解的内容以及迷惑项，在这种情况下正确选项应该与事实性知识间存在逻辑联系，这种联系都是通过题干问题中的动词发生的；如果需要理解的知识在选项中，那么题干一般给出了需要理解的内容或规律，试题题干中的设问要求考生准确理解事实性知识。

(2) 测量对基本原理的理解和应用能力

测量考生对基本原理的理解和应用能力，关键在于让考生在一种类似的或新的情景中，通过鉴别基本原理，应用基本原理来解释问题。显然，在新的情景中鉴别基本原理，应用基本原理来解释问题比在类似的情景中更加困难，对考生理解、应用基本原理的能力要求更高。命制这种测量功能的选择题要注意以下两个方面：一是设计好两种不同的情景——类似的和新的情景；二是要求考生解释的问题，如分析各种关系、解释因果关系、根据条件作出推论、对事物作出评价等。

[例 9]　在含有 Cu(NO$_3$)$_2$、Mg(NO$_3$)$_2$ 和 AgNO$_3$ 的溶液中加入适量的锌粉，首先置换出的是（　　）。

A. Mg　　　　　B. Cu　　　　　C. Ag　　　　　D. H$_2$

(3) 测量基本技能的掌握水平

一般而言，单独测量考生的基本技能是比较困难的，因为考生基本技能的掌握和运用一般都是与基础知识紧密联系的，正因为如此，教育部颁发的化学课程标准将学生在化学学习中应该掌握的基础知识与基本技能结合在一起进行描述。

---

① 王后雄. 教育考试的理论与方法[M]. 北京：北京大学出版社，2011：118-122.

教育考试中,要对考生的化学基本技能进行考查。选择题在考查这些技能中也大有用武之地。

① 阅读关系图

[例10] 下图纵轴为酶反应速率,横轴为底物浓度,其中能正确表示酶量增加1倍时,底物浓度和反应速率关系的是(　　)。

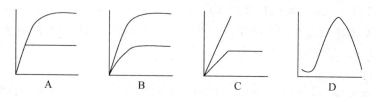

② 阅读数据表

[例11] 某同学进行一项实验,研究将盐加到水中是否影响水的冰点。他准备了五份水样,每份水样的质量和温度相同,向每份水样中加入不同质量的盐,并使盐完全溶解,将水样同时放入冰柜中,记录下每个水样结冰所需要的时间,结果如下表:

加入盐的量/g	样本结冰的时间/min
0	48
1.25	68
2.50	75
3.75	88
5.00	实验时间内未结冰

下列结论中能够正确地解释该同学获得的实验结果的是(　　)。

A. 由于最后一个水样未结冰,无法得出结论
B. 水样中盐的含量增加一倍,水样结冰的时间也增加一倍
C. 水样中盐的含量增加,结冰所需时间缩短
D. 水样中盐的含量增加,结冰所需时间增加

(4) 测量辨别、选择和评价过程或方法的能力

对教育考试而言,测量考生对解决问题的过程和方法的辨认、选择、使用和评价能力是重要的测量目标。考生也许知道解决问题的正确方法和过程,但不能解释它为什么是最好的;也许有些考生根本就不知道解决问题的正确方法和过程;也许有些学生知道一些,但又不完全了解。从考试测量的角度看,可以利用选择题,让考生从可能的方法和过程中选择最佳的方法或过程,或者从可能的方法和过程中辨认正确的或不完全正确或错误的方法或过程,或者根据一系列的过程步骤,理清过程中各步骤的逻辑关系等,来推测考生在这一方面的能力。

① 辨认方法

[例12] 现有三组混合液:①乙酸乙酯和乙酸钠溶液,②乙醇和丁醇,③溴化钠和单质溴的水溶液,分离以上各混合液的正确方法依次是(　　)。

A. 分液、萃取、蒸馏　　B. 萃取、蒸馏、分液　　C. 分液、蒸馏、萃取　　D. 蒸馏、萃取、分液

② 选择过程或方法

[例13] (广东省高考题)CuS和Cu_2S都能溶于硝酸,它们高温灼烧的产物相同。以下鉴别CuS和Cu_2S两种黑色粉末的方法合理的是(　　)。

A. 将两种样品分别溶于硝酸,区别所产生的气体
B. 将两种样品分别溶于硝酸,区别溶液的颜色
C. 取两种同质量的样品分别在高温中灼烧,区别残留固体的质量
D. 取两种同质量的样品分别在高温中灼烧,区别残留固体的颜色

思考与讨论

有人认为:"选择题考查的知识容量较大,可使知识点在一定的层面上展开,因此选择题只适合考查基本能力,而较高层次的能力则不适合用选择题的形式测量",对此,你有何看法?

(二)填空题

填空题是一种半限制性的题型,它是介乎于主观试题与客观试题之间的一种题型,它答案有时是唯一的,有时不是唯一的,有一定的开放程度,考试中应用比较广泛、灵活。

填空题的优点主要表现在:(1)它的命题比较容易,一般是由一个不完整的陈述句构成,中间留下几个空格;(2)它在考查知识上,有它的特殊之处,而且效度比较高;(3)由于它的答案有时是唯一的,因此评分比较客观。

填空题一般可分为单一填空题,选择填空题以及填空与简答、选择的复合填空题。

1. 单一填空题

这类试题的全部设问方式都是填空,或把答案填在一条横线上或方框中,或填在一张表的空格中,答案多是简短的文字、数字、元素符号、化学方程式及结构式。如:

[例14] (全国高考题)在一定条件下实现下图所示的物质之间的变化。请填写以下空白:

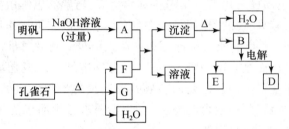

① 孔雀石的主要成分是 $CuCO_3 \cdot Cu(OH)_2$(碱式碳酸铜),受热易分解,图中的 F 是_____。
② 写出明矾溶液与过量 NaOH 溶液反应的离子方程式:_____。
③ 图中所得 G 和 D 都为固体,混合后在高温下可发生反应,写出反应的化学方程式:_____。
④ 每生成 1 mol D,同时生成_____ mol E。

2. 选择填空题

选择填空题这类题设置了若干选项,供考生选择,填入填空题的空白处。

[例15] "挑选依据"仅限于以下 6 种,该被挑出的单质跟其他 3 种单质不同,是由于:
A. 其组成元素不属于金属(或非金属) B. 其组成元素不属于周期表中的同一族
C. 其组成元素不属于周期表中的同一周期 D. 其组成元素不属于主族(或副族)元素
E. 在常温常压下呈不同物态 F. 在常温常压下遇水能(或不能)放出气体

组别	第(Ⅰ)组			第(Ⅱ)组		
被挑出单质(写化学式)						
挑选依据(写编码字母)						

3. 填空与简答、选择的复合填空题

填空题和简答题是一个很接近的题型。把填空题的不完整的陈述句变成问句,就成了简答题。这样,就可以将它们组合在一起,成为一种综合形式,共同来完成考查的目的。如:

[例16] (福州市中考题)右图中,H 是一种汽车安全气囊,内部贮有硝酸铵(NH_4NO_3),当汽车高速行驶中受到猛烈撞击时,硝酸铵迅速分解,产生大量一氧化二氮气体和另一种氧化物,充满气囊,填补在乘员与挡风玻璃、方向盘之间,防止乘员受伤。

(1) 硝酸铵受撞击后发生分解反应的化学方程式是 _____。

(2) 此反应中氮元素的化合价不可能是(　　)。

A. -3 价　　　　B. $+1$ 价　　　　C. $+3$ 价　　　　D. $+5$ 价

填空题的测量功能可归纳如下:

(1) 填空题属客观题,对于控制评分误差,可以起到选择题的类似效果。但是填空题不方便用计算机阅卷。

(2) 填空题不像选择题那样设置备选项,可以避免选项的提示、暗示,则可以考查考生应答的正确性和发散思维。但是填空题的设问要有明确的指向,必要时应在所填的空格后加指导语。填空题中的计算型试题也同样可以考查出考生利用速算、巧解的思维敏捷性,但是与选择题中的计算不同的是,题设中没有具有提示作用的选项(当然,也就没有干扰作用的选项)。

(3) 填空题可易可难,考查的能力可低可高。从识记辨认到逻辑推理、比较评价、发散收敛、正向逆向思维都可以考查,而且答案用填空方式,评分标准统一。但是填空题不同于简答题,虽然有些答题也采用"大填空"的形式,但是简答题并非间接地推想考生的思维过程。为了克服这种缺陷,推行了填空题和简答题的混合题型。例如,先要求考生明确提出自己的答案(填空),再要求阐明之所以如此应答的理由(简答)。

(4) 填空题便于多层次设问。可以用多个问题将考查内容引向深入,大大方便了信息迁移题的推行。能力层次逐步提高,有利于区分考生。

(5) 填空题同选择题相似,也可以使考查的知识点在一定层面上展开,但广延性却低于选择题。这是因为,过多地从纵向展开知识,将会造成评分的株连,易使考生由于某一点的判断错误而造成大面积失分,这显然不利于对考生实际水平的考查。从题型分类看,填空题的实测难度通常比选择题高一些。

(6) 填空题用精练、准确的文字来表述答题的要求,答案既应避免引起歧义,又要做有效的限定。纵向的连续性设问有利于考生思维活动有层次地展开。

(三) 简答题

简答题是问答题的简练变形。它可以考查设问的结果,也可以考查考生答题思维的条理性和过程,能使考查的层次深入一步,它在评分上比较客观,可以考查一些逻辑思维能力、文字表达能力和创造能力。当前特别重视和加强具有探索性和开放性的简答题的开发和应用,倡导考生从多角度、多视点、多层次、多模式、多途径、多方法地去解决问题。

简答题可以分成文字简答题与化学用语简答题两类。

1. 文字简答题

这类简答题的答案需要考生用文字进行解答,要语意准确,表达条理清楚。

[**例17**] (河南省中考题)1985年科学家发现的 C_{60} 分子是由60个碳原子构成的,它的形状像足球(下图C),因此又叫足球烯(音"希")。1991年科学家又发现一种碳的单质——碳纳米管,它是由六边环形的碳原子构成的管状大分子(图D)。图A、图B分别是金刚石和石墨的结构示意图。图中小黑点均代表碳原子。

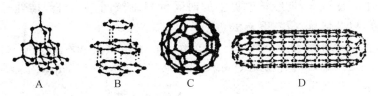

用你所学到的化学知识回答下列问题:
(1) 金刚石、石墨、足球烯、碳纳米管物理性质有较大差异的原因是什么?
(2) 常温下足球烯和碳纳米管的化学性质是否活泼?简要说明理由。
(3) 请你设计一个方案,证明足球烯和碳纳米管都是由碳元素组成的(以足球烯为例,用文字简要叙述)。

[**解析**] 本题通过介绍几种碳的单质的空间结构,考查学生运用已学习过的金刚石和石墨在物理性质上的差异,比照、类比出足球烯、碳纳米管也是碳的一种单质,只是由于碳原子间连接的方式和形成的空间结构不同,导致它们在物理性质上的差异,但它们都是由碳元素形成的物质,它们的化学性质是相同的,考生只要弄清楚了上述知识点,题设的问题就迎刃而解了。本题对考生能力要求较高,既要有推理、类比能力,又要有灵活运用化学知识分析问题、解决问题的能力,同时对考生的实验设计能力和文字表达能力有较高的要求。

[**答案**] (1) 碳原子的排列不同。(2) 不活泼,因为碳原子的最外层电子数为4,常温下不易得失电子。(3) 将它放在充满氧气的密闭容器里使之燃烧,测定其生成物是二氧化碳,且二氧化碳里所含碳的质量等于燃烧前后足球烯所减少的质量。

由答案可看出,简答题的答案是直接回答,至于答案处设计有横线,这只是让答案突出,便于评卷。这种题型在考查知识的同时,也考查了考生文字表达的能力(或将文字语言转变数字语言表达)。

2. 化学用语简答题

这类简答题的答案全部或部分用化学方程式直接表述,反映了考生的化学逻辑思维能力。

[**例18**] 铜在潮湿的空气中,能跟氧气及空气中的另外两种物质相互反应生成铜绿[化学式为 $Cu_2(OH)_2CO_3$]。请你推测题中"空气中的另外两种物质"是_____、_____(用化学式),写出铜生成铜绿的化学方程式:_____。

简答题本来是一种典型的讨论题型,可以考核选择题、填空题等客观题型所无法考核的内容。考生思维过程的严密性、精确性、完整性甚至于创造性,用文字(或图形、符号表达式)表达的能力都可以体现在简答题的应答上。它尤其适合于高层次能力(包括创造性思维的能力)的考核,当然它也可覆盖较低层次的能力,因此高考卷中不可以完全不用简答题。

简答题的评卷比较困难,评分误差的控制应该予以足够的注意。一要注意明确问题的指向,二要做好参考答案的评分办法(包括答案中的关键词、要点,分段给分的划分),尽量做到统一、公平、公正。即使如此,简答题的判卷仍是比较费时、费力的,应试考生也耗时较多而不大容易完全做到规范应答。所以简答题的赋分权重以10%~30%左右为宜。

(四) 计算题

化学计算能考查学生基本计算能力、分析数据、处理数据的综合分析问题的能力,从计算题的解答过程中能反映出学生的思维能力和思考问题的灵活性。

1. 选择类的计算题

此类题免去了表述过程,能给学生更多的时间和思维空间,去分析、推理、判断、计算。可以用一些巧解、巧算,以及估算、猜测等方法。

[例19] 在托盘天平的两端各放上一个盛有36.5g质量分数为20%的盐酸的烧杯,调天平至平衡。现将各一定质量的两种物质分别放入两烧杯中,都恰好完全反应,此时天平仍保持平衡。则加入的物质可能是(   )。

A. MgO 和 $MgCO_3$
B. Mg 和 $MgCO_3$
C. MgO 和 $Mg(OH)_2$
D. $MgCO_3$ 和 $Mg(OH)_2$

2. 填空类的计算题

此类题要求准确地填写出计算结果。

[例20] 有化学反应A+B=C+2D,已知49g A和29g B完全反应,生成60g C,则同时生成D_____g。现已知物质的相对分子质量A为98,B为58,C为120,则D的相对分子质量为_____。

3. 实验类的计算题

此类计算题可以分为考查化学实验仪器的操作和读数的基础实验类计算题,以及综合考查通过实验定量分析混合物中各物质组成或物质的元素组成类计算题,改变了以往计算题命题局限于文字表达和化学计算的格局,有利于培养学生的数据处理能力和实验能力。

此类试题的特点是:一方面将化学实验同化学计算有机地结合在一起,另一方面实验步骤结合实验装置图给出、实验数据结合实验仪器给出。

[例21] (天津市中考题)将含有氯化氢和水蒸气的氢气依次通过下图装置,测量水的组成。根据实验示意图回答下列问题:

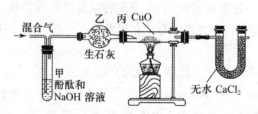

	实验前	实验后
氧化铜+玻璃管	66.7 g	60.3 g
氯化钙+U形管	101.9 g	109.1 g

(1) 甲装置的作用_____,甲试管中的现象_____。

(2) 乙中装生石灰的作用_____,实验前丙中放入CuO的操作是:_____。

(3) 实验中测得有关数据如上表,根据表中数据求生成的水中含氢、氧元素的质量分别为_____g和_____g,生成的水中氢氧元素质量比为_____;

实验结束后,若丙处仍有少量黑色固体,这对实验结果的影响是_____(填"氧的质量偏大""氢的质量偏大""无影响")。

[解析] 此题是通过实验测量物质的各元素质量比,要求学生弄清实验原理,由装置图所给实验步骤结合实验数据计算。

(1)(2)问为非计算类,主要看(3)问,结合实验装置图和表中数据知丙装置中失重质量为氧元素质量,即反应生成 H_2O 中氧元素质量为 66.7g−60.3g=6.4g,无水 $CaCl_2$ 增重质量为反应生成 H_2O 的质量,为 109.1g−101.9g=7.2g。则 H_2O 中氢元素的质量为 7.2g−6.4g=0.8g,生成的水中氢氧的质量比为 0.8g∶6.4g=1∶8。由于 H_2O 中氢氧元素的质量比一定,对于 CuO 中还原得完全与否,对 H_2O 中氢氧元素组成质量比没有影响。

4. 综合计算题

此类题把依据化学式的计算、依据化学方程式的计算、溶液的有关计算综合在一起,有利于综合考查学生分析数据、处理数据的能力。

[例22] 为了测定某铜锌合金(即铜锌混合物)中锌的质量分数,某同学利用该合金与稀硫酸反应,进行了三次实验,所得相关的实验数据记录如下(实验中的误差忽略不计):

	第一次	第二次	第三次
所取合金的质量/g	25	25	50
所取稀硫酸的质量/g	120	160	100
生成氢气的质量/g	0.4	0.4	0.4

(1) 试计算该铜锌合金中锌的质量分数。
(2) 从上表数据分析,当所取合金与所用稀硫酸的质量比为_____时,表明合金中的锌与稀硫酸中的硫酸恰好完全反应。

计算题主要通过对基本概念、基本理论涉及的定量关系来设问,在一定深度上考查了考生对相关知识的理解状况。计算题可通过数学运算和有关的文字表述,考查考生思维的逻辑性、敏捷性、发散性和创造性,同时也考查考生知识网络的形成。从考查考生思维能力的角度来看,把理科问题抽象为数学问题并进行相应的运算,这是一种较高层次的抽象思维,它反映了考生思考问题方式的一种发展。计算题还可通过计算过程,考查考生学风的严谨性和表达的规范化。

(五) 开放题

开放题是时代发展要求的产物。单一的题型和测试目标限制了学生应用知识解决实际问题的能力,不利于激发学生的创造性。开放性试题能为学生提供更大的思考空间,在解题路径方面是多样的,这样的试题有利于培养学生的创新意识。

开放题的特征很多,如条件的不确定性,它是开放题的前提;结论的多样性,它是开放题的目标;思维的多向性,它是开放题的实质;解答的层次性,它是开放题的表象;过程的探究性,它是开放题的途径;知识的综合性,它是开放题的深化;情境的模拟性,它是开放题的实践;内涵的发展性,它是开放题的认识。过程开发或结论开放的问题能形成考生积极探究的问题情景,鼓励学生多角度、多侧面、多层次地思考问题,有助于充分调动学生的潜在能力。

1. 条件的不确定性

条件的不确定性,一方面主要是指解题的条件不充分,解题的根据不明确,题目明示的条件不完备;另一方面是指解题条件的富余,从多个条件中只需选择一个或几个条件就能解决问题,条件的选择多少不同,解决问题的结果一样。但解题过程却呈现多样性。

[例23] (深圳市中考题)硫酸锌在医疗上可以做收敛剂。现给出稀硫酸,其他药品自选,请写出两种用稀硫酸制取硫酸锌的方法(用化学方程式表示)。

① _____。② _____。

2. 结论的多样性

结论的多样性是指在解决开放题时,同时得到符合题意的并列平行的诸多答案。

[例24] 设计方案鉴别无污染的饱和食盐水和蒸馏水。

[解析] 这样的试题具有较大的开放性,考生能从多个不同的角度提出合理方案。

[答案] 方案一:利用液体的导电性加以区别,食盐水能导电,蒸馏水不能导电。

方案二:取一定量的两种液体,置于烧杯中,再向两烧杯中加入少量的食盐,这少量食盐能溶解的是蒸馏水,不能溶解的是饱和食盐水。

方案三:取洁净的玻璃棒,分别蘸取两种液体,品尝味道。

方案四:取新鲜的鸡蛋,分别放入两种液体中,鸡蛋沉下去的是蒸馏水,鸡蛋能浮在液体上面的是饱和食盐水。

3. 思维的多向性

开放题的实质就是以开放性问题为思维的触发点,运用发散思维,多角度、多侧面辐射开去,向四面八方联想,想象出多种可能解决问题的方案。

[例25] 阅读下列短文,回答问题。

随着工业生产的发展和人类生活水平的不断提高,煤、石油、天然气等矿物燃料的需求量与日俱增,它们燃烧后放出大量的二氧化碳气体。另外,由于天灾及人为的乱砍滥伐,能吸收二氧化碳的大片森林却在不断消失,因此每年都有大量的二氧化碳进入大气,二氧化碳像温室中的玻璃那样覆盖在地球上空起保温作用。于是就使地球的气温持续上升,这就是所谓的"温室效应"。"温室效应"将给人类带来灾难性的后果。

试根据以上叙述简要回答:防止"温室效应"进一步发展的有效措施是:_____。

4. 解答的层次性

开放题结论的丰富性能满足学生不同认知水平的学习能力的需求,使不同层次和水平的学生不受思维空间的约束,充分展示思维个性。

[例26] 右图所示装置有多种用途,请简单归纳其具体用途,并举例说明。

[解析] 此题将简单的收集气体装置变换应用角度,成为有多种用途的"开放性"实验题。只要熟悉常见仪器的使用和掌握基本实验技能及有关物质的性质,展开自己的空间思维想象能力,不难回答此题。

[答案] (1)洗气:如除去CO_2气体混有的水蒸气,装置内可盛装浓H_2SO_4被干燥的气体从a管进b管出;(2)检验:如证明CO中混有CO_2,装置内应盛澄清石灰水,被验证的气体从a管进;(3)贮气:如用排空气法收集H_2时,气体应从b管进(也可在装置内盛水,用排水法收集气体);(4)量气:瓶内先装满水,被量气体(难溶于水)从b管进,水从a管被压入量筒中;(5)安全瓶:将它安装在气体发生器之后,防止液体倒吸入气体发生装置中而损坏仪器,这时瓶中无液体,气体从b进。

5. 过程的探究性

过程的探究性,就是按照一定的标准把研究对象分成几个部分或几种情况,通过探究把一个复杂问题通过自己的独立思考,缜密制订解题方案逐个加以解决。探索的过程必须做到合理、不重复、无遗漏。

[例27] 著名化学家罗伯特·波义尔(Robert Boyle)在一次实验中,不小心将盐酸溅到紫罗兰花瓣上,过一会儿,他惊奇地发现,紫色的花瓣上出现了红点。波义尔对这一意外的发现,做出了各种假设,经过多次实验验证,探究普遍规律,终于获得了成功。对紫罗兰花瓣遇盐酸变红的现象,你有哪些假设?请将你的各种假设以及验证假设的实验方案填写在下表中。

你对紫罗兰花瓣遇盐酸变红现象的各种假设	你验证假设的实验方案

6. 知识的综合性

开放题的综合性不但体现在化学学科内知识的综合,还体现在突破传统的学科本位思想,强调学科间的知识联系、交叉和融合,它所涉及的知识,以多样性、复杂性和综合性呈现出来,它能够培养运用多学科知识分析解决问题的能力。

[例28] 如右图所示,它是证实植物进行光合作用的实验装置。取一个大烧杯装入大半杯水,烧杯内放一些金鱼藻,通入气体A,然后将盛满水的试管倒置在漏斗上,过一会儿有许多气泡产生,管内液面下降,根据这一实验,回答下列问题:

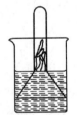

(1) 写出实验室制取气体A的化学方程式_____;
(2) 通入气体A的目的是_____;
(3) 当试管内的液面处于图示位置时,则试管内的气体压强_____外界大气压强(填"大于"、"等于"、"小于");
(4) 试管内的气体可用_____检验。

[解析] 此题涉及生物、物理、化学三个学科的知识。植物的光合作用实质上是二氧化碳参与反应的过程,其反应式为 $6CO_2 + 6H_2O \xrightarrow[\text{叶绿素}]{\text{阳光}} C_6H_{12}O_6(\text{糖类}) + 6O_2$。即:在阳光和叶绿素的作用下利用二氧化碳和水合成糖类物质,并放出氧气的过程。所以题中通入的气体A应为二氧化碳,生成气泡中的气体应为氧气。根据物理中有关压强的知识可知:试管内气体的压强与试管内水面到烧杯内水面的水所产生的压强之和等于外界大气压强。

7. 情境的模拟性

开放题的模拟性是指开放题以生产生活中的实际问题与理论问题为载体,紧密地模拟现实或模拟科学研究发现的过程或模拟问题解决的策略,使开放题的情境具有真实性,开放题最大限度地关注人与自然、社会关系的可持续发展问题。

[例29] 在一条鱼、虾几乎绝迹的小河边从上游到下游依次有四座工厂:甲、乙、丙、丁。它们排出的废液里,每厂只含有 Na_2CO_3、$FeCl_3$、$Ca(OH)_2$、HCl 中的一种。某中学环保小组对河水监测时发现:① 甲处河水呈乳白色。② 乙处河水呈红褐色。③ 丙处河水由浑变清。④ 丁处产生气泡,河水仍清。请回答:

(1) 四座工厂排出的废液里含有的污染物是：甲_____,乙_____,丙_____,丁_____。
(2) 在丁的下游 M 处取出的河水中,肯定含有的物质是_____。
(3) 小河中鱼、虾几乎绝迹的原因是_____

[解析] 本题的情境模拟生活实际中的热点问题——环境问题,它要求学生用生态因素、环境污染、复分解反应规律等知识综合地解决。

8. 内涵的发展性

随着学生对开放题的认识和理解程度逐渐加深以及化学知识学习过程中知识不断累积的增厚,同一开放题的结论将会越来越多,开放题的内涵将更具发展性。

[例30] 阅读下面短文简要回答问题：

土壤污染是指土壤中积累有毒、有害物质,引起对植物生长的危害,或者残留在农作物中进入食物链而危害人体健康。如右图所示,人从自然界取得资源和能源,经过加工、调配和消费,最终以废弃物撒向土壤,或通过大气、水体和生物向土壤中排放和转化。当输入的污染物

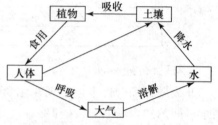

质数量超过土壤的容量和自净能力时,必然引起土壤情况的恶化,发生土壤污染。污染的土壤对农作物生长不利。

(1) 设计实验测定本地区土壤的酸碱性(简要写出操作步骤、现象和结论)。
(2) 据你所学化学知识提出防止土壤污染的措施(至少三种)。

[解析] 该题第一问既体现了化学的实用性,又避免学生将知识死记硬背,提高了考查学生实验能力的信度和区分度。该题第二问设计成开放题,有利于考查学生的开放性思维和掌握知识水平的深度,知识水平越深,提出防止土壤污染的措施就越多。

开放题的功能主要体现在两方面：一方面,开放型试题更加注重对考生能力和素质的考查,对中学实施素质教育将起到很好的导向作用,将引导中学教学朝着培养学生具有创新精神和实践能力的目标前进；另一方面,就教学主体而言,开放题的出现将调动学生学习的主动性和积极性,强化学生的创新意识,培养学生创造性思维能力和实践操作能力,突出学生的主体作用。

(六) 探究题

科学探究活动,是学生积极主动地获取化学知识、认识和解决化学问题的重要实践活动。探究性学习试题的目的是引导和激发学生科学探究的兴趣,能有效地测试学生科学探究能力、思维和创新能力。

1. 社会实践活动的探究性试题

此类题是从考生生活周围环境中提炼出素材,考查学生是否掌握基本的科学探究方法和科学探究能力。

[例31] (鄂州市中考题)洋澜湖位于湖北省鄂州市城区中间,素有吴都眼睛之称。近年来,由于种种原因,其生态环境遭到了严重的破坏,湖水被严重污染,给原本明亮的眼睛蒙上了阴影,对外有损城市形象,对内严重影响周边市民的生活质量。下面列出了一道研究性学习课题：

洋澜湖水污染情况的调查研究

该课题作为你的课题,请简要列出你的研究计划与研究方法。

[解析] 此题是一道有关环境问题探究性学习的题目,它有利于激发学生热爱家乡,加强环保的社会责任感,同时考查学生探究性学习的思想和方法。解答本题,考生必须明确研究性学习的思想和方法,即正确确立课题→制订课题计划→选择完成课题采用的方法。再结合题设的材料进行解答。

2. 实验探究性试题

此类题是以实验为基础,设计出的科学探究性试题,有利于学生增进对科学探究的理解,发展科学探究能力,掌握基本实验技能。

[例32] 实验探究:下列实验1和实验2反应前后天平是否平衡?请回答问题:

(1) 提出假设:物质发生化学反应后,其总质量_____。

(2) 实验验证及结论。

实验1(如左图):将实验1装置放在托盘天平上称量后取下,挤压胶头滴管,待锥形瓶内反应完成后,放回托盘天平上,观察天平是否平衡。

实验2(如右图):将实验2装置放在托盘天平上称量后取下,使两种溶液混合,再放回托盘天平上并观察。请完成下表:

实验编号	实验1	实验2
实验现象		
化学方程式	(1) $K_2CO_3+2CH_3OOH=2CH_3COOK+CO_2\uparrow+H_2O$; (2)	
反应前后天平是否平衡		
你的结论		

(3) 实验分析:用原子的观点对结论的解释是_____。

[解析] 本题是通过两个实验来验证质量守恒定律的实验探究性题。质量守恒定律是前人得出理论,今天的学生能否对前人的结论提出质疑或其他的猜想呢?此题就是要培养学生批判的观点,发展学生科学探究素质。

[答案] (1) 保持不变(或相等、不变)。

(2)

实验编号	实验1	实验2
实验现象	有无色的气体生成,该气体可使石灰水变浑浊	有蓝色沉淀生成
化学方程式	(2) $CO_2+Ca(OH)_2=CaCO_3\downarrow+H_2O$	$CuSO_4+2NaOH=Cu(OH)_2\downarrow+Na_2SO_4$
反应前后天平是否平衡	平衡	平衡
你的结论	反应前后物质质量相等	反应前后物质质量相等

(3) 物质发生化学反应时,反应前后原子的种类和数量都没有改变。

探究性试题作为一种开放性试题,它不仅可以考查学生发现问题、建立模型、解决问题等综合应用化学知识的能力,暴露学生在解题过程中的思维品质;还能反馈学生对化学思想方法的掌握情况,较直观地反映出学生的化学素养,体现了素质教育的要求和新课程改革的一个导向。探究性试题的功能如下:

(1) 考查学生思维的广阔性和深刻性。探究规律型问题从一些特殊情形出发,给出问题的变化过程,要求学生自主探究并概括出事物发展趋势或变化的规律,这类题目不仅考察了学生观察、发现、分析问题的能力,而且考查了学生创造性的类比联想、想象的能力,人类对客观世界的认识过程就是人们对事物间的内在联系、规律进行不断探究的过程,这类问题有助于培养学生科学的研究方法。

(2) 考查学生思维的灵活性与敏捷性。实践操作探究型问题一般从具体操作探究起,编排的问题由浅入深,引人入胜,考查学生对信息的收集、整理能力以及转化建模的思想。这类问题从操作创设情境,引发学生探索问题的兴趣,题目的各问题之间有一定梯度,有利于学生思维的发展,此类综合性题目,不但要求学生解题的思路清晰,而且要善于进行发散思维,灵活求解,因此对学生思维能力水平要求较高。

(3) 考查学生思维的逻辑性。存在性探索型问题一般给出问题的某一结论,要求学生通过计算或推理,检验这一结论存在与否。解决存在性探究型问题一般采用"执果索因"的方法求解,即先假设存在,再通过计算或推理得出结论。最后检验判断假设是否存在,这类问题主要考查学生解题思路是否明确,解题过程是否严密、有条理。

(4) 考查学生创造能力和实践能力。探究方案设计类、方案评估型等类型的问题的答案有时不唯一,要求学生通过阅读题目的有关信息去设计解决问题的方案,或由出题者给出几种设计方案让学生对其可行性进行比较、评价、论证。这类题目从较高的层次考查了学生的创造设计能力,这类问题让学生充分体验到了亲自参加解决问题的过程,特别是自主探究方案设计的问题,考查了学生发现问题、独立思考、解决问题的能力及化学语言表达能力。开放性的问题答案给学生留下了广阔的思维空间,更能体现学生的创新意识和创新能力。

(七) 信息迁移题

化学信息试题又称化学信息给予题,它运用通俗易懂的语言给予学生平日教学中未见过的新信息,如新发现、新成就、新知识或物质组成、结构、性质以及物质结构和性质的链锁关系等,要求考生运用已掌握的化学基础知识和基本技能,经过短时间的临场阅读和一系列思维活动,创造性地解决一些模仿相似性或理解变通性的问题。

化学信息试题通常由题干和问题两部分组成。题干部分主要是向学生提供各类信息,以文字叙述为主,有的辅以图式或数据等信息,内容覆盖了化学领域的多方面知识。题干部分大多隐含着解决问题的关键信息;有些题干信息则对要解决的问题无影响,只起到吸引学生注意和引出问题的作用;还有一些题干信息甚至是干扰信息,如果考生所掌握的知识较零散,处理知识信息的能力不强,则很容易掉进题设的陷阱中。问题部分主要是围绕题干给出的信息,从不同角度、不同侧面、不同层次展开提问。问题往往以渐进式、连环式、并列式或综合式的结构方式呈现出来,是对题干信息比较完整的研究和应用。

化学信息迁移题的特点如下:[①]

(1) 起点高,落点低。化学信息试题所涉及的内容一般都是教科书以外的知识,取材来源广泛,题目往往都比较新颖,考生通常感觉比较陌生,表面上看似乎起点较高,超出了学生所学知识的范围。但是,解决问题所要用到的知识,通常都是学生已经学过的基础知识。

---

① 吴永明,许燕红.高考化学信息试题的特点及呈现特征的分析研究[J].中学化学教与学,2012(1):60-63.

[例33] (北京市高考题)自然界地表层原生铜的硫化物经氧化、淋滤作用后变成 $CuSO_4$ 溶液,向地下深层渗透,遇到难溶的 ZnS 或 PbS,慢慢转变为铜蓝(CuS)。下列分析中正确的是(　　)。

A. CuS 的溶解度大于 PbS 的溶解度
B. 原生铜的硫化物具有还原性,而铜蓝没有还原性
C. $CuSO_4$ 与 ZnS 反应的离子方程式是 $Cu^{2+}+S^{2-}=CuS\downarrow$
D. 整个过程涉及的反应类型有氧化还原反应和复分解反应

[解析] 本题中提到的"自然界地表层原生铜",学生并不知道这是什么物质,在教科书中也找不到这种物质的相关介绍;而题中给出的这种物质经过一系列反应最后变成了"铜蓝"的过程,学生之前也没学过。但是备选的四个选项所表述的内容却是考生都比较熟悉的,涉及的是物质溶解度的比较、物质还原性的比较、离子方程式的书写、化学反应类型的判断等内容。

(2) 知识新,题型活。很多信息题都需要学生综合运用化学知识进行解答,可以较灵活地考查学生的各种学习能力。信息题既可以以文字、图表、装置、标签等形式呈现,也可以选择题、填空题等形式呈现,设题形式比较灵活。

[例34] (海南省高考题)"碳捕捉技术"是指通过一定的方法将工业生产中产生的 CO_2 分离出来并加以利用。如可利用 NaOH 溶液来"捕捉" CO_2,其基本过程如下图所示(部分条件及物质未标出)。

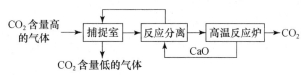

碳捕捉技术基本流程图

下列有关该方法的叙述中正确的是(　　)。
A. 能耗大是该方法的一大缺点
B. 整个过程中,只有一种物质可以循环利用
C. "反应分离"环节中,分离物质的基本操作是蒸发结晶、过滤
D. 该方法可减少碳排放,捕捉到的 CO_2 还可用来制备甲醇等产品

[解析] 本题考查的是与 CO_2 相关的知识,但题目并未直接给出任何一个与 CO_2 有关的化学方程式,而是将相关反应联系到了工业生产上的碳捕捉技术中,而且以一幅流程图来表示题目所要表达的信息,试题比较新颖。这首先需要学生对 CO_2 的相关知识有较好的理解与掌握;其次要求学生具有较强的从题图中提取、分析有用信息的能力。

(3) 题目长,信息多。很多信息试题的题目都比较长,题中包含的信息比较多,而且有些信息还比较隐蔽。这使得很多学生一看到题目,心里就产生了畏惧感,解决上述问题需要学生具备提取与处理信息的能力。

[例35] (浙江省高考题)汽车安全气囊是行车安全的重要保障。当车辆发生碰撞的瞬间,安全装置通电点火使其中的粉末分解释放出大量的氮气形成气囊,从而保护司机及乘客免受伤害。为研究安全气囊工作的化学原理,取安全装置中的粉末进行实验。经分析确定,该粉末中仅含有 Na,Fe,N,O 四种元素。水溶性试验表明,固体粉末部分溶解。经检测,可溶物为化合物甲;不溶物为红棕色固体,可溶于盐酸。取 13.0 g 化合物甲,加热使其完全分解,生成氮气和单质乙,生成的氮气折合成标准条件下的体积为 6.72 L。单质乙就在高温隔绝空气的条件下与不溶

物红棕色粉末发生反应生成化合物丙和另一种单质。化合物丙与空气接触可转化为可溶性盐。

请回答下列问题：

(1) 甲的化学式为_____，丙的电子式为_____。

(2) 若丙在空气中转化为碳酸氢盐，则反应的化学方程式为_____。

(3) 单质乙与红棕色粉末发生反应的化学方程式为_____，安全气囊中红棕色粉末的作用是_____。

(4) 以下物质中，有可能作为安全气囊中红棕色粉末替代品的是_____。
A. KCl　　　　B. KNO₃　　　　C. Na₂S　　　　D. CuO

(5) 设计一个实验方案，探究化合物丙与空气接触后生成可溶性盐的成分（不考虑结晶水合物）_____。

(4) 即时学，模仿用。有的信息题希望学生能根据所提供的信息，利用迁移法去解决所提出的问题。

[例36] （江苏省高考题）已知：$RCH_2COOH \xrightarrow[\triangle]{PCl_3} RCHClCOOH$

写出以苯酚和乙醇为原料制备 $OCH_2COOCH_2CH_3$ 的合成路线流程图（无机试剂任用）。

合成路线流程图例如下：

$CH_2=CH_2 \xrightarrow{HBr} CH_3CH_2Br \xrightarrow[\triangle]{NaOH溶液} CH_3CH_2OH$

[解析] 此类题属有机合成路线设计题，目标产物通常是学生不熟悉的有机物，但其合成路线均可根据题目提供的有机反应规律来设计。由此可见，活学活用在此类题中是相当重要的。

信息迁移题是强调向能力测试倾斜后，重点开发的题型。其测量功能如下：

(1) 信息迁移题的立足点在于考查考生的自学能力。这类题型是以自学能力为主线，以思维能力为核心，以观察能力和实验能力为重要组分，对考生的能力进行考查的试题。对考生学习潜能的考查十分有效。

(2) 信息迁移题对于摆脱由于押题和题海所造成的假象也特别有效。考生在公平的起跑线上，大家同时获得新信息，借此来解题，能够考查出考生的真实本平。但是，对信息迁移题所给的新信息要有所控制，尽量不要引到大学教材中去，否则将会造成对中学教学的误导。

(3) 信息迁移题未必都是难题（得分率在 0.17~0.76 之间），只是考生事先不容易猜到，不容易通过模拟练习，而要靠临场发挥，考生的智力和非智力因素都受到考验。信息迁移题所给的信息往往很新，例如近年来化学试题涉及几届诺贝尔化学、医学及生理学等奖的主要工作领域，虽然这些领域考生知之甚少，但是，信息给予之后，题目的设问却是考生力所能及的。信息给予已经不仅仅限于一条思路，通常是一个信息带几个小题。有的信息还是隐含地给予，要考生自己开发；有的信息却又是多余的，让考生自己筛选。

(4) 信息迁移题可以用选择、填空、简答或将其组合的各种形式，有广阔的应用前景，今后还应继续研究开发其功能。根据测试及反馈，我们认为目前控制其赋分占总卷的 25%～30% 为宜。

资料卡片

目前研究成果表明：任何一种题型中的试题都具备三个要素，即试题的立意、情境和设问。实际上它们之间存在着很密切的关系，立意是考查的目的，情境是背景材料，设问是测试的触点，完全为立意服务。马提奈兹（Martinez，1999）提出，从认知特征、试题和考试的特征以及考试的经济性来看，每种题型都有其优势，也有其缺点，任何一种题型都不能独立完成所有的教育测量目标。因此，考试中应该采用多种题型，发挥每种题型的优势。哈娜蒂纳（Haladyna，1998）建议，如果两种题型的测量结果有很强的类似性时，选择测量效率高的题型（通常是选择型题型）是合理的；如果两种题型的测量结果类似性比较低时，应该考虑试题在认知过程、内容等方面与测量目标的一致程度，通常选择一致性程度高的题型，即建构型题型。

我国教育测量界虽然对题型的测量效果少有研究，但却注意到了题型对学校教学方法、教学训练方法以及学生学习方法的影响，注意到考试中应该有适当数量的主观题，以发挥考试对教育教学的导向和反馈作用。

综合美国学者对题型的研究成果，结合我国的教育考试命题实践，题型的选择应该遵循下列原则：

（1）题型应该与测量的行为目标要求一致，题型的选择要考虑试题测量的行为目标、涉及的内容领域以及需要的条件。这反映了以考试的效度为第一考虑的观点。

（2）题型的选择要保证考试结果达到预先设定的信度要求，即必须考虑不同题型试题的比例。这反映了考试结果的高信度是考试高效度前提的认识。

（3）题型的选择要有利于学校课堂教学方式和学生学习方式的改善，题型要反映高质量的教学活动和学习活动。[①]

第三节 化学试题编制的基本方法

关 键 词

化学试题特征　设计技术　选材　难度　题型　学习水平　设计规范

化学试题特征是指试题在试题容量、题型结构、信息呈现、新信息融合、STSE 链接、核心主题、知识要点、要求层次、学科思想等多方面的综合特征。龚伟、王祖浩等人（2012）由外显到内隐，从五大分析视角、九项特征指标出发，构建了"化学反应原理"试题特征的多维模式（见表 5-2）[②]。

---

① 雷新勇.大规模教育考试：命题与评价[M].上海：华东师范大学出版社，2006：166-173.
② 龚伟,王祖浩,谢安琪.新课程高考"化学反应原理"试题特征的比较与研究[J].化学教育，2012(1)：33-38.

表 5-2 "化学反应原理"试题特征的多维模式

分析视角	特征指标	研究说明
试题容量	试题容量	试题容量指"试题总分"、"试题题数"、"试题长度"、"分值比重"等
呈现方式	题型结构	题型涉及"选择"、"填空"、"作图"、"信息迁移"、"计算"等
	信息呈现	试题通过"文字表述"、"化学用语(元素符号、化学式、化学方程式等)"、"数据(表)"、"关系曲线"、"装置图"、"流程图"等多种形式呈现
内容情境	新信息融合	试题提供新信息,需要学生具有"准确提出实质性内容,并与已有知识块整合、重组为新知识块的能力"
	STSE 链接	试题选材重视理论联系实际,关注与化学有关的科学技术、社会经济和生态环境的协调发展
学科知识	核心主题	本研究将"化学反应原理"内容进行了主题整合
	知识要点	本研究将各命题点进行筛选,确定试题所考查的知识要点
	要求层次	要求由低到高分为"了解"、"理解(掌握)"、"综合应用"
学科思想	学科思想	试题中合理渗透了"对立统一"、"质量互变"、"动态平衡"、"守恒思想"等化学学科思想和观念

借用此模式,研究者可以分别采用四种参数——分值及比重与题数及比重对试题各项特征进行逐一分析:首先,从试卷层面得出各试卷中各知识点,试题在全卷中的比重;其次,深入试题层面,依次从"呈现方式设计"、"内容情境构建"、"学科知识考查"、"学科思想渗透"等视角,对试题的各特征指标逐一分析;最后,将结果以"共时"和"历时"为线索进行整合,得出不同化学知识点试题的命题特点。可见在化学试题的设计中,不仅要综合考虑考查的知识点与不同题型的设计技术,还要设计试题的内容情境,并对试题的难度加以控制。

一、化学试题的选材

试题作为考试的基本呈现形式,就是要在考试大纲及命题原则指导下,通过归纳、概括、分析、综合等具有认识意义的方法,演绎和传达命题宗旨。故试题的命题题材,是最能直观地反映命题宗旨的载体。综观多年来高考内容的改革轨迹,化学试卷的面貌已悄悄地发生了很大的变化,有不少试题的取材与社会、科技、生产、生活有关,目的在于引导中学教学关注这些领域的最新成果,运用化学知识理解这些成果的意义。可见,化学试题材料的选择与考试的功能、考查的能力方向、考查的知识内容等不无关系。

(一)化学试题选材的依据[①]

1. 价值取向

价值取向是指选择的试题题材要考虑其问题的价值所在,即从能力价值、创新价值、科学价值、社会价值、实用价值,可持续发展价值六个方面对众多的重点题材进行评估、筛选,提取其中有价值的题材。近年来的高考试题如 2003 年春季高考题 23 题"脱氮工艺流程",2003 年上海高考题 5 题"元素周期表的探究"等,几乎涵盖了上述六个方面的价值功能。以中学化学主干知识的应用为目的,以高科技为问题情景,编制出联系实际、富有新意的题目用于考试,学生通过考

---

① 王后雄.试论高考化学试题的选材[J].化学教育,2004(1-2):64-67.

试,既可巩固所学基础理论知识,又了解了知识的应用背景与应用价值,这有助于提高学生学习兴趣、开阔学生视野、发展学生创造力、培养学生理论联系实际的科学态度,从而提高学生的科学素养。

2. 学术领域

从题材涉及的学术领域来看,热点主要有社会热点、人文热点、资源热点、科技热点等方面。社会热点具有其广泛的社会影响和经济影响,与国家意志、决策密切相关,如西部开发、长江三峡水利工程、SARS病毒等;人文热点则与社会生存状态、历史演变轨迹以及文化观念密切相关,如绿色化学、工厂选址、化工生产与环境污染等等;资源热点与人类生存密切相关的环境、能源等世界性问题有关,如水资源、矿产资源、海洋资源、再生能源等;科技热点反映科学技术的发展动态,如纳米技术、信息技术、材料、航天技术、诺贝尔奖等。2002年上海卷高考化学试题25题"开发新的制冷剂"则集社会、人文、科技、资源四方面的热点于一身。

3. 知识视野

知识视野,即从知识来源的角度分为与教材有关的热点题材、生活中的热点题材、重大事件中的热点题材、学科发展中的热点题材。在我国现实的国情下,考试具有调节未来人才智能结构的重要导向功能和作用,这就决定了试题编制的走向:① 以能力测试为主导;② 以现实问题立意。所谓"能力立意"指命题遵循但不拘泥于教学大纲和具体的教材,在考查陈述性知识和程序性知识的基础上,以策略性知识为主要能力考查方向,学生只有对知识融会贯通,举一反三,并且有着广阔的知识视野才能取得好成绩。2002年上海化学卷25题借用制冷剂氟利昂的研制过程,给出了部分元素氢化物、碳化物的易燃性、毒性和特点,要求考生运用元素及其化合物性质周期性的变化趋势来推测当时新型的含F、Cl的制冷剂CF_2Cl_2。命题者利用科学发展史作题材,要求学生运用正确的科学思维方法来进行研究和探索,无疑在知识维度上几乎涵盖了所有的方面。

4. 社会背景

化学试题的情景表现为新情境问题的设置,它主要以自然科学中的自然现象、生产、生活实际、现代科学技术为素材和背景,创设出一些新情境问题,它比较真实、全面地模拟和再现了生产生活的实际场景、科学研究的过程、科学上的重大发展、高科技成果等。新情境问题具有应用型、信息鲜活、内容丰富、隐蔽、能力立意等特点。例如,2003年上海春季高考综合试卷化学试题全部反映在社会背景的交汇点上(见表5-3),又如17题"延长包装食品的保质期",18题"用维生素C防苹果汁变质",19题"家庭厨房中的物质用途",20题"无公害新型塑料餐具",39题"用石膏来固定骨折",47题"发现氩的化学史和科学素质"等,足以反映出社会背景对高考题材的"奉献"。知识来源于社会,但要获得发展又必须服务于社会。新情景题材的广泛采用,使得试题更贴近生活和生产,体现知识的应用性以及自然科学与人文科学的结合,反映了化学学科的特点。通过试题新情境材料的使用,引导考生逐步树立起把所学的知识和实际生活广泛联系起来的意识,学以致用。

表 5-3　2003 年上海高考卷出现的新情景题材

题号	新情景题材	考核内容
2	城市生活垃圾	物质的分类
5	酸中毒病人的输液	酸碱反应
7	广谱消毒剂 ClO_2	氧化还原反应知识
9	天然维生素 P	有机物结构和官能团的性质
10	核磁共振、2002 年诺贝尔奖	原子结构、同位素
20	催化剂的重要原料	多步反应的计算
23	空气中汞蒸气含量的监测	氧化还原反应配平、电子转移
24	工业生产冶炼钾	化学平衡移动、平衡常数
27	工业上测量 SO_2 含量	定量实验设计、误差分析
28	研究芳—炔类大环化合物	胶体、有机化学反应
29	塑料工业中的增塑剂	有机物官能团的性质
30	集成电路中物质——细氮化铝粉末	化学计算
31	由天然气制取合成氨的原料	化学计算

5. 教育功能

试题作为教材的补充,对于学生扩展、联系实际的知识,培养阅读资料、说明书并从中摄取信息的能力,分析实际问题的能力,综合运用知识解决问题、得出结论的能力,有着特别的教学功能。试题从根本上说是一个问题系统,解题是进行一种面对这个世界"怎么做"的教育,在试题解答的过程中,实现着情感教育,唯物主义世界观的教育,关心国家社会的责任心、重视实践的教育,领悟科学精神和人文精神。试题在实现以能力测试为主导、有助于高等学校选拔能力型的创新人才、有助于中学实施素质教育方面具有独到的完成考试目标的功能。

6. 导向功能[①]

考试命题宗旨必须符合社会意识形态和特定文化结构的要求,但考试的教育引导功能主要体现在知识文化结构本身的教育和引导作用,而不是承载全部的社会教育任务。因此,以这种态度来评价考试和命制试题,才是以科学的姿态来运作科学的考试。由于高考事实上导引着学校教育的发展,我们不妨承认考试是指挥棒的客观事实,积极地、恰当地运用这根指挥棒,推动、引导教学改革,以提高教育质量。最近几年高考试题选材的变化轨迹,可以看出命题者对这种观点的认同。

化学试题要能够选取合适的试题题材,设置合适的试题背景,构造考查特定能力与素质的题型,同时还要考虑到考试的现实要求,预见到应试者可能出现的问题,使化学试题的题材逐步纳入关注双基、能力立意、学以致用、理性导向的良性循环。

（二）化学试题选材的特点

在操作层面上,优秀的试题题材应具有以下几个特点：

（1）整合性。试题题材的整合性主要是指考查内容与能力要求的整合、知识文化与教育引导功能的整合、教材知识与生产生活实际的整合、前期知识与后续学习的整合、学科内和学科间

---

① 王后雄.高考化学试题选材的依据[J].中国考试,2004(1)：38-39.

多种知识的整合等;突出时代特征与思想性,渗透科学精神与人文精神,有机地整合知识与技能、过程与方法、情感态度与价值观等目标层次。

(2) 借鉴性。主要是指在试题材料的情景设置上,应有一定的科学情景、生活情景和知识背景的迁移等等,体现科学探索的无穷魅力,体现学以致用的科学研究价值,同时还能为中学教学提供学习、借鉴的经验,命题的立意要以学生发展为本,以能力为核心,并对改进化学教与学具有积极的导向作用,发挥高考的正向"杠杆"功能和教育功能。

(3) 开放性。作为试题的开放性问题有利于实现以学生为本的考试理念。它弥补了封闭性试题在考查学生发现和创新能力方面的不足。在考查学生的科学探究能力、评价能力、实验方案的设计等方面应根据命题目标的需要,设置一定的开放性试题。要精心选择考查素材的载体,引进社会热点问题,贴近学生的生活,注意学科间的相互渗透,从现实生活中提炼出具有探究意义和研究性学习的真实问题,考核学生的思想灵活性、发散性、创造性和科学素质。评分要改变"踩点评分"的陈规,采用"只要合理就给分"、"有创见可加分"的新标准,鼓励学生发表独特的见解。

(4) 阶梯性。这里所说的阶梯性是指试题题材具有由初级知识水平到高级知识水平之间的过渡,较低能力要求与较高能力要求的过渡。这样,有利于命制区分度高的试题,有利于测量学生知识和能力层次。同时要提高命题的技巧,如试题的设问具有启发性和层次性,能激发学生的答题兴趣等;试题的表述适合于学生的年龄特点和认知水平,有利于学生真实水平的正常发挥。

(5) 公平性。试题题材的选取,往往会影响到对应试群体的公平性。考试对每一位应试者来说,应该是人人平等的。因此,试题题材需要面向最广大的应试群体,注意城乡之间的差别,发达地区与不发达地区之间的差别,文化背景和宗教信仰不同的群体之间的差别,等等。

(三) 化学试题选材的策略[①]

思考与讨论

在化学试题编制时要考虑素材的选择,即选材的问题,可以从哪些方面挖掘命题素材呢?

1. 从教材内容中挖掘命题素材

从教材中可以挖掘出许多命题素材,如图表、图像、"资料卡片"、"科学视野"以及"思考与交流"、"学与问"、"实践活动"等栏目,都可以作为命制试题的素材。

[例37] 化学课外兴趣小组的同学为了验证乙醇的分子结构,设计如下实验程序:乙醇的组成元素的测定,分子式的测定,分子结构的测定。

(1) 他们决定用完全燃烧乙醇、吸收产物、测量产物质量的方法来确定乙醇中含有C、H两种元素及其质量比。乙醇燃烧的产物可选用下述的某些实验装置吸收,可选择的实验装置有多种组合,这些组合是(填写字母a,b,c,…,不一定要填满,按吸收产物的顺序写):

a. 盛有浓H_2SO_4的洗气瓶 b. 盛有浓NaOH溶液的洗气瓶
c. 盛有澄清饱和石灰水的洗气瓶 d. 盛有碱石灰的干燥管
e. 盛有固体$CaCl_2$的干燥管

第一种组合_____;第二种组合_____;第三种组合_____;第四种组合_____;第

[①] 张明.中学化学命题探索与解题赏析[M].西安:陕西师范大学出版社,2011:104-111.

五种组合_____。

(2) 要证实乙醇中还含有氧元素时,他们还缺实验数据,缺的数据应该是_____。

(3) 他们通过前面的实验,测得乙醇的实验式为 C_2H_6O。为确定乙醇的分子式,还需不需要测定乙醇的相对分子质量?

[命题过程] 本题取材于人教版选修五《有机化学基础》第一章第四节"研究有机化合物的一般步骤和方法",命题主要意图除了要考查学生对研究有机化合物的一般步骤和方法的了解程度外,更主要的是希望能考查学生的思维品质。此题第(1)问主要想考查学生思维的发散性和敏捷性,解答此问学生要考虑 H_2O 和 CO_2 的吸收顺序和选择吸收方法,还要考虑如何将这些吸收方法组合起来且又避免遗漏。第(2)问能考查学生思维的严谨性。第(3)问能考查学生思维的灵活性、批判性和创造性。一般情况下得到有机物的实验式后,要想进一步得到化学式,还要测定该有机物的相对分子质量。但此时测得乙醇的实验式为 C_2H_6O,H 原子已饱和,故此实验式即是乙醇的化学式。

[答案] (1) a,b;a,d;e,b;e,d (2) 乙醇的质量 (3) 不需要

2. 从学生实验中发现命题素材

学生分组实验是学生真正自主、合作、探究学习的过程,其思维和实验过程是学生自己原生态的,较少受教师的干扰,因此,此时他们的思维常常会迸发出奇妙的火花,实验过程常常会有奇异的发现,最后也常常会有奇怪的实验结论,可以记录下学生的实验过程,将其开发成试题。

[例 38] 苯甲酸和苯甲酸钠都是食品防腐剂。苯甲酸在水中的溶解度:0.17 g (25℃),90.95 g (50℃),6.8 g (95℃)。粗苯甲酸中常含有一些不溶性杂质,现要提纯苯甲酸,此实验的前三个步骤是:

① 热溶解。称取一定量的粗苯甲酸于烧杯中,加稍过量的蒸馏水,加热,搅拌。

② 热过滤。待苯甲酸完全溶解后,再加入少量蒸馏水,趁热过滤。

③ 冷却、结晶。将滤液静置,即可看到有美丽的、无色针状的、晶莹的苯甲酸晶体析出。让人既能感受到实验成功的成就感,又能体验到美感!

请回答下列问题:

(1) 步骤①中蒸馏水不可加得太多,原因是_____。

(2) 步骤②中又要加少量蒸馏水,原因是_____;要趁热过滤的原因是_____。

(3) 本次实验至少需要进行_____次过滤操作。

(4) 这种提纯苯甲酸的实验方法叫_____。

(5) 下列混合物的分离、提纯也可用这种实验方法的是(   )。

A. 苯酚和水　　　　B. KNO_3 和 NaCl　　　　C. 乙醇和乙酸　　　　D. 溴水

[命题过程] 本题取材于人教版选修五《有机化学基础》中的一个学生实验。学生实验操作中存在种种不规范,如有的学生热溶解粗苯甲酸时蒸馏水加得太多,以致最后冷却结晶时没得到苯甲酸晶体;有的学生过滤操作不规范,等等。

[答案] (1) 水加得太多,第③步中苯甲酸不容易结晶析出 (2) 为了减少趁热过滤时损失苯甲酸(温度降低时,已经饱和的苯甲酸溶液会析出苯甲酸晶体)防止温度降低时苯甲酸会析出 (3) 2 (4) 重结晶 (5) B

3. 从教学实践中提炼命题素材

化学教学的每一环节如备课、上课、批改作业、辅导学生等,稍加提炼,就可以作为命题使用。学生在训练、考试中的失误都可以作为命题素材。

[例39] 已知酸性 $H_2CO_3 > HCO_3^- > Al(OH)_3$。现混合碳酸($H_2CO_3$)和 $NaAlO_2$ 溶液,试写出可能发生的化学反应方程式。

[命题过程] 在教学实践中发现:利用复分解反应判断弱酸之间的酸性相对强弱是一个难点,特别是涉及像 H_2CO_3 这样的多元弱酸的分步电离的问题。本题能考查学生思维的严谨性,若能写出全部的反应方程式,实属不易。类似的问题还有:混合 H_2SO_3 和 ⌬—ONa 溶液,可能发生哪些化学反应?

[答案] $H_2CO_3 + 2NaAlO_2 + 2H_2O == Na_2CO_3 + 2Al(OH)_3\downarrow$

$H_2CO_3 + NaAlO_2 + H_2O == NaHCO_3 + Al(OH)_3\downarrow$

$NaHCO_3 + NaAlO_2 + H_2O == Na_2CO_3 + Al(OH)_3\downarrow$

$H_2CO_3 + Na_2CO_3 == NaHCO_3$

4. 从生产生活中收集命题素材

化学与生产生活有着广泛的联系和应用,因而生产生活的化学应用实践就成为化学命题素材的一种重要来源。

[例40] 三氧化二铁和氧化亚铜都是红色粉末,常用作颜料。某校一化学实验小组通过实验来探究一红色粉末是 Fe_2O_3、Cu_2O 或二者的混合物。限选实验仪器与试剂:烧杯、试管、玻璃棒、药匙、滴管、酒精灯、试管夹、铁钉、$3\ mol \cdot L^{-1}\ H_2SO_4$、$0.01\ mol \cdot L^{-1}\ KMnO_4$、NaOH 稀溶液、$0.1\ mol \cdot L^{-1}\ KI$、20% KSCN、蒸馏水。探究过程如下:

查阅资料:Cu_2O 溶于稀硫酸生成 Cu 和 $CuSO_4$、$Cu_2O + 2H^+ == Cu + Cu^{2+} + H_2O$。单质 Cu 能将 Fe^{3+} 还原成 Fe^{2+},$2Fe^{3+} + Cu == 2Fe^{2+} + Cu^+$。

提出假设:假设1:红色粉末是 Fe_2O_3;假设2:红色粉末是 Cu_2O;假设3:红色粉末是 Fe_2O_3 和 Cu_2O 的混合物。

设计实验方案证明你的假设。

实验过程:根据设计的实验方案进行实验。请在答题卡上按下表格式写出实验操作步骤、预期现象。

	实验操作	预期现象	结论
操作1			假设1或假设3成立
操作2			假设1成立
			假设3成立
操作3			假设2或假设3成立
操作4			假设2成立
			假设3成立

[命题过程] 新课程理念强调学生在学习过程中自主发现、主动探究问题,该题以生活中常用的红色颜料为探究素材。

[答案]

实验操作	预期现象	结论
操作1	取红色粉末少许于试管中,加入足量 $3\ mol\cdot L^{-1}\ H_2SO_4$	红色粉末完全溶解 (回答溶液颜色显黄色不得分)
操作2	继续向试管中放入足量铁钉	铁钉上无红色固体析出 铁钉上有红色固体析出
操作3	取红色粉末少许于试管中,加入足量 $3\ mol\cdot L^{-1}\ H_2SO_4$	红色粉末不能完全溶解 (或溶液显蓝色)
操作4	$0.01\ mol\cdot L^{-1}\ KMnO_4$ 溶液的试管中	$KMnO_4$ 溶液不褪色 $KMnO_4$ 溶液褪色

二、化学试题的难度设计

教育考试应该具有较高的信度、效度,必要的区分度和适当的难度,难度并不是衡量考试好坏的关键指标,但却很受关注,尤其是选拔性考试的试题难度备受考生、家长、学校和教育主管部门的关注。从某种意义上讲,考试试卷难度设计控制不好,不仅对招考工作本身产生影响,甚至会在一定程度上影响社会稳定,因此,考试试卷难度的设计与控制不仅是科学性问题,也是社会性问题。[1]

(一)试题难度的设计

试题难度设计是指在题型设计时,编制出满足难度分布要求的试题。

1. 试题难度设计技术

根据试题难度设计的协调性原则,为了编制出符合难度指标要求的试题,一般的操作步骤是:

首先,必须明确回答以下问题:① 该题对知识和能力的考查内容有何规定?对认知层次与能力强弱层次的考查要求如何?② 该题将置于试卷中的什么位置?③ 该题的难度要求,除了难度指标值为指定的以外,是否还有其他的附加规定?

在弄清了上述问题后,便可选题或编题。这时,应根据考试要求,明确试题的立意,取用适当的素材,建构合适的情境,设计出若干个难度层次的设问方式。进而,根据上述三个问题的要求,从中挑选出最接近要求的一种提问方式,并整理成合乎题型规范的试题。然后,对试题再做一次难度调控,使其更贴近难度指标要求。至此,即初步完成试题难度设计。

再将试题置于试卷中的预定位置上,结合卷中的其他试题,做全盘的考察。根据全卷的总体要求,对每一道试题的难度继续进行较为精细的调控。这样由试题到全卷,再由全卷到试题,再回到全卷的难度调控操作,可反复进行多次,直至满意为止,其试题的难度设计才算完成。完成之后,还得对试题的难度进行系统、科学的预测,以确保试题和试卷的质量。

2. 试题难度预测技术

对于考试命题,试题难度的预测是重要的一环。试题的得分率,它是相对于考试对象的难度,因此,俗称"相对难度";这种难度又是用统计方法,把试题考试成绩的平均值除以试题的满分值,即试题得分率作为指标,因此,又称"统计难度"。

---

[1] 王后雄.教育考试的理论与方法[M].北京:北京大学出版社,2011:132-139.

试题预测工作的理想做法是：在能够代表考试对象的适当人数的群体中（通常可称为考试对象的样本），将试题进行试验性的测试（俗称试测），并对考试结果进行统计分析和题目分析，确定试题的优劣、取舍，以及提出修改、删除、调整的意见。最后，才把经过试测并且合适的试题用于正式的考试中。

试题预测的困难，在于试题的保密性难以保证，样本难以选取，不适用于考试命题，一般只用于题库建设，即入库试题都经过试测，将其各项试测结果记录在案，为日后拼题成卷提供依据。直到目前为止，在没有条件使用试测方法预测试题难度时，试题难度预测还是以专家的经验为基础来进行，具体的预测方法大体上有三种：平均综合法、回归方程法和诊断识别法。

(1) 平均综合法

组织适当的专家组，每个专家应该对考试内容、考试要求和考试对象都十分熟悉，具有丰富的考试工作的经验，让他们各凭自己的经验，对试题难度进行综合预测，将各人的预测值加以平均，得出的平均预测值为所求的预测值。这种方法易于操作，预测的误差与专家们的经验密切相关，专家的主观因素起着举足轻重的作用，误差界限难以确定，完全是属于经验性的主观预测方法。

(2) 回归方程法

所谓回归方程法，就是用统计方法，由学生的实际得分率（即试题难度）和影响试题难度的诸因素的赋值建立起回归方程，作为预测的数学模型。这种预测方法，同样离不开专家经验。首先，难度结构因素的选定是由专家经验来实现；其次，这些因素的赋值，虽然有些因素可由试题客观给定，但不少因素的赋值仍得由专家凭经验评判给定。此外，在回归模型的采用上，Logistic回归模型也不是唯一的，还可根据专家的经验选择建立其他的模型。

(3) 诊断识别法

这种预测方法是把试题预测看做诊断识别问题来处理。首先，确定影响试题难度的各种因素的内容及其量化描述法，建立因素空间（或称因素集，相当于回归方程法中所说的难度结构因素）；其次，确定试题难度描述模式，建立模式集，进而确定诊断识别的经验关系，建立起模式与因素间的关系；再次，确定诊断识别的权重分配，赋予参加诊断识别的每个因素以一定的权重，用以表明各因素在诊断识别中的地位和作用；最后，建立起难度模式的加权综合法则和综合决策模型，用于试题难度预测。对被预测的试题，只要采集了难度因素集的数据，代入难度综合决策模型，便可推断出试题难度模式集的数据，作为试题难度预测的依据。诊断识别法所建立的预测系统，实质上是一个模拟专家系统。它把专家的纯属经验性的预测过程数学化，形成一个借助计算机的便于操作的实用程序。其中部分数据的收集和赋定，尚需专家协助。

上述所介绍的三种预测方法，有一个明显的共同点：它们都离不开对影响试题难度的诸因素的研究和分析。不同的是：在因素与难度的关系上，采用不同的方式加以处理，并运用不同的工具（包括人工、数学方法和计算机等）来实现这种处理，以获得预测结果。

对于影响试题难度的诸因素的分析和判断及其量化方法的研究，是试题难度预测的基础。实际上，这方面的研究还不成熟，有待深入。在已见的一些难度预测的数学模型中，常用的难度因素的提法有知识点数（也称广度）、运算步骤数（也称运算量）、推理转折数（也称推理量）、陷阱数（也称关卡数、障碍点数）、新鲜度（也称熟悉度）、繁简度、提示度、猜答度、阻碍度、位置度、超纲度等多种。

(二) 试题难度的控制

如何在命题过程中能比较准确地控制难度，主要取决于命题教师的水平、对命题标准的把握以及难度估计的方法。

1. 提高命题教师的素质

命题教师要熟悉命题工作,具备一定的教育测量知识,特别是要了解中学教学实际和学生的学习状况,熟悉课程标准、考试大纲和教材。命题教师还应有强烈的事业心和责任感,对命题工作认真负责。

2. 正确把握命题标准和要求

命题应严格按照《考试大纲》和《考试说明》规定的考试范围和考核要求设计命题蓝图、编制试题,考查的能力要求、试卷结构、组卷方式、基本题型题量、试题难度分布等均应以《考试大纲》或《考试说明》为依据。

3. 改进难度估计的方法

试卷和试题的难度估计主要依据命题人员的经验,通过改进估计方法使难度估计逐步从经验走向科学,减小难度估计的误差。

三、不同化学试题设计的技术

试题设计工作可分为两部分:试卷整体设计和试题单题设计。设计的程序是整卷—单题—整卷,并且需经多次循环。

(一) 不同题型试题的设计技术

1. 选择题的设计

一道好的选择题,往往表现出短小精悍、考点明确、考查中肯和值得回味的特点。设计这种题型的试题,关键在于考查能力的目标明确、具体、集中,取材恰当、合理、有针对性,精心编制好题干与备选项。在设计过程中,要处理好几个关系。[①]

(1) 取材与铺陈的关系

取材涉及的知识点宜少不宜多,要服务于能力考查,且应注重基础和基本的知识,不宜采用派生性的知识作为考查能力的依托。每题以 2 或 3 个知识点为宜,不宜太多,否则必将降低试题的区分度。

试题的铺陈、叙述与所取材料的关系是形式与内容的关系,因此要和谐相称,试题陈述力求简明、规范,符合习惯,层次清楚,多用短句,少用长句,使人一目了然。尤其是术语和符号的运用要保证准确,绝对不使用容易误解的语言。有些词语,如果必须让考生引起警觉,最好加着重号,或者用黑体字排印。

(2) 知识与能力的关系

几乎任何试题都同时考查了知识与能力。但是,由于选择题的特点,在通常情况下不宜将二者并重,宜侧重一个方面。当侧重单纯性知识时,能力可以淡化一些;当侧重能力时,知识的要求不宜太难太深。

(3) 题干与选项的关系

为保证试题的完整性和紧凑性,首先,必须精心安排好题干和备选项的分割和连接。分割要

---

① 教育部考试中心.高考物理测量理论与实践[M].北京:高等教育出版社,2006:188-191.

恰当,关联词要准确明白,使整道题读起来通顺流畅。其次,干扰项的设置,宜针对考生可能出现的失误情况,围绕有代表性和针对性的内容进行编制,绝对不要胡编乱凑。正确项与干扰项在形式上应力求使之具备同类性(即类型相同或相近)和匀称性(即彼此相称)。此外,还要从逻辑上认真审视各选项之间的关系,避免由简单逻辑便能一下子排除错误选项,而不必用到题中有关知识的情况。

(4) 传统与创新的关系

选择题侧重于基础知识和基本技能的考查,在一组选择题中,无须每一题都刻意求新。因为这样做,势必增加了整个题组的难度,也增加了命题的工作量。然而,各题都是熟悉的传统面孔,全然没有新意,又会使整组试题的难度降低,难以保证测试的区分度。因此,传统与创新必须兼顾。

资料卡片

编制选择题的原则①

1. 问题或者不完整的句子都可以作为题干,但是人们更偏爱问题形式。如果题干是一个不完整的句子,那么要在句子的后面留出空白。

2. 对于题干中的问题或者不完整句子的陈述要求具体清楚,并且要求符合受测者的阅读水平,但是要避免从课文中逐字摘抄。

3. 把题目内容尽可能多地放在题干中,这样选项就不用重复相同的词,相对简短。

4. 少采用观点性问题;一旦采用,要引用权威著作或者注明观点的来源。

5. 选择题一般应该有四或五个选项,但是只有两三个选项的优质选择题也应该保留。对于低年级的学生来说,三个选项比四或五个选项更为合适。哈拉迪那和道宁(Haladyna & Downing,1993)认为,对大多数的能力测验和成就测试来说,三个选项的选择题可能更合适。

6. 如果选项有自然的顺序,例如日期或者年龄,那么建议以这种顺序来安排选项。否则,则采用随机或者以字母顺序安排选项(假设字母顺序不会提供正确答案的线索)。

7. 所有的选项在长度上要大致相同,语法要正确,并和题干有适当的关系。但是不要通过语言和其他线索泄漏正确选项。

8. 对于不能正确选择答案的受测者来说,所有的选项都是似是而非的,但又有一个选项看起来较正确或者"最好"。大众认可但实际上是错误的概念,以及只是部分正确的句子都是不错的迷惑性选项。

9. 在编制每个迷惑项时,应该阐明不知道答案的受测者可能选择这个迷惑项的理由。

10. 避免或者尽量减少使用否定的表达方式,比如在题干或者选项中少用"不"之类的否定词。

11. 虽然一定程度的新颖甚至幽默是合适的,也可以激发受测者的兴趣或者动机,但是不应该使用模糊或者复杂微妙的题目和选项。

12. 尽可能少使用"以上全无"、"以上全是"、"不止上面一个"等语句,当然也要避免使用像"总是"或者"从不"之类的殊指限定词。

---

① [美]Lewis R. Aiken. 心理测量与评估[M]. 张厚粲,黎坚,译. 北京:北京师范大学出版社,2006:32.

13. 用一行一行的格式安排选项,而不是从前往后一个接一个的安排;用数字指明题目,用字母指明选项。

14. 对于不同的年级或者年龄水平的受测者,应该准备合适的题量。题目之间是相互独立的(不是连锁的或者相互联系的)。

15. 计算题目的难度水平,正确回答题目的受测者的百分比大约在机会(随意猜测)百分比与 100% 之间:正确百分比 $=50(k+1)/k$,k 代表题目中迷惑项的数目。

[例41] 欠佳题:①

二氧化碳气体(　　)。

A. 一种不易溶于水、比空气重的气体　　B. 一种无色无味的易溶于水的气体
C. 一种能溶于水、比空气重的气体　　D. 一种黄绿色有刺激性气味的气体

修改后的题:

下列关于二氧化碳气体的性质描述正确的是(　　)。

A. 不易溶于水,比空气重　　B. 无色无味,易溶于水
C. 能溶于水,比空气重　　D. 黄绿色,有刺激性气味

2. 填空题的设计

填空题的设计和编制,可借鉴选择题的设计方法。同样要注意考查中心突出、鲜明;试题的取用和剪裁密切服务于考查中心;试题陈述力求简洁、确切,尤其是指导语的使用,务必防止歧义出现,且保证作答明确;求解的步骤不宜太多,最好1或2步,最多不超过3步,否则容易降低试题的信度与区分度。

填空题的编制中,应该把握以下要点。

(1) 空出来的应是那些关键性的词。填空题的空白处要求学生用测验范围内某个重要事实或重要的词来填空,避免那些次要、枝节的内容。

[例42] 欠佳题:

每_____物质都含有阿伏伽德罗常数个微粒。

修改后的题为:每摩尔物质都含有_____个微粒。

(2) 空白不宜过多,也不宜出现在句首,以便学生理解题意。

[例43] 欠佳题:

_____元素包括F、Cl、Br、I。它们的_____有7个电子。

修改后的题为:卤族元素包括_____;它们的最外电子层上都各有_____个电子。

(3) 要避免一空多答,当答案是数量时,要规定数量单位和数字的精确度。

[例44] 欠佳题:

将铝片和铜片浸入硫酸铜溶液中组成原电池,则该电池的正极是_____,负极是_____。

该题可以有多种答案,如正极可填:铜片,发生还原反应的极,析出铜的一极等。

修改后的题为:将铝片和铜片浸入硫酸铜溶液中组成原电池,则在该电池中铜片是_____极,铝片是_____极。

---

① 周青,等.化学教育测量与评价[M].北京:科学出版社,2011:100-101.

（4）避免可能的暗示。例如，空格的长度可能会提示答案字数的多少，因此，要使空格的长度相等。

（5）避免那些只需要机械记忆就能回答的项目。除少数需要考查学生对重要的概念、定义准确记忆的项目以外，要避免照搬教材上的原句。

3. 计算题的设计

设计计算题的方法，与前述两种题型的试题设计方法相比，虽无本质差别，但其活动的自由度、要顾及的问题却要多得多。要设计出一道好的计算题，一般要经历以下几个步骤。

（1）选材与立意

题材的来源可以是多方面的，可以由某些概念、规律或简单的基本问题出发，也可以从学科科研、科学事件中选取适当的素材；或从比较高的观点出发，物色问题；也可以从现实的社会现象、自然现象、生活现象、生产过程和科学实验等实践领域中寻找素材和问题。单题的立意要鲜明。立意包含立足点和考查意向两个方面，立足点也就是试题的中心，考查意向也即考查目的、考查目标。不管谁先谁后，实际上两者都必须统筹考虑，互相照顾，经过反复多次的推敲，目标才能趋于一致。在这个过程中，立意是核心，选材服务于立意。

（2）搭架与构题

有了恰当的题材之后，便可开始搭建试题的框架。设计试题的框架结构时，应以所选的题材为依据，采用与之相适应的结构。作为试题题胚，应力求留有余地，使之具有一定的弹性，也即题设条件要便于增加或减少，提问有多种角度可供调换，试题的难度容易调节。这样做，为的是方便下一步骤的加工和调整。在构建题胚这一环节中，往往伴随着题材的修剪和重组。

（3）加工与调整

有了初步成形的试题（题胚）之后，接着的工作是深加工和细琢磨。试题的陈述、答案的编写、评分参考的制定，都在这一步骤中完成。试题的加工与调整，首先要确保试题的科学性和适纲性，其次是精心调节难度。为了确保试题的科学性，应特别注意题意应具可知性，题设应具充分性，当题设条件不止一个时，应保证各条件的独立性和它们之间的相容性，求证的结论或求解的目标，应保证其存在性。为了确保试题的适纲性，既要认真检查试题中出现的概念、规律、符号、术语，保证它们都是在考试大纲或教学目标规定的范围内。还得仔细检查解答过程中所用到的知识和方法是否超出规定。至于试题难度的调节，必须以整卷的难度分布为依据，通过改变提问方式、题设条件、综合程度等方法进行调节。此外，为了提高试题的质量，在加工和调整这个步骤中，还应注意加强试题的针对性和有效性，安排好考查点的分布。

（4）审查与复核

复核工作通常要两人以上进行，并且要防止先入为主，要力求从新的角度考查试题；重新细写答案，尽可能把各种可行的解答都列写出来，进行比较。这个阶段有时会发现后来发掘的解答方法，与原先编题伊始的解答方法大不相同，其考查的有效性与预先的设计意图存在很大的差别，有时还可能是相去甚远。如果出现这种情况，则须对原题作重大的修改。复核的另一项主要工作是文字，要对试题的字、词、句，符号和附图，都一一推敲和细察，就连标点符号也不可疏漏。

4. 简答题的设计

简答题是最容易编制的题型之一，它要求受测者提供正确的答案，而不仅仅是再认。

[例 45] 欠佳题①

怎样制取硝酸？写出制备过程并注明反应条件。

由于硝酸的制备可以有多种途径，因此该项目有多种不同答案，即使要考查学生对知识的分析、综合能力，也需要对答案范围有所限制。

要对答案的范围有明确、具体的限制。这样可以保证在一定时间内让学生完成项目，并使答案有一定的可比性。

修改后的题：工业上怎样从氨氧化制取硝酸？写出制备过程并注明反应条件。

5. 匹配题的设计

和许多其他类型的题目相比，匹配题更容易编制，包含的材料也更加有效；不幸的是，它们经常只能测量对事实的机械记忆。而且，在编制匹配题时，必须使选项同质（所有的反应选项都是同类的，例如日期、地点、姓名等）。这就限制了能够用来匹配的材料类型。编制匹配题有以下建议：① 以清晰、合乎逻辑的格式安排前提和反应选项，前提写在左栏，反应选项写在右栏。② 如果使用 6～15 个前提，则反应选项应该比前提多 2～3 个。③ 在前提前面标好连续数字，在反应选项前面标好字母(a,b,c,等等)。④ 明确指定匹配方法。⑤ 把整个题目置于同一页。

[例 46] 为回收或提纯(Ⅰ)中所指定的物质，请从(Ⅱ)中选出需加入的试剂，再从(Ⅲ)中找出适宜的方法，将正确答案的标号填入答案栏内。

		1	2	3	4	5
(Ⅰ)回收或提纯的物质		制取氧气的残留物中回收二氧化锰	从褐色溴苯中提纯溴苯	从碘水中回收碘	由工业酒精制无水酒精	皂化反应中提取制肥皂的原料
(Ⅱ)		\(A\) 新制生石灰　(B) 食盐　(C) 氨水　(D) NaOH 溶液　(E) 蒸馏水　(F) 浓 H_2SO_4　(G) 四氯化碳　(H) 酒精　(I) KI 溶液				
(Ⅲ)		(a) 渗析 (b) 蒸发 (c) 蒸馏 (d) 过滤 (e) 结晶 (f) 分液 (g) 萃取分液 (h) 盐析				
答案	(Ⅰ)	(1)	(2)	(3)	(4)	(5)
	(Ⅱ)					
	(Ⅲ)					

匹配题的一种特殊类型是重新排列题，受测者需要按照事先确定的固定类别重新排列一组选项。排序题就是一种众所周知的重新排列题，作答者按照从前到后（或者从高到低）的顺序重新排列一组选项。

（二）不同学习水平试题的设计技术

教育目标规定了知识的不同学习水平。在测量不同学习水平的教育目标时，项目给出的问题情境要与学生在学习相关知识时所要求的学习水平相同，让学生在适当水平的问题情境中活动，根据其反应，判断其是否达到目标要求。这就要求项目的测量水平必须和相应教育目标的学习水平一致。然而，要编制出不同学习水平的测试项目，并能使其与相应的教育目标紧密对应，

---

① 周青，等. 化学教育测量与评价[M]. 北京：科学出版社，2011：102-103.

却是一件相当困难的工作。

1. 记忆

"记忆"是指学生从长期印象中调取相关的知识。如果教学的目标是促进学生记住教学呈现的相同或相似的材料,则认知过程就是记忆。任何复杂的任务解决都要用到知识,记忆知识是有意义学习和问题解决的基础。① 记忆水平的项目常用于对重要的化学用语(化学式、化学方程式等)、某些代表性元素及其化合物的重要物理性质、用途、有关化学事实等知识的测量。

填空题是编制记忆水平项目最常用的题型。学生一般只有能够准确回忆出所测量的知识内容时才能给出这类项目的正确答案。记忆水平的项目有时也可用选择题来设计。当采用选择题测量记忆水平的目标时,学生往往会从题中的备选答案中得到正确答案的提示。选择题在测量记忆水平目标时的这种暗示效应很难避免,因而一般不采用选择题测量记忆水平的目标。

[**例47**] 判断下列陈述的正误,若陈述正确在试题后的括号中填"T",错误的填"F"。

(1)金刚石、石墨都是由碳元素组成的单质,但它们的碳原子的排列方式不同。(　　)

(2)空气的成分中,氧气的体积分数约占78%。(　　)

[**解析**] 例47第(1)题考查学生对碳元素组成的单质认识是否正确;第(2)题考查考生辨认空气中氧气的体积含量是否正确。

提供的核心信息都是教材中的信息,没有做任何扩展或仅做了很小的扩展。因此,这些试题考查的认知技能都是"辨认"。如果试题提供的核心信息不是考生在教材中所学的内容,而是全新的内容,那么考查的认知技能就会发生变化。

2. 理解

"理解"是高端认知类型中最基础的一种,它是指学生能够根据教学信息建构意义。只要学生在已获得的知识与以前学过的知识之间建立起联系,就是理解。在此过程中,新学的知识整合到已有的知识图式和认知框架中。概念是知识图式和认知框架的最基本的单元,概念性知识是理解的基础。因此,理解涉及的知识多为概念性知识。"理解"的认知过程包括解释、举例说明、分类、概括总结、推理、比较和阐述等子类型。测量"理解"的试题情境必须是"新材料",以保证考生不能以记忆来答题。②

[**例48**] (陕西省中考题)将一定质量的浓盐酸盛于烧杯中,敞口放置在实验室安全之处。

(1)浓盐酸的质量和放置天数关系的曲线(见右图)正确的是_____(填写"甲"或"乙")。

(2)随着放置天数的增加,浓盐酸的质量发生变化的主要原因是_____。

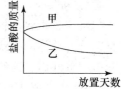

[**解析**] 本题题干主要以图形形式给出了信息,第(1)小题考查考生的"推测"认知过程,第(2)小题考查考生的"论证"认知过程,要求考生将原因填写在空缺处。

选择题、填空题和主观题,系统的条件或要素的变化可置于题干中,对于选择题,预测结果置于选项中;而对于填空题和主观题,要求考生提供预测结果。

---

① L. W. Anderson. A Taxonary for Learning Teaching and Assessing: A Revision of Bloom's Taxonomy of Educational Objectives[M]. Longman, New York, 2001.

② 雷新勇. 基于标准的考试命题技术(一)[J]. 考试研究, 2011(1).

[**例49**] 已知 Ag_2SO_4 的 K_w 为 $20×10^{-3}$，适量 Ag_2SO_4 固体溶于 100 mL 水中至刚好饱和，该过程中 Ag^+ 和浓度随时间变化关系如下图（饱和 Ag_2SO_4 溶液中 $c(Ag^+)=0.034$ mol/L）。若 t_1 时刻在上述体系中加入 100 mL 0.020 mol/L Na_2SO_4 溶液，该示意图中，能正确表示 t_1 时刻后 Ag^+ 浓度随时间变化关系的是（　　）。

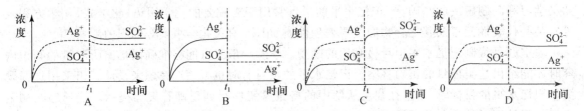

[**解析**] 本题题干给出的系统开始是一个 Ag_2SO_4 的饱和溶液，在 t_1 加入 100 mL 0.020 mol/L Na_2SO_4 溶液，要求考生预测体系中离子的浓度将会发生何种变化。

3. 应用

在布卢姆的认知目标分类中，"应用"认知过程包括两个子类型："执行"和"实施"。"执行"是指学生面对熟悉任务或试题时，常规性地执行某一操作方法，以完成这一任务。对任务或试题情景的熟悉程度一般可以提供足够的线索，指导学生使用适当的方法来完成任务或试题。与"执行"相反，"实施"是指学生必须选择和运用方法来完成不熟悉的任务。由于涉及选择方法，学生必须理解遇到的问题的类型以及知道并运用各种解决问题的方法。"实施"需要对问题和解决问题的方法有一定的理解，因此，"实施"通常与其他认知类型一道使用，如理解、创造等，理解方法性知识是"应用"方法性知识的前提。[①]

[**例50**] 某农田作物生长需要 3.5 kg 氮元素，则需使用尿素 $CO(NH_2)_2$ _____ kg。

[**解析**] 这是初中学业考试中的一道试题，应用的情境都在题干中，考生按照固定的算法可以获得确定的结果"执行"过程如下：

(1) 计算尿素 $CO(NH_2)_2$ 的相对分子质量；

(2) 计算尿素 $CO(NH_2)_2$ 中 N 元素的质量分数；

(3) 根据尿素 N 元素的百分含量和尿素的相对分子质量，以及农作物所需要的 N 元素量，即可获得正确结果。

4. 分析

"分析"是指将分析的材料或对象分解成不同的组成部分，并确定各个组成部分之间的关系以及部分与总体的关系。"分析"的目标包括确定分析对象或材料中的相关信息或重要信息，信息的组织方式以及这些信息的潜在目的。"分析"通常是"理解"的深化，也是"评价"或"创造"的前提，因此在完成认知任务过程中，常常与这些认知技能一起交互使用。"分析"包括三个子认知过程："区分"、"组织"、"归因"。

[**例51**] 由 C、H、O、Fe 四种元素组成的初中常见物质间有如图所示的关系，其中 A、B、C 是单质，甲、乙是化合物。图中"—"表示相连的物质两两之间可以发生反应，"→"表示由某一物质可制得另一物质。

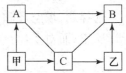

---

① L. W. Anderson. A Taxonary for Learning Teaching and Assessing：A Revision of Bloom's Taxonomy of Educational Objectives[M]. Longman，New York，2001.

（部分反应物、生成物及反应条件略去）。回答下列问题：

(1) 写出下列物质的化学式：A _____、C _____、甲 _____；

(2) 写出乙→B 反应的化学方程式 _____。

5. 评价

"评价"是指根据准则和标准进行判断。准则是指作出评价依据的原则，标准描述的是评价对象在每一条准则上的好坏程度。对事物作出评价一定需要有准则和标准。准则可以是考生自己确定，也可以是教师指定。在前一种情况下，试题一般隐含要求考生自己根据学科的理论、概念、原理或模型等确定评价准则。在后一种情况下教师一般将准则列于试题中，规定考生以指定的准则为依据对对象进行评价。"评价"包括"检查"和"评判"两种子类型。

[例 52] 一次趣味化学活动中，王老师向同学们展示了一瓶标签受损的无色溶液，如下图所示。要求同学们进行探究：确认这瓶溶液到底是什么溶液？

【提出猜想】 王老师提示：这瓶无色溶液只能是下列四种溶液中的一种：① 硫酸镁溶液、② 硫酸钠溶液、③ 硫酸溶液、④ 硫酸铵溶液。

【查阅资料】 (1) 常温下，相关物质的溶解度如下：

物质	$MgSO_4$	Na_2SO_4	$(NH_4)_2SO_4$	H_2SO_4
溶解度	35.1 g	19.5 g	75.4 g	与水任意比互溶

(2) $(NH_4)_2SO_4$ 的水溶液显酸性

【实验探究】 (1) 通过查阅资料，小明同学认为猜想 _____（填序号）不成立，原因是 _____。

(2) 为确定其他几种猜想是否正确，小明同学继续进行探究：

实验操作	实验现象	实验结论
① 取该溶液少许于试管中，向其中滴加几滴 _____ 溶液	溶液中有白色沉淀生成	猜想①成立
② 用玻璃棒蘸取少许原溶液滴在 pH 试纸上，并跟比色卡对照	溶液 pH 小于 7	猜想③成立

小雅同学认为小明实验操作②的结论不正确，她的理由是 _____。

(3) 请你设计实验方案，确认该溶液是硫酸铵溶液并完成实验报告：

实验操作	实验现象	实验结论
取该溶液少许于试管中，_____	_____	猜想④成立，该反应的化学方程式为 _____

6. 创造

"创造"是指将不同的要素整合到一起，形成一致的或有功能的整体，它要求学生通过思维，将某些要素，尤其是不同来源的要素，重新组织形成以前没有呈现过的模型或结构，从而产生一个新的结果。"创造"过程通常需要学生调动以往的知识和经验。但"创造"并非是完全不受学习任务或考试任务要求约束的、自由的创造表达。尽管"创造"作为一种认知类型强调原创性或独特性，但教育者需要注意"创造"作为教育目标并不完全在于原创性或独特性，而是要使学生能够将给定的不同信息综合成一个新的整体。这个认识对于当前基础教育改革强调培养学生的创新精神是非常有帮助的。考查考生的创新精神,并不一定要学生做真正的发明创造,只要能够将不同来源的要素整合成一个新的整体,就是创新或"创造"。

[例53] 化学实验室制取气体的方法之一是将浓硫酸滴入浓盐酸中。请从下图中挑选所需仪器,在方框内画出用该方法制备、收集干燥氯化氢气体的装置简图,并在图中标明所用试剂(仪器可重复使用,固定装置不必画出)。

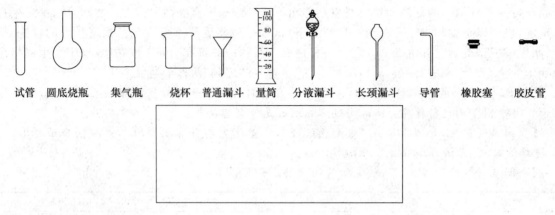

[解析] 本题问题描述和要求都在题干中给出,要求考生"设计"实验装置,这也是考查考生"设计"实验的认知技能。①

四、化学试题设计的规范

化学试题设计的规范建立在教育考试主管部门对化学考试内容规范的基础上,试题规范是对考试内容规范的具体化,考试规范通常由考试内容规范(表)和试题规范(表)来实现。

化学考试设计制定的考试大纲或考试说明是对考试的总体设计,还不能直接作为指导命题教师进行命题的依据,还必须根据考试大纲的总体框架,对每次考试进行具体设计,这个设计的产物就是考试内容规范(表)和试题规范(表)。考试机构应该在每次命题之前,设计好这两份文件,作为指导命题教师命题的依据。考试内容规范(表)和试题规范(表)在教育考试中的作用见图5-1。

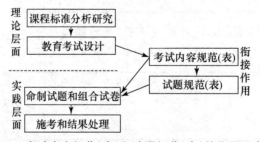

图5-1 考试内容规范(表)和试题规范(表)的作用示意图

(一) 考试内容规范(表)的内容和类型

化学考试内容规范(表)俗称内容细目表或多维细目表,一般包括以下四个方面的内容:① 考试的测量目标和行为目标。② 考试涉及的内容领域。③ 题型。④ 题量,包括每一测量目

---

① 雷新勇.基于标准的考试命题技术(二)[J].考试研究,2011(2).

标或内容领域的题量。

设计化学考试内容规范(表)的目的是为了指导命题教师编制出能够引导考生表现出期望的行为的试题。引导考生表现出考试期望的行为，是考试的直接目的，也是评价考试结果有效与否的关键。因此，考试的测量目标和行为目标是考试内容规范的必需内容，而这一内容恰恰最容易被国内许多招生和考试机构所忽略。

一般情况下，化学知识与技能、方法与能力的测量不能脱离学科内容，考试内容是考试结果解释和使用效度的内容方面的重要证据。在考试内容规范(表)中包括内容领域的最主要目的是保证考试所测内容领域具有代表性，即我们常说的考试内容覆盖面。考试机构希望通过样本，尽可能多地了解考生对概念、原理、过程、方法的知道和理解的情况，尽可能多地了解考生在各种情景中应用概念和原理解决问题的能力。内容规范(表)中包含内容领域，就比较容易获得有代表性的样本，避免某些内容领域的试题过多或过少的情况。

题型和题量是考试内容规范(表)中必须出现的内容，但两者不一定同时出现。在有些考试机构设计的内容规范中，题量以题数的形式出现，而在另一些考试机构设计的规范中，题量以分值的形式出现，或者以题数或分值的百分数形式出现。

(二) 考试内容规范表设计

化学考试的测量目标、内容领域及每个内容领域相应的行为目标是考试内容规范表的核心。制作考试内容规范表之前，应该对化学课程标准进行研究，了解每个内容领域的行为特征及其与考试的行为目标的关系。

制作考试内容规范表一般包括以下六个步骤：① 列出考试测量的行为目标。② 列出考试的内容领域以及每一内容领域的行为特征。③ 确定每一内容领域的行为特征与考试测量的行为目标的对应关系。④ 以考试测量的行为目标为一维，以考试的内容领域为另一维，制作考试内容规范表底表，将每一内容领域与行为目标相应的行为特征填入两个维度交叉的单元格中。⑤ 确定每个单元格的采样数(试题数)以及题型。⑥ 将每个单元格的行为特征去掉，保留试题数，如果有必要则加上题型要求或说明。

按照上述步骤，可以很方便地形成考试内容规范表。由上述步骤可以清楚地看出，课程标准每一内容领域的行为特征清楚、明确与否，对制作考试内容规范表十分重要。

考试内容规范表制作完成后，需要对其进行检查，以发现其是否存在问题。一般检查可以从八个方面进行(见表5-4)，对表中每一个问题做出肯定的回答，是保证考试具有高质量的前提条件。

表 5-4 化学考试内容规范检查列表

考试内容规范检查列表	检查结论	
	是	否
1. 规范表是否包含了考试设计中所有的测量目标和行为目标？	—	—
2. 规范表是否包含了考试设计中所有的内容领域？	—	—
3. 每一内容领域的行为特征是否都表示了出来？	—	—
4. 每一内容领域的行为特征与测量的行为目标是否一致？	—	—
5. 每一单元格内是否都确定了试题数目和题型？	—	—
6. 每一单元格内试题数目与课程标准中相应内容领域权重是否大体一致？	—	—
7. 试题数量的分布与考试要做的推论(考试的测量目标)是否一致？	—	—
8. 从总体上看，规范表的试题数量分布是否会对学校教学产生不利影响？	—	—

(三)试题规范表的主要内容

试题规范表将考试内容规范表中确定的行为目标和内容领域的命题要求具体化、规范化。它也代表了考试机构对命题教师的正式的、系统的要求。根据奥斯特林特(Osterlind,1998)的研究,在大规模教育考试中,需要由多个命题人员协作共同命制较多的试题时,试题规范表特别有用。它可以保证试题测量的行为目标的一致性,保证试题与设计要采样的内容领域相关,保证每个命题教师编写的试题与他人准备的试题既相容,又不重复。

资料卡片

试题规范表样例

学科:化学
测量目标:化学知识
行为目标:理解基本的化学概念和原理
内容领域:化学反应速率和化学平衡
题型:单项或多项选择题、简答题
材料选择:材料可以选择考生都比较熟悉的化学现象,也可选择学术性的材料,但不要过于复杂。
题干特点:试题可以用图表、文字等表示。
迷惑项要求:迷惑项应该是理解过程中可能发生的错误结果,不要与分析过程完全无关。
应答特点:应答可以是文字、图表等。

选择题样题:

在可逆反应 $2A+3B \rightleftharpoons xC+D$ 中,A、B、C、D均为气态物质。已知:起始浓度 A 为 $5\ mol \cdot L^{-1}$,B 为 $3\ mol \cdot L^{-1}$;C 的反应速率为 $0.5\ mol/(L \cdot min)$;反应开始至平衡需 $2\ min$,平衡时 D 的浓度为 $0.5\ mol/L$。下列关于该反应的说法中,正确的是( )。

A. A 和 B 的平衡浓度之比为 5:3　　B. $x=1$
C. B 的平衡浓度为 $1.5\ mol \cdot L^{-1}$　　D. A 的转化率为 20%

[解析] 达到平衡时
$c(C) = 0.5\ mol \cdot L^{-1} \cdot min^{-1} \times 2\ min = 1\ mol \cdot L^{-1}$
$c(D) = 0.5\ mol \cdot L^{-1}$　　因而:$x=2$

	2A	+	3B	$\rightleftharpoons$	xC	+	D
起始:	5		3		0		0
变化:	1		1.5		1		0.5
平衡:	4		1.5		1		0.5

[答案] CD

简答题样题:

把除去氧化膜的镁条投入盛有稀盐酸的试管中,发现产生 H_2 的速率可由右图所示。其中 $t_1 \sim t_2$ 速率变化的主要原因是_____;$t_2 \sim t_3$ 速率变化的主要原因是_____。

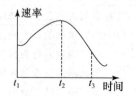

[解析] $t_1 \sim t_2$ 速率加快的原因是:该反应是放热反应,反应的进行会使溶液温度升高,温度越高,产生 H_2 的速率越快。$t_2 \sim t_3$ 速率变慢的原因是随着反应的进行,溶液中 H^+ 的浓度不断减少,反应速率逐渐减慢。

第四节　化学试题设计的案例分析

关 键 词

试题分析　命题意图　目标分析　信息呈现　认知水平　试题结构　命制技术

化学试题设计是一项科学而严肃的工作,它涉及试题的选材、信息呈现、目标达成、能力要素、题目长度、认知水平、试题结构、题型功能、内容效度、难度控制等多因素的命制技术,下面结合有关试题对化学试题设计要求作一些释析。

一、化学试题设计案例分析

（一）化学试题设计案例分析(Ⅰ)

2012 年江苏省理综卷第 16 题

利用石灰乳和硝酸工业的尾气（含 NO、NO_2）反应,既能净化尾气,又能获得应用广泛的 $Ca(NO_2)_2$,其部分工艺流程如下:

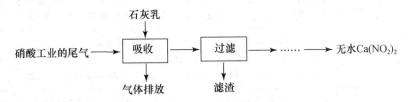

(1) 一定条件下,NO 与 NO_2 存在下列反应:$NO(g)+NO_2(g) \rightleftharpoons N_2O_3(g)$,其平衡常数表达式为 $K=$ _____。

(2) 上述工艺中采用气液逆流接触吸收（尾气从吸收塔底部进入,石灰乳从吸收塔顶部喷淋）,其目的是_____;滤渣可循环利用,滤渣的主要成分是_____（填化学式）。

(3) 该工艺需控制 NO 和 NO_2 物质的量之比接近 1∶1。若 $n(NO)∶n(NO_2)>1∶1$,则会导致_____;若 $n(NO)∶n(NO_2)<1∶1$,则会导致_____。

(4) 生产中溶液需保持弱碱性,在酸性溶液中 $Ca(NO_2)_2$ 会发生分解,产物之一是 NO,其反应的离子方程式_____。

[命题立意]

本题以生产实践中的真实问题为背景,通过对"硝酸工业尾气处理的工艺流程"中的问题解决,全面考查了元素化合物知识、生产工艺、化学反应原理（氧化还原反应、离子方程式）等主干知识,以及考生对相关知识的理解和应用能力与新信息的接收和处理能力,对引导中学化学教学关注化学的应用性和实践性有着积极的意义。[1] 突出了化学的实用性价值和可持续发展价值。

---

[1] 《基础教育课程》特约化学试题评阅组.2012 年高考化学试题"红黑榜"[J].基础教育课程,2012(9)：51-57.

[目标分析]

知识与技能	过程与方法	情感态度价值观
化学平衡表达式、化工生产工艺、重要化学反应、氧化还原反应原理等	化工生产中气流逆流接触吸收、反应物的工艺配比等	节能减排、绿色环保、"化学·技术·社会"的教育思想等

[信息呈现]

试题信息体现了对考生接受、吸收、整合化学信息能力的考查,通过对工艺流程图的观察以及试题中提供的各种信息的阅读,获取有关的感性知识和印象,并准确提取实质性内容,形成新知识的能力,这既是对考生化学学习能力的基本要求,也是考生进一步学习所必需的。从信息中隐含的知识内容层次上看主要有两种。

内容层次	信息给予形式	信息的解题作用
熟悉内容	显性信息	"石灰乳"、"硝酸工业尾气"、"过滤"、"滤渣"及"平衡常数表达式"等信息都在中学知识范围内,这些信息直接用于解答试题
	隐性信息	石灰乳是$Ca(OH)_2$的悬浊液,为保证尾气的充分吸收,石灰乳必须过量,而$Ca(OH)_2$微溶于水,故滤渣应为$Ca(OH)_2$
陌生内容	文字信息	第(4)问"产物之一是NO"则隐含了"另一产物中氮元素的化合价应高于+3价,应为NO_3^-"的信息,从而进一步支持了本题离子方程式的书写
	反应信息	第(1)问给出的反应方程式为第(3)问的解题提供了支持。"$n(NO):n(NO_2)<1:1$"隐含"NO_2过量,以及$NO_2+H_2O==2HNO_3+NO$、$2HNO_3+Ca(OH)_2==Ca(NO_3)_2+2H_2O$"等信息,从而对问题解答提供了思路
	流程信息	题干"工艺流程图"隐含了"$Ca(NO_2)_2$来自于滤液"的信息,说明$Ca(NO_2)_2$可溶于水,为第(4)问离子方程式书写提供了支持

[认知水平]

从认知水平看,本题存在记忆、理解、直接应用和间接应用4种水平,并与化学学科思想进行了自然融合。

题号		知识水平	说明	学科思想
(1)		直接应用	直接应用平衡常数表达式表示	定量观
(2)	第1空	间接应用	逆流有利于NO、NO_2被充分吸收,这可以从蒸馏、化工工艺流程中逆流作用去思考	系统观 守恒观
	第2空	记忆水平	从石灰乳的组成和$Ca(OH)_2$溶解性简单记忆即可作答	
(3)		间接应用	由$NO+NO_2 \rightleftharpoons N_2O_3$及流程图,可推出下列方程式:$N_2O_3+Ca(OH)_2==Ca(NO_2)_2+H_2O$,进一步导出$NO+NO_2+Ca(OH)_2==Ca(NO_2)_2+H_2O$,再结合$3NO_2+H_2O==2HNO_3+NO$、$2HNO_3+Ca(OH)_2==Ca(NO_3)_2+2H_2O$,可以确定:第1空当NO过量时,排放气体中NO含量升高;第2空当NO_2过量时,产品$Ca(NO_2)_2$中会含有较多的$Ca(NO_3)_2$	定量观 转化观
(4)		间接应用	应用氧化还原反应原理,通过化合价的升降确定NO_2^-歧化反应产物:$3NO_2^-+2H^+==NO_3^-+2NO\uparrow+H_2O$	守恒观

[试题结构]

在试题的结构上,条件信息、背景信息的给予充分合理,(1)(2)(4)不同问点之间在考查点方面相对独立,(3)问与(1)问中的信息紧密联系,考查考生接受、吸收、整合信息的能力,突出了对工艺流程图的观察能力、分析能力的考核。试题结构清新自然、逻辑关系清晰、行文简洁明快、题意明确无歧义,注重学科内综合、保证内容效度、设问难度适宜、体现能力立意。

(二) 化学试题设计案例分析(Ⅱ)

试题样本采自福建省2009年高考理综化学Ⅱ卷第23题,该卷化学主观试题采取"3+2"模式,即三题必考加二题选考。必考题涉及的内容领域为化学必修1、必修2和化学反应原理选修模块,考查目标是考生的学科素养与基本能力;选考题分别为有机和结构选修模块,主要考查考生的学科专业知识与技能。必考试题内容节选如下。

[例54] 短周期元素 Q,R,T,W 在元素周期表中的位置如下图所示,其中,T 所处的周期序数与主族序数相等。请回答下列问题:

	Q	R	
T		W	

元素的相对位置

(1) T 的原子结构示意图为_____。

(2) 元素的非金属性(原子的得电子能力):Q _____ W(填"强于"或"弱于")。

(3) W 的单质与其最高价氧化物的水化物浓溶液共热能发生反应,生成两种物质,其中一种是气体,反应的化学方程式为_____。

(4) 原子序数比 R 多1的元素的一种氢化物能分解为它的另一种氢化物,此分解反应的化学方程式是_____。

(5) R 有多种氧化物,其中甲的相对分子质量最小。在一定条件下,2 L 的甲气体与 0.5 L 的氧气相混合,若混合气体被足量的 NaOH 溶液完全吸收后没有气体残留,所生成 R 的含氧酸盐只有一种,则该含氧酸盐的化学式是_____。

(6) 在298 K 下,Q,T 的单质各1 mol 完全燃烧,分别放出热量 a kJ 和 b kJ。又知一定条件下,T 的单质能将 Q 从它的最高价氧化物中置换出来,若此置换反应生成 3 mol Q 的单质,则该反应在 298 K 下的 $\Delta H=$_____。(注:题中所涉单质均为最稳定单质。)

[答案] (1)   (2) 弱于 (3) $S+2H_2SO_4(浓) \xrightarrow{加热} 3SO_2+2H_2O$

(4) $2H_2O_2 \xrightarrow{MnO_2} 2H_2O+O_2$(或其他合理答案) (5) $NaNO_2$ (6) $(3a-4b)$ kg·mol^{-1}

[目标分析]

试题从总体目标看,是对基本知识、重点以元素化合物知识为基础的考查。测量目标主要在化学基本用语、基本概念和元素化合物知识三个方面,行为目标包含了认知性学习目标的知识、理解和应用几个水平层次,涉及的知识领域有:① 化学用语中的原子结构式、化学方程式和热化学方程式的书写;② 基本概念中的元素周期表、氧化还原反应和热力学的焓变、盖斯定律等的应用;元素化合物知识有对 Al、O、S、N 及其相关化合物的认识与理解。从认知心理上看,以陈述性知识和程序性知识为主,策略性知识仅有所体现。试题对元素化合物知识点的考查范围、频度颇大并有重复,但逐级也有适当的难度变化,贯穿于不同能力层级的考查。试题在结构、测量目标设置上并无太大的新意和难度,考生也不陌生。

题干情境的创设明显狭隘于"学科化"的专业知识体系。目标行为只含有知识性目标,不包含技能性和体验性目标的要求。从总体特点上符合新旧课程高考的承接和过渡性考试试题的要求。

[技术分析]

主观试题的功能主要是对比较复杂的行为目标加以测量。因此,在编撰上应满足以下一些基本要求:① 能用客观题测量的就尽量不用主观题;② 挑选的材料应该与学生学习经历过的材料有类似性;③ 设计的试题应该能够测量相关的行为目标并且与某一内容领域相关;④ 应该用清晰、明确的语言表述背景材料和问题;⑤ 对材料分析题而言,设计试题应该对材料进行分析和解释;⑥ 设计的试题数应该与背景材料的长度相匹配;⑦ 对试题的赋分应该合理;⑧ 对每个问题给予适当的完成时间等。本题从表观上看基本达到了主观试题的编撰要求,然而,从新课程目标和现代教育考试思想加以分析,则在准确达到目标和实现测量信度与效度要求以及试题结构的命制技术上,仍有以下一些值得探讨的问题。

(1) 测量目标的准确性

从课程目标看,化学必修1、2及反应原理模块的学习目标,是培养学生的学科素养和基本能力。如何理解化学的学科素养和基本能力?本题实现上述目标的测量设计,是将目标逐个落实在具体的元素及其化合物性质知识载体之中。这是在表观上最易体现出有别于其他学科的常见的化学试题设计形式。然而,这种传统命题思路也容易导致测量目标的偏移而使试题测量信度降低。

以小题(1)为例,其行为目标是书写原子结构简式。但从应答要求上看,却将元素判断置于测量其中,因此,准确应答该题就强烈地受到考生对元素周期表记忆的影响。如果考生对元素判断错误而在应答中写出"Mg+12 2 8 2",则肯定是不得分的,但由此而得出该考生没有书写原子结构简式的能力的考试结果解释,显然有悖事实。

又以小题(2)为例,从学科素养与能力要求看本题的测量目标,应是考查考生对元素周期递变规律的认识。然而,硬要把测量目标依附于具体元素载体中,选取的C与S两元素又既不同周期也不同主族,递变规律无从比较,则测量的行为要求就转变为单纯地对两元素性质的记忆与复述,测量目标则发生了质的转变。

再以小题(3)、(4)和(5)为例,试题看似分别考查考生的元素化合物知识,若此,则小题(3)、(4)完全同质而无必要重复设置。而抛开元素性质看考查目标的本质,小题(3)、(5)的核心知识点是氧化还原反应的产物价态变化,即氧化还原反应的本质。从这点意义上看,这两题测量目标又是等价的,区别仅在于小题(3)涉及的内容在教材中有,而小题(5)的则未出现过,即在知识的迁移能力体现上。因此,该三题测量的核心目标在试题编撰上显得含糊不清。若将(3)、(5)小题合为同一个问题系列进行如下修改,题意虽然相同,但试题测量目标清晰明确后,考生认知心理结构即能力的测量效度将完全不同。

(3) 已知W的单质与其最高价氧化物的水化物浓溶液共热时能发生氧化还原反应,并生成唯一的相关产物,则产物的化合价态最可能的是_____。

(5) 由此而推,若R也有多种氧化物,其中甲的相对分子质量最小。在一定条件下,2 L

的甲气体与 0.5 L 的氧气相混合，该混合气体被足量的 NaOH 溶液完全吸收后没有气体残留，则最有可能形成的含氧酸盐的化学式应该是_____。

由此可见，试题在测量目标的立意选择上，还表现出较浓厚的"学科化"特征和知识目标立意的传统考试思想，在知识目标的确认上将具体的元素及其化合物性质，仍作为基本知识测量的重点，导致"能力立意"的测量目标产生偏移。所谓"能力立意"下的学科核心知识关注点究竟在哪？如何认识新课程中元素化合物知识体系的教学要求明显淡化的编写意图？从学生学习发展规律上看，过程中的任何个体性记忆性知识，最终都可能忘却，但学科基本的概念、思想和方法，却会影响学生终生的行为。只有真正深刻地认识到这一点，命题工作才不至受困于所谓"元素化合物知识点内容太多，题量不够"的思路当中。

由此也可看出，考试目标如何随新课程教学目标的转变而相应调整，是高考命题研究亟待统一的思想认识。否则，就可能对学校教育和新课程教学改革产生混乱和不利的导向。

(2) 情境语言与设问技术

试题在情境语言设计上虽然言简意赅，但"学术化"的情境刺激完全来源于教材，并将情境本身承载起测量的功能而成为一个考点，即由元素周期表结构推断元素，从而使试题情境成为考生应答的门槛。从现代教育测量理论看，作为试题基本要素之一的情境，设置的目的是通过情境中已有知识的有效刺激，激发考生产生对新的问题情境的新认知和解决策略，达到经典测量理论的"真分数"要求，提高试题测量的效度。其作用是测量前的"激发"，而不应当承载测量的"区分"功能。但该问题在当前的许多考试命题中仍普遍地存在，主要的理由是认为增加考点能提高试题区分度，关键仍是对现代教育考试思想的理解问题。

从测量的逻辑创设看，该题的各问题间互无认知递进关系。这种设问结构，能最大限度地提高考生对各问题的应答选择概率(即得分概率)。然而，从命题技术上考虑，在未能建立大量参照常模的条件下，会增大编撰者对各小题难度的把握和控制，增大经验主义的命题色彩，也可能影响和降低试题测量的信度和区分度。

(3) 应答规则的合理性

应答规则是试题结构的重要组成，对复杂的行为目标的测量，合理的应答规则设计必须能细分出考生的不同的认知心理结构层级。本题在该方面存在许多不尽如人意之处。

以小题(5)为例分析，该题标准答案为"$NaNO_2$"，多写不得分。从测量的行为目标看，该小题主要是考查考生的知识整合和迁移能力，在认知结构上属于策略性知识。对"价态归中"的氧化还原反应，虽然新课程的教材中未提及，部分教师对考点是否超出考试说明要求的看法不同，但从认知上若能理解氧化还原反应的本质特征是化合价升降变化，部分考生是能有效分析得到这一新认知的。问题是，这类复杂的行为目标的测量，考生心理结构的认知反应一定是有层级区分的，比如考生应答中有效地多写了"$NaNO_2$, $NaNO_3$"，并不证明考生在该方面知识整合和迁移的能力完全缺失，而恰恰可能相反。

同样的，小题(6)在重点考查考生以盖斯定律为基础的热力学知识的综合理解和应用能力上，内容领域包含：热化学方程式的书写、焓变 ΔH 的物理意义(广度性质函数)、循环反应的合理设计(转化成反应式的加合处理)以及化学计算能力等多个方面。如此多层级的能力测量，应答要求的设计仅以客观性的计算结果表达式来体现，可能造成无法从不能正确应答的考生中，有效地区分出其究竟是在哪个认知层次上出现了问题：是元素判断错误？还是不能正确书写热化学方程式？或是不能正确理解并进行盖斯定律计算？甚至仅仅是计算结果出了问题？这大大地造成了测量效度上的偏差。由此可见,对相对开放性的测量,应答规则的设计应相应开放。对常模参照考试来说,应答规则的设计应以最大限度地区分心理认知结构(即能力)为目标。否则,会降低主观题的测量功能和区分效度并增大试题的表观测量难度,使测量结果的信度和解释使用的效度降低。当然,由此产生的评卷信度的控制问题,也需要在试题编撰中统筹加以考量。

二、化学实验操作试题设计分析

以实验为基础是化学学科的重要特征之一,化学实验对全面提高学生的科学素养有着极为重要的作用。化学实验有助于激发学生学习化学的兴趣,帮助学生理解和掌握化学知识和技能,启迪学生的科学思维,训练学生的科学方法,形成实事求是、严谨细致的科学态度,培养学生的创新精神和实践能力。

中学化学实验操作考核的目的是为了推进素质教育全面实施、基础教育教学评价制度及招生考试改革,促进学生实践能力提高和创新精神的培养,为高一级学校招生提供比较科学的、能够反映学生实验操作能力的观测指标,近年来,在我国部分省市的中考和高中学业水平考试中积极探索化学实验操作考核,取得了可喜成绩。

2008年4月12日陕西省教育厅印发的《陕西省普通高中学生学业水平考试实施意见(试行)》规定陕西省普通高中学业水平考试化学实验操作考核的范围为化学必修模块的内容,命题以新课程方案和普通高中化学课程标准的基本要求为依据,着重考查学生对常用仪器设备的使用能力、操作技能、实践能力和实验现象分析、实验数据处理能力。每学年组织1次考核,时间在高二年级上学期第17周至第18周内进行,考核时间为20 min。实验操作考核成绩在卷面上采用百分制,以分数形式呈现,记入学生的纸质和电子学籍档案的成绩分为合格与不合格,60分(含60分)以上为合格,60分以下为不合格。

实验操作考核工作由陕西省教育厅统一安排部署,陕西省教育厅教育技术装备管理中心负责实施,各市(区)教育行政部门具体负责本辖区考核的组织、实施工作。试题由陕西省教育技术装备管理中心统一命制6道化学实验操作试题,学生本人通过抽签的方式选定考核试题,监考教师需为学生现场打分。

陕西省普通高中学业水平考试化学实验考核试题如表5-5所示。

表5-5 陕西省普通高中学业水平考试化学实验考核试题

题号	实验考核试题	模块	主题
1	配制100 mL 0.5 mol/L的NaCl溶液	化学1	化学实验基础
2	Na_2CO_3和$NaHCO_3$的性质实验	化学1	常见无机物及其应用
3	探究影响化学反应速率的因素	化学2	化学反应与能量
4	糖类、蛋白质的性质实验	化学2	化学与可持续发展
5	探究氯化铵的性质	化学1	常见无机物及其应用
6	铝及其化合物的性质	化学1	常见无机物及其应用

陕西省普通高中学业水平考试化学实验考核试题的设计重点考查"化学1"模块的"常见无机物及其应用"主题内容,突出通过实验验证化学物质的性质,着重评价学生药品的取用、称量、液体的量取、加热、仪器的洗涤和放置等化学实验基本操作。

[例55] Na_2CO_3 和 $NaHCO_3$ 的性质实验

(1) 实验目的。比较 Na_2CO_3 和 $NaHCO_3$ 的性质,认识 $NaHCO_3$ 的热稳定性。

(2) 检查实验用品。① 清点实验用品:大试管、试管夹、酒精灯、带塞导管、水槽、烧杯、滴管、Na_2CO_3、$NaHCO_3$、澄清石灰水、稀盐酸;② 检查实验用品是否齐全、完备,举手向监考老师示意。

(3) 实验操作步骤。

① 观察:a. Na_2CO_3 的颜色、状态_____;b. $NaHCO_3$ 的颜色、状态_____。

② $NaHCO_3$ 的热稳定性

a. 组装仪器并检验气密性。

b. 向大试管中加入药品。

c. 加热 2~3 min,将生成的气体通入澄清的石灰水中,观察到的现象_____。

d. 上述实验说明,$NaHCO_3$ 受热_____(填"易分解"或"不易分解")。

③ 取等量的 Na_2CO_3 和 $NaHCO_3$,装入 2 支相同的试管中,分别加入 5 mL 稀盐酸,观察产生气体的快慢。由此可得,Na_2CO_3 和酸反应的速率_____ $NaHCO_3$(填"大于"、"小于"、"等于")。

(4) 实验过程反思。实验过程中的成功之处和存在的问题。

(5) 整理实验用品。将实验用品摆放整齐。

[分析] 试题要求学生依据实验事实比较 Na_2CO_3 和 $NaHCO_3$ 的性质,认识 $NaHCO_3$ 的热稳定性,在实验的过程中对学生的实验观察能力、组装仪器、检查实验装置气密性、取用固体药品、加热等实验操作技能,依据实验现象得出结论、实验过程反思和实验习惯等方面进行考查。试题的评分细则如表 5-6 所示。

表 5-6 试题评分细则

考核项目		操作标准	满分	得分
检查实验用品 (10分)		检查实验用品,举手向老师示意,经老师同意后开始实验	10	
实验操作步骤 (70分)	(1)	① 白色固体	3	
		② 白色固体	3	
	(2)	① 组装仪器时,能够按照从下到上、从左到右、从内到外的顺序组装(5分)。通过微热大试管,观察放入液体中的导管口是否冒气泡,从而检验气密性(其他合理方法均可)(10分)	15	
		② 倾斜试管,用小纸槽把固体药品送入试管底部(或采用其他合理方法均可)	9	
		③ 酒精灯使用方法正确(5分),移动酒精灯,用外焰均匀预热试管,然后在药品部位固定加热(5分),填写"澄清石灰水变浑浊"(5分)	15	
		④ 易分解	5	
	(3)	倾斜试管,用小纸槽把固体药品送入试管底部(或采用其他合理方法均可)(5分);滴加液体时,正确使用滴管(5分);填写"小于"(10分)	20	
实验过程反思 (10分)		有对实验过程中成功之处和存在问题的反思	10	
整理实验用品 (10分)		将实验用品摆放整齐,桌面整洁	10	
合计			100	

陕西省普通高中学业水平考试化学实验操作考核着重从"实验操作"和"实验常识"等方面进行命题,侧重考查学生的基本操作,并注意考查学生运用知识、理解原理的能力及实验中的科学态度和方法。从考核的形式和考核内容来看,陕西省普通高中学业水平考试化学实验操作考核沿用了以前高中毕业会考的形式,这样的实验操作考核有着不容忽视的缺憾。如考核指向性过于明确,应试痕迹明显;评定刚性约束偏多,缺乏自由度;过程性考查重视不够,操作流于形式等。

三、提高化学命题质量的途径

通过以上分析,可以看到在化学考试命题过程中值得认真研究与探讨的问题:一是新课程教学目标确立的学科核心思想和核心知识,在"双基"内容的要求上已经与传统化学教学有区别,考试评价由知识性目标向能力性目标转化,在试题命制技术上如何加以转变并统一思想已成为考试研究亟待解决的重要课题。二是试题情境对试题测量效度的影响,情境知识是否应承载考查和测量的功能,很有明确和统一认识的必要。三是主观题各问题测量目标之间,建立适当的认知结构上的逻辑关系,对提高试题测量的区分度,减少命题者在试题难度控制上的经验主义色彩是有帮助的。四是主观试题的客观化评价设计的倾向,如何在试题测量的效度和评卷结果的信度之间建立有效地协调,应成为试题命制技术需要认真研究的问题。五是开放性问题的评价控制应当一并成为命题工作的使命之一,才能更有效地提高考试的信度和效度。

单元总结

1. 化学教育中的试题设计是指,在一定的教育理念的指导下,立足测试的目的和要求,命题者综合运用已有的经验和现有的测试条件、设备等因素,统筹规划整套试卷或局部的测试单元,最大限度地发挥不同类型的题型的功能,进而实现测试的整体效果,以便于达到测试的预期目标。在编制试题过程中必须遵循目的性、有效性、基础性、协调性、典型性、灵活性和科学性原则。

2. 按照评分的方式,可以将题型分为客观题和主观题两类。根据考生解题时思维方式的特点,化学题型又可以分为再认型、推演型、开发型、重组型、结构反应型、探究型六类。

3. 化学试题特征是指试题在试题容量、题型结构、信息呈现、新信息融合、STSE链接、核心主题、知识要点、要求层次、学科思想等多方面的综合特征。

4. 化学试题的设计技术,既包括不同题型的设计技术,也要考虑不同学习水平试题的设计技术。化学试题的选材有从教材内容中挖掘,从学生实验中发现,从教学实践中提炼,从生产生活中收集等多种策略。化学试题难度的控制在提高命题教师的素质的同时,要正确把握命题标准和要求,并改进难度估计的方法。

5. 化学试题设计的规范建立在教育考试主管部门对考试内容规范的基础上,试题规范是对考试内容规范的具体化,考试规范通常由考试内容规范(表)和试题规范(表)来实现。

学习评价

1. 化学试题设计需要遵循哪些原则?化学试题选材的依据是什么?
2. 在编制试题时怎样把握试题的难度?如何做到化学试题设计的规范?
3. 关于化学试题的设计与编制,结合你自己的实际,谈谈你的见解和建议。

第六章　化学试卷设计与编制

> **学习目标**
>
> 1. 认识中考、高考化学试卷的结构与特点。
> 2. 分析化学考试标准建构的依据。
> 3. 了解中考、高考化学试卷设计的基本流程。
> 4. 初步学会化学试卷设计的基本技术。
> 5. 熟悉化学试卷评分标准的制定方法。

第一节　化学试卷的基本特征

> **关键词**
>
> 化学试卷　设计模式　试卷结构　特点

面对全面实施基础教育课程改革的新形势,根据教育部有关毕业、升学考试改革的指导意见的精神,化学考试命题应重视对考试功能的研究,力求做到有利于贯彻国家的教育方针,推进素质教育的深入进行;有利于面向全体学生,体现基础教育的性质;有利于中小学课程教学改革,减轻学业负担,促进学生生动、活泼、主动学习,培养学生的创新精神和实践能力;化学命题应注意试题内容的基础性、科学性和灵活性,符合学科特点,切合学生实际。在不增加知识难度的同时,从知识综合运用的角度,考查学生运用基本概念和原理分析、解决简单实际问题的能力,增加了与实验有关内容的考查,减少了繁杂的计算,与其他学科相互渗透,增加试题的开放性,给学生发挥创造精神提供了广阔的空间。

一、化学试卷的基本结构

1. 试卷设计的模式

我国基础教育水平参差不齐,学制及教材又不尽相同,全国各地的中考、高考化学试卷形式必然会呈现多样化的特点。因此必须研究符合我国国情的试卷基本结构模式。

毕业、升学考试,其实是两种不同功能的考试。前者是水平考试(属于标准参照测验),旨在着重考查学生的学习水平是否符合教学大纲的基本要求,是否达到毕业的合格标准;而后者是选拔性考试(属于常模参照测验),旨在为高一级学校选拔合格新生提供检验标准。从试卷结构看,无论两考合一或两考分离,总体应使试卷的难度水平合适。标准差和区分度是从不同角度反映试卷的区分能力,是评价选拔性考试的重要指标,必须依据有关统计数据进行分析评价。建议使用的中高考化学试卷模式各有 4 种,具体见表 6-1、表 6-2。①

表 6-1　中考化学试卷的结构

结构模式			升学总分	特点
① 化学卷	单一升学	Ⅰ卷 40 分 Ⅱ卷 60 分	100 分	将"两考分离",更好地实现各自的考试功能,选择题:非选择题=1:1.5,侧重于选拔考试,体现升学考试的功能
	两考合一	Ⅰ卷 50 分 Ⅱ卷 50 分	100 分	将"两考合一",能减轻学生负担,选择题:非选择题=1:1,兼顾水平考试的性质,体现毕业考试与升学考试功能的整合
② 自然科学卷(化学占 60 分左右)	单一升学	Ⅰ卷 60 分 Ⅱ卷 90 分	150 分	将"两考分离",更好地实现各自的考试功能,选择题:非选择题=1:1.5,侧重于选拔考试,体现升学考试的功能。将理化生合卷,学科间可以相互渗透,有利于全面实施素质教育,考虑初中生知识和能力水平,较明显的学科知识交叉、渗透宜控制在 5%~10% 之间
	两考合一	Ⅰ卷 75 分 Ⅱ卷 75 分	150 分	将"两考合一",能减轻学生负担,选择题:非选择题=1:1,兼顾水平考试的性质,体现毕业考试与升学考试功能的整合。将理化生合卷,学科间可以相互渗透,有利于全面实施素质教育,考虑初中生知识和能力水平,较明显的学科知识交叉、渗透宜控制在 5%~10% 之间

注:① Ⅰ卷为选择题,Ⅱ卷为非选择题。② 理、化、生三科的内容比例与初中阶段课程计划规定的每个学科的总课时数比例大致相当。

表 6-2　高考化学试卷的结构

结构模式		高考总分	结构特点	举例	备注
化学单科卷	Ⅰ卷 48 分(选择题) Ⅱ卷 72 分(非选择题)	120 分(全部计入高考总分)	选择题:非选择题=1:1.5,选择题分单选题和多选题,第Ⅱ卷设置填空、实验、推断、计算题	江苏卷	四大题选做"物质结构""实验化学"
	Ⅰ卷 66 分 Ⅱ卷 84 分(非选择题)	150 分(全部计入高考总分)	选择题:非选择题=11:14。选择题分单选题和多选题,第Ⅱ卷有填空、推断、实验、有机、计算题	上海卷	23、26 题为分叉题
	Ⅰ卷 63 分 Ⅱ卷 87 分(非选择题)	150 分(全部计入高考总分)	选择题:非选择题=1:1.38,选择题分单选题和多选题,第Ⅱ卷设置填空、实验、有机、计算题	广东卷	六大题选做"有机化学""物质结构"
理科综合卷	Ⅰ卷 48 分(选择题) Ⅱ卷 60 分(非选择题)	300 分(全部计入总分)理、化、生分别为 120、108、72 分。(山东卷总分为 240 分,其中化学 78 分)	第Ⅰ卷全部为单项选择题,Ⅱ卷包括 4 道大题。分别为填空、推断、实验、有机,试题都是学科内综合题,无学科间综合题	全国卷Ⅰ 全国卷Ⅱ 北京卷 天津卷 重庆卷 山东卷	山东卷、宁夏卷设选做"化学与技术""物质结构""有机化学"

注:① 化学在理科综合试卷中所占总分比值,大致与高中课程计划规定的化学学科的总课时数比例相等。② 表中均采用分列式(Ⅰ卷、Ⅱ卷)模式,升学考试成绩既可采用两卷加和,也可将两卷成绩处理(依不同权重)后相加。

---

① 廖平胜,王后雄.初中升学考试标准及实施大纲(化学)[M].北京:教育科学出版社,2003:148-153.

2. 试卷的结构分析

中考、高考试卷要对考试时间、题量、题型分布、数量特征、难度等要素进行控制。表 6-3、表 6-4 分别为中考、高考化学试卷的结构分析表。

表 6-3　中考化学试卷的结构分析表

试卷种类	整卷		题型分布（分值）					内容特征（分值）				难度分布（分值）		
	满分	时间（分钟）	选择	填空	简答	实验	计算	机械记忆	联系实际	实验内容	开放探究	容易题	中等题	难题
化学类	100	80	40	15	17	15	13	5	20	18	10	50	40	10
自然科学类·化学	60	/	20	15	5	11	9	2	13	10	7	35	15	10

表 6-4　各省市高考化学试卷的结构分析表

试卷类型	全卷		题型分布						能力目标（分值）			难度分布（比值）		
	满分	时间	单选	多选	填空	推断	实验	计算	了解	理解和掌握	应用	容易题	中等题	难题
江苏卷	120分	100分钟	8题 24分	6题 24分	2题 22分	1题 8分	2题 20分	1题 10分	16分	60分	24分	25%	60%	15%
上海卷	150分	120分钟	17题 46分	5题 20分	3题 24分	2题 20分	2题 24分	2题 16分	17分	91分	42分	20%	50%	30%
广东卷	150分	120分钟	9题 27分	9题 36分	3题 32分	1题 9分	3题 34分	1题 12分	26分	96分	28分	27%	50%	23%
全国卷Ⅰ 全国卷Ⅱ 重庆卷 北京卷	108分		8题 48分		1题 16分	1题 15分	1题 13分	1题 16分	18分	75分	15分	30%	40%	30%
山东卷	78分		7题 28分		2题 26分		1题 16分	选做1题 8分	15分	39分	24分	30%	50%	20%

二、化学试卷的基本特点[①]

对认知考查而言，化学新课程强调的重点与以往相比有许多变化，如通过具有实际背景的、综合性和开放性问题的书面考查，既了解学生掌握有关知识、技能和方法的程度，又突出了对学生解决实际问题能力的有效考核等。

综合分析新课程以来各地中考、高考试卷不难看出，中考、高考化学试卷具有如下共同特点。

（一）内容效度较高

化学是一门基础自然科学，从学科自身的内容特征和新的《化学课程标准》出发，化学试卷的构建要真正做到以学生的发展为本，突出素质教育的要求，推进《化学课程标准》实施和教学改革。自然科学是综合理科，不同于单科考试，也不同于分科教学后的合卷考，应当突出课程综合

[①] 廖平胜, 王后雄. 初中升学考试标准及实施大纲（化学）[M]. 北京：教育科学出版社, 2003：148-153.

的特性,真正将之作为一门课程看待。不论是化学还是自然科学中的化学,为提高其内容效度应从以下两个方面努力：

一是在试卷中有大量的基础性试题,其分值比较高,基本达到50%左右,甚至更高,这部分试题基本与教材结合紧密。甚至有的试题就是课本和作业本中的练习题,有的只是略加改动。这部分试题总体难度不大。这些试题所涉及的内容能较均匀地覆盖化学课程标准内容,较好地反映了课程的各方面内容,提高了试卷的内容效度。

1. 以考查化学基本概念和基本理论为主的试题

化学基本概念、原子结构知识、元素周期表应用、平衡移动原理、电离平衡、电解原理等主干知识反映了化学学科知识的基本结构,是化学学科的核心内容,是高考试题选材的重点。

[例1] （江苏省高考题)用 N_A 表示阿伏加德罗常数的值。下列叙述正确的是(　　)。

A. 常温常压下的33.6 L氯气与27 g铝充分反应,转移电子数为 $3N_A$

B. 标准状况下,22.4 L己烷分子中共价键数目为 $19N_A$

C. 由 CO_2 和 O_2 组成的混合物中共有 N_A 个分子,其中的氧原子数为 $2N_A$

D. 1 L浓度为 $1\,mol \cdot L^{-1}$ 的 Na_2CO_3 溶液中含有 N_A 个 CO_3^{2-}

[解析] 这是一道高考传统题,考查阿伏伽德罗常数的概念和计算。以阿伏伽德罗常数为命题对象,常用的设问方式有：微粒性质、微粒间关系、物质的存在条件以及相关计算等。题中A、B项考查气体摩尔体积的概念及使用条件,C项考查微粒间的关系,D项考查盐类的水解。答案为C。

化学计算题的一个鲜明特点就是重视基础知识和基本方法。其涵盖知识面广,涉及基本方法较多,较好地突显对学生思维能力和素质的考查。

[例2] （全国高考题Ⅱ)某元素的一种同位素X的原子质量数为A,含N个中子,它与 ^1H 原子组成的 H_mX 分子,在 $a\,g\,H_mX$ 分子中含质子的物质的量是(　　)。

A. $\dfrac{a}{A+m}(A-N+m)$ mol   B. $\dfrac{a}{A}(A-N)$ mol

C. $\dfrac{a}{A+m}(A-N)$ mol   D. $\dfrac{a}{A}(A-N+m)$ mol

[解析] 本题考查微粒个数与物质的量的基本计算。答案为A。

2. 重视对元素化合物知识的考查

元素及其化合物的知识不仅是中学化学教学的重要内容,而且是化学基本概念、基本理论的载体,同时这些知识能较好地考查学生的思维能力。

[例3] （上海市高考题)右图的装置中,干燥烧瓶内盛有某种气体。烧杯和滴管内盛放某种溶液。挤压滴管的胶头,下列与实验事实不相符的是(　　)。

A. CO_2 ($NaHCO_3$ 溶液)/无色喷泉　B. NH_3 (H_2O 含酚酞)/红色喷泉

C. H_2S ($CuSO_4$ 溶液)/黑色喷泉　D. HCl ($AgNO_3$ 溶液)/白色喷泉

[解析] 这是一道与元素化合物有关的选择题,指向明确,难度不大,解题关键在于识记的精准性。A项中因 CO_2 不与 $NaHCO_3$ 溶液反应且在水中溶解度较小以致无法形成喷泉。B、C、D三项中因分别生成 $NH_3 \cdot H_2O$ (电离

出 OH^- 使酚酞变色)、CuS(黑色)、AgCl(白色)符合实验事实。答案为 A。

3. 注重对化学用语的考查

元素符号、化学式、化学方程式等化学用语是学习化学的工具,它们的含义及规范书写是化学学科素养的重要组成部分,也是高考重点考查的内容之一。

[例4] (北京市高考题)对 H_2O 的电离平衡不产生影响的粒子是(　　)。

A. H∶Cl∶   B. $_{26}M^{3+}$ C. (+17) 2 8 8   D. 乙酸结构式 $H-C(-H)(-H)-C(=O)-O^-$

[解析] 先弄清符号所表示的粒子含义,A、B、C、D 对应的粒子分别为 HCl、Fe^{3+}、Cl^-、CH_3COO^-,其中 HCl(电离出 H^+)会抑制 H_2O 的电离,Fe^{3+}、CH_3COO^- 因水解会促进 H_2O 的电离。答案为 C。

二是综合试题占有较高的比例。许多试卷中,有大量基于生产和生活实际的综合性试题,这些试题既强调了理论联系实际的价值取向,又反映了本课程的特点——多角度分析和解决实际问题。

这部分试题对化学或自然科学教学有良好的导向作用,促使学生重视对基础知识和技能的学习和将自然作为一个整体来看待的思维方式的培养,也使题海战术在一定程度上失灵了。

[例5] 可燃"冰"是一种沉睡在海底和高寒冻土地带的独特新能源,已引起了科学家们的高度重视。经科学测定,可燃"冰"的组成是 $8CH_4 \cdot 46H_2O$。$8CH_4 \cdot 46H_2O$ 中 C 的化合价应是(　　)

A. -4 价   B. $+3$ 价   C. $+1$ 价   D. -1 价

[解析] 将可燃"冰"看成由 CH_4 和 H_2O 构成的。根据氢元素通常化合价为 $+1$ 价和化合价规则,不难推测 CH_4 中 C 的化合价为 -4 价。

[答案] A。本题要求学生用最基本的课本知识解决未知、陌生可燃"冰"的化合价的问题。测试结果显示,本题有较高的区分度和内容效度。

(二) 重视对实验能力的考查

化学是实验科学和探究性的科学,前人在探究自然的过程中还形成了大量的关于如何进行有效探索自然的科学方法,称为过程方法性的知识,即通过对一个现实问题研究,认识问题核心是什么,接着提出假说、设计和实行研究计划、记录结果、解释和推出结论及评价,这样我们就可能解决一个问题并获得新的认识。

近年的中考、高考化学实验试题立意新颖,但陌生度不高,源于教材实验和经典高考试题的再创题较多;加强了各种能力的考查;试题的情景和信息源于学生的学习和生活背景,具体体现了实验探究和创新,化学实验重点问题常考常新的趋势。

1. 注重对教材典型实验的拓展和评价,体现实验创新和绿色化学思想

[例6] (四川省高考题)某课外小组利用 H_2 还原黄色的 WO_3 粉末测定 W 的相对原子质量,下图是测定装置的示意图,A 中的试剂是盐酸。

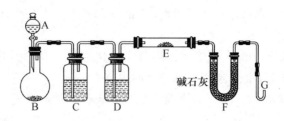

请回答下列问题。

(1) 仪器中装入的试剂：B_____，C_____，D_____；

(2) 连接好装置后应首先_____，其方法是_____；

(3) "加热反应管 E"和"从 A 瓶逐滴滴加液体"这两步操作应该先进行的是_____。在这两步之间还应进行的操作是_____；

(4) 反应过程中 G 管逸出的气体是_____，其处理方法是_____；

(5) 从实验中测得了下列数据：

① 空 E 管的质量 a；② E 管和 WO_3 的总质量 b；③ 反应后 E 管和 W 粉的总质量 c（冷却到室温称量）；④ 反应前 F 管及内盛物的总质量 d；⑤ 反应后 F 管及内盛物的总质量 e。

由以上数据可以列出计算 W 的相对原子质量的两个不同计算式（除 W 外，其他涉及的元素的相对原子质量均为已知）：

计算式1：$Ar(W) = $ _____；计算式2：$Ar(W) = $ _____。

[解析] 本题主要考查实验基本操作和实验数据处理等知识。实验目的是用 H_2 还原 WO_3 粉末，故整个装置中须先充满氢气，才可加热，故应先从 A 中滴加液体；反应中 G 管口逸出氢气，其可以点燃处理；数据处理时，可以根据氧化物减少的质量为氧元素的质量求解，计算式为：$48(c-a)/(b-c)$，也可以根据生成水的质量求解，计算式为：$54(c-a)/(e-d)$。

[答案] (1) 锌粒；水；浓硫酸 (2) 检查气密性；将 G 弯管浸没在盛有水的烧杯中，温热烧瓶 B，观察 G 管口，若有气泡逸出，说明装置的气密性良好 (3) 先从 A 瓶逐滴滴加液体；检验 H_2 的纯度 (4) 氢气；在 G 管出口处点燃 (5) $\dfrac{48(c-a)}{b-c}$ $\dfrac{54(c-a)}{e-d}$

2. 源于研究性学习，强调对新信息的处理及实验设计能力的考查

[例7]（广东省高考题）某探究小组用 HNO_3 与大理石反应过程中质量减小的方法，研究影响反应速率的因素。所用 HNO_3 浓度为 $1.00\ mol \cdot L^{-1}$、$2.00\ mol \cdot L^{-1}$，大理石有细颗粒与粗颗粒两种规格，实验温度为 298 K、308 K，每次实验 HNO_3 的用量为 25.0 mL、大理石用量为 10.00 g。

(1) 请完成以下实验设计表，并在实验目的一栏中填出对应的实验编号：

实验编号	T/K	大理石规格	HNO_3 浓度/$mol \cdot L^{-1}$	实验目的
①	298	粗颗粒	2.00	（Ⅰ）实验①和②探究 HNO_3 浓度对该反应速率的影响；
②				（Ⅱ）实验①和_____探究温度对该反应速率的影响；
③				（Ⅲ）实验①和_____探究大理石规格（粗、细）对该反应速率的影响；
④				

(2) 实验①中 CO_2 质量随时间变化的关系见右图：

依据反应方程式 $\frac{1}{2}CaCO_3 + HNO_3 \rightleftharpoons \frac{1}{2}Ca(NO_3)_2 + \frac{1}{2}CO_2\uparrow + \frac{1}{2}H_2O$，计算实验①在70~90 s范围内$HNO_3$的平均反应速率（忽略溶液体积变化，写出计算过程）。

(3) 请在上图中，画出实验②、③和④中CO_2质量随时间变化关系的预期结果示意图。

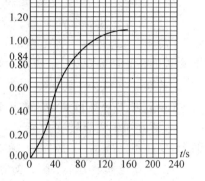

[解析] 本题考查实验设计能力及对实验数据的分析处理能力。HNO_3浓度降低一半，产生等量的CO_2需要的时间近似增加一倍，温度升高10K，反应速率近似增加2~4倍，产生等量的CO_2所需的时间也近似减小。大理石细颗粒也加快反应速率。

[答案] (1)

实验编号	T/K	大理石规格	HNO_3浓度/mol·L^{-1}	实验目的
①	298	粗颗粒	2.00	
②	298	粗颗粒	1.00	(Ⅱ)① ___ ③
③	308	粗颗粒	2.00	(Ⅲ)① ___ ④
④	298	粗颗粒	2.00	

(2) 1.0×10^{-2} mol·L^{-1}·S^{-1} (3) 如下图所示

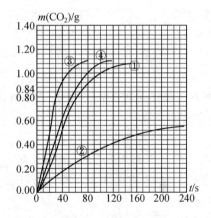

（三）突出与生活、生产、科技、环境和社会的联系

中考、高考试题进一步体现了"考试还应力图反映出考生能够初步运用化学视角，去观察生活、生产和社会中的各类有关化学问题"的宗旨。食品安全、化学常识（化学史、生活中的化学）、环保与发展问题（"禁塑令"、人工合成）、重大事件（火炬传递、雪灾）在试题中都有体现。

[例8] （武汉市中考题）我国推广使用车用乙醇汽油的工作已全面启动。车用乙醇汽油是在汽油中加入适量的乙醇形成的混合燃料。使用这种汽油不但不影响汽车的行驶性能，而且可减少有害气体的排放，是一种改善环境的清洁能源。同时，燃料乙醇主要是以粮食作为原料，这对解决我国粮食过剩，促进农业生产良性循环也具有十分重要的意义。根据上述报道回答：

(1) 乙醇能代替汽油作为燃料，是因为乙醇中含有_____元素和_____元素。

(2) 燃烧乙醇比燃烧汽油减少了对大气的污染,是因为乙醇中不含有_____元素。

(3) 乙醇是由粮食中的淀粉转化而成的,淀粉是绿色植物通过光合作用由_____和_____两种物质转化而成的。

[解析] 这是一道将化学应用到生产和生活实际的综合性试题。要求学生掌握好基础的元素及其化合物的知识、化学物质燃烧对大气污染等问题,以及能源问题和生物学知识。

[答案] (1) 碳;氢 (2) 硫 (3) CO_2;H_2O

(四) 注重对思维能力、学习能力的考查

命题由知识立意转变为能力立意,注重能力和科学素质的考查已是现实的问题。因此在命题中,要注重考查的"一般能力"和运用科学知识解决问题的"学科能力"。

1. 注重逻辑推理,考查全面分析问题的能力

试题中通过设置元素推断、无机推断、有机推断或计算型推断题,较好地考查学生的推理能力。解决此类问题,要求考生在已有化学知识的基础上,通过对信息的提取与加工,充分运用发散思维与收敛思维,并注意思维的逻辑性、深刻性与灵活性,从而得出结论。

[例9] (全国高考题) V、W、X、Y、Z 是由周期表中 1~20 号部分元素组成的 5 种化合物,其中 V、W、X、Z 均为两元素组成。上述 5 种化合物涉及的所有元素的原子序数之和等于 35。它们之间的反应关系如下图:

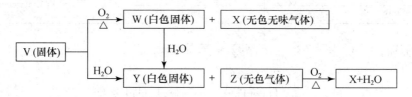

(1) 5 种化合物分别是 V_____、W_____、X_____、Y_____、Z_____;(填化学式)

(2) 由上述 5 种化合物中的某 2 种化合物反应可生成一种新化合物,它包含了 5 种化合物中的所有元素,生成该化合物的化学方程式是_____;

(3) V 的电子式是_____。

[解析] 本题所给信息比较隐蔽,"题眼"很难找,但如果抓住"1~20 号部分元素"(而不是短周期),结合白色固体,猜测是钙元素的有关转化,再结合 $FeS_2+O_2 \longrightarrow Fe_2O_3+SO_2$ 迁移 $CaC_2+O_2 \longrightarrow CaO+CO_2$,则问题得解。

[答案] (1) CaC_2 CaO CO_2 $Ca(OH)_2$ C_2H_2

(2) $Ca(OH)_2+2CO_2 \Longrightarrow Ca(HCO_3)_2$ (3) $Ca^{2+}[{}_\times^\times\!C\!{}_\times^\times\!\vdots\!{}_\times^\times\!C\!{}_\times^\times]^{2-}$

2. 加强对自学能力的考查

自学是人们获取知识的重要途径之一。学生获取给出的信息,将题给信息与已有知识结合,对给出的信息进行分析判断,进而解决新问题。在这个过程中思维能力居核心地位,所以,化学试题对自学能力的考查,事实上也是对思维能力更加深入的考查。

[例10] (重庆市高考题) 天然气化工是重庆市的支柱产业之一。以天然气为原料经下列反应路线可得工程塑料 PBT。

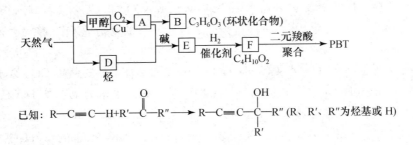

(1) B 分子结构中只有一种氢、一种氧、一种碳,则 B 的结构简式是_____；
B 的同分异构体中与葡萄糖具有类似结构的是_____(写结构简式)。

(2) F 的结构简式是_____；PBT 属_____类有机高分子化合物。

(3) 由 A、D 生成 E 的反应方程式为_____,其反应类型为_____。

(4) E 的同分异构体 G 不能发生银镜反应,能使溴水褪色、能水解且产物的碳原子数不等,则 C 在 NaOH 溶液中发生水解反应的化学方程式是_____。

[解析] 本题考查考生的自学能力,解题时应注意碳原子个数的守恒关系以及题中信息的应用。根据 B 物质的化学式 $C_3H_6O_3$,环状结构,一种碳、一种氢、一种氧,所以分子为对称结构,即为环丙三醚。B 的同分异构体与葡萄糖具有类似结构的是羟基醛的结构,即 $CH_2OH—CHOH—CHO$。F 含有 4 个碳原子,A 和 D 生成 E 再结合题给信息,天然气高温分解得到乙炔(D),A 是甲醛,所以该反应可以简单认为是 1 mol 乙炔和 2 mol 甲醛发生反应。F 为饱和二元醇 $HOCH_2—CH_2—CH_2—CH_2OH$,与二元羧酸可以发生缩聚反应生成高分子化合物。

[答案] (1) 环丙三醚结构 ; $HO—CH_2—CH(OH)—CHO$

(2) $HO—CH_2—CH_2—CH_2—CH_2—OH$；酯(或聚酯)

(3) $HC\equiv CH+2HCHO \xrightarrow{\text{碱}} HOCH_2C\equiv CCH_2OH$；加成反应

(4) $CH_2=CH—COOCH_3+NaOH \longrightarrow CH_2=CH—COONa+CH_3OH$

(五) 以学科内知识为主,兼顾学科间综合

化学学科能力测试试题以学科内知识综合为主,学科间综合所占比例较小。综合试题能够全方位调动考生的知识储备,全面展示考生的思维品质和综合文化素质。

[例 11] (山东省高考题)北京奥运会"祥云"火炬燃料是丙烷(C_3H_8),亚特兰大奥运会火炬燃料是丙烯(C_3H_6)。

(1) 丙烷脱氢可得丙烯。

已知：$C_3H_8(g) \longrightarrow CH_4(g)+HC\equiv CH(g)+H_2(g)$；$\Delta H_1 = 156.6 \text{ kJ·mol}^{-1}$

$CH_3CH=CH_2(g) \longrightarrow CH_4(g)+HC\equiv CH(g)$；$\Delta H_2 = 32.4 \text{ kJ·mol}^{-1}$

则相同条件下,反应 $C_3H_8(g) \longrightarrow CH_3CH=CH_2(g)+H_2(g)$ 的 $\Delta H =$ _____ kJ·mol^{-1}。

(2) 以丙烷为燃料制作新型燃料电池,电池的正极通入 O_2 和 CO_2,负极通入丙烷,电解质是熔融碳酸盐。电池反应方程式为_____;放电时,CO_3^{2-} 移向电池的_____(填"正"或"负")极。

(3) 碳氢化合物完全燃烧生成 CO_2 和 H_2O。常温常压下,空气中的 CO_2 溶于水达到平衡时,溶液的 pH=5.6,$c(H_2CO_3)=1.5\times 10^{-5}$ mol·L^{-1}。若忽略水的电离及 H_2CO_3 的第二级电离,则 $H_2CO_3 \rightleftharpoons HCO_3^- + H^+$ 的平衡常数 $K_1=$_____。(已知:$10^{-5.60}=2.5\times 10^{-6}$)

(4) 常温下,0.1 mol·L^{-1} $NaHCO_3$ 溶液的 pH 大于 8,则溶液 $c(H_2CO_3)$_____$c(CO_3^{2-})$(填">"、"="或"<"),原因是_____(用离子方程式和必要的文字说明)。

[解析] 本题采用多角度设问,融填空、实验、计算、有机化学于一体,综合考查反应热、电化学、电离平衡、盐类水解等知识。

[答案] (1) 124.2 (2) $C_3H_8+5O_2 \rightleftharpoons 3CO_2+4H_2O$;负 (3) 4.2×10^{-7} mol·L^{-1}
(4) >;$HCO_3^- + H_2O \rightleftharpoons CO_3^{2-} + H_3O^+$(或 $HCO_3^- \rightleftharpoons CO_3^{2-} + H^+$)
$HCO_3^- + H_2O \rightleftharpoons H_2CO_3 + OH^-$,$HCO_3^-$ 的水解程度大于电离程度

从跨学科的试题看,综合试题大多都与化学有关。化学研究的对象从微观世界到宏观世界,从人类生活到高科技领域,化学研究方法从定性到定量推理,从常规手段到现代科技,都足以说明化学与物理、生物等学科密切联系,化学学科知识在编制跨学科综合题中起到桥梁作用。

[例 12] 如右图所示,在装有一定量水的大烧杯底部有一只装有适量石灰石和盐酸的广口瓶,瓶口用一只气球密封着。经观察发现,气球的体积在逐渐增大,其原因是_____(用化学方程式表示)。在气球体积逐渐增大而广口瓶未上浮的过程中,水对大烧杯底部的压强_____,大烧杯对支持面的压强将_____。

[解析] 本题是以化学变化过程中气体体积的变化引起液体体积的变化,进而导致压强的变化为主线而设计的。由化学知识知,本题所发生的反应为:$CaCO_3+2HCl \rightleftharpoons CaCl_2+CO_2\uparrow +H_2O$。由物理知识知,生成的 CO_2 气体使液体中密封体系的物体体积增大,从而使大烧杯内的液面上升,水对大烧杯底部的压强增大,但因大烧杯的重力未变,故大烧杯对支持面的压强不变。

[答案] $CaCO_3+2HCl \rightleftharpoons CaCl_2+CO_2\uparrow +H_2O$;增大;不变

(六) 控制题量,增大试题的思维空间

化学试卷的题量应适度控制,使学生有更多的思考问题的时间,有利于学生发挥水平。但题量减少,也要求部分试题的思维空间要增大,这需进行有益的尝试。主要的做法就是强调知识应能在现实问题的情景中运用,即结合具体问题考查学生对概念和原理的理解。今后命题要突出与生产和生活相联系,主要涉及环境问题、资源配置及开发、能源及海洋开发、化工生产、医药保健、化学材料、科技与生活等联系当前人类面临的热点问题。

[例 13] 据《世界发明》最新报道:日本一家公司已在市场上投放一种新商品,名为保健涂料的新型木炭涂料,这种涂料透气性好,附着力强,用于住宅装潢十分方便。就你所了解木炭性质的知识,解释这种涂料还有哪些优点:①_____;②_____;③_____。

[解析] 此题采用真实载体,考查了木炭的性质,是典型的学以致用型题目。从学生作答情

况来看,很大一部分考生只写出课本上的木炭性质,却无法结合实际说出木炭涂料在生活中的功用和优点,反映了考生联系实际能力差,不能够活学活用,因此在今后教学中应切实注重培养学生的应用能力。

[答案] ① 常温下性质稳定;② 吸附性无污染;③ 经济便宜

(七) 增加开放性试题,考查学生科学探究能力和研究性学习能力

开放性试题能有效地测试学生科学探究能力、思维能力和创新能力,表现出命题人员的创新素质。这类试题大多信息量大而新,或答案不唯一,或思维过程不唯一,学生可以从多角度、多方位理解试题,处理信息,解答问题,综合运用知识,灵活应变。开放性试题对研究性学习和科学探究能力能发挥正导向作用。

第二节 化学试卷的结构要素

关 键 词

化学考试标准　　多维细目表　　试卷结构技术指标　　化学试题的结构

化学考试试卷结构建模的技术指标包括试卷的结构模式、内容要素、能力要素、题型要素、难度要素、分数要素、时限要素,它是化学命题及审题评估监控的标准,是实现试题及试卷质量控制的依据。将上述试卷结构构建的技术指标,采用化学命题多维细目表的方式,可直接用于指导化学试题的命制。

一、化学考试标准的构建

所谓考试标准,是指某类或某种考试对应试者在规定测评要素方面所达到的水平要求,或谓测评的准则或尺度。[①]普通高中招生考试(简称"中考")、全国高等学校统一招生考试(简称"高考")是大规模选拔性考试,考试成绩是高一级学校招生的主要依据。它对考生家庭、考生所在学校乃至社会都会产生重大的影响。然而,我国新课改地区中考、高考大都采用自主命题,存在着标准不一、质量失控等问题。化学考试是中考、高考的重要组成部分,化学考试标准及试卷结构技术指标的构建,是化学考试质量控制的重要内容,是对中、高考命题、审题进行评估监控的标准,是教育行政部门落实《指导意见》评估监控制度的重要依据,其科学性、规范性、合理性是考试效能充分发挥的关键。

1. 化学考试标准构建的依据

化学课程标准既体现了基础教育阶段化学学科教育的目标,也充分反映了社会对国民素质的发展需求。因此,化学考试内容要素、能力要素及其考核标准的确定,应以化学课程标准为基准,并结合高一级学校教育目标需求、考试目的的需求、中学化学教材内容体系、社会对国民素质的发展需求和考生的身心特征综合考虑。

《课程标准》体系具有三个方面的基本特征:其一,在课程目标上,要求从知识与技能、过程

---

① 王后雄.中考化学考试标准及试卷结构技术指标构想[J].课程·教材·教法,2007(4):58-63.

与方法、情感态度与价值观等多方面设计具体的课程；其二，在课程内容上，注重密切联系学生的生活和社会经验以及社会、科技发展的现实，强调学生经验、学科知识和社会发展三个方面内容的整合；其三，在课程要求上，《课程标准》不仅仅结合知识点明确具体的结果性目标，每个学科还结合本学科的特点，明确提出了一系列过程性目标、体验性目标，以期学生在获得知识的同时，学会学习，并形成正确的价值观。《课程标准》体系这三个方面的基本特征，对中、高考命题具有决定性的影响。[①]① 它在理论上确定了考试的测量目标，这是任何一个考试研究和开发都必须考虑的首要问题。测量目标的设定决定了教育考试命题必须为学校教育服务，反过来又受到学校教育的影响。② 它确定了考试的内容范围和选择试题背景材料的基本出发点，即试题背景材料应该与学生的生活和社会经验相联系，必须与社会、科技发展的现实相联系。③ 试题的设计应该考虑学校教学方法的改善，应该考虑学生学习方法的改善。

《课程标准》的性质、内容及其对考试命题的影响决定了《课程标准》在教育考试命题中的基础地位：《课程标准》是教育考试命题的基本依据，是教育考试部门制定《考试大纲》的基本依据，但是《课程标准》不能代替《考试大纲》。《考试大纲》在教育考试命题中具有其不可替代的作用。

首先，《课程标准》规定的培养目标不一定都是可测的；即使是可测目标，因为受纸笔考试的形式所限，也不一定都是可测的。大规模教育考试只能测量其可测的培养目标。因此，《考试大纲》应明确地告诉考生，中考、高考将具体地测量什么，以及每一个测量目标相应的行为目标或标准，即制定中考、高考中能够实现的知识内容的层次和能力的考查要求。

其次，教育考试是抽样考试，抽样的内容受考试的时间、地点和形式等限制。因此，教育考试不可能考查《课程标准》规定的所有内容，教育考试所涉及的内容只可能少于《课程标准》规定的内容。因此，必须通过《考试大纲》告诉学校的教师、考生，甚至考生家长考试的内容领域和范围、必考内容与选考内容等。

第三，教育考试有其自身的质量评价标准。为了达到这些质量标准，命题时必须考虑采用哪些题型，对不同题型的比例做出规定，此外，还必须对考试时间、分数、难度要求等做出规定，《课程标准》不可能包含这些内容，也需要通过《考试大纲》向考生传递这些信息。

综上所述，《课程标准》是考试机构制定《考试大纲》的基本依据，是教育考试命题的基本依据，但其不能替代《考试大纲》的作用。《考试大纲》是教育考试命题的直接依据，也是考试与考生联系的唯一渠道。考试机构的责任是依据《课程标准》研究考试的内容领域和每个领域的可测内容，并通过《考试大纲》将这些信息传递给学校和考生，保持考试的公平、公正，保证考试结果的客观、可靠、有效。

2. 化学考试标准确定要素

化学考试标准，应准确反映学科考试内容要素的考试目标，以及学科考试内容要素和能力要素的考核要求。教育部《关于积极推进中小学评价与考试制度改革的通知》和《指导意见》指出，中学毕业升学考试命题必须依据国家课程标准。依据化学课程标准的要求，基础知识和基本技能是中考、高考化学学科考查的重点。明确了中、高考命题的标准和依据，就可以对中、高考化学命题进行整体规划和设计。整体设计除了明确命题指导思想、命题原则以外，必须充分考虑课程目标、内容要求、能力水平、难易程度、答题时间、题型之间的关系，因此在深入研究课程标准、教

---

① 王后雄.新课程高考化学质量评价标准及试卷结构技术指标构想[J].中学化学教学参考,2008(6)：45-50.

材基础上,应制定一份详细的多维细目表(见表6-5)。

表6-5 新课程中考化学命题的多维细目表

项目　　　细目 能力要素	内容要素					题型要素					难度要素			时限要素
	主题一	主题二	主题三	主题四	主题五	选择题	填空题	简答题	实验与探究题	开放题	计算题	容易题	中度题	难题	
知识的记忆															
概念的理解															
规则的运用															
问题的解决															

确立了命题的整体框架之后,下一步主要是设计试题的结构和内容。在这一过程中,需要考虑的因素较多:试题包含的核心知识是什么?在方法和能力方面有何体现?用什么题型呈现?是否符合内容标准的要求?难易程度和解题花费的时间如何?形成怎样的逻辑关系?在明确上述问题的基础上,通过一定的情景素材和适当的文字加工形成试题。上述关系可以简单表示为图6-1。

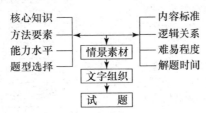

图6-1 化学试题的结构和内容的技术要素

二、化学试卷结构技术指标的确立

化学考试试卷结构,是由化学学科内容、目标、题型、难度、分数、时限、长度、等值八种要素彼此关联所组成的一个集合性结构系统。它包括试卷所含内容的组成部分,以及不同内容所占的比重和相互关系;所要考核的目标,以及不同层次目标所占比例,试卷所用题型的种类,以及不同类型试题在试题总量中所占的比例;试卷的整体难度,以及不同难度试题在全卷试题中所占的比例;试卷各类试题,各分项内容及不同层次考试目标分别所占的分值比重;考试的测试时限及其在单个试题、各类试题上的分配。其中,内容、目标是主体要素,题型、难度是派生要素,分数、时限是依附要素。化学升学考试的试卷结构体系应由内容结构、目标结构、题型结构、分数结构、难度结构、时限结构、长度结构、等值结构组成,双向细目表是试卷结构体系的图表化和数量化。

(一) 内容要素

内容要素的选择要依据学生已有经验和心理发展水平,反映化学学科内容特点,重视科学、技术与社会联系,确定了表6-6、表6-7所示的中、高考化学内容要素,结合课程标准规定的各级主题的教学时数比,确定各级主题的构成比例。

表 6-6　中考化学内容要素与理论构想分数比例表

一级主题	二级主题	三级主题	理论构想
1. 科学探究	3	19	15%～20%
2. 身边的化学物质	4	25	25%～30%
3. 物质构成的奥秘	4	16	10%～15%
4. 物质的化学变化	3	10	15%～20%
5. 化学与社会发展	4	17	25%～30%

表 6-7　新课程高考化学考试内容及理论构想比例

内容说明	课程模块	内容要素	知识板块	理论构想	
必考内容	"化学 1"、"化学 2"、"化学反应原理"	化学学科特点和研究基本方法、基础概念和理论、常见无机物与有机物及其应用、化学实验等	基本概念和基础理论	40%～45%	85%～90%
			常见无机物及其应用	15%～20%	
			常见有机物及其应用	5%～10%	
			化学实验基础	20%～25%	
选考内容	"化学与生活"、"化学与技术"、"物质结构与性质"、"有机化学基础"	考生从中任选一个模块考试,试卷中设计了若干道等值的"选做题"	化学与生活	由一道综合题或模块组合题形成"选做题"	10%～15%
			化学与技术		
			物质结构与性质		
			有机化学基础		

在坚持统一的《考试大纲》的基础上,各实验省区可以根据《考试大纲》的指导原则,结合本省区中、高考方案和教学实际制定本省区《考试大纲的说明》,作为试卷质量控制和质量评价的依据。

根据内容要素确定中考化学试题素材时,应遵循以下原则。

1. 科学性

试题素材内容的科学性是选材的最基本要求。分析这些年全国各地的中考试题发现,有 3%～5% 的试题暴露出一定的科学性错误。

[例 14]　小聪看到铁匠把红热的铁器浸入水中淬火,有大量气泡产生。他从互联网上查到资料: $3Fe+4H_2O \xrightarrow{高温} Fe_3O_4+4H_2$。为此,他动手尝试制取氢气的实验:把带柄的铁块烧红后插入水中,用矿泉水瓶收集氢气的方法是_____。

[分析]　例 14 属于知识性错误,在题示条件下产生的气体不是氢气而主要是水蒸气。

2. 基础性

中、高考必须重视对学生掌握基础知识与技能情况的考查,其中又以考查学科最重要的主干基础知识和技能以及学生后续学习必备的基础知识和技能为重点。据中考化学评价课题组的统计,2010—2012 年全国各地 72 份试卷中,充分关注了基础知识的考核,重点知识的覆盖率达 90% 以上,但仍有 16% 的试卷存在明显的超纲和繁、难、怪试题。这是值得引起警觉的。

3. 时代性

贴近社会实际,贴近学生生活,这是新课程的重要特征之一。从现实生活及人类面临的重大问题取材,以生产、科技和社会发展的实际问题为题设情景,便于学生有为而发,容易上手。试题要较好地突出时代性、生活性、体验性的要求,引导学生关注科技的发展和社会的进步,增强学生的社会责任感。

4. 应用性

新课程不仅强调学生对知识与技能的掌握,更强调学生运用所学知识分析问题、解决问题能力的培养。因此,化学课程标准强调:"考核的重点不要放在知识点的简单记忆和重现上,不应孤立地对基础知识和基本技能进行测试,而应放在解决实际问题的背景中去评价,从知识的整体联系上去考核。"试题的选材应注重问题的能力立意,避免死记硬背的负导向。

5. 导向性

一方面,促进教师通过试题的内容及评卷要求,明确新课程在教学中应重点关注什么内容,应如何开展对学生学业的评价;另一方面,促进学生明确新课程的目标如何在评价考试中体现,从而更自觉地改变学习方式。

[例15] (南昌市中考题)茶叶中含有的茶多酚有益于人体健康。茶多酚是一种白色粉末,易溶于热水,易氧化变色,略有吸水性。实验室从茶叶中提取茶多酚的步骤可简述为:

(1)请写出上述实验过程中的操作名称:操作①:_____;操作②:_____。
(2)保存茶多酚晶体时应注意_____。

[分析] 例15设置一部分课本上没有出现过的生产或生活实际情境,是联系社会和生活实际的体现,通过这些情境的创设可以让学生活学活用,促进科学素养全面提高,促进对知识的迁移运用。

6. 创新性

把题型与内容有机统一起来,既保留和有效地使用传统题型,又适当采用新颖的题型,以更好地实现内容的改革。例如,通过命制一些信息迁移题、开放性试题、探究性试题等,鼓励学生多角度、多侧面、多层次地思考问题,既有利于拓展学生的思维空间和发挥学生个体的潜能,又有利于对学生分析推理和发散思维能力以及创新精神、实践能力的考查。

7. 有效性

试题的有效性至关重要。这种有效性表现为试卷的内容选材既符合课程标准的要求,又符合教学的实际和学生的实际,具有合理的内容结构、题型结构和难度结构,具有一定的效度和信度,既有利于学生发挥个体水平,又有利于高一级学校对学生进行选拔。例16的设计就是一种成功的范例。

[例16] (上海市中考题)下面的方框内是某食品包装上的部分说明,请从其中标出的配料中选出一种符合条件的物质填在下列相应的空格中。

```
食品标签认可号：31(2004)-8
避免日晒，置阴凉干燥处，开封后请尽早食用。
配料：小麦粉、食用植物油、麦芽糖、食用盐、碳酸钙、鸡全蛋粉、全脂
      奶粉、焦亚硫酸钠、维生素 D 等
保质期：九个月    产品标准号：Q/YQNR2
```

(1) ＿＿＿＿＿＿中富含蛋白质；   (2) ＿＿＿＿＿＿中富含油脂；
(3) ＿＿＿＿＿＿属于维生素；   (4) ＿＿＿＿＿＿属于无机盐。

8．公平性

考试的公平性，除体现在考试制度以外，也体现在试题素材的选择上。试题本身可能存在对某一群体的偏向现象，从而导致这一群体的考生在得分上获利较多。评价偏见指的是某些学生由于性别、种族、社会经济地位、宗教信仰或其他特征，在评价中受到冒犯或不公平的惩罚。注重命题情境，将社会热点、焦点问题或者是新科技的发展情况作为背景材料或者信息来源，是新课程中、高考试题设计的重要特点，也是经常被称颂的一点。但是应该引起注意的是，在采用这些时代气息浓厚的题材时有可能对处于不发达地区的考生施以了不公平的惩罚。这些考生也许并不缺少解决问题的综合能力，而仅仅因为地处比较闭塞、落后的地区，不熟悉这样的题材和内容，才导致在测试中表现不佳。对于中、高考这种重要的高利害测验，在题目编制时设置专门的"偏见审查小组"，对每一个项目进行严格审查，对于保证考试的公平性是必不可少的。

（二）能力要素

分析化学课程标准中知识与技能、过程与方法两方面的要求，可以重新界定出两个新的维度，即学科知识的维度和能力维度。在不同学科中究竟要培养学生什么样的能力，这种能力可以是基本的技能型，也可以是思维过程与方法的要求。

可以将化学学科的能力要求按认知水平大致分为四种一级能力指标（如表 6-8 所示）。

表 6-8 中考、高考化学能力要素分数比例对照表

一级能力指标	中考		高考	
	二级能力指标	理论构想	二级能力指标	理论构想
知识的记忆	知道、大致印象、特点记忆	15%～25%	知道、复述、再现、辨认或直接使用	5%～10%
概念的理解	认识要点、识别材料、领会涵义	20%～30%	领会含义、观察、判断、解释和说明	25%～35%
规则的运用	说明问题、变式辨析、模仿运用	20%～30%	类推、信息加工、论证、迁移应用	30%～40%
问题的解决	迁移、分析、探究、创新	15%～25%	科学方法、设计、探究、解决、评价	15%～25%

命题时一、二级能力指标可以给课标中规定的一些主体内容定位。在具体命题时还要考虑主体内容的"能力亚层"、"题干特征"、"答案特征"三方面的要素，这样才能命制出符合能力立意要求的题。根据不同测评要素在不同能力层次上的要求，以及我国中学化学教学的总体状况，作出上述理论构想比例区间。

(1) 对具有相同知识属性归类能力的设计（能力指标：知识了解/记忆与再现）

[例 17]　下列环保措施主要目的是保护臭氧层的是（　　）。
A．使用无铅汽油　　　　　　　　　B．使用可降解塑料制品
C．使用无氟冰箱　　　　　　　　　D．使用电喷汽车

表 6-9　对具有相同知识属性归类的能力亚层分析

① 知道人类保护环境所采取的一些措施；② 能通过对同类问题特征的再现、比较获取待定的信息；③ 体验保护环境的责任感

题干特征	答案特征
1. 提供环境保护的 4 种措施 2. 4 种措施涉及汽油、塑料、冰箱、汽车等方面的环保问题 3. 设问是从保护臭氧层角度提出 4. 4 个选项中的措施分布在"化学 1""化学 2"两个模块中	1. 答案格式：用字母来选择 2. 4 个选项的叙述一致，都用"使用……"表述 3. 4 个选项都是目前环保采用的措施。A 项是防止重金属铅污染；B 项是防止"白色污染"；D 项是使燃料燃烧完全，减少污染；只有 C 项为保护臭氧层，符合题意

（2）对知识的判断与解释能力的设计（能力指标：知识理解/解释、说明与计算）

[例 18]　海水及盐卤中均有氯化镁存在，某海盐厂用副产品 $MgCl_2 \cdot 6H_2O$ 做原料，在 523 ℃ 以上加热，制取耐火材料原料氧化镁和盐酸。

（1）写出上述反应的化学方程式_____。

（2）此法制备 36.5% 的浓盐酸时是否需要加入其他原料？_____，并说明理由_____。

（3）1000 kg 的 $MgCl_2 \cdot 6H_2O$ 理论上可以制得氧化镁_____kg，同时制得 36.5% 的浓盐酸_____kg。

（4）在干燥的氯化氢气流中加热 $MgCl_2 \cdot 6H_2O$ 也可制得电解冶炼镁的原料无水 $MgCl_2$，试解释干燥氯化氢的作用_____。

（5）若该工厂不再增加原料（干燥剂可循环利用，忽略水蒸气的损失），利用 $MgCl_2 \cdot 6H_2O$ 同时制取氧化镁、浓盐酸和无水氯化镁，请你为该厂设计的工艺流程提出合理建议_____。

表 6-10　对知识的判断与解释的能力亚层分析

① 能用化学方程式表示反应原理；② 具有根据盐类水解和化学平衡移动原理对工业生产中的实际问题做出解释的能力；③ 具有根据质量守恒定律及化学反应规律进行简单计算的能力；④ 具有节约资源的意识

题干特征	答案特征
1. 给出副产品 $MgCl_2 \cdot 6H_2O$ 为原料可制取 MgO 和盐酸的信息提示 2. 加工处理信息：对信息的准确理解及与盐类水解、化学平衡移动知识结合 3. 解决新问题——包括运用类比与推理、假设与验证、移植与拓展等方法，符合信息题"起点高，落点低"的思维跨度 4. 将实际问题分解，构成解释、说明、建议、计算等不同要求，属于定性与定量相结合的题型 5. 涉及知识分布在初中化学"化学 1"和"化学反应原理"模块中	1. 答案格式：用化学方程式、短语、数字填空和简答 2. 答案 5 问难度由浅入深排列 3. 第（2）、（3）问是以第（1）问为基础，属于简单的化学计算；第（4）问是第（1）问的逆向思维 4. 第（1）、（2）、（3）问的分析、综合形成了第（5）问的答案，运用分析、综合方法解释和说明合理的生产工艺 5. 试题设计凸现了理论联系实际，结合化学原理和数据进行分析、解释的特点

（3）根据给定信息考查信息加工、知识迁移及应用能力的设计（能力指标：规则应用/观察与迁移应用）

[例19] 近年来,禽流感在全球发生并蔓延。瑞士罗氏公司研制出有效治疗人类禽流感的药物"达菲"。"达菲"的主要合成原料是我国盛产的莽草酸。从八角茴香中提取的莽草酸经过多次反应和其他工艺制成"达菲"颗粒。下图是莽草酸的球棍模型及"达菲"有效成分的键线式结构(楔形实线、虚线表示基团的立体结构)。

莽草酸的球棍模型

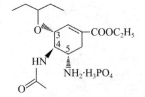

"达菲"有效成分的键线式结构

(1) 莽草酸的结构简式为_____,下列关于莽草酸的说法正确的是_____。

A. 该化合物可以使溴水退色,也能使 $FeCl_3$ 溶液显色

B. 该化合物既具有酸性,又具有碱性和还原性

C. 该化合物既可发生消去反应,也可与 Na、Na_2CO_3 溶液反应

D. 该化合物的分子中处于同一平面的原子只有 4 个

(2) "达菲"有效成分的化学名称补充完整为:(3R,4R,5S)-4-乙酰胺-5-氨基-3-(1-乙基丙氧基)-1-环_____-1-乙氧羰基磷酸盐(1∶1)。

(3) "达菲"的相对分子质量为 410.4,扣除 H_3PO_4 后的部分称为"自由基奥司他韦"。试求"自由基奥司他韦"的相对分子质量_____;"自由基奥司他韦"能与磷酸结合,说明氨基具有_____性。

(4) 比较莽草酸与"达菲"的结构,推测"达菲"分子中—$COOC_2H_5$ 基团可能是由莽草酸的_____基,通过_____反应(填写反应类型)制得。

表 6-11 对信息加工、知识迁移及应用的能力亚层分析

① 能对模型、结构进行观察;② 能准确筛选有用的信息,并与已有的知识整合;③ 能用正确的化学用语表达"莽草酸"、"达菲"的结构简式;④ 能根据"官能团决定有机物性质",对其性质进行推测;⑤ 能从题示信息和已有的有机物知识进行知识迁移和应用

题干特征	答案特征
1. 阅读材料中给出了两种物质的结构 2. "莽草酸"可合成"达菲",两者结构之间有关联,由"达菲"结构可推莽草酸应为六元环、环上可能有双键 3. (1)~(4)问之间一环扣一环,确定"莽草酸"的结构式是作答(1)、(4)问的关键 4. (2)、(3)问涉及的命名及相对分子质量的计算属于推理及简单的守恒原理的应用 5. 涉及的知识主要为"有机化学基础"模块的内容	1. 答案格式:用结构简式、符号代码、短语、数字回答和填空 2. 新信息较多,可能对考生构成了一定的心理压力,要求学会提取实质性的有用信息 3. 观察微观模型、结构时,应把获取的信息与思考相结合,对微观结构有一定的三维想象能力 4. 应能从两种物质结构中发掘一些隐性的关联 5. 以"结构决定性质"的思维进行知识迁移,推断新物质的性质。体现了在新情景下分析问题和解决问题的能力

(4) 根据具体的实践活动考查设计、分析和解决问题能力的设计(能力指标：问题探究/设计与问题解决)

[例20] (黄冈市中考题)我市某农村中学的同学对铁的性质进行探究学习。

(1) 关于铁生锈的情况调查表：

调查内容	破损的搪瓷铁面盆	裸露在混凝土以外的钢筋	敞放的涂油无锈铁钉	镀烙铁质指甲剪
铁锈蚀	时间长了,掉搪瓷的部分被锈穿	时间长了,钢筋表面出现膨松状的锈层	铁钉较长时间仍不生锈	指甲剪较长时间不生锈
调查启示				

(2) 由此我采用防止自行车生锈的措施有_____。
(3) 通常情况下铁的化学性质比铜活泼,我能举出实例说明,如_____,并能写出化学方程式：_____。

[分析] 例20根据具体的活动情景,考查学生设计、分析和解决问题的能力(能力指标：问题的解决和分析),如表6-12所示。

表6-12 根据具体的活动情景,考查学生设计、分析和解决问题的能力亚层分析

① 能认识科学探究基本过程和意义,能自我提出有科学意义的问题；② 能根据物质的化学性质分析、解答简单的实际生活现象；③ 能准确筛选、应用给定的材料(或图表)中的有用信息并解决简单问题；④ 能正确使用对比方法、推理方法对获得的信息进行加工

题干特征	答案特征
1. 给出铁生锈两例事实材料和铁防锈的两例事实材料,从每组两例事实材料中明确科学研究可重复性的特点 2. 从化学变化的典型现象中认识化学变化的特点,学习判断化学反应变化的特征,从中抽象出规律性知识——生锈和防锈原理 3. 应用自己提炼出的规律性知识进行推广应用——自行车的防锈 4. 将感性知识上升到理性知识,并用开放的形式呈现,考查学生灵活思维能力 5. 用化学方程式表示思维的结果	1. 答案格式：用短语、化学方程式回答和填空 2. 第(1)小题是对材料的理解,也能考查学生抽象思维水平,本题也是后面探究的基础和准备 3. 第(2)小题考查学生对规律性知识迁移应用能力,如果规律性知识不与"自行车"这种特定物品结合,就难以分析具体有效的防锈措施,这又是对思维流畅性的考查 4. 第(3)小题的答案是开放性答案,又是理论与实际结合的答案

[例21] 红矾钠(重铬酸钠：$Na_2Cr_2O_7 \cdot 2H_2O$)是重要基本化工原料,在印染工业、电镀工业和皮革工业中作助剂,在化学工业和制药工业中也用作氧化剂,应用领域十分广泛。

(1) 实验室中红矾钠可用铬铁矿(主要成分：$FeO \cdot Cr_2O_3$)通过以下过程来制取。铬铁矿等原料

$$\xrightarrow{\text{I 氧化}} \xrightarrow{\text{II 浸取}} \text{III } Na_2CrO_4 \text{溶液} \xrightarrow{\text{IV 加}H_2SO_4\text{酸化}} \text{V} \begin{cases} \to \text{产品：} Na_2Cr_2O_7 \\ \to \text{铬渣：(含} Na_2SO_4) \end{cases}$$

① 步骤Ⅰ中反应的化学方程式为：

$4FeO·Cr_2O_3(s)+8Na_2CO_3(s)+7O_2 = 8Na_2CrO_4(s)+2Fe_2O_3(s)+8CO_2$

在常温下该反应速度极慢，下列措施中能使反应速率增大的是_____。

A. 升高温度　　　　B. 通入过量的空气　　　C. 将原料粉碎　　　D. 增加纯碱的用量

② 步骤Ⅱ中所得溶液显碱性，其中除含有 Na_2CrO_4 外还含有铝、硅元素的化合物，它们的化学式可能是_____、_____。

③ 步骤Ⅲ需将溶液的pH调至7~8并煮沸，其目的是_____。

④ 步骤Ⅳ中发生反应的离子方程式为：_____。

（2）将红矾钠与KCl固体1∶2（物质的量比）混合溶于水后经适当操作可得到 $K_2Cr_2O_7$ 晶体。

请填写表中空格，完成上述过程。

序号	实验步骤	简述实验操作（不必叙述如何组装实验装置）
①	溶解	将混合物放入烧杯中，加水，充分搅拌直到固体不再溶解
②		
③		
④		
⑤	过滤、干燥	得到 $K_2Cr_2O_7$ 晶体

表6-13　对设计、分析和解决问题的能力亚层分析

① 能认识科学探究的基本过程和意义；② 能根据提供的信息（包括流程）进行加工，并形成新知识；③ 运用信息和已有知识，运用科学思维的方法，对化学现象、事实进行加工处理，探究解决问题的途径，将感性认识上升到理性认识；④ 根据有关物质溶解度的差异，能设计出结晶的条件；⑤ 综合考查实验设计能力和对化学问题提出科学合理的解释；⑥ 矿石资源开发与利用意识

题干特征	答案特征
1. 给出红矾钠工业生产流程和重铬酸钠生产方法（信息给予） 2. 根据影响化学反应速率因素回答问题[(1)①] 3. 根据"碱性"条件及铝、硅化合物的性质推测其存在形式[(1)②] 4. 根据流程中图示信息对实验步骤做出合理解释[(1)③、④] 5. 根据(2)的信息和有关物质溶解度的差异设计化学实验步骤和操作 6. 题目涉及的知识分布在"化学1""化学2"两个必修模块中	1. 答案格式：用化学用语、符号选项、短语填空和简答 2. 各问的答案之间相互独立，系并列关系 3. 第(1)问中A、B、C均是增大反应速率的措施，属知识的运用水平 4. 第(1)②③④要结合对工业流程的分析及有关元素化合物知识，考查思维品质的敏捷性、严谨性和创造性 5. 第(2)问的问题新颖程度较高，要把教科书的知识进行有效迁移、创新，才能设计出合理的实验方案，体现了探究能力要求

（三）题型要素

中考、高考题型与考试的效度和信度有相当强的关系。题型不同，测量的行为目标可能有所不同，产生的效果可能不完全相同。题型不同，测量结果的可靠性也可能不相同，分数的误差也可能不相同，信度也就不相同。

根据中考、高考化学考试标准规定测评要素的要求，结合化学学科的特点，在题型的选择上一般采用选择题（客观题）和非选择题（主观题）相配置。非选择题根据题目的形式和功能可以划分为填空题、简答题、实验与探究题、信息迁移题、计算题等，其题型及分值比例的确定如表6-14、6-15所示。

表6-14　高考化学题型及其分值比例构想表

选择题	非选择题			
	填空与简答题	实验探究题	信息迁移题	计算题
40%～50%	10%～15%	15%～20%	15%～20%	5%～10%

表6-15　中考化学题型要素分数比例对照表

选择题	填空题	简答题	实验与探究题	开放题	计算题
25%～30%	15%～20%	5%～10%	25%～35%	5%～10%	5%～10%

（四）难度要素

依据中考、高考目标，化学学科的性质及考试标准要求，在难度要素上一般分为容易、适中、较难三级，试题命制难易各类数据对比关系如表6-16所示。

表6-16　中考化学难度要素分数比例对照表

难易程度	容易题	中度题	难题
理论构想	约60%	约30%	约10%

中考作为九年义务教育的终结性考试，初中化学启蒙性和基础性教育的性质，决定了化学学科考试主要考查学生对基础知识和基本技能的掌握，在难度要素上应主要采用容易题和中等难度题，中考化学科的整体难度以控制在0.65～0.70为宜。同时，中考化学科的考试成绩又将与其他科目成绩一起作为高级中等教育选拔学生的依据，要求保证一定的区分度。故在试题难度上要求有一定的坡度。基于上述原因，我们提出的理论构想的容易题、中度题、难题的比例约为6∶3∶1。

为实现普通高校招生考试的选拔功能，试卷（题）必须对不同水平的考生有良好的区分能力，使考生分数的分布有利于从高分到低分"拉开距离"，特别是要拉开每年考生中的那些可能被录取到不同类型高校（研究型大学、地方性高校、高职院校）的考生分数的"距离"。所以高考试卷（题）的难度，是由全体考生，特别是成绩较好的考生水平决定的。高考是选拔性考试，应有必要的区分度和适当的难度。教育测量学的理论指出，大规模的常模参照性考试，试卷平均难度在0.50左右，标准差比较大，考生分数分布较分散，可以使考试对考生总体的区分能力增大。要达到这种目的，试卷中各个试题的难度要恰当，整个试卷中各种难度试题的分数分布也应该恰当。目前，我国高考化学科的整体难度控制在0.55～0.60之间，保证了一定的区分度。

（五）分数要素

化学试卷结构模式较多，中考主要有三种试卷类型：单科化学卷、综合理科卷和自然科学卷（或科学卷）三种形式，高考则有三种试卷类型：单科化学卷、理科综合卷和基础能力卷三种形式。不同的试卷类型有不同的总分、内容、能力、题型、难度的构成比例的确立依据是现行课程标准中的课时设置（化学授课时数占总授课时数的百分比），另外参考中学化学教学现状及高一级学校对生源的要求。各种数据对比关系如表6-17所示。

表6-17 中考、高考分数要素在不同模式试卷中的分布表

中考			高考		
试卷模式	升学总分	化学总分	试卷模式	试卷总分	化学总分
单科化学	100(或80)	100(或80)	单科化学卷	150(或100)	150(或100)
综合理科	200(或150)	70(或60)	理科综合卷	300	100~110
自然科学	200(或150)	60(或50)	基础能力卷	150(或100)	10~30

如果试卷分为第Ⅰ卷和第Ⅱ卷,还应标明各分卷的分值。

(六) 时限要素

中考、高考化学学科时限要素的构建,应结合试卷测试的内容要素、目标要素、题型要素、难度要素、试卷模式以及学生心理和生理特点、每道试题学生解答所花费的时间等多要素综合考虑。中考一般化学单科100分卷,用时90分钟左右;200分综合卷,用时120分钟左右。综合理科、自然科学卷中的化学部分的时限要求,应根据化学部分所占的分数比重,结合考试的实际情况灵活掌握。高考一般化学单科卷,用时120分钟;理科综合卷,用时150分钟。

(七) 长度要素

试卷长度是构成一份试卷的试题的数量,即我们通常所说的"题量"。试卷长度与考试时间的长短有关。洛德等(M. Lord & R. Novick, 1968)提出,增加或减少试卷中的平行试题可以增加或减小考试的信度,这使得试卷长度与考试信度关系的表述更加严格。洛德等的研究发现了试卷的长度与考试的信度与效标效度系数之间的关系

$$\rho^2 = \frac{k \cdot \rho_{XY}^2}{1+(k-1)\rho_{XX'}}, \quad \text{(公式6-1)}$$

式中,k为考试X的试题数;ρ为考试X的信度系数;ρ_{XY}为考试X与效标考试Y之间的相关关系,即效标效度系数。

这一关系表明,试卷长度的增加可以提高考试的信度,同时也可使效标系数增大,但后者的增加比前者缓慢得多。

我国许多学者也对试卷长度与信度的关系进行过研究。谢小庆(1999)给出了在经典测量理论框架下,试卷长度与考试信度的关系(见图6-2)。这一关系表明,在一定的试卷长度范围内,改变题量能够明显改变考试结果的信度。当试卷长度达到一定程度后,增加题量不会明显改变考试结果的信度。

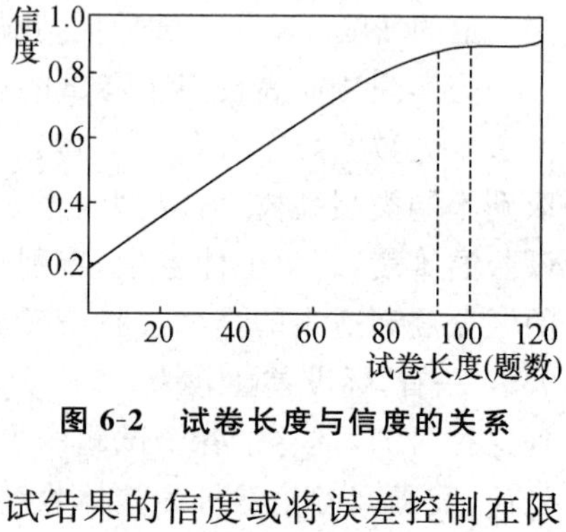

图6-2 试卷长度与信度的关系

在大规模教育考试设计中,必须根据考试信度要求或者误差控制要求设置试卷乃至试卷每一部分的最佳题量,保证考试结果的信度或将误差控制在限制的范围内,满足考试目的的需要。

近年来,我国高考化学试题改变传统较大题量的试卷结构,考查的重心已转向了思维深度和能力方面,借鉴国外理科命题改革经验,进行缩短化学试卷长度的实践,显示出化学学科在选拔人才和对中学教学导向中发挥明显的优势。如何选择最适宜的试卷长度,应在把握"三个有利于"的前提下,从控制考试结果误差,保证考试结果信度的角度出发,使多数考生在规定时间可以

做完全卷,应是一个基本参数。以化学单科试卷为例,卷面字数以6000~8000之间为宜,规定考生所做题量以24~28道为宜,以便给多数考生留有适当的思维的时间和空间。

(八) 等值要素

新课程的多样性和选择性,是通过高考试卷中编制对应于选修模块的选做题来实现评价的。为了保证评价的公平性,必须尽量保证不同模块的选做题的难度相近。这一技术难题在过去高考命题中不存在,是新课程高考多样性和选择性形成的难题,必须运用"等值"技术解决考试结果的公平性问题。从试题长度、知识点数、能力层次、难度系数、解题时间、答题字数等可比性技术要素相近,用测验等值的技术保证编制的选做题是平行题。要使选做题达到期望的相对难度,以使选做题做到"等值",命题时主要控制的是另一种难度——绝对难度,即考试内容要求考生解题过程中所需具有的心智活动水平(能力层次)的高低。

总之,中考、高考化学考试标准及试卷结构指标,是保证中考、高考设计科学性、实施规范性、结果准确性的依据,也是提高中考、高考考试效能,确保中考、高考生命力和公信力的关键。各项技术指标的确立,应符合设计质量评价标准的要求。

第三节 化学试卷的组卷技术

关 键 词

设计原则　设计流程　设计技术

一、化学试卷设计的原则[①]

教育测量学和考试理论的发展,促进了化学考试设计的科学化、程序化和现代化,其中关于试卷的性质、功能和特点的研究,为试卷的设计提供了基本的理论依据和实践上的操作指导。一般来说,有必要遵循以下的试卷设计原则。[②]

(一) 适纲性原则

任何试卷设计都是服务于特定的考试,是为实现考试目标而设计试卷的。任何考试,根据考试目标,都有明确指定的考试范围(包括考试内容和要求),将其写入相关的纲领性文件,作为考试命题(试卷设计)的依据,也是考生备考的依据。例如,学校教学中各阶段的考试,如单元测验、期中考试、期末考试、课程结业考试、毕业考试或会考等,其试卷设计与编制的依据应是国家教育部门颁布的教学大纲或课程标准。在现实中,几乎所有的正规考试,都有法规性、纲领性的文件加以制约,命题时试卷的设计都必须以这些文件为依据,这就是试卷设计的适纲性原则。

(二) 整体性原则

整体性原则包含两层意思:其一,试卷设计工作的重心应放在全卷的谋篇布局上,各项具体设计任务的安排与开展,都不能离开全卷的整体要求;其二,每一个设计人员都必须顾全大局,从整体出发,发挥命题组的团队精神,协作做好设计工作。

[①] 王后雄.教育考试的理论与方法[M].北京:北京大学出版社,2011:163-166.
[②] 教育部考试中心.高考物理测量理论与实践[M].北京:高等教育出版社,2006:208-212.

(三) 度量性原则

在教育测量中，试卷起着量具的作用。用试卷测量心理能力，无论是特殊的心理能力，还是一般的心理能力，要求试卷应有一定的鉴别力和区分度。实行度量性原则的主要体现是正确处理好层次性与综合性的关系，对各个考查项目，都应当有明显的层次要求，层次也就是一种"刻度"。例如，知识内容的认知层次，技能掌握层次，能力高低层次，综合程度的大小层次等。

(四) 适度性原则

试卷设计中，各项设计的目标一般缺乏定量数值，就是有定量数值（如难度、区分度、效度、信度等项指标），也是一种涉及考试结果的数理统计值，在设计的具体进程中，既无从严格推算，也无法加以验证。因此，试卷设计的过程中，对每项设计任务的目标要求，应当明确指定一个可允许的变化范围，如要求难度为0.55，其意思也应认为以其为中值的某个范围之内，并非准确值。又如双向细目表的设计，也应视为具有一定的弹性，是一个动态过程，允许适度调整，并且不应拘泥于个别细目上的斤斤计较。实行适度性原则才能使试卷的设计具有活力，使质量得到保障。

(五) 导向性原则

没有导向作用的考试几乎不存在，为使考试这一"指挥棒"能对教育的正常发展和教学质量稳步提高起到积极的引导作用，就必须在试卷编制工作中追求考试对教与学的良好导向，实行导向性原则。考试的目的不仅是评定学生的学习成绩，促进教师改进教学，而更重要的目的是为了激励学生努力学习。为使考试具有良好的导向，应注意试卷难度适中，要求试题测量的内容和目的应体现教学重点。要在测量学生理解、掌握基础知识和基本技能的同时，注重对学生的基本能力和综合应用能力的检查，注重考查学生学习的思想方法。

(六) 完备性原则

完备性原则，也可称完整性原则，是指试卷的设计必须是完备的（也即是完整的），不应有疏漏，实行这个原则的目的在于防止出现顾此失彼的现象。例如，重单题编制，轻整卷布局；重题目内涵，轻试题表述；重试卷试题，轻评分标准；重试卷结构，轻试卷印刷，等等，都有可能导致试卷的设计不完备，给试卷的使用带来障碍，甚至使考试失效。

(七) 创新性原则

对于周期性进行的大规模考试，对试题试卷的稳定性有一定的要求，高考就属于这类考试。如果在试卷设计中不强调创新性，则容易产生因稳定而走向僵化，使考试失去活力，阻碍教育的发展。当今社会，迅速走向信息化、知识化，社会对人才的能力与心理素质的要求日益提高，新技术在教育领域中的应用日益扩大，新的教育理论和教育思想不断涌现，促进教育革命的不断深入，与此相适应，在教育考试的试卷设计中，也必须发扬创新精神，提倡创新性的原则。

二、化学试卷的设计流程

任何一种规范化的教育考试的设计，必须历经这样一个有序的流程：确定测量目标→确定目标→设计试题→拼配试卷→统计分析预测结果→试题修订。图6-3为化学教育考试设计流程图。

通常来说，一份化学试卷的完成要经过如下程序。

(一) 规划试卷的蓝图

在命题之前，应当重温有关文件，如课程标准，教育部关于改进高考命题工作的指导意见等，听取行政领导关于考试命题工作的指示，从宏观上把握命题的指导思想，增强责任意识，制定出命题蓝图。

(二) 筛选试题与拼卷

首先应选用合适的试题入卷。这可以按照命题双向细目表(即试卷蓝图)的要求,从题库和题型设计所得的试题组中,精心筛选获得。筛选试题时,应把着眼点放在考查功能上,抓住每一道试题的内涵与核心,兼顾试题的背景、情境和外部形态,并注意试题的教育导向功能。选出足够数量的合乎要求的试题之后,可按题型集合成块。同一题型的试题,宜由浅入深、由易到难加以排序,形成一定的难易梯度。这时还要兼顾试题考查内容的关系。可将内容相近、类型相似的试题放在一起,排序初步调定之后,应将全部试题顺序誊写或打印在一起,以方便作进一步的比较、平衡和调整。

(三) 试卷调整与完善

当试卷初稿形成之后,命题组的每个成员都要仔细审阅、认真思考。既要考察全卷的总体,审核各项分布是否偏离预先设定的目标,还要逐题推敲试题的陈述表达及具体的解答方法。

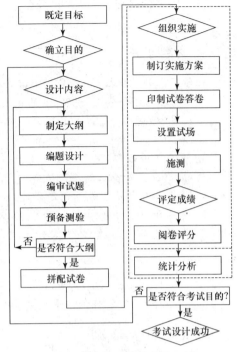

图 6-3　化学教育考试设计流程图

首先,应千方百计确保试题在科学性方面不出差错和失误;其次,要尽量发掘每道试题的各种不同解法,并对各种解法在考查内容与要求方面的异同进行仔细的比较。如果不同的解法能反映出能力差异及提高试题的区分度,则可取;如果不同的解法是因某些偶然因素而引发,同时繁简差异悬殊,而无助于反映能力的高低,这样的试题一般不宜入卷,应及时更换题目。

为保证考试目标的实现,提高试卷的质量,在经过多次的仔细复核之后,再逐项对照双向细目表的要求,列出所有的偏差,修改试题。在双向细目表与试卷初稿之间,进行逐题逐项的校核与互动调整,宜反复进行,直至取得较为满意的试卷为止。如果条件许可,宜将试卷初定稿搁置一段时间,到了付印前再加以审校,往往可使试卷的质量得到更为切实的保障。

试卷初稿确定之后,还要细心做好卷面的版式设计。这时,特别要注意下列事项:同一道试题不要跨页排印,以免增加考生审读时的不便;填空题与解答题预留给考生解答的空间应足够大,以方便答题与判卷;对于高考这类考试,为了防止徇私作弊,试卷排印应设保密装订线,让考生把姓名等个人资料写在该线外边,以便于装订密封,确保判卷公平;页码标注合适,不得遗漏;字体使用要合理,不宜过细,也不宜过粗,如有些说明需引起考生特别警觉的,可用黑体字排印,或加上着重号。

(四) 制定评分标准

对每道入卷的试题赋予一定的分值,并详细规定评分标准,是试卷设计的一项重要工作,对考试质量起着关键性的作用。通常在制定命题的双向细目表时已预置题分,并随着试卷试题的设计进程,时有调整,直至评分标准的制定,才最后确认。在这个过程中,必须综合考量各种因素,合理地给各道试题赋分,并科学制定评分标准。应充分考虑评分标准的可操作性。

(五) 认真校对试卷

校对有两大任务:一是样稿与原稿是否一致,二是承担着再审的任务。前者是一般校对工作的通则,后者则是要在"短时间内命出高质量试题"的情况下所附加的一项特别任务。

 资料卡片

> 化学试卷的常规校对(不带有审稿任务)包括如下任务:
> 1. 试卷名称、登分表、说明、页脚的标注(化学试卷、页数)、题目序号、题目要求的表述、题目正文的表述、标点符号等内容是否与原稿一致、前后一致,是否有错。
> 2. 正文中的字母是否合乎要求。
> 3. 图文是否匹配,图形的大小是否适宜,线条的粗细是否适当,图形中的字母、字体、字号是否正确,虚线画得是否正确,图形中的字母与点的位置是否适当,情景图是否简明扼要。
> 4. 总分加起来是否等于预定分数,如120分,或150分。
> 5. 选择题中选择项序号A,B,C,D及其字体是否正确。
> 6. 排版是否规范、美观,作答预留空间是否得当,题目是否存在题目跨页现象等。

对试题的再审,主要集中在内容的科学性上,其次在形式的规范性与美观性上。一般情况下,不宜大动;但发现了某个潜在的重大错误时,就必须断然地进行修改,不容许存在已发现的瑕疵。

三、化学试卷设计的技术①

(一)化学试卷框架结构的设计技术

化学试卷的框架结构通常由两部分的内容构成:试卷使用说明与试题。试卷使用说明包括常规内容与特殊内容。前者包括:试卷名称,考试时限,满分值与题分值,解答方式与答卷要求,等等;后者包括:其他必须特别说明的事项,比如针对题组或个别试题的特殊要求或规定的事项。设计试卷使用说明时,务求简洁明确,并且应置于醒目的位置,同时还应遵循传统的格式,以免给考生带来解题的不便与疏漏。

化学试题部分的框架结构通常采用一题接一题的串接方式排列试题。如不留答案空位,设计比较简单,只需注意题号标识清楚,行距恰当,试题中的文字说明、式子表示和附图配置等项内容的安排,既要紧靠又不显挤迫,以利于考生的阅读和审题。

对于大规模的教育考试,由于题量较大和题型较多,对不同题型的答卷要求又不尽相同,一般不宜采用简单串接结构,可用分卷结构或其他结构形式,以方便考生的应答和教师的阅卷。

试卷的框架结构属于外观结构,作为试卷结构设计,还有内在结构的设计。内在结构包括内容(知识与能力)分布结构、难度分布结构和要求层次分布结构。这方面的设计通常借助双向细目表这一工具来进行。

(二)化学双向细目表的设计技术

所谓双向细目表(又称考试内容规范表),是一种反映试题内容和考查要求的横竖两向的表格。其中的一向是试题的考查内容,考查内容的分项可粗可细,应该结合学科特点和考试的目的,作出科学和合理的划分。项目之间,不宜交叉重复,而且各项内容的总和应该恰好是全部的考试内容。另一向是考查要求的层次,层次的划分往往从学科特点出发,根据认知心理学的理

---

① 王后雄.教育考试的理论与方法[M].北京:北京大学出版社,2011:166-167.

论,把考查要求分成3~6个层次。命题的双向细目表一目了然地显示试卷的整体构想,同时,各道试题的考查内容、考查要求,以及在试卷中的位置(题号)也都记录在案。

命题双向细目表是一种统称,没有标准的固定模式,往往随着制表人的不同而有差别。实际运用时,往往可以根据需要改变栏目的设置。

命题双向细目表是包括两个维度(双向)的表格。较常见的双向细目表有:①
(1) 反映测验内容与测验目标关系的双向细目表,如表6-5。
(2) 反映测验内容与测验目标、题型之间关系的双向细目表,如表6-18。
(3) 反映题型与难度、测验内容之间关系的双向细目表,如表6-19。

表6-18 反映测验内容与测验目标、题型之间关系的双向细目表

内容	选择题		简答题	迁移题	推断题	探究题	计算题	合计
	知识	理解	分析	迁移综合	思维	实验综合	应用	
合计								

表6-19 反映题型与难度、测验目标之间关系的双向细目表

题型		选择题	填空题	判断说明题	迁移题	简答题	计算题	合计
题数		15	20	5	4	4	2	50
分数		每小题1分共15分	每小题1分共20分	每小题3分共15分	每小题3分共12分	每小题5分共20分	每小题9分共18分	100
难易度	A	8	6	3	3			20
	B	7	7	3	3	10		30
	C		5	9	6	10		30
	D		2				18	20
认知度	Ⅰ	8AⅠ 7BⅠ =15	5AⅠ =5					20
	Ⅱ		1AⅡ 7BⅡ 1CⅡ =9	1AⅡ 1BⅡ 1CⅡ =9	1AⅡ 1BⅡ 2CⅡ =12			30
	Ⅲ		4CⅢ =4	2CⅢ =6		2BⅢ 2CⅢ =20		30
	Ⅳ		2DⅣ =2				2DⅣ =18	20

注:难易度:A:较易;B:中等难度;C:较难(偏难);D:难度较大。认知度:Ⅰ:识记;Ⅱ:理解;Ⅲ:简单应用;Ⅳ:综合运用。

---

① 胡中锋.教育测量与评价[M].第二版.广州:广东高等教育出版社,2006:71-73.

双向细目表既可以方便命题人员的编题操作,保证命题质量,也方便审题人员审核试卷,还方便考后对试卷使用效果的评价,同时还能方便对教育教学效果的评估,总之,可以减少考试命题的盲目性,增强考试的检测效果和对教学的反馈作用。

(三) 化学拼题组卷和卷面设计技术

以双向细目表为依据,进行各个单独试题的题型设计之后,便可将各道成型的试题拼装成试卷初稿。

1. 编排项目合成试题

编排项目之前,先要对项目再次进行选择。根据命题计划的要求,所有测量目标都应有编制好的项目与之相对应。为了保证试题的质量,避免项目之间的相互影响,每个测量目标最好有 2~3 个项目与其对应,以便在合成试题时对项目做进一步挑选。

在合成试题时,需要遵循以下两个原则。

第一,各个项目必须彼此独立,不能相互影响,每个项目都不能为其他项目提供暗示或正确答案的线索。由于编制项目时无法考虑到项目之间的相关性,有时某一项目的表述内容有可能成为解答另一项目所需要的信息,如一个项目要求学生回忆的分子式或化学方程式正好出现在另一项目的表述文字中,或是某一实验给出的实验内容正是另一道计算题所需要的计算原理,等等。这是合成试题时首先要注意避免的。对选择题,要注意使代表正确答案的符号(数字或字母)出现顺序呈随机状态,使答案排列的模式不易被学生猜出,保证考试结果的客观性和可靠性。

第二,试题中项目编排要便于学生作答。为了保证试题的效度,试题的编排形式不应成为影响学生答题的因素。为符合这一原则,首先,要把类型相同的项目编排在一起,不仅可以只用一套指导语来说明许多同类项目的答题方式,更重要的是还可以减少因变换答题方式而对学生答题产生的干扰。其次,在同一题型的一组项目中,要把内容相近的项目编排在一起。这样做的意义在于增强试题总体的紧凑感,便于学生集中思想,提高答题效率,也便于教师集中了解学生对某一知识块的学习状况。再次,要将项目按照从易到难的顺序编排。当试题覆盖面较大、项目较多、项目在难度上有一定梯度,且测验时间较紧时,项目从易到难编排,对于鼓励学生积极回答问题,特别是鼓励低年级学生或是那些知识基础和学习能力较差的学生持续努力答题而不至于中途放弃答题,有着比较好的心理效应。另外,把难度较大的项目排在最后,有利于保证测验的效度。这是因为,项目难度大,学生答对的可能性小,即使由于时间紧迫来不及作答,对测验结果也不会有太大的影响。

2. 项目权重(分数)的确定

项目合成试题之后,需要确定每个项目的权重或分数。一般是先估计每个项目的平均权重(用规定的试题满分除以项目总数),再对照命题计划,并根据各类项目的特点适当加以调整。同类项目的权重应相同。填空题可按照项目中所含有的空格总数确定填空题的总权重,每个空的分数相同;选择题可先确定每个项目的权重,再根据项目总数求出选择题的总权重;简答题可以根据每个项目中所包括的得分点确定项目权重,每个得分点的分数相同。为了便于评分和记分,尽可能使每个项目的分数都是整数,必要时,可以通过项目总数的增减来达到这一目的。

3. 试题"等值复本"编制

对于形成性的单元测验,常常需要有两套符合同一份双向细目表、测试目标完全一致而测试项目又不相同的试题;对于总结性的学期或学年考试,常常也需要两套等值的试题,俗称"A、B

卷",以防在施测过程中出现不测。这就需要编制试题的"等值复本"。在实际命题过程中,一般是以精心编制的第一套试题作为"源本",然后依据"源本"对项目进行逐个"复制"。现将两种常用的复制方法举例介绍如下。

(1) 改变提出问题的方向复制项目

[例22] 下列微粒中第一电离能最大的是(　　)。

A. Na　　　　B. Mg　　　　C. K　　　　D. Si

复制题：下列微粒中第一电离能最小的是(　　)。

A. Na　　　　B. Mg　　　　C. K　　　　D. Si

(2) 向同一内容的另一分支提出问题来复制项目

[例23] 在一定条件下,固定容积的密闭容器中反应 $2NO_2(g) \rightleftharpoons O_2(g)+2NO(g); \Delta H>0$,达到平衡。当改变其中一个条件 x,y 随 x 的变化符合下图中曲线的是(　　)。

A. 当 x 表示温度时,y 表示 NO_2 的物质的量

B. 当 x 表示压强时,y 表示 NO_2 的转化率

C. 当 x 表示反应时间时,y 表示混合气体的密度

D. 当 x 表示 NO_2 的物质的量时,y 表示 NO_2 的物质的量

复制题：在一定温度不同压强($p_1<p_2$)下,可逆反应 $2NO_2(g) \rightleftharpoons O_2(g)+2NO(g); \Delta H>0$ 中,生成物 NO 在反应混合物中的体积分数(φ)与反应时间(t)的关系如下图所示,正确的是(　　)。

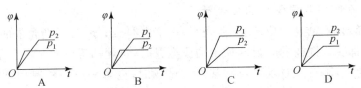

4. 试卷初定和版式设计

对所得初稿,命题组的每个成员都得仔细审阅,认真思考,既要考察全卷的总体态势,审核各项分布是否偏离预先设定的目标,又要逐题推敲,从试题的陈述表达到具体的解答方法,都得一一审核。这时,应手脑并用,进行实实在在的解答推演。在经过各题的仔细复核之后,再逐项对照双向细目表的要求,列出所有的偏差。进而应考虑各种因素,或修改双向细目表,或修改试题,其目的只有一个：保证考试目标的实现,提高试卷的质量。

5. 预试和试题的最后确定

试题编制完成之后,在正式使用之前,需要经过预试。因为命题者对测试所需时间的估计、对正确答案的看法及答案范围的估计、对评分标准的规定等有可能不够准确、合理。经过预试,就可以提前发现类似的问题,从而对试题做最后的修正,以免将命题者对试题的主观估计方面的错误带到正式考试之中,造成无法弥补的损失。预试的对象最好是与测量对象相同或相近,但又不属于测量对象的样本。如为本校学生编制的试题,可以将同类其他学校、相同年级且教学进度基本相同的教学班的学生作为预试的对象。如果预试结果与命题者事先的估计不一致,就需要认真分析其原因,对试题做必要的修订。

第四节 化学试卷的评分标准

> **关 键 词**
>
> 评分标准　设计技术　难度赋分法　反难度赋分法　时间赋分法

一、化学试题评分标准的设计技术

对每道入卷的化学试题赋予一定的分值,并详细规定评分标准,是化学试卷设计的一项重要工作,直接影响着考生的考试成绩,从而对考试质量的好坏起着关键性的作用。通常在制定命题的双向细目表时,已预置题分,并随着试卷试题的设计进程,时有调整,直至评分标准的制定,才最后确认。在这个过程中,必须综合考虑各种因素和关系,合理给每道试题赋分,并科学制定评分标准。[①]

> **思考与讨论**
>
> 化学试卷的评分标准对化学教育测量有何意义?为方便阅卷教师操作,评分标准要符合哪些要求?

(一)选择题的赋分与评分标准的设计

对于一组选择题,不论是构成全卷,还是只占试卷的一部分,为了判卷上的方便,通常可不分试题的难度差异,都赋以同样的分值。如果构成全卷时,每题都可以按某一分值计算。

当一组选择题中,确有绝对难度悬殊甚大的试题时,也可分成两档赋以两种分值,但不宜分成太多的档次,以免增加评卷的麻烦。

在评分标准的制定上,对于"四选一"的选择题,或者备选项不止四个而正确选项只有一个的选择题,一般采用二分法居多,即答对给满分,答错或不答给零分。然后,将各题的得分相加作为题组的总分数,而不再修正调整。

用二分法所得的题组(选择题)之总分数 R 应予"修正",其修正公式为

$$S = \left(P - \frac{W}{N-1}\right) \times 题分, \tag{公式6-2}$$

式中,P 为答对的题数,W 为答错的题数,N 为每题备选项的项数。由于

$$R = P \times 题分, \tag{公式6-3}$$

所以,调整后的分数 S 总是小于或等于 R。关于这种修正方法,至今还存在争议。

(二)填空题的赋分与评分标准的设计

对填空题的赋分通常有按空格赋分和按题赋分两种做法。当每题只有1个空格(或各题的空格数都相同)时,这两种赋分法没有差别。具体采用何种方法赋分才比较合适,一般应视题量的多少和试题的难度差异而定。

[①] 教育部考试中心.高考物理测量理论与实践[M].北京:高等教育出版社,2006:213-217.

至于评分标准,通常多用按空格二分法判卷,即答对为满分,不答或答错为零分。这样做既方便评卷,又有利于控制评分误差。特别是对于大规模的考试,采用此法比较合适。

在规模较小的诊断性考试中,为了较为细致地区分考生的成绩和发现教学中存在的问题,也有采用三分法之类的评分标准,在满分与零分之间,考虑给以中间分。即对于答错者所填的答案,看是否有合理的成分,考虑是否给以部分的分数。

(三) 解答题的赋分与评分标准的设计

解答题的赋分,较之选择题与填空题两种题型的赋分,要灵活得多。通常所用的赋分方式有以下几种。

(1) 难度赋分法。依据试题的流行性、综合性、繁复性、深浅性、易错性及抽象程度、求解的技巧要求等多方面的情况去估计试题的难易程度,或由预测确定试题的难易程度。一般可将试题的难易程度分为五个档次,即易、较易、适中、较难和难。所谓难度赋分法是指,对难度小的试题赋以较少的分值,对难度大的试题赋以较多的分值。

(2) 反难度赋分法。反难度赋分是对难度适中的试题赋以较多的分值,而对难度大的试题赋以较少的分值。目的是体现学校教学强调基础兼顾提高的宗旨,并使有效的分数段具有更为精细的鉴别性。

(3) 时间赋分法。所谓时间赋分法是依据考生解答某试题所消耗的平均时间来确定该题应赋以的分值。一般而言,解答需要花费较长时间的试题应赋以较多的分值。当然,这里的"平均时间"也是一个抽象的理论值,它可以理解为"具备能够完成解答该题的知识和能力的一般考生解答它所需用的时间",这里排除"不会做"和"非常熟知而能迅速解答"的情况。有经验的命题者在充分了解应试集体的实际状况的基础上,可从审题(理解题意)、分析(寻求解答思路和途径)和解答(具体实现的操作)这三个环节各需的时间总和去估计解题所用的时间。

通常,是综合考虑难度赋分法和时间赋分法,或者综合考虑反难度赋分法和时间赋分法去具体赋分。不论采用什么赋分的方法,重要的一点是必须赋分有依据,在一定的依据下,使得合理赋分体现分数与考试目的之间的内在一致性。

对于解答题评分标准的设计,通常应当做好下列各项工作:

(1) 认真编写试题的答案和评分参考。对于一题多解的情况,应取绝大多数考生可能采用的方法编写参考答案,其他的解法也应列为参考答案。编写答案时,应突出解题思路,步骤分明,有层次感和段落感。每一步,每一层,每一段都应有清晰的核心成分(其具体内容可以是知识方面的,也可以是技能或方法方面的)。此外,它们之间的过渡应该自然,必要时应有说明性的陈述。至于详细程度的处理与安排,可视试题综合性程度的高低而定。当综合性强,解答的过程长,步骤多时,则推演的细节可尽量省略,除了关键步骤要突出外,一些过渡性的算式也可从略,只需呈现出解题思路和清晰的层次即可。凡是解答中的关键步骤、关键算式和关键性的中间论断,以及过程中的重要转折,都不能省略,而应当突出,以方便评分标准的制定与标注。

(2) 合理确定采分点,逐段赋分,给出评分标准。编写完试题的标准答案与参考答案之后,进而可用以下方法制定评分标准:参照答案的层次,将整个答案分成彼此相接的若干个段落,每段赋予一定的分值,使各段分值的总和恰好是整题的满分值。判卷时,应将考生的解答与参考答案加以比对,能正确达到哪一段,便可给以该段与该段之间各段分值的累计分数;至于后续部分,则看其失误的严重程度如何,是否有合理可取的内容,考虑给予适当的分数(一般不宜超过后续部分各段分值总数的一半);然后,将这样的两个分数相加,即为该题的得分。

为了提高判卷的可靠性和有效控制评分误差,在对答案作分段赋分时,应着重考虑两点:其一,每段的分值不宜太多;其二,段与段的分界点(通常称为采分点)应尽可能取在关键式子或关键论断的地方,使判卷者一目了然,容易区分。

(3) 尽量平衡不同解法的评分标准,严格控制评分的偏差。一题多解,不同解法之间往往缺乏同步性,而且繁简之间通常都有差别。对试题的圆满解答而言,不同的解法当然等价,但是中间出现失误,未能圆满完成解答时,参照不同解法进行评分,就容易出现偏差。为了严格控制这个偏差,在制定不同解法的评分标准时,就必须做好彼此间的平衡,关键在于采分点的确定与各点间的赋分,应力求合理和等价,深入分析其可比性的依据,是做好这项设计的基础。

二、高考化学试题参考答案及评分细则

本处选取2011年全国高考理综(课标卷)为例,说明化学试题参考答案和评分细则的制定方法。

1. (14分) 0.80 g $CuSO_4 \cdot 5H_2O$ 样品受热脱水过程的热重曲线(样品质量随温度变化的曲线)如右图所示。

请回答下列问题:

(1) 试确定200 ℃时固体物质的化学式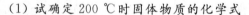
_____(要求写出推断过程)。

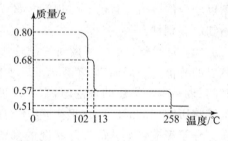

(2) 取270 ℃所得样品,于570 ℃灼烧得到的主要产物是黑色粉末和一种氧化性气体,该反应的化学方程式为_____。把该黑色粉末溶解于稀硫酸中,经浓缩、冷却,有晶体析出,该晶体的化学式为_____,其存在的最高温度是_____。

(3) 上述氧化性气体与水反应生成一种化合物,该化合物的浓溶液与Cu在加热时发生反应的化学方程式为_____。

(4) 在0.10 mol·L^{-1}硫酸铜溶液中加入氢氧化钠稀溶液充分搅拌,有浅蓝色氢氧化铜沉淀生成,当溶液的pH=8时,$c(Cu^{2+})=$_____ mol·L^{-1} {$K_{sp}[Cu(OH)_2]=2.2 \times 10^{-20}$}。若在0.1 mol·L^{-1}硫酸铜溶液中通入过量H_2S气体,使Cu^{2+}完全沉淀为CuS,此时溶液中的H^+浓度是_____ mol·L^{-1}。

[**答案及评分细则**]

(1) $CuSO_4 \cdot 5H_2O \xrightarrow{\Delta} CuSO_4 \cdot (5-n)H_2O + nH_2O$

　　　　250　　　　　　　　　　18n
　　　　0.80 g　　　　　　　　 0.80 g − 0.57 g = 0.23 g
　　　　　　　　　n = 4

200 ℃时该固体物质的化学式为 $CuSO_4 \cdot H_2O$ (3分)

注:过程正确2分,结论正确1分。

(2) $CuSO_4 \xrightarrow{570℃} CuO + SO_3\uparrow$ (2分); $CuSO_4 \cdot 5H_2O$ (1分);102 ℃ (2分)

注:化学式错误不得分;未注明570 ℃扣1分;把"$=\!=\!=$"写成"$\longrightarrow$"不扣分;未写"↑"不扣分;102 ℃写成≤102 ℃不扣分。

(3) $2H_2SO_4(浓) + Cu \xrightarrow{\Delta} CuSO_4 + SO_2\uparrow + 2H_2O$ (2分)

注:化学式错误或化学方程式未配平不得分;把"$=\!\!=$"写成"$\longrightarrow$"不扣分;未写"↑"不扣分;未标注"浓"不扣分。

(4) 2.2×10^{-8} (2分);0.2(2分)

2. (14分)科学家利用太阳能分解水生成的氢气在催化剂作用下与二氧化碳反应生成甲醇,并开发出直接以甲醇为燃料的燃料电池。已知 $H_2(g)$、$CO(g)$ 和 $CH_3OH(l)$ 的燃烧热 ΔH 分别为 $-285.8\ kJ\cdot mol^{-1}$、$-283.0\ kJ\cdot mol^{-1}$ 和 $-726.5\ kJ\cdot mol^{-1}$。请回答下列问题:

(1) 用太阳能分解 10 mol 水消耗的能量是_____ kJ。

(2) 甲醇不完全燃烧生成一氧化碳和液态水的热化学方程式为_____。

(3) 在容积为 2 L 的密闭容器中,由 CO_2 和 H_2 合成甲醇,在其他条件不变的情况下,考察温度对反应的影响,实验结果如右图所示(注:T_1、T_2 均大于 300 ℃):

下列说法正确的是_____(填序号)

① 温度为 T_1 时,从反应开始到平衡,生成甲醇的平均速率为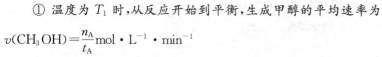

② 该反应在 T_1 时的平衡常数比 T_2 时的小

③ 该反应为放热反应

④ 处于 A 点的反应体系从 T_1 变到 T_2,达到平衡时 $\dfrac{n(H_2)}{n(CH_3OH)}$ 增大

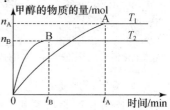

(4) 在 T_1 温度时,将 1 mol CO_2 和 3 mol H_2 充入一密闭恒容容器中,充分反应达到平衡后,若 CO_2 的转化率为 α,则容器内的压强与起始压强之比为_____。

(5) 在直接以甲醇为燃料的燃料电池中,电解质溶液为酸性,负极的反应式为_____,正极的反应式为_____。理想状态下,该燃料电池消耗 1 mol 甲醇所能产生的最大电能为 702.1 kJ,则该燃料电池的理论效率为_____(燃料电池的理论效率是指电池所产生的最大电能与燃料电池反应所能释放的全部能量之比)。

[答案及评分细则]

(1) 2858(2分)

(2) $CH_3OH(l) + O_2(g) =\!\!= CO_2(g) + 2H_2O(l)$ $\Delta H = -443.5\ kJ\cdot mol^{-1}$(3分)

注:把"$=\!\!=$"写成"$\longrightarrow$"不扣分;若化学方程式错误,或没有标明物质聚集状态,或 ΔH 的数据错误,不得分;若 ΔH 的单位错误或没写单位,其他都对,则得 2 分。

(3) ③④(2分)

注:多选或错选,不得分;若③④只选对一个,得1分。

(4) $1 - \dfrac{\alpha}{2}$ (2分)

注:其他正确表示均得2分。

(5) $CH_3OH+H_2O-6e^-$ ══ $CO_2+6H^++6e^-$（2分）；$3/2O_2+6H^++6e^-$ ══ $3H_2O$（2分）；96.6%（1分）

注：CH_3OH+H_2O ══ $CO_2+6H^++6e^-$ 写成 $CH_3OH+H_2O-6e^-$ ══ CO_2+6H^+，或 $2CH_3OH+2H_2O-12e^-$ ══ $2CO_2+12H^+$，或 $2CH_3OH+2H_2O$ ══ $2CO_2+12H^++12e^-$，均得 2 分；$3/2O_2+6H^++6e^-$ ══ $3H_2O$ 写成 $O_2+4H^++4e^-$ ══ $2H_2O$ 或 $3O_2+12H^++12e^-$ ══ $6H_2O$，均得 2 分；计算结果是在 96.6%～97% 区间的一个数值，均得 1 分。

3.（15分）氢化钙固体是登山运动员常用的能源提供剂。某兴趣小组拟选用如下装置制备氢化钙。

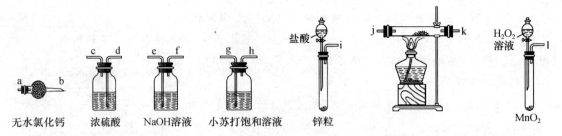

请回答下列问题：

(1) 请选择必要的装置，按气流方向连接顺序为_____（填仪器接口的字母编号）。

(2) 根据完整的实验装置进行实验，实验步骤如下：检查装置气密性后，装入药品；打开分液漏斗活塞；_____（请按正确的顺序填入下列步骤的标号）。

A．加热反应一段时间　　　　　　B．收集气体并检验其纯度
C．关闭分液漏斗活塞　　　　　　D．停止加热，充分冷却

(3) 实验结束后，某同学取少量产物，小心加入水中，观察到有气泡冒出，溶液中加入酚酞后显红色。该同学据此判断，上述实验确有 CaH_2 生成。

① 写出 CaH_2 与水反应的化学方程式：_____；
② 该同学的判断不准确，原因是_____。

(4) 请你设计一个实验，用化学方法区分钙与氢化钙，写出实验简要步骤及观察到的现象：_____

(5) 登山运动员常用氢化钙作为能源提供剂，与氢气相比，其优点是_____。

[答案及评分细则]

(1) i→e,f→d,c→j,k(或 k,j)→a（3分）

注：连接顺序正确，但无"→"符号的，不扣分。

(2) BADC（3分）

(3) ① CaH_2+2H_2O ══ $Ca(OH)_2+2H_2\uparrow$（2分）

② 金属钙与水反应也有类似现象（2分）

注：化学式错误或化学方程式未配平不得分；把"══"写成"—→"不扣分；未写"↑"不扣分。

(4) 取适量氢化钙，在加热条件下与干燥氧气反应，将反应气体产物通过装有无水硫酸铜的干燥管，观察到白色变为蓝色（2分）；取钙做类似实验，观察不到白色变为蓝色（1分）

注：其他定性分析法，若正确合理，参照上述方法给分；利用测量氢气体积的实验方法，若正

确合理,只得1分。

(5) 氢化钙是固体,携带方便(2分)

注:只答"携带方便"得1分。

4. [化学——选修2:化学与技术](15分)

普通纸张的主要成分是纤维素。在早期的纸张生产中,常采用纸张表面涂敷明矾的工艺,以填补其表面的微孔,防止墨迹扩散。请回答下列问题:

(1) 人们发现纸张会发生酸性腐蚀而变脆、破损、严重威胁纸质文物的保存。经分析检验,发现酸性腐蚀主要与造纸中涂敷明矾的工艺有关,其中的化学原理是_____;为了防止纸张的酸性腐蚀,可在纸浆中加入碳酸钙等添加剂,该工艺原理的化学(离子)方程式为_____。

(2) 为了保护这些纸质文物,有人建议采取下列措施:

① 喷洒碱性溶液,如稀氢氧化钠溶液或氨水等。这样操作产生的主要问题是_____;

② 喷洒 $Zn(C_2H_5)_2$。$Zn(C_2H_5)_2$ 可以与水反应生成氧化锌和乙烷。用化学(离子)方程式表示该方法生成氧化锌及防止酸性腐蚀的原理:_____、_____。

(3) 现代造纸工艺常用钛白粉(TiO_2)替代明矾。钛白粉的一种工业制法是以钛铁矿(主要成分 $FeTiO_3$)为原料按下列过程进行的,请完成下列化学方程式:

① $\boxed{}$ $FeTiO_3$ + $\boxed{}$ C + $\boxed{}$ Cl_2 $\xrightarrow{900℃}$ $\boxed{}$ $TiCl_4$ + $\boxed{}$ $FeCl_3$ + $\boxed{}$ CO

② $\boxed{}$ $TiCl_4$ + $\boxed{}$ O_2 $\xrightarrow{1000\sim1400℃}$ $\boxed{}$ TiO_2 + $\boxed{}$ Cl_2

[答案及评分细则]

(1) 明矾水解产生酸性环境(2分),在酸性条件下纤维素水解,使高分子链断裂(1分);$CaCO_3 + 2H^+ = Ca^{2+} + CO_2\uparrow + H_2O$(2分)。

注:"明矾水解产生酸性环境"若水解方程式代替且书写正确,得2分;化学方程式未配平或化学式错误不得分;把"="写成"→"不扣分;未写"↑"不扣分。

(2) ① 过量的碱同样可能会导致纤维素水解,造成书籍污损(2分)

② $Zn(C_2H_5)_2 + H_2O = ZnO + 2C_2H_6\uparrow$(2分);$ZnO + 2H^+ = Zn^{2+} + H_2O$(2分)

注:化学方程式、离子方程式未配平或化学式错误不得分;把"="写成"→"不扣分;未写"↑"不扣分。

(3) ① 2,6,7,2,2,6(3分)

② 1,1,1,2(1分)

5. [化学——选修3:物质结构与性质](15分)

氮化硼(BN)是一种重要的功能陶瓷材料。以天然硼砂为起始物,经过一系列反应可能得到 BF_3 和 BN,如下图所示:

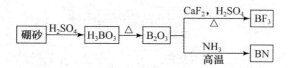

请回答下列问题:

(1) 由 B_2O_3 制备 BF_3、BN 的化学方程式依次是_____、_____;

(2) 基态 B 原子的电子排布式为_____;B 和 N 相比,电负性较大的是_____,BN 中 B 元素的化合价为_____;

(3) 在 BF_3 分子中,F—B—F 的键角是_____,B 原子的杂化轨道类型为_____,BF_3 和过量 NaF 作用可生成 $NaBF_4$,BF_4^- 的立体构型为_____;

(4) 在与石墨结构相似的六方氮化硼晶体中,层内 B 原子与 N 原子之间的化学键为_____,层间作用力为_____;

(5) 六方氮化硼在高温高压下,可以转化为立方氮化硼,其结构与金刚石相似,硬度与金刚石相当,晶胞边长为 361.5 pm。立方氮化硼晶胞中含有_____个氮原子、_____个硼原子,立方氮化硼的密度是_____g·cm^{-3}(只要求列算式,不必计算出数值。阿伏伽德罗常数为 N_A)。

[答案及评分细则]

(1) $B_2O_3 + 3CaF_2 + 3H_2SO_4 \xrightarrow{\triangle} 2BF_3\uparrow + 3CaSO_4 + 3H_2O$(2 分);$B_2O_3 + 2NH_3 \xrightarrow{高温} 2BN + 3H_2O$(1 分)

注:化学式错误或化学方程式未配平不得分;把"="写成"→"不扣分;未写反应条件及"↑"不扣分;若 BN 写成 $(BN)_x$,且方程式正确,同样得 1 分。

(2) $1s^2 2s^2 2p^1$(1 分);N(1 分);+3(1 分)

(3) 120°(1 分);sp^2(1 分);正四面体(1 分)

注:"120°"写成 120 度同样得 1 分。

(4) 共价键(极性共价键)(1 分);分子间力(1 分)

(5) 4(1 分);4(1 分);$\dfrac{25 \times 4}{(361.5 \times 10^{-10})^3 \times N_A}$(2 分)

注:若氮化硼的密度给出计算结果且正确,则同样得 2 分。

6. [化学——选修 5:有机化学基础](15 分)

香豆素是一种天然香料,存在于黑香豆、兰花等植物中。工业上常用水杨醛与乙酸酐在催化剂存在下加热反应制得:

以下是由甲苯为原料生产香豆素的一种合成路线(部分反应条件及副产物已略去):

已知以下信息:

① A中有五种不同化学环境的氢；② B可与FeCl₃溶液发生显色反应；
③ 同一个碳原子上连有两个羟基通常不稳定，易脱水形成羰基。
请回答下列问题：
(1) 香豆素的分子式为_____；
(2) 由甲苯生成A的反应类型为_____，A的化学名称为_____；
(3) 由B生成C的化学反应方程式为_____；
(4) B的同分异构体中含有苯环的还有_____种，其中在核磁共振氢谱中只出现四组峰的有_____种；
(5) D的同分异构体中含有苯环的还有_____种，其中：
① 既能发生银镜反应，又能发生水解反应的是_____（写结构简式）；
② 能够与饱和碳酸氢钠溶液反应放出CO₂的是_____（写结构简式）。

[答案及评分细则]
(1) $C_9H_6O_2$（1分）
(2) 取代反应（1分）；2-氯甲苯（邻氯甲苯）（1分）
注：命名时若写成"1-甲基-2-氯苯"、"2-氯甲苯"、"2-氯-1-甲苯"、"邻甲氯苯"、"邻甲基氯苯"、"邻氯甲苯"均得1分；若"一"表示错误，或写成"邻氯化甲苯"、出现","等，均不得分。

(3) [邻甲基苯酚] + 2Cl₂ 光照→ [邻二氯甲基苯酚] + 2HCl （2分）

注：若反应写成2步氯代且正确，得2分；若未写出反应条件，则得1分；若化学方程式未配平，或漏写化学式，或反应试剂写在箭头上面的，均不得分。

(4) 4（2分）；2（2分）

(5) 4（2分）；[苯甲酸甲酯 C₆H₅-O-CHO]   [苯甲酸 C₆H₅-COOH] （2分）

注：若同分异构体的数目写成7或10或13，均得2分；书写同分异构体的结构简式时，其他正确书写均给分。

单元总结

1. 中考、高考化学试卷模式各有4种，试卷设计要对考试时间、题量、题型分布、数量特征、难度等要素进行控制。中考、高考化学试卷具有七个共同特点：内容效度较高；重视对实验能力的考查；突出与生活、生产、科技和社会的联系；注重对思维能力、学习能力的考查；以学科内知识为主，兼顾学科间综合；控制题量，增大试题的思维空间；增加开放性试题，考查学生科学探究能力和研究性学习能力。

2. 化学考试内容要素、能力要素及其考核标准的确定，应以化学课程标准为基准，并结合高一级学校教育目标需求、考试目的的需求、中学化学教材内容体系、社会对国民素质的发展需求和考生的身心特征综合考虑。

3. 化学考试试卷结构，是由化学学科内容、目标、题型、难度、分数、时限、长度、等值八种要素彼此关联所组成的一个集合性结构系统。

4. 化学试卷设计要遵循适纲性、整体性、度量性、适度性、导向性、完备性、创新性等原则。

5. 化学试卷的完成一般要经过如下程序：规划试卷的蓝图；筛选试题，组题拼卷；试卷调整；制定与优化评分标准；认真校对试卷，确保错误率降低到极限状态。

6. 对每道入卷的试题赋予一定的分值，并详细规定评分标准，是试卷设计的一项重要工作。必须综合考虑各种因素和关系，合理给每道试题赋分，并科学制定评分标准。

学习评价

1. 化学试卷的基本结构和特点是什么？
2. 化学考试标准构建的依据是什么？
3. 中考、高考与课程标准、考试大纲的关系如何？
4. 各类化学试卷设计的流程是什么？
5. 化学试卷的评分标准是如何确定的？

第七章 化学教育测量质量的评价

学习目标

1. 了解化学教育测量质量评价的基本内容和方法。
2. 掌握化学教育测量"四度"的概念、估计方法及影响因素。
3. 理解化学试卷质量评价的一般模式和不同层次。

教育测量的质量评价旨在揭示并掌握教育测量的规律,科学地指导考试实践,充分地发挥教育测量的选拔、诊断、安置等功能。它是一项复杂而细致的工作,一般借助电脑按照一套依据数理统计方法建立的程序,对试题及考试结果进行信度、效度、难度、区分度等诸种因素的分析。本章将从宏观、中观和微观三个层面,提供化学试卷质量分析的一般模式。

第一节 化学教育测量质量的评价概述

关 键 词

化学教育测量质量评价　统计分析　逻辑分析　综合分析

化学教育测量质量评价是指按照一定的价值标准,运用定性与定量相结合的方法,对化学教育测量的过程和效果所作出的价值判断。[1] 它包括对化学教育测量的设计、实施、结果三个部分的评价。

一、化学教育测量质量评价的意义

第一,化学教育测量设计者通过化学教育测量质量评价的反馈信息,可以了解本次化学教育测量的命题质量,为日后重新修订化学教育测量设计,筛选修改试题,构建试题库,实现命题标准化服务。第二,化学教育测量实施者通过化学教育测量质量评价的反馈信息,可以了解本次化学教育测量的施测质量,为日后优化运行机制,改进施测工作,提高管理质量,实现考试管理科学化服务。第三,化学教育测量使用者通过化学教育测量质量评价的反馈信息,可以了解被试团体或个体的学绩状况或发展潜能。例如:学校教师可以了解学生对有关化学知识、技能的掌握情况和教学目标的实现程度,为准确作出教育教学诊断或有针对性地进行教育教学改革提供客观依据;社会用人部门或录用单位可以对被试的现有知识、能力正确地作出区分、甄别或鉴定,为科学地选拔人才或合理地使用人力资源提供有力的保证。

---

[1] 凌云.考试统计学[M].武汉:华中师范大学出版社,2002:408.

二、化学教育测量质量评价的内容

从化学教育测量过程来看,化学教育测量质量评价的内容应包括命题质量、施测质量和评分质量三个方面。现行实际操作中,人们往往主要通过对化学教育测量结果的综合分析,作出概率性的统计推断和专业性的价值判断。因此化学教育测量质量评价的内容,可按被试答卷的反应性质和表现特征,分为以下两个部分:

(1) 化学试卷质量分析。其内容包括考试目的的适宜性分析、考试内容的有效性分析、考试结果的可靠性分析、试卷编排的合理性分析、评分标准的确切性分析等。

(2) 化学试题质量分析。其内容包括试题的难易度分析、试题的鉴别力分析、选择题项目的选答比率分析、答题的典型错例分析、试题编写的科学性分析等。

三、化学考试质量分析的基本方法

科学的化学考试质量分析方法,是借鉴教育测量学的理论,对化学考试试卷采用定性与定量相结合进行分析评价的过程。其中,在分析考生解答中的具体问题时,以定性分析为主,辅之以定量分析;在分析试卷和试题质量时,以定量分析为主,辅之以定性分析。

(一) 化学试卷的统计分析

无论是定性分析还是定量分析,都离不开对试卷统计分析所得到的量化信息。因此,对化学试卷的统计分析是化学考试质量分析科学化的首要步骤和重要特征。

统计分析法又称定量分析法。它主要运用测量学和统计学的理论,通过计算各种统计量数和绘制有关统计图表,对被试成绩的分布状况、集中趋势、差异程度、反应比率、相互关系等统计特征进行描述或推断。统计分析侧重于对考试的数量化结果进行分析和解释并作出事实判断,即根据被试团体常模或预期行为准则作出评定或诊断。

化学试卷的统计分析的内容主要包括:考生成绩分布的统计分析、试卷质量的统计分析、试题质量的统计分析、考生答卷典型问题的统计分析。基本步骤如下:

1. 抽样

对于较大规模的化学考试,一般都在全体试卷中随机抽样,用样本的统计分析来推断全体的情况。常用的抽样方法有:

(1) 按系统抽样的方法,依序抽取每一考场首号考生的试卷组成样本。

(2) 按考生在各个分数段的比例进行分层随机抽样。

(3) 按学校类型的考生的比例进行分层整群抽样。

抽样样本 n 的确定方法有两种:一种是当总体很大时,就取 $n=370$,这样便于用27%两端分组法统计分析(高考、会考等可以采用)。另一种通过计算来确定 n,按统计上的要求,容量上千的总体,一般按 $1/30 \sim 1/20$ 抽样,n 可由此确定。

2. 考生成绩的统计分析

对考生成绩的统计分析首先是要整理样本分数,绘制频数分布表。其步骤是:

(1) 按高分到低分排列成绩顺序,制作成绩频数分布图(见图7-1)。

(2) 计算样本特征量数平均分和标准差。

(3) 绘制样本分布直方图和频数分布曲线。

(4) 如果要与历次化学成绩比较,或与其他学科成绩比较,或与其他学科加和计总分排名次,还应将各考生的原始分数转换成标准分(T分数)。若仅就同次化学考试而言,可以不作转换。

再根据上述图表对考生成绩做出初步分析。

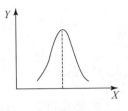

图 7-1 成绩频数分布图

3. 试卷质量的统计分析

试卷质量的统计分析主要是通过对试卷结构统计分析的有关量表去体现,其中应将考试大纲、课程标准规定的有关比例、近年考卷的质量数据列入,以供对比。这些量表有:试卷的知识结构、试卷的知识内容在教材中的分布、试卷能力结构、试卷知识内容与能力要求双向细目表(据此表可以评价试卷的内容效度、试卷的题型结构和长度结构、试卷的难度结构、试卷的信度)。

4. 试题质量的统计分析

为评价试题质量,主要制作的统计量表包括:各题得分情况统计表(包括满分率、零分率、平均分、标准差、难度、区分度)、试题难度分布表、试题区分度分布表、选择题选项统计表、某些典型试题得分统计表,然后再对试题的难度、区分度,选择题选项设计的合理性,选择题与主观题的分工与特色,各类型的特色等做出具体分析。

5. 考生答题典型问题的统计分析

为了全面评价考试质量,应注意搜集整理考生答题中的典型问题,并将其归纳成表格形式或其他便于直观的形式,通过数据分析进行解析。

(二) 化学试卷的逻辑分析

逻辑分析法又称定性分析法。它主要运用有关专业理论、技术和实践经验,对考试目的、考试内容、目标层级、评分标准、题目陈述、题型设置等方面进行逻辑推理和定性分析。逻辑分析侧重于描述事物的属性,评判考试对实现人的需要或价值准则的意义,即评价考试是否达到预期目的及其所达到的程度,其核心是作出价值判断。

定性分析的具体内容和方法应根据主考部门和考生所在单位的实际而定。如要了解考生答卷所反映出教学中存在的问题,可以根据统计分析提供的试题难度资料查找原因;若要了解不同地区、学校、班级考生的差异情况,可对考生的解答作比较分析;若要了解命题的质量,应重点对考试的信度、效度、试卷的结构,试题的难度、区分度加以分析。

(三) 化学试卷的综合分析

综合分析法又称定量与定性相结合的分析方法。该方法是以考试大纲规定和考试目标要求为依据,以测量统计学理论和技术为基础,以电子计算机处理为手段,并按一定的程序进行操作。

首先,通过计算有关统计特征量数,绘制相应统计图表,进行必要统计推断,以形成数量化领域内的事实判断;然后,根据有关专业理论和实践经验,并按照统计提供的事实或线索,对被试卷面的一般行为反应进行逻辑推理和定性分析,以形成实质性专业领域内的价值判断。

在评价考试质量时,若仅采用单一的定量分析法或单一的定性分析法,都将因其各自的局限性而导致最终形成的评价结论有失客观、准确和完整。显然,综合分析法是评价考试质量的最佳方法。到此,试卷分析的结果可用报告的形式写出,其中,可以侧重上述某一方面,也可以对上述诸方面加以综述,供有关部门参考。

第二节　化学教育测量的信度

关键词

信度　再测信度　复本信度　分半信度　同质性信度　评分者信度

一、信度的概念

信度就是试卷的可靠性，它是反映测量一致性程度的指标。一个好的测量，对同一事物反复多次测量，其结果应该始终保持不变。在经典测量理论中，由真分数模型而得到的对信度更为理想的定义是：信度是一组测量分数方差与观测分数方差的比率，即

$$r_{XY} = S_t^2 / S_x^2 \qquad \text{(公式 7-1)}$$

式中，r_{XY} 为测量的信度系数，S_t^2 为真分数方差，S_x^2 为观测分数的方差，即测量结果的总方差。

从这一定义说明，测量的结果可靠与否，关键在于测量结果的总方差中有多少是由个体真分数的方差所引起的。如果这一比例偏低，则表明测量结果总方差中大多是由误差引起的，测量没有测出个体的真实水平，其结果不够可靠。反之，则表明测量结果比较可靠。

二、估计信度的方法

由于测验分数的误差来源不同，估计信度的方法也有所不同。下面具体介绍几种信度系数的估计方法。

（一）再测信度

用同一个测验，对同一组被试前后两次施测，两次测验分数所得的相关系数为再测信度。因为它能反映两次测验结果有无变动，也就是测验分数的稳定程度，故又称稳定性系数。其计算公式为

$$r_{xx} = \frac{\sum X_1 X_2 / N - \overline{X_1}\,\overline{X_2}}{S_1 S_2} \qquad \text{(公式 7-2)}$$

式中，X_1、X_2 为同一被试的两次测验分数，$\overline{X_1}$、$\overline{X_2}$ 为全体被试两次测验的平均分数，S_1、S_2 为两次测验的标准差，N 为被试人数。

计算再测信度应满足以下几个假设：① 所测量的特质必须是稳定的。② 遗忘与练习的效果相同。③ 两次施测期间被试的学习效果没有差别。

由于以上几条假设较难做到，所以有些测验不宜用再测法估计信度。采用此法时应注意以下几个问题：① 两次测验的时间间隔要适当。时间太短，第一次的回答记忆犹新，因而夸大了稳定性；时间太长，由于受学习、成熟等的影响，从而降低了稳定性。② 再测法适用于速度测验，而不适用于难度测验。因为速度测验项目多，被试无法记住测验内容，所以受第一次测验影响小。③ 应注意提高被试的积极性。由于是再测，被试易失去兴趣，采取不合作的态度，使得第二次测验不可靠，所以提高被试的积极性是再测法成功的重要条件。

用再测法估计信度的优点是能提供测验结果是否随时间而变化的资料，可作为预测被试将

来行为的依据。其缺点是易受练习和记忆的影响。

(二) 复本信度

根据一组被试的两个平行(等值)测验上的得分计算的相关系数即为复本信度。因为它反映的是两个测验之间的等值程度,因此又叫等值性系数。其计算方法与再测法相同。

在用复本法估计信度时,两个等值测验可以连续施测,也可以相距一段时间分两次施测。在采用此法时,一定要注意以下两点:① 两个测验必须在项目的内容、形式、数量、难易、时限、指导语等方面相同或相似。② 两次测验的时间间隔要适当,若太短,由于测验太相似,被试可能厌倦,若太长又可能会因新的学习而产生干扰。

尽管复本信度的估计方法避免了再测法的缺点,应用范围较广,但它本身也有一定的局限性:① 复本法只能减少而不能完全排除练习和记忆的影响。② 对于许多测验来说,建立复本相当困难。

(三) 分半信度

有的测验或者由于没有复本,或者由于种种原因不可能再测一次,对于这种情况,有时可以采用分半法估计信度。分半法是按正常的程序实施测验,然后将全部项目分成相等的两半,根据各人在这两半测验的分数计算其相关系数。

一个测验可以采用多种不同的方法分半,但是在大多数情况下,分为前半部分和后半部分是不可取的,因为前后两部分项目在类型和难度上往往不同,而且受练习、疲劳等各种因素的影响也不同。通常采用奇偶分半法,求出所有被试奇偶数项目总分的相关系数。

(四) 同质性信度

同质性也称内部一致性,指的是测验内部所有题目间的一致性。分半信度并不是最好的内部一致性估计。为了弥补分半法的不足,克伦巴赫(L. J. Cronbach)提出 α 系数的方法,其公式为

$$\alpha = \frac{K}{K-1}\left[1 - \frac{\sum S_i^2}{S_x^2}\right], \tag{公式 7-3}$$

式中,K 为测验的题目数,S_i^2 为某一题目分数的方差,S_x^2 为测验总分的方差。

(五) 评分者信度

前面已介绍,高考并不是完全采用选择题的考试。有些试题还根据实际需要采用主观性试题。如论述题、证明题、综合计算题等。因而,这些评分容易带有主观成分。同一份试卷,不同的评分者可能给予不同的分数,这就会影响考生成绩的可靠性。因而不同的评分者之间存在着掌握评分标准是否一致的问题,对于这种一致性的程度也用相关系数表示,称为评分者信度。

这时计算相关系数与前面介绍的方法就不大相同,在实际解决这类问题时,常常把分数转换成等级分数,用下列公式计算:

$$W = \frac{\sum R_i^2 - \frac{(\sum R_i)^2}{N}}{\frac{1}{2}K^2(N^3-N)}, \tag{公式 7-4}$$

式中,W 为评分者信度系数,K 为评分者人数,N 为被评试卷数,R_i 为第 i 份试卷所得等级之和。

现将信度估计的几种方法小结于表 7-1。

表 7-1　信度估计的几种方法

信度类型	误差来源	测量次数	需试卷数	计算方法
再测信度	时间取样	2	1	求两次测试分数的相关系数
复本信度	内容取样	1	2	求两个复本分数的相关系数
再测复本信度	内容—时间取样	2	2	求两个复本分数的相关系数
分半信度	内容取样	1	1	求两半试题分数的相关系数 用斯皮尔曼-布朗公式校正
同质性信度	内容取样	1	1	库德-理查逊公式 克伦巴赫 a 系数公式

一般评价考试的信度系数是用最低信度系数，不同目的考试，不同的信度计算方法，信度系数的最低值不一样。如：一般能力与学绩考试信度系数可达 0.90 以上，性格、兴趣等测验信度系数常在 0.80 以上。当信度系数小于 0.70 时不能用该考试成绩对个人作评价，也不能在团体间作比较。一般分半信度应在 0.85 以上，α 信度应在 0.80 以上。

所以，每一种信度都是针对特定情况来说的，不同种类的信度系数不能互相比较。所有的计算方法，都只能提供信度估计的最低值。在利用信度评价试题可靠性时，要注意其局限性。

三、信度系数的应用

（一）评价测验

信度系数是衡量测验好坏的一个重要技术指标，测验的信度系数达到多高才可以接受呢？最理想的情况是 $r=1.00$，但这是办不到的。不过我们可用已有的同类测验作为比较的基准。

资料卡片

根据高考的特征和试卷结构，高考化学测量的信度采用"分半信度"和"α 信度"系数。1993—2000 年高考化学测量的分半信度和 α 信度系数见下表。

1993—2000 年高考化学测量的分半信度和 α 信度系数

	1993 年	1994 年	1995 年	1996 年	1997 年	1998 年	1999 年	2000 年
分半信度	0.89	0.87	0.89	0.86	0.89	0.88	0.88	0.90
α 信度	0.81	0.88	0.92	0.91	0.93	0.91	0.92	0.93

（二）解释分数

1. 个人测验分数的误差

信度系数仅表明一组测量的实际值与真值的符合程度，并没有给出个人测验分数的变异情况。由于误差的存在，一个人所得的分数一般很难等于真分数。理论上我们可以对一个人施测无数次，然后求出所得分数的平均数和标准差，在这里平均数就是这个人的真分数，标准差则为测量误差大小的指标，但实际上这是行不通的。在实际工作中，我们往往用一组被试两次施测的结果来估计误差的变异数。这时个人在两次测试中分数的差异就是测量误差，据此可以得到一

个误差分数的分布,这个分布的标准差就是测量的标准误,它是测量误差大小的指标,其计算公式为

$$SE = S_x\sqrt{1-r_{xx}},\qquad\text{(公式7-5)}$$

式中,SE 为标准误,S_x 为所得分数的标准差,r_{xx} 为测验的信度。

根据统计学中区间估计的方法,我们可以得知:个人在每次测量中所得分数 X 有 95% 的可能性在真分数 T 加减 1.96 个标准误的范围内,即

$$(X-1.96SE)\leqslant T\leqslant(X+1.96SE)。$$

2. 两种测验分数的比较

来自不同测验的原始分数是无法直接比较的,只有参照同一团体的平均分数,将它们转换成相同尺度的标准分数,才能进行比较。为了说明个人在两种测验上的差异,我们可以用差异标准误来检验其差异的显著性,其公式为

$$SE_d = \sqrt{SE_1^2 + SE_2^2},\qquad\text{(公式7-6)}$$

式中,SE_d 为差异的标准误,SE_1、SE_2 为两个测验的分数的标准误,将 $SE_1 = S\sqrt{1-r_{xx}}$,$SE_2 = S\sqrt{1-r_{yy}}$,代入公式 7-6 可得

$$SE_d = S\sqrt{2-r_{xx}-r_{yy}}\qquad\text{(公式7-7)}$$

式中,S 为相同尺度的标准分数的标准差,r_{xx}、r_{yy} 分别为两个测验的信度系数。

然后再将标准分数的差异与 $1.96SE$(0.05 水平)进行比较,即可得出两个测验的差异是否显著。

四、影响信度的因素

影响信度的因素很多,被试、主试、测验内容和施测环境等各方面均能引起随机误差,导致分数不一致,从而降低测验的信度。

1. 被试的样本

被试样本的情况是影响信度估计的一个重要因素。团体的异质程度影响分数的分布,一个团体越是异质,其分数分布的范围也就越大,信度系数也就越高。信度系数也受样本团体平均水平的影响。

2. 测验的长度

一般来说,测验越长,信度值越高。这是因为:① 测验加长,可能改进项目取样的代表性,从而能更好地反映受测者的真实水平。② 测验的项目越多,在每个项目上的随机误差就可以互相抵消。但必须注意的是,增加试题或减少试题的测量特征必须与原来试题的测量特征相同或近似。若增加的试题太难或太易,则每个考生都不能答对或都能答对,就无法增加测验总分的方差,就无法提高测验的信度。另外,也并不是说测验越长越好,测验过长反而会降低测验的信度。一般的原则是,在一定时间和正常的情况下,大多数考生(约 75%)能答完为宜。

3. 测验的难度

测验的难度与信度没有直接对应关系,但是当测验太难或太易时,则分数的范围就会缩小,从而降低信度。只有当测验难度水平可以使测验分数的分布范围最大时,测验的信度才会最高,通常这个难度水平为 0.50。

第三节　化学教育测量的效度

关键词

效度　内容效度　预测效度　结构效度

一、测量效度的基本概念

效度(validity),是指教育测量的有效性,即教育测量在多大程度上能够测得它所要测量的东西。或者说,教育测量是否达到了测量目标的要求。

任何一种考试,只是对一定的目的来说才是有效的。比如:用一份大学化学系的化学试卷来测中学生,当然无效。因而,要使考试有效,必须使考试与考试目标相一致。

依据所研究的侧重点不同,对教育测量有效性所提出的要求也不同,因此,相应有不同的效度指标。目前,最广泛使用的是弗兰士(J. W. French)和米希贝尔(B. Michbel)提出的效度分类方法。他们将效度分为:内容效度、预测效度(效标效度)和结构效度。

二、化学教育测量的效度

(一) 内容效度

内容效度是指一个考试是否考了应考的内容,或者说考试内容与预定的考试要求的一致性程度。要了解考生对化学知识、技能的掌握程度,最可靠的办法就是进行一次全面的考试,考试的范围包括所有学过的内容。然而,在实际考试中,这种方法是行不通的。为了达到同样的目的,同时又节省人力、物力,我们就可以对化学的基本问题和主要内容进行分析,制定出命题细目表,并从中选出适合的试题来编成试卷,从而依据考生的考试分数来推论考生对化学知识的掌握情况。若这些试卷出得好,代表了化学的基本问题和主要内容,则推论将有效;若试卷出得不好,过难或过易,或在内容上有偏漏,则推论将无效。由于这种考试的效度主要与考试内容有关,所以叫做内容效度。

内容效度的评估:

① 由于内容效度是指测验题目对所测内容范围的代表性程度,因此评估内容效度的第一步便是内容范围的确定。在教育测验中,测验欲测之内容范围是以命题双向细目表来确定和详细描述的。内容效度评估的第二步就是分析测验的每一项目,确定它们所涉及的知识和技能,列出同类题目(涉及同一内容和目标)及其分数在测验中所占比例。最后将测验的内容结构与测验欲测之内容范围结构(即双向细目表)相对照,制定评定量表,计算测验内容对其内容范围的覆盖率,从而得出内容效度的指标。

② 评估内容效度亦可采用经验的方法:检查不同年级的学生在测验上的得分和在每个题目上的反应情况。若测验总分和题目通过率随年级而增高,一般便可推测该测验基本体现了相应教育目标和内容,因而具有内容效度。

③ 此外,可用再测法评估内容效度:先将测验施测于对该测验内容掌握很少的被试团体;随

后让该团体参与有关知识的学习与训练;最后再测同一测验。若成绩提高显著,则可说明测验的确测量了所教知识,可谓具有内容效度。

内容效度虽然是衡量试卷质量的一个重要指标,但它也有一定的局限性。它的主要缺点是缺乏理想的数量指标,只能从定性分析来得到评价,因而妨碍了信息的交流和各种考试之间的比较。

 资料卡片

2007—2010年普通高考化学试卷的内容效度分析

	基本概念和理论	元素及化合物	有机化合物	化学实验	化学计算
2007年甲	37.3	19.4	19.4	13.9	10
2007年乙	36.1	25.0	19.4	13.9	5.6
2008年甲	30.6	19.4	19.4	13.9	12.9
2008年乙	30.6	19.4	19.4	13.9	12.9
2009年甲	36.1	19.4	19.4	13.9	11.1
2009年乙	30.6	25.0	19.4	13.9	11.1
2010年甲	30.6	19.4	19.4	13.9	16.7
2010年乙	36.1	19.5	19.4	13.9	11.1

从上表可以看出试卷知识内容结构与《考试大纲》基本一致。当然,基本概念和元素及其化合物知识的考查往往是紧密联系的,很难明确划分哪部分的分数比例。此外,《考试大纲》仅仅对当年考试有效,随着高考内容改革的深入,也在逐步调整。

(二)预测效度

所谓预测效度,就是一个考试或一份试卷对于所要测量的目标进行预测的有效程度。一个考试或一份试卷预测得越准,其预测的有效程度就越高,也就是说,预测与实际越吻合。内容详见本书第三章第四节。

(三)结构效度

结构效度也称为构想效度。之所以称为构想效度,是因为我们往往从科学实验的角度提出某种科学的构想,然后用某种测试的手段去证明这种构想。但是若要建立或推翻我们的构想,必须采用统计手段去检验结果的效度。每一次考试结果是否具有显著性的意义,包含了哪些误差,等等,都是我们希望了解的。

因素分析是对构想效度进行分析的有效方法之一。因素分析的目的是把一些具有错综复杂关系的因素归结为数量较少的几个综合因素或称共同因素,并以此作为测验所测之特质对测验分数作出解释。因素分析可分为探索性因素分析与验证性因素分析。因素分析方法认为,一组复杂的变量常常可以缩减为较少的一组基本变量,用以反映事物之间最本质的联系。例如,高考化学试卷中有几十道试题,除了考查化学知识外,这些试题测量了考生哪些能力,这些能力与考查的知识内容之间有着怎样的关系和规律,在多大程度上反映了高考化学预期测量目标实现的程度。仅仅从内容效度分析是不够的,可以用因素分析的方法给予定量的表述。

资料卡片

化学学科命题委员会课题组曾用 2000 多考生某年高考化学试题的得分(近 8 万个原始数据)为样本,运用因素分析的方法,借助于相关计算机软件包,从所得到的因素矩阵中,得到该年化学试卷基本能力结构。

该年化学试卷共 37 道试题,主要测到 4 种能力因素,它们对整个考试分数的影响已占到 52.15%。

因素Ⅰ,对化学基础知识的理解和应用的能力;因素Ⅱ,识别和判断的能力;因素Ⅲ,逻辑推理的能力;因素Ⅳ,分析综合的能力。

这 4 种能力因素在试卷中所占的百分比分别为:因素Ⅰ,约占 25.73%;因素Ⅱ,约占 11.05%;因素Ⅲ,约占 11.73%;因素Ⅳ,约占 51.50%。

统计数据表明,测量考生的"分析综合能力"和"对化学基础知识的理解和应用能力"两项累计约占 77.23%。这个百分比与《考试大纲》中预期对能力测量要求相一致。这表明,该试卷不仅测试了考生对化学基础知识、基本技能的掌握情况,而且试题的编制把对思维能力的测量放在首要位置。

所以,《考试大纲》中沿用中学化学《教学大纲》的 4 种能力的提法,与运用因素分析所测得的 4 种能力因素都是从不同的侧面考查了考生的最基本能力——思维能力。

三、测量效度指标的改进[①]

效度是评价一个测验优劣的最为重要的指标。只有了解到影响效度的种种因素之后,才能找到相应的效度改进方法。

1. 测验的信度

信度指标是效度指标改进的必要条件,但不是充分条件。提高测验的信度对于测验效度指标的改进有益无害。因此,改进信度指标的所有途径皆适用于效度的改进。

资料卡片

根据公式 $S_X^2 = S_V^2 + S_L^2 + S_E^2$,可以得到信度与效度的关系如下:

(1) 信度高是效度高的必要而非充分的条件。当随机误差的变异数(S_E^2)减小时,真实分数的变异数(S_T^2)增加,测验信度(S_T^2/S_X^2)随之提高。信度的提高只给有效变异数(S_V^2)的增加提供了可能,至于是否能提高效度,还要看系统误差变异数(S_L^2)的大小。可见,信度高不一定效度高。但一个测验要想效度高,真分数的变异数必须占较大的比重,即测验的信度必须高。

(2) 测验的效度受它的信度制约。根据效度和信度的定义($r_{xy}^2 = S_V^2/S_X^2$, $r_{XX} = S_T^2/S_X^2$)以及公式($S_T^2 = S_V^2 + S_L^2$)可得到:

$$r_{xy}^2 = (S_T^2 - S_L^2)/S_X^2 = r_{XX} - S_L^2/S_X^2$$
$$\because S_L^2 > 0, \quad \therefore r_{xy}^2 < r_{XX}$$

这就是说,一个测验的效度总是受它的信度所制约。

---

① 张敏强.教育测量学[M].北京:教育科学出版社,1998:132-134.

2. 效标测量

在效标关联效度研究中,不同的效标可能会产生不同的效度,所以应据测验的目的和性质等选择最佳效标,使之与所测特质最为相似,从而可以提高测验的效度系数。此外还有效标测量的影响:对效标的不同测量方法,效标测量的信度,效标测量的各种误差控制,等等,皆会影响到测验的效度指标。因此,应尽可能地改善效标测量的质量,使其得到可靠且有效的结果。

3. 被试团体的性质

同一测验对于不同的被试团体而言测出的可能是完全不同的特质。比如说某定理的推导问题,对于已学过该定理的被试而言测出的很可能是记忆能力,而对于未学过该定理的被试而言测出的则是抽象推理能力。因此,同一测验对于不同性质的被试团体可能会得到不同的效度资料。所以,选用测验前必须先了解其效度资料的常模背景。

4. 效度的不同评估方法

对于测验效度的评估可以有很多方法。显然,采用不同方法会得到不同的效度指标。何种方法及与之相应的效度指标最为合适? 一般应视测验之目的而定。例如最低能力测验一般较注重内容效度,用作人事决策之辅助工具的测验则较注重效标关联效度,而由于构想效度在测验分数解释上的重要作用,因此它对于任何测验来说都应是不可或缺的。事实上,今天的效度研究领域已越来越趋向于视效度资料的收集为一系列连续的、独立的过程,而内容效度、预测效度和构想效度均应成为这一过程中必不可少的组成部分。

第四节 化学教育测量的难度

关 键 词

难度   试卷难度   试题难度   绝对难度   相对难度

一、考试难度的概念

考试的难度,是指考生解答考试中所有问题的困难程度。在测量学中,通常定义为一次考试中答对或通过某道试题的考生数在其总体中所占的比例。试题的难度指数最高为1,最低为0,试题难度在 0.35~0.8 之间为宜,全卷的平均难度多控制在 0.5~0.6 之间。难度过大或过小,对试题的区分能力及考试结果的信度、效度均有影响。

一般地,通常用试卷中所有试题的平均难度代表试卷的难度,其公式为

$$P = \frac{\overline{X}}{W}$$

(公式 7-8)

式中,P 为试卷难度,$\overline{X}$ 为考生在该试卷各题的平均得分,W 为试卷的满分。

目前,大都将考试难度区分为试题难度和试卷难度两个层面。同时,还提出了绝对难度(或品质难度)与相对难度(或统计难度)的概念。[1]

---

[1] 教育部考试中心. 高考物理测量理论与实践[M]. 北京:高等教育出版社,2006:193-200.

（一）绝对难度

化学试题（或试卷）的绝对难度是指，从解答要求的角度，试题（或试卷）测试考生的知识、技能和能力等心理特性的深浅程度或高低程度。绝对难度具有如下基本特点：① 试题（或试卷）的绝对难度是试题（或试卷）自身固有的一种属性，与考生的程度、状态无关，也与测试环境等外界因素无关。② 决定试题（或试卷）的绝对难度大小的诸因素，都存在于试题（或试卷）的内部。③ 目前绝对难度还无法准确量化。对单独一个题目，绝对难度无明确的意义，在对比两道题（或两份试卷）时才有意义。④ 关于试题（或试卷）绝对难度大小的判断，一般离不开人（判断者），这使得绝对难度的客观性受到挑战。

1. 影响化学试题绝对难度的主要因素

对于影响化学试题难度的诸因素的分析和判断及其量化方法的研究，是试题难度预测的基础。实际上，这方面的研究还不成熟，有待深入。在已见的一些难度预测的数学模型中，常用的难度因素的提法有以下几种。

（1）知识点数（也称广度）：指读题和解题所需用到的知识量，用点数来衡量。点的内涵存在着可变性，对于各学科考试试题，多以课程标准或考试大纲规定的知识点为依据。通常是点愈多，试题愈难。

（2）运算步骤数（也称运算量）：指解答试题所需的运算量，用步骤数来衡量。步骤数常因解法的不同而异，同时，步骤的划分也因人而异。通常以多数考生最可能使用的解法进行分析，步骤划分的粗细则随考试性质而变。一般来说，步骤多，试题难。

（3）推理转折数（也称推理量）：指完成试题所需的逻辑推理量，用转折数（也称层次数）来衡量。转折数即为逻辑推理的思维过程中因果转换的次数，它也因解法而异，以多数考生最可能运用的解法为准进行推算。一般来说，转折多，试题难。

（4）陷阱数（也称关卡数、障碍点数）：指解答过程中，多数考生难以跨越或者容易疏忽而导致失误的环节之多寡，用点数衡量。一般来说，陷阱多，试题难。

（5）新鲜度（也称熟悉度）：指试题的模式和情境对多数考生来说新鲜的程度（或说陌生的程度、熟悉的程度），用影响得分的百分比来衡量。取值范围定为$[-1,1]$，正值表示因熟悉而多得分的机会，负值表示因陌生而失分的机会。

（6）繁简度：指试题长度和条件关联的复杂程度，以及关联的隐蔽程度，用影响失分的百分比来衡量。取值范围为$[0,1]$。一般来说，数值大，试题难。

（7）提示度：指试卷的卷面描述对试题的解答所提供的启发性信息的多寡，用它所起的提示作用有助于多得分的百分比来衡量。取值范围为$[0,1]$。一般来说，数值大，试题易。

（8）猜答度：指依赖猜测作答便可获得多分的程度，用猜对概率来衡量。取值范围为$[0,1]$。一般来说，数值大，试题易。

（9）阻碍度：指由于试题中词语的费解、干扰、歧义，甚至试题有误等现象所造成的阻碍顺利解答的程度，用由于阻碍所造成的失分百分比来衡量。取值范围为$[0,1]$。一般来说，数值大，试题难。

（10）位置度：指试题排序所在位置对影响得分的程度，用少得分的百分比来衡量。取值范围为$[0,1]$。一般来说，数值大，试题难。

（11）超纲度：指试题超出考试大纲规定的程度，超出的程度越大，少得分的考生越多，用由此所造成的少得分的百分比来衡量。取值范围为$[0,1]$。一般来说，数值大，试题难。

2. 影响化学试卷绝对难度的主要因素

化学试卷由试题按一定的结构组合而成。因此,决定化学试卷绝对难度的主要因素是组成化学试卷的试题的绝对难度以及试卷结构性方面的因素。影响化学试卷难度的结构性因素主要有试题的排序、试卷长度、试卷使用要求等。

(1) 试题在试卷中的不同排序会产生不同绝对难度的试卷。假设两份试卷由相同的题目组成,只是排序不同。一份由易到难,由浅到深,符合考生的心理承受力和思考问题的习惯;而另一份,难易次序时有颠倒,对考生抗挫折的心理承受力有较高的要求,同时,又将同一大项目的考查内容的不同试题分散于不同角落,引发考生在解题过程中不断转换思考领域,思维切换频繁,从而使试卷的绝对难度提高。

(2) 考试通常都有时间限制,当试卷的印刷字符数多、阅读量大时,试卷就显得长一些,对解答能力和速度的要求一般高一些,试卷难度增大;相反,试卷短,难度要求一般会小一些。

(3) 假设试题与结构完全相同的两份试卷,考试的规定时间都是 100 分钟,但是使用要求不同。一种是考试结束一次性收卷;另一种是将试卷分成两部分,第一部分限时若干分钟内完成,在考试中间先收卷,第二部分到考试结束时才收卷。第一种使用方式,考生解答试题的机动性较大;而后一种使用方式,机动性要小,心理承受力的要求高一些,会引起试卷绝对难度的变化。可见,试卷使用要求是影响试卷绝对难度的重要因素。

3. 化学试题和试卷绝对难度的调控原则

首先,必须根据考试目的,明确考试范围与要求,无论是试题还是试卷,考查内容都应在考试范围之内,考查要求都应在考试要求的控制范围之内。当然,根据考试性质的不同,其侧重也可以不同。例如,毕业会考,宜侧重于基础知识和基本技能,而高考则应侧重于与未来高校学习时所需的相关基础知识和技能、相关的思想方法以及灵活与综合的应用。

其次,试题与试卷的难度调控幅度,应根据考试的性质来确定。可用影响绝对难度的主要因素(即知识量、计算量、推理量和决定思考量的诸因素)的调控幅度来表示。例如,知识量控制在多少个知识点范围内,计算量、推理量控制在什么范围内,综合程度在什么层次上,等等。同时,各个因素的轻重、主次关系也得根据考试性质作出相适应的倾向性安排。

(二) 相对难度

试题(或试卷)的相对难度是指,从考生(被测试者)的角度,评价试题(或试卷)的要求相对于考生整体水平的适应程度。相适应的程度高,则相对难度小;反之,则相对难度大。

1. 影响化学考试相对难度的主要因素

(1) 绝对难度。绝对难度是影响相对难度的最主要、最关键的因素。绝对难度大的试题(或试卷),多数考生得分率低,相对难度也大;反之,相对难度小。

(2) 考生状况。考试成绩是考生总体水平的反映。水平高,平均得分率也高,因而相对难度小;水平低,平均得分率也低,相对难度大。考生总体水平由考生状况所决定,主要是考生在应试前所接受的教育学习状况和备考所达到的学业程度、心理素质和应考能力等。

(3) 考试环境。考试环境主要包括两个方面:考场环境与试卷环境。考场环境主要有:周边环境是否清静,考场的采光、通风、气温如何,座位是否宽敞、舒适,桌子是否平稳整洁,等等。试卷环境主要有:试卷的印刷质量如何,字迹清楚明晰与否,有无缺页,有无漏印,有无油墨污渍,试题编排如何,是否影响试题的审读和解答,答卷书写位置大小是否合适,等等。

以上这些环境因素,对考生的成绩都有很大的影响。环境良好,考生应考的紧张心理会减弱,促进心境的松弛,能较好地发挥出应有水平,提高考试成绩,因而试题、试卷的相对难度变小。相反,环境恶劣,试题、试卷的相对难度增大。

(4) 评卷宽严。同样的答卷,评卷宽时,得分率高,相对难度变小;评卷严时,得分率低,相对难度变大。对于大规模的考试,评卷人员是一个群体,要保证判卷的整个过程都保持评分标准的一致性几乎不可能。为了提高考试的信度和效度,提高考试质量,应尽量降低这一影响,努力使评卷客观、公正、公平,将评分误差控制到尽可能小的范围内。

2. 化学试题和试卷相对难度的设计原则

(1) 适中性原则。根据考试性质,设定合理的难度指标取值范围是试卷难度设计的一个基本原则,可称之为难度设计的适中性原则。

对于大规模的选拔性考试,将试卷的相对难度指标设定在 0.5 左右的范围内比较合适,比如说,在 0.45~0.55 之间,或在 0.50~0.60 之间。一般来说,当录取率比较大时,难度指标可以大一些,即试卷比较容易解答;反之,当录取率比较小时,难度指标也应小一点,即试卷比较难以解答。对于水平考试或资格考试之类的目标参照性考试,试卷的难度设计,则应着重于绝对难度设计,不宜受应试群体状况的干扰。

(2) 整体性原则。为了保证试卷难度指标落入预期的取值范围内,必须设计好试卷的难度结构分布,设定好各道试题的难度指标值的调控范围,这是试题难度设计的整体性原则。

(3) 协调性原则。在每道试题难度指标的取值范围设定之后,必须在设计题型时进行难度调控,这是深层次的难度设计工作。此时,既要通盘考虑各种难度因素对试题难度的影响,又要抓住关键因素,加强其调控作用。不同试题、不同题型,影响难度的关键因素不完全相同,应逐题分析研究。难度设计不应独立于题型设计之外而各自进行,应实行难度设计与题型设计并行的协调性原则。

(4) 近似性原则。影响试题难度的各种主要因素不仅影响力不同,影响方式更是千差万别。各种因素对难度的影响,有的表现为确定性关系的形式,有的则表现出随机性或模糊性,因而增大了难度设计的困难。因而,在难度设计中,应避免在个别环节上过分细究,以致影响全局;应允许一定程度的设计误差。在设计中,应放开手脚,抓全局,抓关键,不苛求,实行近似性原则。

二、试题难度的估计方法

化学试题的难度可用多种方法计算,现选择五种不同的计算公式。[①]

(一) 问答题难度公式

$$P = \frac{\overline{X}}{a},$$ (公式 7-9)

式中,P 为难度(答对率),$\overline{X}$ 为全体考生某题实得分数的平均值,a 为该题的满分值。

(二) 选择题难度公式之一

$$P = \frac{R}{N},$$ (公式 7-10)

式中,P 为难度(通过率),R 为选中某题正确答案的人数,N 为全体考生人数。

[①] 廖平胜,等.考试学[M].武汉:华中师范大学出版社,1988:298-300.

(三) 选择题难度公式之二

$$P = \frac{P_H - P_L}{2}, \quad \text{(公式 7-11)}$$

式中,P 为难度(通过率),P_H 为高分组选中正确答案人数的比例,P_L 为低分组选中正确答案人数的比例。

采用公式 7-11 计算难度,首先要排出考生在各题得分的序次,然后从高分一端依次取 27% 的考生为高分组,再从低分一端依次取 27% 的考生为低分组,最后用高分组选中正确答案人数的比例减去低分组选中正确答案人数的比例除以 2,所得商数即是该题的难度指数。

以上三种公式求出的难度,实为易度,即难度指数越大的试题反而越容易。为使难度指数与试题的实际难度成正比,名实相符,可用未通过率难度公式计算。

(四) 未通过率难度公式

$$f = 1 - \frac{R}{N}, \quad \text{(公式 7-12)}$$

式中,f 为难度(表示未通过率),R 为选中某题正确答案的人数,N 为全体考生数。

(五) 标准难度公式

前述四种公式所求得的难度值,是答对、通过或未通过某题人数的百分比,仅表明一次考试每道试题难易度的顺序,而各题的难度不能相互比较。因而,最好采用标准难度公式计算试题的难度。标准难度值,是一种正态曲线下等距的难度值,优点在于各题难度可互比。其计算公式为

$$\Delta = 13 + 4x, \quad \text{(公式 7-13)}$$

式中,Δ 为标准难度,4 为标准差数,x 为标准差值,13 为试题标准难度的平均值。

试题的 P 值转换为标准难度后,其难度指数在 1~25 这一区间。若某题的 P 值为 0.5,属于中等难度,按公式 7-13 转换成标准难度则为:$\Delta = 13 + 4x = 13 + 4(0) = 13$,也正好是标准难度的平均值。若某试题的 P 值达到最高指数 1,其标准难度也达到最高指数 25,即 $\Delta = 13 + 4x = 13 + 4(+3) = 25$,说明该题无人通过或答对。如果某题的 P 值为 0,则表明全体考生都通过或答对了此题,其标准难度便处于最低指数 1 的位置,即 $\Delta = 13 + 4x = 13 + 4(-3) = 1$。当试题的 P 值求出后,转换标准难度的程序比较简便,只要在正态曲线面积表上查出了 P 值的标准分数,就可直接代入公式 7-13 计算 Δ 值。

三、难度对测验结果的影响

(一) 对测验分数分布形态的影响

试题中所有项目的平均难度就是试题的难度。难度不同的项目比例不同,则试题的难度就不同,分数的分布形态也会因此而不同。如果难度接近 0 的项目比例较大,得低分的学生较多,分数分布就会相对集中于低分段,则分布呈正偏态;如果难度接近 1 的项目比例较大,得高分的学生较多,分数分布就会相对集中于高分段,则分布呈负偏态。可见,过易或过难的测验,会使测验分数相对集中在高分段或低分段,这时,分数的离散程度小(标准差小)。当项目的难度呈梯度出现,即相同或接近于从 0.1~0.9 的项目比例时,项目的平均难度接近 0.5,此时分数的分布形态最接近正态。

(二) 对测验的鉴别能力的影响

当一部分学生能够正确地回答问题而另一部分学生不能正确回答时,两部分学生之间就形成了相互比较。在测验中,学生间相互比较的可能性越多,越有利于对学生进行鉴别。项目的难度不同,提供这种相互比较的可能性的程度也不相同。例如,当参加测验的学生数为 100 时,某项目 $P=0.2$,说明有 20 个学生答对了该项目,80 个学生答错了该项目,这时,学生之间相互比较的可能性为 1600 次($20\times80=1600$);如果 $P=1$ 或 $P=0$,学生之间就没有相互比较的机会($100\times0=0$ 或 $0\times100=0$),不难看出,当 $P=0.5$ 时,项目能够提供给学生最大的相互比较的机会($50\times50=2500$)。所以,项目的 P 值越接近 0.5,对学生的鉴别力也就越大,同理,试题的难度越接近 0.5,试题的鉴别力也越强。

四、化学考试难度的评价

一个项目的难度值应该多大才合适?对此并没有一个确切的答案。虽然项目难度在 0.5 时其鉴别力最强,但这并不意味着项目难度在 0.5 时质量最高。评价项目难度是否合适的依据,只能是测验的目的,在平时的形成性测验中,与教育目标相对应的测量项目都需要编入测验中,尽管这些项目在前置性测验中难度值可能为 0,而在后置性测验中难度值可能为 1,也不能将其舍弃而人为缩小测验取样的内容范围;在总结性测验中,需要对学生的学习成绩作出区分,要求测验的平均难度达到或接近 0.5,但为了保证取样的代表性,应当使各个难度水平的项目都有分布,且比例适当。有时,还需要根据测验的特殊目的来配置难度不同的项目比例。例如,我们要挑选 10% 的学生参加学科竞赛,项目难度应相对集中于 0～0.20 之间,使项目的平均难度控制在 0.1 左右。这样做虽然会使大部分学生不能完成测验,但能够达到选拔优秀学生的测验目的,项目难度的配置仍然是合理的。如果我们希望一次测验既要选拔最高水平的学生,又要找出那些需要进行个别辅导的学生,就需要使难度分别为 0.1,0.5,0.9 的项目各占 1/3 左右。对于高考命题,在要求高考兼有为高校选拔合格新生和评价中学教学质量双重职能时,这就不能只是简单地使项目难度都保持在 0.5 左右了,而需要精心配置项目的难度比例,使考试的及格率与录取率正好相切。这样才能既有利于高校选拔新生,又可避免不良的社会效应。目前,我国高考化学试卷的整体难度一般在 0.50～0.60 之间,基本被广大考生所接受。随着国家高考招生制度以及内容和形式的改革,高考将适时调整试卷的难度,使之更有利于高校的选拔。

思考与讨论

2008—2010 年普通高考化学试卷的难度分析表

	2008		2009		2010	
	甲卷	乙卷	甲卷	乙卷	甲卷	乙卷
难度	0.59	0.517	0.52	0.585	0.54	0.479
标准差	22.15	21.58	21.68	22.70	22.33	21.88

试结合上表,讨论我国 2008—2010 年普通高考化学试卷的难度特点。

第五节 化学教育测量的区分度

关键词

区分度　分组计算法　相关法　正区分　零区分　负区分

一、区分度的概念

试题的区分度是指试题对不同知识和能力水平的考生的区分程度和鉴别能力。如果试题的区分度高，则能力强、水平高的考生得分就比较高，能力弱、水平低的考生得分比较低，这样就能够把不同程度的考生区分开来，有利于选拔。试题的区分度是进行试题质量分析的主要指标。

区分度有正区分（值大于零）、零区分（值等于零）和负区分（值小于零），区分度用 D 表示，其指数在 $-1\sim 1$ 之间，即 $-1\leqslant D\leqslant 1$。所谓正区分就是积极区分，如 $D=1$ 则表明试题的鉴别能力强，能够把不同水平的考生成绩准确区分开，水平越高的考生成绩越优。负区分正好相反，如 $D=-1$，说明考生的成绩与他们的实际水平刚好相反，水平低的考生得高分，水平高的考生得分低。零区分，$D=0$，是指实际水平高低与得分之间没有太大的关系，表明试题毫无区分能力。在实际教育测验中，负区分和零区分都是不应该出现的。

1965 年美国测量学家艾贝尔（L. Ebel）根据自己编制测验的经验提出用区分度指数评价试题质量的标准，见表 7-2。①

表 7-2　项目区分度与评价标准表

区分度指数	评价
0.40 以上	非常优良
0.30～0.39	良好，改进后更好
0.20～0.29	尚可，用时需修改
0.19 以下	劣，必须淘汰或改进以提高区分度

二、区分度的估计方法

（一）分组计算法

用分组法计算区分度，是通过比较两个效标组（高分组和低分组）在同一项目上反应的差异来估计项目区分度的。其计算公式为：

① 项目用得分法计分

$$D = P_H - P_L, \quad \text{（公式 7-14）}$$

式中，D 为区分度，P_H 为高分组通过该项目的人数比例，P_L 为低分组通过该项目的人数比例。

② 项目以连续分数计分

$$D = \frac{\overline{X}_H - \overline{X}_L}{H - L}, \quad \text{（公式 7-15）}$$

式中，D 为区分度，$\overline{X}_H$ 和 $\overline{X}_L$ 分别为高分组学生和低分组学生在该项目上的平均得分，H 和 L

---

① 金瑜. 心理测量[M]. 上海：华东师范大学出版社，2001：260.

分别为该项目的最高得分和最低得分。

高分组和低分组的划分,是先将被测学生按其总分由高到低的顺序依次排列,然后取其上端一部分为高分组,取其下端一部分为低分组。对于分组的人数应占多大比例,要根据被测学生总体的具体情况而定。如果测验总分的分布符合正态,最适当的比例是高分组和低分组各占27%;如果分数分布较正态分布平坦,高、低分组人数比例要略高于27%;一般情况下,其比例介于25%~33%之间即可。

用分组法计算项目的区分度也被称为鉴别指数,其意义明确,具有计算简便、易于理解的优点,但所得结果不够精确,通常只用于一般教学测验中。

(二) 相关法

计算区分度最常用的方法是相关法,即以某一项目分数与效标分数或测验总分的相关作为该项目区分度的指标。相关越高,则该项目区分度越高。表 7-3 为难度和区分度计算方法一览表。

表 7-3 难度和区分度计算方法一览表

类别	方法	公式	符号意义	适用范围
难度 P	① 用通过率计算	$P=\dfrac{R}{N}$	R—该题通过人数 N—受试总人数	用于零壹记分法的客观题
	② 用得分率计算	$P=\dfrac{\overline{X}}{W}$	$\overline{X}$—考生该题平均得分 W—该题应得分	用于得分不止两个确定的数值的试题,尤其是非客观题
	③ 用两端分组法	$P=\dfrac{P_H+P_L}{2}$	$P_H(P_L)$ 为高(低)分组答对该题的通过率或得分率	用于考生人数较多的测验,如年级以上测验
区分度 D	④ 用两端分组法	$D=P_H-P_L$	同上③	同上③
	⑤ 点二列相关法	$D=\dfrac{\overline{X}_p+\overline{X}_q}{S_t}\sqrt{pq}$	$\overline{X}_p$—答对者测验总分的平均分 $\overline{X}_q$—答错者测验总分平均分 p—答对者占考生人数比例 $q=1-p$—(该题答错人数比例) S_t—所有被试测验总分的标准差	用于零壹记分题
	⑥ 积差相关法	$r_{XY}=\dfrac{\sum(X_i-\overline{X})(Y_i-\overline{Y})}{\sqrt{\sum(X_i-\overline{X})^2\sum(Y_i-\overline{Y})^2}}$	X—每一考生某题得分 Y—每一考生全卷总分	同上②(即非零壹记分的试题)
备注	两端分组法即将考生总分按从高到低的顺序排列,取前 27% 的人数为低分组。在求算 P_H、P_L 时应注意按题目得分条件选用①式或②式。			

三、区分度与难度的关系

区分度与难度有密切关系。假如,某项目的通过率为 1.00 或 0,则说明高分组与低分组在通过率上不存在差异,因此,鉴别指数 D 为 0。假如,项目的通过率为 0.50,则可能是高分组的所有人都通过了,而低分组却无人通过,这样 D 的最大值可能达到 1.00。从上述分析中可以看出,难度越接近 0.50,项目的潜在区分度越大,难度越接近 1.00 或 0 时,项目的潜在区分度越小(见图 7-2)。

但是在实际编制测验时,不能要求所有项目的难度均为 0.50。由于一个测验中的项目大多趋向于有关的内容或技能而

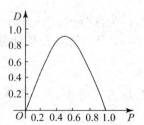

图 7-2 项目难度与区分度的关系

具有某种程度的相关。如,所有的项目都完全相关($r=1$),并且难度均为 0.50,在一个项目上通过的人在其他各项上也会通过,在一个项目上失败的人在其他各项上也将失败。那么,一半被试将通过每一个项目,另一半将全不通过。在这种情况下,测验将只有两种分数:满分和零分,成 U 型分布。这样,从整体来说,测验所提供的信息便相对减少。事实上,如果测验的所有项目都是中等难度,只有项目的内在相关为零时,整个测验分数才能产生正态分布。

难度和区分度都是相对的,是针对一定团体而言的,绝对的难度和区分度是不存在的。一般来说,较难的项目对高水平的被试区分度高,较容易的项目对低水平的被试区分度高,中等难度的项目对中等水平的被试区分度高。这与中等难度的项目区分度最高的说法并不矛盾,因为对被试总体是较难或较易的项目,对水平高或水平低的被试便成了中等难度。由于人的多数心理特征呈正态分布,所以当需要把人做最大限度区分时,项目难度的分布也以正态为好,即特别难与特别容易的项目较少,接近中等难度的项目较多,而所有项目的平均难度为 0.50。

四、化学试题区分度与难度案例分析

现以 2008 年普通高等学校招生考试化学试题(宁夏卷)难度与区分度统计分析为例。

7. 图标所警示的是(　　)。

   A. 当心火灾——氧化物　　　　B. 当心火灾——易燃物质
   C. 当心爆炸——自燃物质　　　　D. 当心爆炸——爆炸性物质

[答案]　B　本题考后抽样统计难度:0.888,区分度:0.125。

8. 在①丙烯、②氯乙烯、③苯、④甲苯四种有机化合物中,分子内所有原子均在同一平面的是(　　)。

   A. ①②　　　B. ②③　　　C. ③④　　　D. ②④

[答案]　B　本题考后抽样统计难度:0.793,区分度:0.443。

9. 下列说法错误的是(　　)。

   A. 乙醇和乙酸都是常用调味品的主要成分
   B. 乙醇和乙酸的沸点和熔点都比 C_2H_6、C_2H_4 的沸点和熔点高
   C. 乙醇和乙酸都能发生氧化反应
   D. 乙醇和乙酸之间能发生酯化反应,酯化反应和皂化反应互为逆反应

[答案]　D　本题考后抽样统计难度:0.377,区分度:0.217。

10. 一种燃料电池中发生的化学反应为,在酸性溶液中甲醇与氧作用生成水和二氧化碳。该电池负极发生的反应是(　　)。

    A. $CH_3OH(g)+O_2(g)=\!=\!=H_2O(l)+CO_2(g)+2H^+(aq)+2e^-$
    B. $O_2(g)+4H^+(aq)+4e^-=\!=\!=2H_2O(l)$
    C. $CH_3OH(g)+H_2O(l)=\!=\!=CO_2(g)+6H^+(aq)+6e^-$
    D. $O_2(g)+2H_2O(l)+4e^-=\!=\!=4OH^-$

[答案]　C　本题考后抽样统计难度:0.558,区分度:0.441。

11. 短周期元素 E 的氯化物 ECl_n 的熔点为 −78℃,沸点为 59℃;若 0.2 mol ECl_n 与足量的 $AgNO_3$ 溶液完全反应后可以得到 57.4 g 的 AgCl 沉淀。下列判断错误的是(　　)。

    A. E 是一种非金属元素　　　　B. 在 ECl_n 中 E 与 Cl 之间形成共价键

C. E的一种氧化物为 EO_2 D. E位于元素周期表的ⅣA族

[答案] D   本题考后抽样统计难度：0.434，区分度：0.236。

12. 将固体 NH_4I 置于密闭容器中，在一定温度下发生下列反应：

① $NH_4I(s) \rightleftharpoons NH_3(g) + HI(g)$；② $2HI(g) \rightleftharpoons H_2(g) + I_2(g)$

达到平衡时，$c(H_2) = 0.5$ mol/L，$c(HI) = 4$ mol/L，则此温度下反应①的平衡常数为（   ）。

A. 9   B. 16   C. 20   D. 25

[答案] C   本题考后抽样统计难度：0.193，区分度：0.146。

13. 已知 $H_2(g)$、$C_2H_4(g)$ 和 $C_2H_5OH(l)$ 的燃烧热分别是 -285.8 kJ/mol、-1411.0 kJ/mol 和 -1366.8 kJ/mol，则由 $C_2H_4(g)$ 和 $H_2O(l)$ 反应生成 $C_2H_5OH(l)$ 的 ΔH 为（   ）。

A. -44.2 kJ/mol   B. $+44.2$ kJ/mol   C. -330 kJ/mol   D. $+330$ kJ/mol

[答案] A   本题考后抽样统计难度：0.388，区分度：0.286。

25. 已知可逆反应：$M(g) + N(g) \rightleftharpoons P(g) + Q(g)$，$\Delta H > 0$，请回答下列问题：

(1) 在某温度下，反应物的起始浓度分别为：$c(M) = 1$ mol/L，$c(N) = 2.4$ mol/L；达到平衡后，M的转化率为60%，此时N的转化率为 _____ ；

(2) 若反应温度升高，M的转化率 _____ （填"增大""减小"或"不变"）；

(3) 若反应温度不变，反应物的起始浓度分别为：$c(M) = 4$ mol/L，$c(N) = a$ mol/L 达到平衡后，$c(P) = 2$ mol/L，$a = $ _____ ；

(4) 若反应温度不变，反应物的起始浓度为：$c(M) = c(N) = b$ mol/L，达到平衡后，M的转化率为 _____ 。

[答案] (1) 25%   (2) 增大   (3) 6   (4) 41%

本题考后抽样统计难度：0.404，区分度：0.605。

26. 某厂的酸性工业废水中含有一定量的 Fe^{3+}、Cu^{2+}、Au^{3+} 等离子。有人设计了图中的工艺流程，利用常用的酸、碱和工业生产中的废铁屑，从废水中回收金，并生产一定量的铁红和氧化铜。

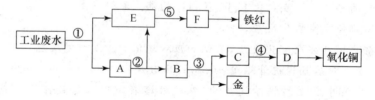

填写下面空白。

(1) 图中标号处需加入的相应物质分别是① _____ 、② _____ 、③ _____ 、④ _____ 、⑤ _____ ；

(2) 写出①处发生反应的离子方程式 _____ ；

写出③处发生反应的化学方程式 _____ ；

(3) 铁红的化学式为 _____ ；分别写出铁红和氧化铜在工业上的一种主要用途：铁红 _____ ；氧化铜 _____ 。

[答案] (1) 铁屑   稀硫酸   稀硝酸   氢氧化钠   氢氧化钠

(2) $Fe + 2H^+ \rightleftharpoons Fe^{2+} + H_2\uparrow$ $2Fe^{3+} + Fe \rightleftharpoons 3Fe^{2+}$

$Cu^{2+}+Fe\!=\!\!=\!\!Cu+Fe^{2+}$ $2Au^{3+}+3Fe\!=\!\!=\!\!2Au+3Fe^{2+}$

$3Cu+8HNO_3(稀)\!=\!\!=\!\!3Cu(NO_3)_2+2NO\uparrow+4H_2O$

(3) Fe_2O_3 用作红色涂料   用作制造铜盐的原料

本题考后抽样统计难度：0.208，区分度：0.520。

27. 为测试一铁片中铁元素的含量，某课外活动小组提出下面两种方案并进行了实验(以下数据为多次平行实验测定结果的平均值)。

方案一：将 a g 铁片完全溶解于过量稀硫酸中，测得生成氢气的体积为 580 mL(标准状况)；

方案二：将 $\dfrac{a}{10}$ g 铁片完全溶解于过量稀硫酸中，将反应后得到的溶液用 0.020 mol/L 的 $KMnO_4$ 溶液滴定，达到终点时消耗了 25.00 mL $KMnO_4$ 溶液。

请回答下列问题：

(1) 配平下面的化学方程式(将有关的化学计量数填入答题卡的横线上)：

☐ $KMnO_4$ + ☐ $FeSO_4$ + ☐ H_2SO_4 ═══ ☐ $Fe_2(SO_4)_3$ + ☐ $MnSO_4$ + ☐ K_2SO_4 + ☐ H_2O

(2) 在滴定实验中不能选择_____式滴定管，理由是_____；

(3) 根据方案一和方案二测定的结果计算，铁片中铁的质量分数依次为_____和_____；(铁的相对原子质量以 55.9 计)

(4) 若排除实验仪器和操作的影响因素，试对上述两种方案测定结果的准确性做出判断和分析。

① 方案一_____(填"准确""不准确""不一定准确")，理由是_____；

② 方案二_____(填"准确""不准确""不一定准确")，理由是_____。

[答案]　(1) 2　10　8　5　2　1　8

(2) 碱　$KMnO_4$ 是强氧化剂，它会腐蚀乳胶管。

(3) $\dfrac{1.45}{a}$　$\dfrac{1.40}{a}$

(4) ① 不一定准确　如果铁片中存在与稀硫酸反应并能生成氢气的其他金属，会导致结果偏高；如果铁片中存在与稀硫酸反应而溶解但不产生氢气的铁的氧化物，会导致结果偏低；如果上述情况均不存在，则结果准确。

② 不一定准确　如果铁片中存在与稀硫酸反应而溶解的其他金属，生成的金属离子在酸性溶液中能被高锰酸钾氧化，会导致结果偏高；如果铁片中存在与稀硫酸反应而溶解的铁的氧化物，生成的 Fe^{3+} 在酸性溶液中不能被高锰酸钾氧化，会导致结果偏低；如果上述情况均不存在，则结果准确。

本题考后抽样统计难度：0.315，区分度：0.539。

34. [化学——选修化学与技术] (试题略)

本题考后抽样统计难度：0.299，区分度：0.512。

35. [化学——选修物质结构与性质] (试题略)

本题考后抽样统计难度：0.313，区分度：0.527。

36. [化学——选修有机化学基础] (试题略)

本题考后抽样统计难度：0.177，区分度：0.135。

案例研讨

2008—2010年宁夏化学课标卷相关统计数据表

指标	2008年	2009年	2010年
难度	0.391	0.42	0.531
标准差	13.78	19.15	21.76
α信度	0.594	0.734	0.831

2008—2010年宁夏化学课标卷相关统计数据如上表所示,由考后统计数据看,新课程理综卷于2007年首次在宁夏实施,难度恰当,实现了平稳过渡。在此基础上,为了体现新课程理念,加大对新课程倡导的各种能力的考查。在2008年仍然只有宁夏使用此份试卷,因此试卷的难度系数有所下降。可是在2009年有辽宁省使用考试中心命制的新课程理综卷,因此试卷的总体难度系数有所回升,这既为辽宁省的第一次使用实现了平稳过渡,同时也保持了新课程的理念。而2010年又有吉林、黑龙江和陕西等省份使用考试中心命制的理综卷,因此试卷的整体难度系数继续回升,基本上与前两年这几个省使用大纲卷的难度持平,很好地为新进入新课程高考的省份实现了平稳过渡。同时试题的信度和标准差的数值继续增大,说明新课程理综化学试卷在经过两年的摸索之后,逐渐走向成熟。

第六节 化学试卷质量的评价

关 键 词

化学试卷质量评价　　定量统计　　定性评价　　宏观分析　　中观分析　　微观分析

化学试卷质量评价是运用定性和定量的方法对化学试卷的结构比例、内容分布、试卷特点、答题分析、错因诊断等维度进行的一种事实判断。[①]什么样的试卷是好的化学试卷?毋庸置疑,不同的价值观念、不同的用途,常常有不同的试卷标准。既要分析化学试卷的宏观标准,更要分析化学试卷的微观标准。

一、化学试卷的定量统计分析

统计分析是运用统计描述和统计推断的方法,在数量化领域内对考试现象的数量表现和数量关系所进行的一种事实判断。由于运用各种统计量数和统计图表对考试结果进行统计分析,既是评价考试质量的基本方法,也是形成考试评价报告的基本形式。因此,本节将以2011年某省普通高校招生全国统一考试(课程标准卷)理综化学科考试质量评价资料为例,试图根据考试评价的目的和设计的要求,从宏观(即全卷)、中观(即题组)和微观(即题目)三个不同层面,通过图表形式揭示其数量特征和统计规律,旨在提供考试统计分析报告的一般模式。

---

① 张秀球.2011年高考理科综合能力测试(全国课标卷)化学试卷考情报告[J].化学教学,2011(9).

思考与讨论

对化学试卷进行定量统计分析时，宏观、中观、微观三个层面分别要统计哪些指标？

（一）宏观层面的统计分析

宏观层面的统计分析，是在对被试获得分数总体的分布形态、集中趋势、差异程度、平均难度、测量信度、内容效度等数量特征进行一般性统计描述的基础上，就化学考试的题型、内容、目标、难度等项实际构成与计划比例的差异，进行符合程度检验。其目的在于从整体上对本次考试质量概况形成初步认识。

1. 一般数量特征

表 7-4 某省 2011 年高考化学试卷样本统计量与总体参数差异的比较

	个体量	平均分	标准差	信度	难度	假设检验
全省	164574	53.5	28.989	—	0.54	$P>0.05$
样本	1500	53.3	29.856	0.89	0.53	

（选做题以 38 题作为统计依据）

（1）统计量的显著性检验

如表 7-4 统计显示：试卷平均分，总体为 53.5 分，样本为 53.3 分，二者相差 0.2 分；试卷标准差，二者相差 0.867 分；难度值，二者相差 0.01。经检验，$P>0.05$，说明该样本对总体具有很强的代表性。若以现有的各种样本统计量去推断被试总体反应的数量表现和数量关系，结果可靠。

（2）一般质量指标分析

如表 7-4 统计显示：难度值 $P=0.53$，说明全卷难度中等；试卷信度 $=0.89$ ($P<0.01$)，反映本学科考试所测内容的同质性程度较高。

（3）频数分布表分析

如表 7-5 统计显示：该被试统计总体考分的取值范围在 0~100 分之间，其中，50~60 分数段发生人数最多，其频率达 25.87%；考试总分在 50 分以上的为绝大多数，其累计频率达 67.33%。

表 7-5 化学学科试卷分数的频数与频率分析

分数段	频数	频率	累计频数	累计频率
90—	14	0.0093	14	0.0093
80—	101	0.0673	115	0.0766
70—	205	0.1367	320	0.2133
60—	302	0.2013	622	0.4146
50—	388	0.2587	1010	0.6733
40—	271	0.1807	1281	0.8540
30—	131	0.0873	1412	0.9413
20—	56	0.0373	1468	0.9786
10—	20	0.0133	1488	0.9919
0—	12	0.0080	1500	1.0000
合计	1500	1.0000	—	—

(4) 频率分布图分析

如图 7-3 统计显示：该科被试统计总体的考分频率分布呈正态分布，说明本学科考试的全卷难度适中。

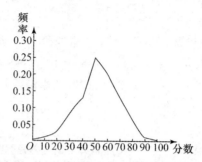

图 7-3　化学学科试卷分数频率分布图

2. 试卷内部结构

由表 7-6 统计显示，选择题、非选择题的赋分比例与考试大纲规定完全一致；内容特征分布与考试大纲规定基本一致；难度特征构成分布体现以中等难度为主的命题理念，但从试题总体难度为 0.54，与高考命题难度控制在 0.55~0.65 之间有一定的偏差，表明试题编制时难度控制不佳。

表 7-6　高考化学试卷总体结构及比例

特征	组别	题量	分值	比例	备注
题型	选择题	7	42	42%	选做题按1题计算
	非选择题	4	58	58%	
内容	概念理论	5	38	38%	选做题未统计在内
	元素化合物	1	14	14%	
	有机化学基础	2	12	12%	
	化学实验	1	15	15%	
	化学计算	1	6	6%	
模块	必修1	7、12、26题(1)、(2)、(3)	22	22%	由于第28题共存于必修1、必修2和选修4中的"科学探究"部分，故未划入任何教材中
	必修2	8、9、12	18	18%	
	选修4	10、11、26题(4)、27	30	30%	
	选修2	36	15	15%	
	选修3	37	15	15%	
	选修5	38	15	15%	
难度	容易	5	30	30%	选做题以第38题作统计
	中等	5	55	55%	
	较难	1	15	15%	

3. 双向权重分布

如表 7-7 统计显示，2011 年化学学科试卷必考题考查的知识点为 35 个（选做题每题考查知识点 5~7 个），在中学化学教材中的分布广而合理，且整个试卷内容均未超出教材范围。试卷考查应用、探究层级的知识点占整个试卷考点的60.0%,说明本年度化学科试卷侧重于考查学生的能力,体现了能力立意的取向,并符合高考选拔要求。

表7-7 高考化学考查内容与测试能力双向权重分布(%)

	知识点(个)	了解	理解	应用	探究	合计
基本概念与理论	13	1	3	6	3	37.1%
元素化合物	7	1	2	3	1	20.0%
有机化学基础	2		1	1		5.7%
化学实验	5		1	2	2	14.3%
化学计算	8	2	3	3		22.9%
全卷	35	11.4%	28.6%	42.9%	17.1%	100.0%

4. 试卷题目编排

如图7-4统计显示:2011年高考化学试卷题目的编排顺序,从总体上看,由易到难形成一定的梯度。其中,选择题第7—13题相对较易,而第Ⅱ卷非选择题第28题则为全卷最难的题,其难度值为$P=0.29$。说明试卷题目编排合理,有利于被试以良好心理状态答卷并发挥自己的最好水平。然而稍显不足的是,Ⅰ卷中的7—13题,曲线波动比较平稳,基本上属于容易题,难度梯度形成不够。Ⅱ卷必考题和选考题难度值(P)均小于0.5,整体难度值(P)为0.382,这也可能是造成全卷难度偏难的主要原因之一。

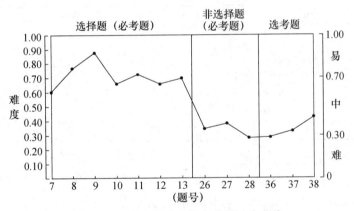

图7-4 高考化学试题难度编排动态曲线

(二) 中观层面的统计分析

中观层面的统计分析,是从不同角度将全卷所有题目按其属性类别进行统计分组,并对被试统计总体的题目应答反映特征(如难度、区分度)的等级构成差异进行比较分析。其目的即在掌握试卷总体的一般数量特征的基础上,进一步就试卷各组成部分数量特征的特殊表现加以揭示,以便为下一步各测试题质量的深层次分析提供线索。

1. 题组难度分布

(1) 被试题型测试反应难度评定

如表7-8统计显示:试卷总体难度$P=0.53$,属于中等难度。若从题目难度等级构成情况来看,全卷属于难、中、易三个等级的题目赋分比例分别为15%、55%、30%;全卷5道计30分的试题属于容易题,其中选择题第 8,9,11,12,13 题难度系数(P)均大于 0.70。若从题型难度来看,选择题最为容易,选做题 38 题次之($P=0.49$),非选择题必做题难度较大,其中第 28 题相对最难,$P=0.29$。

表 7-8 高考化学题型测试难度与题目难度等级构成比例

题型	全 卷			难			中			易		
	题量	分值	难度	题量	分值	%	题量	分值	%	题量	分值	%
一、选择题	7	42	0.75	0	0	0	2	12	12	5	30	30
二、非选择题	4	58	0.38	1	15	15	3	43	43	0	0	0
全 卷	11	100	0.53	1	15	15	5	55	55	5	30	30

注:选做题以 38 题作计算依据,下同。

(2) 被试内容测试反应难度评定

如表 7-9 统计显示:各类内容测试反应难度,以"有机化学基础"和"基本概念"部分最为容易;"基本理论"部分共 4 道计 32 分,有 2 道计 12 分属于容易题,另有 2 道计 20 分属于中难题;"元素化合物"部分 2 道题,其中容易题和中难题各 1 道;"化学实验"部分题目最难。全卷内容测试难、中、易比例分布分别为 15%、49%、36%,题目难度等级构成较为合理。

表 7-9 高考化学内容测试难度与题目难度等级构成比例

内容	全 卷			难			中			易		
	题量	分值	难度	题量	分值	%	题量	分值	%	题量	分值	%
基本概念	1	6	0.60	0	0	0	0	0	0	1	6	6
基本理论	4	32	0.59	0	0	0	2	20	20	2	12	12
元素化合物	2	20	0.48	0	0	0	1	14	14	1	6	6
有机化学基础	3	27	0.64	0	0	0	1	15	15	2	12	12
化学实验	1	15	0.29	1	15	15	0	0	0	0	0	0
全 卷	11	100	0.53	1	15	15	4	49	49	6	36	36

(3) 被试能力测试反应难度评定

如表 7-10 统计显示:各层级能力测试反应难度,以较低层级的"了解"($P=0.60$)和"理解"($P=0.74$)能力的测试反应最易,两者共 6 道计 36 分试题属于低难度等级;"应用"能力层级 4 道计 49 分试题,为全卷测试反应中等难度的能力层级,其难度值 $P=0.48$;"探究"($P=0.29$)能力层级的测试反应难度为最难的能力层级,共 1 道题,总分 15 分。

表 7-10 高考化学能力测试难度和题目难度等级构成比例

能力	全 卷			难			中			易		
	题量	分值	难度	题量	分值	%	题量	分值	%	题量	分值	%
了解	1	6	0.60	0	0	0	1	6	6	0	0	0
理解	5	30	0.74	0	0	0	1	6	6	4	24	24
应用	4	49	0.48	0	0	0	3	43	43	1	6	6
探究	1	15	0.29	1	15	15	0	0	0	0	0	0
全 卷	11	100	0.53	1	15	15	5	55	55	5	30	30

2. 题组区分度分布

(1) 被试题型测试反应区分度评定

如表 7-11 统计显示:由题目区分度这一单项指标来看,全卷 11 道共 100 分试题中,有 10 道计 86 分,86% 的试题属于优秀($r \geq 0.40$)等级,有 1 道计 14 分约占 14% 的试题属于良好($0.30 \leq r < 0.40$)等级。说明本试卷对被试水平的区分能力非常好。从题目区分度的等级构成情况来看,两类题型中以"选择题"对被试水平的区分能力相对最佳,达到 100%。

表 7-11 高考化学题型测试区分度与题目区分度等级构成比例

题型	全卷			优			良			中			差		
	题量	分值	难度	题量	分值	%	题量	分值	%	题量	分值	%	题量	分值	%
一、选择题	7	42	0.55	7	42	42	0	0	0	0	0	0	0	0	0
二、非选择题	4	58	0.50	3	44	44	1	14	14	0	0	0	0	0	0
全 卷	11	100	—	10	86	86	1	14	14	0	0	0	0	0	0

(2) 被试内容测试反应区分度评定

如表 7-12 统计显示:全卷内容测试反应,以"基本概念"、"基本理论"、"有机化学基础"和"化学实验"部分对被试区分能力相对最强,7 道计 80 分试题均属优等,各达 100%;"元素化合物"部分,有 1 道题区分能力属优等,另有一道题区分能力属良好等级。

表 7-12 高考化学内容测试区分度与题目区分度等级构成比例

内容	全卷			优			良			中			差		
	题量	分值	难度	题量	分值	%	题量	分值	%	题量	分值	%	题量	分值	%
基本概念	1	6	0.54	1	6	6	0	0	0	0	0	0	0	0	0
基本理论	4	32	0.50	4	32	32	0	0	0	0	0	0	0	0	0
元素化合物	2	20	0.44	1	6	6	1	14	14	0	0	0	0	0	0
有机化学基础	3	27	0.57	3	27	27	0	0	0	0	0	0	0	0	0
化学实验	1	15	0.51	1	15	15	0	0	0	0	0	0	0	0	0
全 卷	11	100	—	10	86	86	1	14	14	0	0	0	0	0	0

(3) 被试能力测试反应区分度评定

如表 7-13 统计显示:全卷能力测试反应,以"了解"、"理解"和"探究"层级的试题对被试区分能力相对最佳,7 道计 51 分试题均属优等,各达 100%;"应用"层级有 4 道计 49 分试题中,有 3 道计 35 分的试题属于优等。

表 7-13 高考化学能力测试区分度与题目区分度等级构成比例

能力	全卷			优			良			中			差		
	题量	分值	难度	题量	分值	%	题量	分值	%	题量	分值	%	题量	分值	%
了解	1	6	0.54	1	6	6	0	0	0	0	0	0	0	0	0
理解	5	30	0.57	5	30	30	0	0	0	0	0	0	0	0	0
应用	4	49	0.48	3	35	35	1	14	14	0	0	0	0	0	0
探究	1	15	0.51	1	15	15	0	0	0	0	0	0	0	0	0
全 卷	11	100	—	10	86	86	1	14	14	0	0	0	0	0	0

(三) 微观层面的统计分析

微观层面的统计分析,是对被试统计总体的具体试题质量的数量特征进行深层次的分析,并作出相应的事实判断,以便为逐题进行定性分析,形成价值判断,作出评价结论提供客观依据。

值得注意的是,由统计分析所作出的判断是一种概率意义上的统计结论。统计结果显示的有关题目质量问题,既可能是试题编制方面的问题,也可能是被试本身的问题,还可能是评卷误差方面的问题。究竟是什么原因所致,则需要由学科专家根据专业知识和实践经验进行逻辑分析,然后才可作出具有一定价值标准的确切性的评价结论。

1. 题目特征曲线

题目特征曲线是一种描述各组段被试题目难度反应特征及其变化趋势的线形图,是一种考察题目对不同水平被试区分能力的综合指标分析法。[①] 此外,通过对高分数段被试的曲线走向进行分析,还可以确切掌握题目测试的选拔功能。

(1) 总分分段人数分布比率

图7-5统计显示:按学科考试成绩的高低,将被试统计总体分为高、中、低三个分数段。本例中,高分数段即70分以上的被试,人数约占总体的21.33%(尽量近似高考一、二批录取率);中分数段即40～70分的被试,人数约占总体的64.07%(拟取较大比率);低分数段即40分以下的被试,人数约占总体的14.60%(拟取较小比率);极高分数段即80分以上的被试,人数约占总体的7.66%(拟取对极高潜能被试具有选拔功能的比率)。

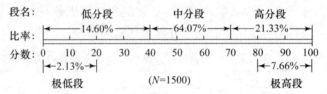

图7-5 高考化学考试总分分段频率分布

(2) 题目特征曲线形态评定

表7-14统计显示:全卷13道共100分试题,若按曲线形态特征和题目选拔功能,可分为优、良、差三类。

表7-14 高考化学题目特征曲线类型和选拔功能评定

曲线走向		特征表现	题号	选拔功能	构成比例		
					题量	分值	%
Ⅰ	(曲线图)	高、中、低三段全段区分好	7、10、11、12	优	4	24	18.5
Ⅱ	(曲线图)	高段或中高段区分强、低段或极低段区分弱	28、36、37	优	3	45	34.6

[①] 凌云.考试统计学[M].武汉:华中师范大学出版社,2002:425.

续表

	曲线走向	特征表现	题号	选拔功能	构成比例		
					题量	分值	%
Ⅲ		中段以上或低段上部以上各段区分强,低段下部不规则	26、27、38	优	3	43	33.1
Ⅳ		高段区分弱,中段和低段上部区分强	8、13	良	2	12	9.2
Ⅴ		高段和中段区分弱或无区分,低段或低段下部区分强	9	差	1	6	4.6

第一类（Ⅰ—Ⅲ型），高考选拔功能为优等。题目特征曲线全程走向完全或基本呈陡斜状，尤其是在高分数段沿纵轴（P）方向上升幅度大，说明该类题目对此形曲线所属分数段的被试具有很强的区分能力，有利于将潜能大的被试选拔出来。本卷完全或基本符合该类曲线形态特征的有 10 道计 112 分的试题，约占全卷的 86.2%。

第二类（Ⅳ型），高考选拔功能为良等。题目特征曲线走向，依其上升幅度分两段：前段（30～70 分）陡斜，具有较强区分能力；后段（70 分以上）平缓，区分能力相对减弱。属于该类曲线形态特征的有 2 道计 12 分的试题，约占全卷的 9.2%。

第三类（Ⅴ型），高考选拔功能为差等。题目特征曲线走向分两段，前半段（60 分以下）曲线总体呈陡斜状，具有较强区分能力；后半段（60 分以上）呈水平线，对所属分数段的被试基本无区分能力，无法发挥考试应具有的选拔功能。属于该类曲线形态特征的有 1 道计 6 分的试题，约占全卷的 4.6%。

2. 选项比率分布

项目选答比率分布，是指单选题各项选答人数的比率分布。分析目的主要在于考察答案正确的选项是否对得太明显，错误选项是否起到了应有的干扰作用。其分析结果可作为修改或取舍试题的重要依据。本例，详见表 7-15。

表 7-15 高考化学单选题项目选择比率分布与评定

题号	正确选项	选项分布率（%）					评定
		A	B	C	D	其他	
7	B	18.39	60.25	14.87	5.07	1.42	项目反应正常
8	C	3.69	11.98	76.70	6.17	1.46	项目反应正常
9	B	1.89	90.13	4.28	2.24	1.36	A项迷惑性过弱
10	D	5.46	10.13	13.82	69.05	1.54	项目反应正常
11	C	5.44	5.68	77.47	9.92	1.49	项目反应正常
12	D	3.91	4.26	16.66	73.74	1.43	项目反应正常
13	A	75.37	10.29	6.71	6.08	1.55	项目反应正常

(1) 正确选项的异常反应评定

① 若正确的备选答案被全体被试所选择,即该项的选答率约达100%,则说明该题目可能提供了某种暗示性的字词,抑或该题目太容易。② 若被试统计总体在正确选项上的人数比率与另一个干扰项上的选答人数比率相等或相近,说明该题可能有两个正确答案,抑或另一个答案也有合理的成分存在。

(2) 错误选项的异常反应评定

① 若某个错误选项没有一个被试选答或选答率低于2%,则说明该项目错得太明显,已失去了应具的迷惑性,如本例第9题的A项(1.89%)。② 若绝大多数被试都选择了同一个错误答案,则可能是标准答案定错了,也可能是教学中发生了系统性错误。③ 若被试选答各项人数比率相近,或未答人数(即"其他"项)过多,则说明该题太难或题意不清,使得被试无法做或仅凭猜测作答。

3. 题目特征量数

题目特征量数,是对被试统计总体题目测试反应的集中趋势、离散程度、难度水平、区分程度等数量表现或数量关系的一种描述统计量。它既是宏观、中观、微观统计分析的必备基础,也是对各具体测试题进行定性分析、作出价值判断的可靠依据,还是实际评价过程中寻求典型,突出重点,深入剖析试题的有效线索。本例,题目特征统计量详见表7-16。

表7-16 2011年某省全国普通高考化学科(课标卷)题目质量分析统计表

题号	满分	最高分	平均分($\bar{X}$)	标准差(S)	差异系数(CV)	难度(P)	区分度(r)
7	6	6	3.6	2.335	64.9	0.60	0.54
8	6	6	4.6	2.163	47.0	0.77	0.60
9	6	6	5.4	0.891	16.5	0.90	0.50
10	6	6	4.1	2.241	54.7	0.69	0.47
11	6	6	4.6	2.172	47.2	0.77	0.58
12	6	6	4.4	2.163	49.2	0.73	0.59
13	6	6	4.5	2.174	48.3	0.75	0.60
26	14	14	5.1	2.364	46.4	0.37	0.38
27	14	14	5.5	2.452	44.6	0.39	0.44
28	15	15	4.3	2.465	57.3	0.29	0.51
36	15	15	4.6	2.302	50.0	0.31	0.30
37	15	15	4.9	2.338	47.7	0.32	0.33
38	15	15	7.4	2.416	32.6	0.49	0.59

二、化学试卷的定性评价

定性评价是试题评价的重要组成部分,通过定性评价可以对试卷的学科内容、能力要求、题型、试卷结构等做出评价。同时,一些定量分析的数据要经过定性的分析才有意义,才能被理解,才能发挥作用。

(一) 化学试卷定性评价的一般标准[①]

首先,遵循考试大纲和课程标准命题。无论是校内的单元测验、期中考试、期末考试还是中

---

① 孔凡哲.论数学试题的质量标准[J].中学数学教学参考(初中版),2008(3).

考、高考,每个考试都有明确的命题依据,这就是考试大纲和课程标准。只有遵循这些命题依据,才能使考试测量出真正想测量的特质,才能使试卷有较好的效度。

其次,考查学科主体内容,反映学科知识的内部联系和基本规律,体现理论联系实际的原则。各种考试的内容众多,命题就是对内容的抽样,因此,要选取那些学科主干知识,考查学科的基本的原理、基本的规律和内在的联系,体现学科的特点,发挥学科的考查功能。

第三,以能力立意为核心。在考查基础知识、基本技能和基本方法的基础上,注重对考生运用所学知识分析问题、解决问题能力和探究能力的考查。

第四,试卷结构科学、合理。考查内容具有合理的覆盖面和比例,题型比例配置适当,各种难度的试题比例适当,试卷长度适当。

第五,没有政治性、公平性、科学性和规范性问题。

第六,课程改革后的试卷既要保证平稳过渡,又要适度体现课改理念。

(二) 定性评价的案例:2011年高考理综化学试题(全国课标卷)特点分析[①]

2011年高考理科综合能力测试(全国课标卷)化学试卷,保持了2008年以来的风格和特点,既注重考查基本知识、基本技能、基本观念和基本方法,又在创新精神和实践能力上凸显特色;既突出了化学是以实验为基础的学科特点,又强化了探究能力和学习潜能的考查。基础与创新,实验与探究,试题在这二元之间尽显张力、游刃有余、新颖别致。

1. 试题平稳,凸显新课程的导向作用,突出考查主干知识

本套试题保持了较高的稳定性,保持了对化学基本概念与基本理论、化学用语及分析推理能力的考查要求,考查形式很灵活。从近年来化学试题中可以看出一些热点和主干知识,如阿伏伽德罗常数、同分异构体、离子反应方程式、热化学方程式、元素周期表和元素周期律、电化学原理及应用、化学反应速率和化学平衡、盐类水解和pH、难溶电解质溶解平衡、常见元素及化合物、化学实验等,几乎新课程高考年年必考,这些热点知识也体现了化学的主干知识,年年都考是高考命题的必然选择。试题没有避讳考查方法与涉及知识内容的经典、传统,如第12题中的离子方程式的判断正误、第8题及第38题中同分异构体的书写及判断,试题旗帜鲜明地体现了对重点知识的考查,对中学教学具有明确的指导意义。

纵观近三年的高考试题,会发现试题所涉及的知识内容多是中学化学的基础知识,旨在对中学化学核心内容的考查,体现源于教材,高于教材的命题精神;同时也突出高考特点,注重能力,如第26题对图像的分析及应用,第28题中的氢化钙的制备,第27题则两次用到题目所给的燃烧热进行计算;难度适中,既能体现出高考的选拔功能,又对高中化学教学特别是新课标的实施具有良好的导向作用。

2. 重视科学证据的使用,突出考查接受、吸收、整合化学信息的能力

试题通过图形、图表,设置新的情境,考查学生接受、吸收新信息的能力;从中提取实质性的内容,并与原知识进行整合,从而解决新的问题。以高考26题为例,本题以$CuSO_4 \cdot 5H_2O$样品的受热分解$m \sim T$(重量-温度)曲线图为载体,描述不同温度下的质量变化关系,这是试题的第一层结构。然后从不同角度设计了层次相异的3个问题,需要学生依据数量关系进行分析求解,这

[①] 张秀球.2011年高考理科综合能力测试(全国课标卷)化学试卷考情报告[J].化学教学,2011(9).

是试题的第二层结构。为了解决这些问题,至少从判断、选择提取、理解、整合、重组这几个方向考查学生运用信息的能力和水平。

为了调查学生解答 26 题第(1)小题(见案例研讨)时数据采集的情况,抽查 20000 份江西两考区学生试卷。经分析发现,学生主要以下列 4 种方法解读、使用题给信息,其中 1.2% 的学生还作出了个性化的解答。

第一种方法,全面利用题给数据。把 4 个质量数据分成 3 个区域,相互比较,发现水的质量之比是 2∶2∶1,然后辨析 2∶2∶1 的物理意义,得出正确答案。

第二种方法,利用关键数据进行运算,直接发现计算结果所具有的意义。如,$0.8∶250 = 0.57∶(16+x)$,解之得 $x=18$,故 200℃ 时为 $CuSO_4·H_2O$。

抓住信息中最关键最有效的数据,结合已有知识解决问题,这是本题设计的意图。

第三种方法,收集"部分信息"进行比较,用试错法对运算结果推理分析,摸索着寻找,直至问题得以解决。如,先求出质量为 0.51 时的意义,得出此时是完全失水的硫酸铜;然后推知 0.57 g 是含部分水的硫酸铜。再分别求出 $n(CuSO_4·5H_2O)$,或 $n(CuSO_4)$ 和 $n(H_2O)$,偶然发现 1∶1 的关系,从而得出正确答案。

第四种方法,先假设是某物质,然后选择数据,验证自己的猜想。比如,观察到曲线有 4 个平台,推断 200℃ 时没有全部失去水。进行假设:假如失去 4 个水,则是 $CuSO_4·H_2O$;或失去 3 个水,则是 $CuSO_4·2H_2O$;或失去 2 个水,则是 $CuSO_4·3H_2O$,依此类推。然后进行逐一验算,得出正确结论。这种用假设验证的方法,对于解决复杂程度不高的问题还是有效的,从学生试卷解答的长度可以判断,其耗时相对较长。

纵观上面 4 种选择数据的方法,结合抽查的试卷详情,可以推理出 2 种相关性。

① 数据本身作为证据的直接性或间接性因素与结论存在高相关或低相关的联系。比如,选择 0.57 g 与 0.8 g 相结合运算的考生,有 70% 能得到正确结论;而使用 0.51 g 与 0.8 g 运算的考生,85% 只能得出部分结论,而不能最终做出答案。

② 学生思维水平的高低与数据选择、运算的效果性存在正相关性。思维水平高(理综Ⅱ卷高于 125 分)的学生 68% 会选择相关程度高的数据组;反之,55% 会选择相关程度偏低的数据组。

3. 凸显科学研究方法,定性定量解决新情境下的具体问题

探究学习的方法,是新课程改革的核心。其对应的能力要求主要包括发现问题的能力、预测能力、设计实验的能力、观察与实验能力、得出结论的能力、评价能力和表达能力。2011 年推陈出新的做法是:既结合化学核心知识,也整合化学核心思想与观念;既重视定性分析,也重视定量分析;既结合探究环节,也结合研究方法,然后解决探究性的问题。以第 28 题为例,本题设计了 5 小问,可以分解为 3 个层次:设计、评价与运用。

28(1)小题(见案例研讨)要求设计反应路线,选择合理的装置。首先是从元素观和变化观出发,理解 CaH_2 制取的反应原理,然后选择氢气的制取装置和主反应装置,完成设计的主框架。接下来,按照"制气→除杂→主反应→产品保护→尾气处理"的常规方法选择其他装置及其次序,结合实验设计的简约性原则解决第(1)小题。

第(2)小题是要求学生设计实验操作流程,反映学生对基本知识的理解过程。把握并理解实验操作的关键,选择最佳的实验操作程序,以便保证实验成功安全的进行。

评价,是探究学习的必要步骤,也是思维深度发展的必由之路。第(3)、(4)小题巧妙地设问,意在引发学生不但能从原理上做出判断,而且能从证据强弱的角度进行对比实验的设计,从而既考查了实验知识,还考查了实验方法。

最后的第(5)问是有关化学知识的应用,在规定了"与氢气相比"的前提下,做出有理由的分析和判断。学生的思维,经历了一个比较、评价到实际应用的过程。

如果只有一般性的定性考察,没有定量考察,无论作为一门学科,还是对思维的深度考察,都是远远不够的。"新考试大纲"明确指出"定量研究是化学发展为一门科学的重要标志",可见定量研究在化学中的地位及其重要意义。试卷在这方面也做出了努力。

4. 强调知识应用,统一试题构成方式,选做题难度基本均衡

选做题 36、37、38,以陌生的情境为出发点,主要考察学生的综合应用水平,难度不大,但比较均衡。所谓综合应用是指"在理解所学各部分化学知识之间的本质区别与内在联系的基础上,运用所掌握的知识进行必要的分析、类推或计算,解释、论证一些具体的化学问题"。可见,深刻理解知识的内在逻辑是综合应用的前提和核心。

值得关注的是:三道大题的构成方式及分值分配基本相同。给予一个新的情境构成一个问题空间,然后推出三方面的问题与课本联系较紧密的基础性问题占(5~6分)、需要迁移课本知识才能解决的实际问题(占 4~5 分)、在上述基础之上进一步延伸的较复杂问题或化学计算(占 4~6 分)。

上述分析只是解释了试题难度相近的基础,并没有涉及难度控制的关键。即如何控制或保证后 2 问的难度?经分析,发现其做法是把后 2 问控制在中档难度范围之内。如果不能把后 2 个问题保持在中档难度之内,那么,3 个试题的难度均衡就会被打破。这种从命题技术上保证选做题难度均衡的做法,强有力地支持了学生按个人爱好选学不同的教材,也有利于选修教材的教学工作。

三道题的平均得分见图 7-6。38 题与 36 题、37 题平均分相差较大。

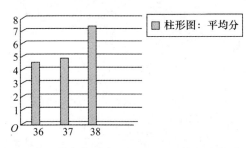

图 7-6　某省考生在 36、37、38 题的平均得分

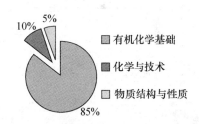

图 7-7　某省考生选做题选择情况分析

经研究抽样卷发现,这种情形与选择该题的大部分考生的基础有关。某省理科考生数是 1674574,大部分选考《有机化学基础》,少量的选考了《化学与技术》、《物质结构与性质》。其具体分布如图 7-7。

案例研讨

2011年普通高等学校招生全国统一考试(课标卷)化学试题命题立意及解题思路

第Ⅰ卷(选择题　共42分)

相对原子质量：H—1　B—11　C—12　N—14　O—16　Na—23
　　　　　　　S—32　Cl—35.5　Ca—40　Cu—64

一、选择题(本大题共7小题，每小题6分。在每小题给出的四个选项中，只有一项符合题目要求)

7. 下列叙述正确的是(　　)。

A. 1.00 mol NaCl中含有 $6.02×10^{23}$ 个NaCl分子
B. 1.00 mol NaCl中，所有 Na^+ 的最外层电子总数为 $8×6.02×10^{23}$
C. 欲配制1.00 L 1.00 mol·L^{-1} 的NaCl溶液，可将58.5 g NaCl溶于1.00 L水中
D. 电解58.5 g熔融的NaCl，能产生22.4 L氯气(标准状况)、23.0 g金属钠

【答案】B
【命题立意】本题考查阿伏伽德罗常数的计算，考查考生综合应用知识能力。
【解题思路】A不对，氯化钠是离子晶体，其构成微粒是阴阳离子，不存在分子；B正确，Na^+ 的最外层电子是8个；C不对，1 L水的体积不等于1 L溶液；D不对，根据质量守恒定律可知，电解58.5 g熔融氯化钠时，只能得到标准状况下11.2 L的氯气。

8. 分子式为 $C_5H_{11}Cl$ 的同分异构体共有(不考虑立体异构)(　　)。

A. 6种　　　B. 7种　　　C. 8种　　　D. 9种

【答案】C
【命题立意】本题考查同分异构体的书写，考查考生严密的逻辑思维能力及思维的有序性。
【解题思路】本题考查烃的一氯代物的同分异构体的判断，其实质是在烃的同分异构体的基础上，判断等效氢的种类数。首先根据"缩短碳链法"写出 C_5H_{12} 的同分异构体，先写出最长碳链 C—C—C—C—C，该结构的一氯代物有3种；再写出少一个碳原子的碳链结构：C—C(CH_3)—C—C，该结构的一氯代物有4种；最后写出三个碳原子的主链，C—C(CH_3)$_2$—C，该结构的一氯代物有1种，故 $C_5H_{11}Cl$ 共有8种结构。

9. 下列反应中，属于取代反应的是(　　)。

① $CH_3CH=CH_2 + Br_2 \xrightarrow{CCl_4} CH_3CHBrCH_2Br$

② $CH_3CH_2OOH \xrightarrow[\triangle]{浓 H_2SO_4} CH_2=CH_2 + H_2O$

③ $CH_3COOH + CH_3CH_2OH \xrightarrow[\triangle]{浓 H_2SO_4} CH_3COOCH_2CH_3 + H_2O$

④ $C_6H_6 + HNO_3 \xrightarrow[\triangle]{浓 H_2SO_4} C_6H_5NO_2 + H_2O$

A. ①②　　　B. ③④　　　C. ①③　　　D. ②④

【答案】B
【命题立意】本题考查有机反应类型的判断，考查考生对反应类型的理解能力。
【解题思路】反应①是由双键变为单键，故属于加成反应；反应②是生成了碳碳双键，故属于消去反应；反应③是酯化反应，属于取代反应；反应④是—NO_2 取代了苯中的一个氢原子，属于取代反应。故B正确。

10. 将浓度为 0.1 mol·L^{-1} HF溶液加水不断稀释，下列各量始终保持增大的是(　　)。

A. $c(H^+)$　　B. $K_a(HF)$　　C. $\dfrac{c(F^-)}{c(H^+)}$　　D. $\dfrac{c(H^+)}{c(HF)}$

【答案】D
【命题立意】本题考查弱电解质的电离、电离平衡的移动，考查考生综合应用知识、灵活解决问题的能力。

【解题思路】加水稀释 HF 时,溶液的浓度减小,$c(H^+)$ 也减小,故 A 不对;K_a 只随温度的变化而改变,故 B 不对;加水时促进了 HF 的电离,故 $n(H^+)$ 与 $n(F^-)$ 均变大,而 $n(HF)$ 变小,故 $n(H^+)/n(HF)$ 变大,而 $n(F^-)/n(H^+)$ 的变化则无法判断,故 C 不对;D 正确。

【一题多解】在解答 D 时,除了将问题中的浓度之比转化为物质的量之比外,还可以通过比较 K_a 进行判断,因为 $K_a=[c(H^+)\cdot c(F^-)]/c(HF)$,且在加水时,$c(F^-)$ 变小,而 K_a 不变,故 $c(H^+)/c(HF)$ 应该变大。

11. 铁镍蓄电池又称爱迪生电池,放电时的总反应为 $Fe+Ni_2O_3+3H_2O \Longrightarrow Fe(OH)_2+2Ni(OH)_2$ 下列有关该电池的说法不正确的是( )。

 A. 电池的电解液为碱性溶液,正极为 Ni_2O_3,负极为 Fe

 B. 电池放电时,负极反应为 $Fe+2OH^- -2e^- \Longrightarrow Fe(OH)_2$

 C. 电池充电过程中,阴极附近溶液的 pH 降低

 D. 电池充电时,阳极反应为 $2Ni(OH)_2+2OH^- -2e^- \Longrightarrow Ni_2O_3+3H_2O$

【答案】C

【命题立意】本题考查电化学原理、溶液 pH 的判断,考查考生综合应用知识解决问题的能力。

【解题思路】由放电时的反应中有氢氧化物生成,故电解质溶液是碱性溶液,又因铁的化合价升高,镍的化合价降低,故铁作负极,氧化镍是正极,所以 A 和 B 均正确;充电时的阴极反应是 $Fe(OH)_2+2e^- \Longrightarrow Fe+2OH^-$,故此题阴极附近的 pH 增大,故 C 不对;根据所给的放电时的电池反应可推知 D 正确。

12. 能正确表示下列反应的离子方程式为( )。

 A. 硫化亚铁溶于稀硝酸中:$FeS+2H^+ \Longrightarrow Fe^{2+}+H_2S\uparrow$

 B. NH_4HCO_3 溶于过量的 NaOH 溶液中:$HCO_3^-+OH^- \Longrightarrow CO_3^{2-}+H_2O$

 C. 少量 SO_2 通入苯酚钠溶液中:$C_6H_5O^-+SO_2+H_2O \Longrightarrow C_6H_5OH+HSO_3^-$

 D. 大理石溶于醋酸中:$CaCO_3+2CH_3COOH \Longrightarrow Ca^{2+}+2CH_3COO^-+CO_2\uparrow+H_2O$

【答案】D

【命题立意】本题考查离子方程式的判断正误。

【解题思路】A 不对,硝酸具有强氧化性,亚铁离子和 S^{2-} 均能被其氧化,故二者发生的应是氧化还原反应;B 不对,氢氧化钠过量,故要与其中的 HCO_3^- 和 NH_4^+ 均发生反应;C 不对,少量 SO_2 反应时生成的不是 HSO_3^-,而是 SO_3^{2-};D 正确,化学原理及物质的形式均正确。

13. 短周期元素 W,X,Y 和 Z 的原子序数依次增大。元素 W 是制备一种高效电池的重要材料,X 原子的最外层电子数是内层电子数的 2 倍,元素 Y 是地壳中含量最丰富的金属元素,Z 原子的最外层电子数是其电子层数的 2 倍。下列说法错误的是( )。

 A. 元素 W,X 的氯化物中,各原子均满足 8 电子的稳定结构

 B. 元素 X 与氢形成的原子比为 1∶1 的化合物有很多种

 C. 元素 Y 的单质与氢氧化钠溶液或盐酸反应均有氢气生成

 D. 元素 Z 可与元素 X 形成共价化合物 XZ_2

【答案】A

【命题立意】本题考查元素推断、元素及其化合物的性质。

【解题思路】X 的最外层电子数是内层电子数的 2 倍,故内层电子数是 2,所以 X 是 C;Y 是地壳中含量最多的金属元素,故 Y 是铝;Z 的最外层电子数是其电子层数的 2 倍,又因 Z 的原子序数比 Y 大,故 Z 元素位于第三周期,是 S 元素。A 不对,W 是原子序数小于 X 的元素,故满足 2 电子稳定结构;B 正确,C 与 H 元素形成的 1∶1 的化合物可以是 C_2H_2,C_6H_6,C_8H_8 等;C 正确,单质铝与氢氧化钠或盐酸反应都会生成氢气;D 正确,C 与 S 可以形成共价化合物 CS_2。

第Ⅱ卷(非选择题 共58分)

二、非选择题(包括必考和选考题两部分。第26—28题为必考题,每个试题考生都必须作答。第36—38题为选考题,考生根据要求作答)

26. 标准答案及评分参见第六章第四节。

【命题立意】本题考查硫酸铜晶体受热分解时的有关计算、实验评价、有关 K_{sp} 的计算,考查考生读图能力及思维的严密性。

【解题思路】(1)读图可知,200℃时样品的质量是0.57 g,故判断失去水(0.80-0.57)g,设此时固体是 $CuSO_4 \cdot (5-n)H_2O$,则可写出分解方程式 $CuSO_4 \cdot 5H_2O == CuSO_4 \cdot (5-n)H_2O + nH_2O$,根据该方程式列关系式可求得 $n=4$;(2)若晶体完全失水即变为硫酸铜,则硫酸铜的质量是 $0.80 \times 160/250 = 0.512$ g,故根据图中的数据可知当温度在258℃时,硫酸铜晶体已经完全失去了结晶水;故在570℃时应该是硫酸铜受热分解,根据得到的黑色粉末能溶于稀硫酸可知是氧化铜,故氧化性的气体是 SO_3;氧化铜与稀硫酸反应生成 $CuSO_4$ 溶液,经浓缩、冷却后析出的晶体是 $CuSO_4 \cdot 5H_2O$,根据图像可知,该晶体在102℃后开始分解失去结晶水;(3) SO_3 与水反应生成硫酸,浓硫酸与铜在加热时发生反应;(4) pH=8时, $c(OH^-)=10^{-6}$ mol·L $^{-1}$,又因 $K_{sp}=c(Cu^{2+}) \cdot c^2(OH^-)$,故 $c(Cu^{2+})=K_{sp}/c^2(OH^-)$,代入数据得 $c(Cu^{2+})=2.2 \times 10^{-8}$ mol·L $^{-1}$;因为 $Cu^{2+}+H_2S==CuS+2H^+$,溶液中的硫酸铜是 0.1 mol·L $^{-1}$,故可判断此时溶液中的氢离子浓度是0.2 mol·L $^{-1}$。

27. 标准答案及评分参见第六章第四节。

【命题立意】本题考查盖斯定律的应用、化学平衡的移动、反应速度的计算、化学平衡的计算、电极反应的书写,考查考生接受、吸收、整合信息的能力。

【解题思路】由1 mol氢气燃烧生成1 mol液态水放出的热量是285.8 kJ,故可知1 mol液态水分解需要285.8 kJ的能量,所以用太阳能分解10 mol液态水需要的能量是2858 kJ;(2)根据题意写出方程式:① $CO(g)+\frac{1}{2}O_2(g)==CO_2(g)$ $\Delta H=-283.0$ kJ·mol $^{-1}$;② $CH_3OH(l)+\frac{3}{2}O_2(g)==CO_2(g)+2H_2O(l)$ $\Delta H=-726.5$ kJ·mol $^{-1}$。应用盖斯定律,将两式作如下运算②-①,得 $CH_3OH(l)+O_2(g)==CO(g)+2H_2O(l)$ $\Delta H=(-726.5+283.0)$ kJ·mol $^{-1}=-443.5$ kJ·mol $^{-1}$;(3)根据图像中的数据可知,温度 T_1 时甲醇的速率为 $\frac{n_A}{2t_A}$ mol·L $^{-1}$·min $^{-1}$,① 不对。读图可知,温度从 T_1 升高到 T_2 时,甲醇的物质的量降低,说明平稳逆向移动,故此时平衡常数减小。② 不对。升高温度,平衡逆向移动,故逆反应是吸热反应,正反应是放热反应。③ 正确。温度从 T_1 升高到 T_2 时,平衡逆向移动,故氢气的物质的量增大,甲醇的物质的量减小,故 $n(H_2)/n(CH_3OH)$ 增大。④ 正确。(4) CO_2 与 H_2 反应的方程式: $CO_2+3H_2 \rightleftharpoons CH_3OH+H_2O$,则平衡时 CO_2,H_2,CH_3OH,H_2O 变化的物质的量分别是 a mol,$3a$ mol,a mol,a mol,故平衡时它们的物质的量分别是 $(1-a)$mol,$(3-3a)$mol,a mol,a mol,故气体的总物质的量是 $(4-2a)$mol,此时的压强与起始压强之比为 $(4-2a):4=(2-a):2$。(5)在燃料电池中,通入氧气的一极是正极,通入甲醇的一级是负极,根据甲醇中碳元素的化合价变化可推知,1 mol甲醇转移6 mol电子,故负极反应: $CH_3OH+H_2O-6e^-==CO_2+6H^+$;正极反应: $\frac{3}{2}O_2+6e^-+6H^+==3H_2O$。由甲醇的燃烧热是 -726.5 kJ·mol $^{-1}$,可求得该燃料电池的理论效率为 702.1 kJ/726.5 kJ $\times 100\% = 96.6\%$。

28. 标准答案及评分参见第六章第四节。

【命题立意】本题考查氢化钙的制备、实验装置的连接、实验步骤及实验设计、评价。

【解题思路】(1)根据题意可知,应该先制备氢气,再用氢氧化钠溶液除去氢气中混有的氯化氢,再干燥氢气,最后通入钙中发生反应。由于生成的氢化钙能与水反应,故最后应该加一个干燥装置,防止空气中的水蒸气进入反应容器;首先要通入氢气驱赶装置中的空气,故当收集到的氢气纯净时,说明装置内的气体已经排净,此时再加热使钙与氢气反应,待停止加热并充分冷却后再关闭分液漏斗的活塞;(3)根据题意可知氢化钙与水反应生成 $Ca(OH)_2$ 和 H_2,但是不能根据溶液显碱性就证明一定是发生了该反应,因为金属钙也能与水反应生成氢氧化钙。(4)让两种物质均与干燥的氧气反应,如果是氢化钙,则会生成水;若是钙,则没有水生成,所以再用无水硫酸铜检验是否有水生成。(5)与氢气相比,氢化钙是固体,携带方便。

36. 标准答案及评分参见第六章第四节。

【命题立意】本题考查物质的制备、盐的水解、纸张的腐蚀及防腐蚀、方程式的配平。

【解题思路】(1) 明矾中的铝离子发生水解,使溶液显酸性,在酸性条件下纤维发生水解;加入碳酸钙可以与氢离子反应,调节溶液的pH。(2) 纤维素在碱性溶液中也会发生水解,故加入的碱溶液的量不好控制,因为$Zn(C_2H_5)_2$与水反应生成ZnO和乙烷,而生成的ZnO会与溶液中的氢离子发生反应,故可消除酸的腐蚀。(3) 方程式①根据氯原子的个数,采用"奇数配偶法",先配平氧化铁的系数是2,$FeTiO_3$的系数是2,再确定$TiCl_4$的系数是2,氯气的系数是7,最后根据氧原子守恒配平剩余物质的系数;方程②的配平方法比较容易,观察法即可配平。

37. 标准答案及评分参见第六章第四节。

【命题立意】本题考查物质的制备、电负性的比较、杂化类型的判断、微粒间作用力的判断、有关晶胞的计算,考查考生综合应用知识灵活分析问题的能力及知识的迁移能力。

【解题思路】(1) 根据物质的制备流程图可推知由B_2O_3制备BF_3和BN的化学方程式。(2) 由同一周期,随着原子序数的增大,电负性逐渐增大,故B的电负性小于N的电负性,即得电子能力N大于B,所以BN中N元素是-3价,故B元素是$+3$价。(3) 因为BF_3中的B原子是sp^2杂化,故该分子是平面形分子,键角是$120°$的空间构型可类比,也应该是正四面体结构。(4) 六方氮化硼的结构与石墨类似,故其晶体中也是分层结构,层间是分子间作用力,层内的B原子与N原子间是极性共价键。(5) 因为金刚石属于面心立方晶胞,即C原子处在立方体的8个顶点、6个面心、体内有4个,故根据均摊法及BN的化学式可推知,一个晶胞中各含有4个B原子、4个N原子,又因一个BN的质量是$\dfrac{M}{N_A}$,故可判断一个晶胞的质量是$\dfrac{4M}{N_A}$,而一个晶胞的体积是$(361.5×10^{-10})^3$ cm^3,故根据密度=质量÷体积可得解。

38. 标准答案及评分参见第六章第四节。

【命题立意】本题考查同分异构体的书写、卤代烃的水解、甲苯的性质、酚的性质、反应类型的判断,考查考生综合应用信息及所学知识解决问题的能力。

【解题思路】根据所给信息,结合反应的流程图可知D的结构简式是邻位的$C_6H_4(CHO)(OH)$,故可判断生成的A是在甲苯的邻位上发生取代反应,引入了一个氯原子,故可推知A的结构简式,所以卤代烃发生水解后生成的B是一种酚,B生成C是在侧链$-CH_3$上引入了2个氯原子,C水解后又引入了2个羟基,且连在同一个碳原子上,该结构不稳定,变为稳定的醛基,变为D。(4) B的同分异构体中含有苯环的结构,根据羟基与甲基的相对位置有2种,还有1种醇类、1种醚类,故共有4种,其中有4组峰的有2种;(5) D的含有苯环的同分异构体有:具有相同的官能团的有2种,含有羧基的1种,含有酯基的1种,故共有4种,根据题意写出符合条件的同分异构体的结构简式。

单元总结

1. 化学教育测量质量评价是指按照一定的价值标准,运用定性与定量相结合的方法,对化学教育测量的过程和效果所作出的价值判断。它包括对化学教育测量的设计、实施、结果三个部分的评价。通常采用的分析方法包括统计分析、逻辑分析和综合分析。

2. 信度就是试卷的可靠性,它是反映测量一致性程度的指标。信度系数的估计方法包括再测信度、复本信度、分半信度、同质性信度、评分者信度等。

3. 效度,是指教育测量的有效性,即教育测量在多大程度上能够测得它所要测量的东西。或者说,教育测量是否达到了测量目标的要求。效度可分为:内容效度、预测效度(效标效度)和结构效度。

4. 考试的难度,是指考生解答考试中所有问题的困难程度。大都将考试难度区分为试题难度和试卷难度两个层面。同时,还可分为绝对难度(或品质难度)与相对难度(或统计难度)。

5. 试题的区分度是指试题对不同知识和能力水平的考生的区分程度和鉴别能力。区分度的估计方法有分组计算法和相关法。区分度与难度有密切关系,难度越接近 0.50,项目的潜在区分度越大。

6. 化学试卷质量评价是运用定性和定量的方法对化学试卷的结构比例、内容分布、试卷特点、答题分析、错因诊断等维度进行的一种事实判断。统计分析是运用统计描述和统计推断的方法,在数量化领域内对考试现象的数量表现和数量关系所进行的一种事实判断,可以从宏观、中观、微观三个不同层面进行。通过定性评价可以对试卷的学科内容、能力要求、题型、试卷结构等做出评价。

学习评价

1. 简述化学考试质量评价的方法。结合案例说明如何提高化学考试质量。
2. 指出各种信度系数所对应的误差来源,说明提高测验信度的方法通常有哪些。
3. 如何理解化学测试的效度?它与信度的关系怎样?
4. 如何理解化学试题的难度?一套化学试卷的试题难度一般如何配搭比较合适?
5. 如何理解化学试题的区分度?计算试题的区分度通常有哪些方法?
6. 化学试题的区分度与难度之间具有怎样的关系?
7. 试以某一化学试卷为例,简要利用综合方法分析该试卷质量。

第八章 中学化学题型解题研究

> **学习目标**

1. 了解中学化学各类考试的主要题型及其特点。
2. 结合实例掌握中学化学不同题型的解题规律。

第一节 化学选择题解题方法

> **关 键 词**

筛选法　比较法　推断法　类推法　具体法　特征法　本质法　构造法

在历年的中高考试题中,选择题侧重对中学化学基础知识和基本技能进行考查,且选择题的分数约占总分的30%～50%。由此看出,选择题在中考、高考考查中占有重要地位,属中考、高考试卷中稳定、成熟的题型。这些题目创设的情境平和,设计的难度平衡,设问平实,有利于稳定学生的考试心理,有利于学生发挥出正常水平。

下面探讨常见选择题的通用解题方法。[①]

一、筛选法

筛选法是根据已经掌握的概念和原理,在正确理解题意的基础上,通过寻找不合理的因素,层层剔除,最后获得正确的结论。

[例1] CaC_2 和 MgC_2 都是离子化合物。下列叙述中正确的是(　　)。

A. MgC_2 和 CaC_2 都能与水反应生成乙炔　　B. CaC_2 在水中以 Ca^{2+} 和 C_2^{2-} 形式存在

C. C_2^{2-} 的电子式为 $[:C⋮⋮C:]^{2-}$ 　　D. MgC_2 的熔点低,可能在100℃以下

[解析] Mg 与 Ca 同属于 IIA 族,故 MgC_2 和 CaC_2 性质相似,A 项正确;CaC_2 在水中迅速与水反应而不会以离子形式存在,B 项错误;C 的电子式可以由熟知的等电子数的 N_2 的电子式类推判断,C 项正确;MgC_2 是离子化合物,离子化合物都具有较高的熔点,D 项错误。这样经逐项分析、筛选,可确定答案为 AC。

二、比较法

比较法就是在弄清题意的基础上,找出所要对比的知识点,然后逐个进行对比分析,从而得出结论。

---

① 王后雄.高中化学重难点手册(第三册)[M].武汉:华中师范大学出版社,2004:245-250.

[例2] (上海市高考题)G、Q、X、Y、Z均为氯的含氧化合物,我们不了解它们的化学式,但知道它们在一定条件下具有如下的转换关系(未配平):

① G ——→ Q + NaCl ② Q + H_2O $\xrightarrow{电解}$ X + H_2
③ Y + NaOH ——→ G + Q + H_2O ④ Z + NaOH ——→ Q + X + H_2O

这五种化合物中氯的化合价由低到高的顺序为(　　)。

A. QGZZYX　　　　B. GYQZX　　　　C. GYZQX　　　　D. ZXGYQ

[解析] 本题涉及的基础知识是氧化还原反应的基本概念。即氧化还原反应中,氧化剂和还原剂必然同时存在,而且氧化剂是获得电子,元素的化合价降低,还原剂则是失去电子,元素的化合价升高;在歧化反应中,同一元素的价态部分升高,另一部分则降低。学生如果能灵活运用这些基础知识,并在应用的过程中能进行严密的逻辑推理,就会很快解出该题的答案。在转换关系①中,G发生的是歧化反应,由于NaCl中的氯为-1价,所以Q中的氯必为正价,且化合价高于G中氯的化合价,即G<Q。根据这样的分析推理方法,再对照转换关系③,可推出氯的化合价G<Y<Q。转换关系②中,氢元素由+1价降为0价,说明了H_2O为氧化剂,则Q为还原剂。在反应的过程中,Q中氯的化合价就要升高,即氯的化合价Q<X。转换关系④中,Z也发生的是歧化反应,可推出氯的化合价Q<Z<X。据此可推出本题的答案为B。

三、推断法

推断法就是根据给出的条件、现象和知识的内在联系进行综合、分析、推理和判断而得出正确结论的方法。

[例3] (全国高考题)下列各组溶液,不用其他试剂就可以将它们区别开的是(　　)。

A. 盐酸、氢氧化钾、硫酸钾、碳酸钾　　　　B. 硝酸钠、盐酸、氯化铵、氢氧化钾
C. 氯化钡、氯化钙、硫酸钠、硝酸钾　　　　D. 氢氧化钾、碳酸钾、硫酸镁、硫酸氢钾

[解析] 这是一道单选题。题目要求不用其他试剂,又都是无色溶液,所以只有用两两相混的办法,逐项淘汰。例如A组:

	HCl	KOH	K_2SO_4	K_2CO_3
HCl	/	无	无	↑
KOH	无	/	无	无
K_2SO_4	无	无	/	无
K_2CO_3	↑	无	无	/

(表中:"↑"表示有气体产生;"↓"表示有沉淀产生;"无"表示无明显现象。)

从中可以看出,将盐酸加入另外三种溶液与将K_2CO_3加入另外三种溶液现象是一样的,盐酸与碳酸钾溶液无法区分,同样硫酸钾与氢氧化钾也无法区分。同理B、C两组也无法区分。再看D组:

	KOH	K_2CO_3	$MgSO_4$	$KHSO_4$
KOH	/	无	↓	无
K_2CO_3	无	/	↓	↑
$MgSO_4$	↓	↓	/	无
$KHSO_4$	无	↑	无	/

在这一组中,将其中一种物质加入另外三种溶液时,现象各不相同,是可以区分开的。答案为D。

四、类推法

类推法是指通过对两个(或两类)不同的对象进行比较,找出它们的相似点或相同点,然后以此为依据,把其中某一对象的有关知识或结论推移到另一对象中去,在较广的范围内把两个不同事物联系起来,异中求同,同中求异,形成解决新问题的思路。

[例4] (高考科研试测题)CaC_2 和 ZnC_2、Al_4C_3、Mg_2C_3、LiC_2 等都同属离子型碳化物。请对 CaC_2 制 C_2H_2 的反应进行思考,从中得到必要的启示,判断下列反应产物正确的是( )。

  A. ZnC_2 水解生成乙烷(C_2H_6)   B. Al_4C_3 水解生成丙炔(C_3H_4)
  C. Mg_2C_3 水解生成丙炔(C_3H_4)   D. Li_2C_2 水解生成乙烯(C_2H_4)

[解析] 由 CaC_2 和水的反应方式:

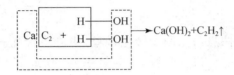

可以类推出其他离子型碳化物与水反应生成的产物。答案为 C。

五、具体法

在解化学选择题时,经常会遇到这样一类题型,题目给出的条件很抽象,看似简单但容易出错。如若选择自己熟悉的具体事物作为研究对象,把抽象的问题具体化,往往会收到事半功倍的效果。

[例5] (全国高考题)X 元素的阳离子和 Y 元素的阴离子具有与氩原子相同的电子层结构,下列叙述正确的是( )。

  A. X 的原子序数比 Y 的小   B. X 原子的最外层电子数比 Y 的大
  C. X 的原子半径比 Y 的大   D. X 元素的最高正价比 Y 的小

[解析] 令 X 为 $_{19}K$ 或 $_{20}Ca$,Y 为 $_{16}S$ 或 $_{17}Cl$,依据元素周期律知识,答案就一目了然。应选 C、D。

评注:上述信息处理方式的优点是降低思维难度,增强信息的直观性。

六、特征法

抓住题目所提供的各种特征(如:结构特征、数值特征、位置特征等),进行大跨度、粗线条的推理,可以做到去表象、抓实质、融会贯通。

[例6] 120℃时,1 体积某烃和 4 体积 O_2 混合,完全燃烧后恢复到原来的温度和压强,体积不变。该烃分子式中所含的碳原子数不可能是( )。

  A. 1   B. 2   C. 3   D. 4

[解析] 这是一道典型的"貌似计算,实则可推"型计算型选择题。因本题属单选题,而分析选项可知:当烃分子中含 4 个碳原子时,1 体积烃完全燃烧时耗氧必大于 4 体积(实际上只有 4 体积 O_2),故本题答案为 D。

七、本质法

本质法是指抓住解题的关键,弱化或去掉表面干扰信息,抓实质,实现问题的转换和突破。

[例7] (广东省竞赛题)2 mol MnO_2 与 320 mL 12.5 mol/L 的盐酸在加热时充分反应,制得的氯气( )。

A. 小于 1 mol　　B. 等于 1 mol　　C. 等于 2 mol　　D. 大于 2 mol

[解析] 解答此题很容易陷入根据化学方程式进行过量问题计算的误区。必须抓住问题的本质,转化问题的实质:MnO_2 与浓盐酸完全反应;题给出的 MnO_2 是足量的,即便 4 mol 的 HCl 全部反应,生成的 Cl_2 只为 1 mol,但在反应过程中,浓盐酸会变为稀盐酸,此时反应即终止,因此实际生成的 Cl_2 小于 1 mol。答案为 A。

八、构造法

任何解题过程都是实现信息与问题的转化过程,构造法就是利用"等价""替代""假想""隔离"等思维方式,将直接难解答的问题构造为另一类"等价"的较易解决的问题,使问题得以解决。

[例8] (云南省竞赛题)可逆反应 $SO_2 + NO_2 \rightleftharpoons NO + SO_3$ 在较高温度下达到平衡。保持温度和容积不变,向容器内充入氧气,则 NO_2 的浓度( )。

A. 增大　　B. 不变　　C. 减小　　D. 无法判断

[解析] 设想加入氧气后即生成部分 NO_2 并减去部分 NO,也就是说如果我们不加氧气,改为通入部分 NO_2,同时引出部分 NO,两种措施的效果相同:

$$SO_2 + NO_2 \rightleftharpoons NO + SO_3$$

原平衡物质的量/mol	a	b	c	d
加入物质的量/mol		$+e$	$-e$	
新平衡物质的量/mol		b'	c'	

设这里的改变量为 NO_2 加 e,NO 减去 e,原平衡当然向"减弱这种改变的"方向(正向)移动。注意,勒沙特列原理在这里用的字眼是"减弱"而不是"抵消",更不是"逆转"。新平衡建立时,下面两个不等式一定成立:

$$(b+e) > b' > b, (c-e) < c' < c。$$

也就是说,新平衡时,NO_2 浓度不会降到比原平衡时还低,NO 浓度不可能升到比原平衡时还高。故答案为 A。

第二节　化学填空题解题方法

关键词

审题　表达　特性　关系　思维　迁移

填空题一般具有知识覆盖面广、知识信息迁移巧妙、开放性强、答题简单等特点。与选择题相比较,填空题没有备选项,这样解答时有不受错误选项干扰的好处,但对考生独立思考和求解能力提出了更高的要求,致使填空题在历年中、高考考试中应用广泛、灵活。近年来,填空题题目设计极富思考性、挑战性和趣味性,成了中、高考化学试卷题型改革的"试验田",每年总会出现一些新题型,考查学生创新能力,反映改革趋势。填空题的考查方式往往是将一个正确的命题抽去一些内容,要求考生将其填上,且不能有一点错误,否则就不得分。所以,填空题的平均得分率总是比较低。因此研究如何正确完成填空题,提高解题能力具有重要的意义。

解答化学填空题主要从以下几方面着手。①

一、认真审题,明确目的要求

审清题意是做好填空题的最关键的步骤,审题时一定要认真地审清题目中所给的条件,明确试题考查的知识点,以利于从整体上把握试题的目的,特别是关键的词语、化学用语等,有时它们可能成为解题的重要提示信息。

[例 9] X、Y、Z 是短周期元素的三种常见氧化物。X 跟水反应后可生成一种具有还原性的不稳定的二元酸,该酸的化学式是_____;Y 和 X 的组成元素相同,Y 的化学式是_____;1 mol Z 在加热时跟水反应的产物需要用 6 mol 的氢氧化钠才能完全中和,在一定条件下,Y 可以跟一金属单质 A 反应生成 X 和 Z,单质 A 是_____。

[解析] 首先审清题意,明确这是一道对短周期元素形成酸的情况及对应酸的多元性、稳定性、还原性进行考查的填空题。回答该问题要抓住关键的字句:"具有还原性的不稳定的二元酸"。常见的具有还原性的不稳定二元酸主要有 H_2S、H_2SO_3(H_2CO_3 没有还原性),而由氧化物溶于水而生成的只可能是 H_2SO_3,X 是 SO_2。Y 和 Z 的组成元素相同,则 Y 是 SO_3。1 mol Z 的水化物需要 6 mol NaOH 才能完全中和,说明 Z 是酸性氧化物,且其水化物是多元酸,排查短周期元素能形成酸性氧化物且对应水化物是多元酸者除 S 外唯有 P(SiO_2 不溶于水),验证之后就可以得出答案。

[答案] H_2SO_3 SO_3 P

二、弄清概念,学会正确表达

填空题所填结果应力求文字(或符号)规范、简练、准确和概括性强,因此解答填空题时首先对化学概念要有清楚的认识,这样回答问题时可抓住要点,借助化学用语,正确表达。

[例 10] 把 10 mL 淀粉胶体和 5 mL KI 溶液的混合液体加入用半透膜制成的袋内,将此袋浸入蒸馏水中。2 min 后,用两支试管各取 5 mL 烧杯中的液体,做如下实验。

(1)向其中一支试管里滴加少量 $AgNO_3$ 溶液,其现象是_____。
(2)向另一支试管里滴加少量碘水,其现象是_____。
(3)由上述实验得出的结论是_____。

[解析] 半透膜有非常小的孔,只允许较小的离子、分子透过,胶体分散系的粒子不能透过半透膜,故在烧杯的液体中有 K^+、I^-,不存在淀粉胶体。

[答案] (1)出现黄色沉淀 (2)无明显变化 (3)I^- 能透过半透膜,淀粉胶体不能透过半透膜

三、立足基础,抓住特性关系

元素化合物推断题是一类综合性很强的试题,近年来,在考题中频频出现,其中不仅包含元

---

① 杨水秀.高中化学填空题解题策略思考[J].广东化工,2010(6):173-174.

素及化合物性质和社会生活、环境保护、化学计算等知识,有时还可引入学科间综合。它不仅可考查学生对化学知识的理解程度,更重要的是培养学生的综合分析能力和思维方法。对于这类题的解答,首先是迅速浏览一遍,由模糊的一遍"扫描",自然地在头脑中产生一个关于该题所涉及知识范围等方面的整体印象;其次是从题中找出特殊现象或特殊性质的描述,作为解题的突破口,进而全面分析比较,作出正确判断。

[例11] Q、R、X、Y、Z为前20号元素中的五种,Q的低价氧化物与X单质分子的电子总数相等,R与Q同族,Y和Z的离子与Ar原子的电子结构相同且Y原子序数小于Z。

(1) Q的最高价氧化物,其固态属于_____晶体,俗名叫_____;

(2) R的氢化物分子的空间构型是属于_____分子(填"极性"或"非极性");它与X形成的化合物可作为一种重要的陶瓷材料,其化学式为_____;

(3) X的常见氢化物的空间构型是_____;

(4) Q分别与Y、Z形成的共价化合物的化学式是_____和_____,属于_____分子(填"极性"或"非极性")。

[解析] 首先该题推断的突破口是:前20号元素中Q有低价氧化物,说明Q有多种正化合价,而在前20号元素中有多种正化合价的元素有C、N、P、S,其对应的低价氧化物分别为CO、N_2O、P_2O_3、SO_2,它们的电子总数分别为14、22、54、32;前20号元素中存在单质分子分别是N_2、O_2、F_2、Cl_2、He、Ne、Ar,它们的电子总数分别为14、16、18、34、2、10、18。由此可知CO与N_2电子总数相等,所以元素Q为C,元素X为N。R与Q同族,则元素R为Si。Y和Z的离子与Ar原子的电子结构相同且Y原子序数小于Z,若Y离子为S^{2-}时,Z离子为Cl^-;若Y离子为K^+时,Z离子为Ca^{2+};Q分别与Y、Z可形成共价化合物,所以元素Y为S,元素Z为Cl。再将推断结果代入题中验证,可知推断结果符合题意。从本题思维可知,10电子和18电子粒子也是元素推断题的常见突破口。

[答案] (1) 分子 干冰 (2) 非极性 Si_3N_4 (3) 三角锥形 (4) CS_2和CCl_4 非极性

四、深化思维,注意陷阱盲区

学习和创造离不开思维,思维是发展智力和能力的核心,是素质教育的基本内涵,在教育教学中占有重要的地位,而深化思维方法是解答化学试题常用的方法之一。

[例12] 有一瓶澄清的溶液,其中可能含有NH_4^+、K^+、Na^+、Mg^{2+}、Ba^{2+}、Al^{3+}、Fe^{3+}、SO_4^{2-}、CO_3^{2-}、NO_3^-、Cl^-和I^-。取该溶液进行如下实验:

① 用pH试纸试验,表明溶液呈强酸性;

② 取部分溶液,加入少量CCl_4及数滴新制的氯水经振荡后,CCl_4呈紫红色;

③ 另取部分溶液,逐滴加入稀NaOH溶液,使溶液由酸性逐渐转变为碱性,在滴加过程中和滴加完毕后,溶液中均无沉淀生成;

④ 取上述碱性溶液,加入Na_2CO_3溶液,有白色沉淀生成;

⑤ 将③得到的碱性溶液加热,有气体放出,该气体能使湿润的红色石蕊试纸变蓝。根据以上实验事实确定:该溶液中肯定存在的离子有_____;肯定不存在的离子有_____;不能确定是否存在的离子是_____。

[解析] 依题意:据①有H^+,据②I^-,据③无Mg^{2+}、Al^{3+}、Fe^{3+},据④有Ba^{2+},据⑤有NH_4^+等,这是思维深度的第一层次;稍深化思维便可知与上述离子不能共存离子不能存在,这是思

维深度的第二层次;另外,溶液中有 H^+、I^- 存在时,肯定无 CO_3^{2-}、NO_3^-,且题给的12种离子中无 H^+,这是深化思维的第三层次。

[答案] 肯定有的离子是 NH_4^+、I^-、Ba^{2+};肯定无的离子是 Mg^{2+}、Al^{3+}、Fe^{3+}、SO_4^{2-}、CO_3^{2-}、NO_3^-;不能确定的是 K^+、Na^+、Cl^-。

五、变通思维,合理迁移应用

变通是创造性思维的要素之一,它反映了创造性思维过程中转换和灵活应变的特征。创造性思维的变通特性是指发散项目的范围和维度。思维变通者,其思维活动触类旁通,灵活多变,不受定式和功能固着的束缚,能从一个方面发散到另一个方面。通过思维的变通,可为我们提供新的解题路径。

[例13] Fe_3O_4 可以写成 $FeO·Fe_2O_3$,若看成一种盐时,又可以写成 $Fe[FeO_2]_2$,根据化合价规律和这种书写方法,若将 Pb_3O_4,用上述氧化物形式表示,其化学式可写成_____,看成盐时可写成_____,等物质的量的 Fe_3O_4 和 Pb_3O_4 分别在一定条件下和浓盐酸反应时,高价的铅能将盐酸氧化而放出 Cl_2,而高价铁则不能,写出 Fe_3O_4、Pb_3O_4 与盐酸反应的化学方程式 _____、_____。

[解析] 这是一道填空型信息迁移题,如果运用简单模仿,则会将 Pb_3O_4 类比 Fe_3O_4 错填为 $PbO·Pb_2O_3$、$Pb[PbO_2]_2$。正确领会题中信息必须遵守化合价分析规则和 Fe_3O_4 书写方法。因 Fe_3O_4 中 Fe 有 +2 价、+3 价,而 Pb_3O_4 中的 Pb 却只有 +2 价、+4 价。故 Pb_3O_4 中有一个 +4 价的铅原子和两个 +2 价的铅原子。变通思维后不难得:Pb_3O_4 氧化物形式为:$2PbO·PbO_2$,写成盐时为 $Pb_2[PbO_4]$。

同理,变通思维可写出二者与盐酸反应的化学方程式:
$Fe_3O_4 + 8HCl == FeCl_2 + 2FeCl_3 + 4H_2O$ $Pb_3O_4 + 8HCl == 3PbCl_2 + Cl_2\uparrow + 4H_2O$

此外,每年的阅卷评分标准上规定,化学专用名词中出现错别字、元素符号有错误,都要参照评分标准扣分;化学方程式、离子方程式未配平的,都不给分。因此平时训练时应严格要求,书写工整认真,格式规范。在审清题意的基础上,一定要注重细致,注意语言的严谨,逻辑性要强,避免因小的失误造成全题出错。另外,在计算性填空题中,计算时要考虑有效数字,注意量纲单位等。

综上所述,对于在考试中广泛应用的填空题,只要在审题、理清概念、立足基础、抓住特性、深化并变通思维、注重规范等方面加以重视,解答好化学填空题是容易实现的。

第三节 化学简答题解题方法

关键词

联想　本质　因果分析　追溯　操作顺序　抽象　变通

简答题是近年中高考试题中第Ⅱ卷的基本题型,赋分值在10%左右。中高考命题评价科研组认为,它能较好地实现考核考生的"思维过程及思维的严密性、精确性、完整性、创造性","用文字(或图形、符号、表达式)表达的能力都可以体现在简答题的应答上,它尤其适合于高层次能力(包括创造思维的能力)的考核"。

简答题是一种根据学生所掌握的"双基"(概念、原理、定律、实验事实等知识)来回答问题的试题。它的最大特点之一是,不仅要求考生"知其然",而且还要求考生"知其所以然"(侧重于考查学生的综合分析、逻辑思维、灵活运用知识的能力)。它的另一特点是,要求考生用意思完整、文字简练、准确、规范、条理性好、能抓住要点的化学用语、数据符号、图像、单位等来回答化学问题,探究化学现象发生、发展、变化的原因和依据,突出一个"简"字。简答题的主流题型及解题方法如下。[①]

一、解释究因型简答题

该类型简答题就是要解决"怎么办"或"为什么"的问题,考查学生理解、掌握和运用知识的程度,是否真正地学会、学透。试题一般设计成"其原因是_____"、"其理由是_____"、"为什么?"等句式。解这类题型的思路是:先分析题中给出的结果,然后结合化学原理、物质的性质等知识,推测出产生结果的原因。叙述时一般可使用因果表述法。

解答此类题型的要求是:① 解题时要联想已学的化学原理和化学概念,认真审析题目信息中各种要素,抓住解决问题的关键所在。对于相同物质的变化要同中求异,异点求因;对于不同物质的变化要把握其本质,挖掘内涵。② 确定原因时,可以采用"因果分析法",即按照题目所给条件进行正向思维和推理,由变化联系原因,逐步推至结果。也可以采用"由果索因法",根据变化的结果逆向思维,挖掘出引发变化的原因和依据。③ 答题时,均采用由原因到结果的语言顺序来表述。一般讲由三部分(前提、推理、结论)组成,有时很熟悉的大前提可以省略,只陈述原因,然后给出结果。语言句式上一般是"因为……所以……"或"由于……因此……"等。

[例14] 在纯碱溶液中滴入酚酞,溶液变红。若在该溶液中再滴入过量的氯化钡溶液,所观察到的现象是_____,其原因是(以离子方程式和简要文字说明):_____。

[解析] 现象是:产生白色沉淀,溶液的红色褪去。其原因是:在纯碱溶液中,CO_3^{2-} 水解:$CO_3^{2-} + H_2O \rightleftharpoons HCO_3^- + OH^-$,加入 $BaCl_2$ 后,$Ba^{2+} + CO_3^{2-} \rightleftharpoons BaCO_3 \downarrow$(白色),由于 $c(CO_3^{2-})$ 减小,CO_3^{2-} 水解平衡向左移动,$c(OH^-)$ 减小,酚酞褪色。

评注:答好简答题的关键:一是要审好题,按要求回答;二是答题有理有据,击中要害,言简意赅。

二、判断说理型简答题

该类型简答题一般是依据题意,根据化学知识及相关的知识对题目所给的问题先进行分析判断,然后说明判断的理由。解题的思路是,先对问题作出判断,得出结论,然后再由结论追溯到分析过程,最后再回到结论。叙述时一般使用"先总后分"表述法,即先阐述中心句或提出结论,再说明细节或原因。

[例15] 向碳酸钠的浓溶液中逐滴加入稀盐酸,直到不再生成二氧化碳气体为止。则在此过程中,溶液的碳酸氢根离子浓度的变化趋势可能是:

A. 逐渐减小;
B. 逐渐增大;
C. 先逐渐增大,而后减小;
D. 先逐渐减小,而后增大。

[①] 王后雄.高中化学重难点手册(第三册)[M].武汉:华中师范大学出版社,2004:262-266.

你的选择是_____。试用化学方程式和简要文字表述其理由。

[解析] 根据反应的原理,先判断结果,然后答出先逐渐增大,而后逐渐减小两个过程的原因。首先因为 $Na_2CO_3 = 2Na^+ + CO_3^{2-}$,$CO_3^{2-} + H^+ = HCO_3^-$,所以溶液中 HCO_3^- 浓度逐渐增大,然后因为 $HCO_3^- + H^+ = H_2O + CO_2\uparrow$,所以溶液中 HCO_3^- 的浓度减小。

[答案] C 其化学方程式及理由见解析。

评注:解答本类题型要求是:认真审题,正确理解题意,做到答必所问。

三、实验设计型简答题

该类型简答题一般是根据实验试题的要求设计基本实验方案;有时要求根据有关原理和性质设计实验进行物质的鉴定、鉴别,或性质验证,或除杂质;有的要求根据原料和提示设计生产工艺或操作步骤;等等。题目一般采取"设计一个最简单的实验……"的形式来叙述设计要求。

解答此类题的解题思路是:从实验的原理出发(包括物质的性质),按操作过程(或方法)、实验现象、结论去考虑。对除杂质类及根据原料和提示设计生产工艺和操作步骤的实验,还需要考虑原料和产物(或需要物质与杂质)之间的转化关系选择所需的试剂。叙述的顺序及操作要与题目的要求一致。答题时一般用操作顺序法来回答。

[例16] (全国高考题)回答下面问题:

(1) 分离沸点不同但又互溶的液体混合物,常用什么方法?

(2) 在分液漏斗中用一种有机溶剂提取水溶液里的某物质时,静置分层后,如果不知道哪一层液体是"水层",试设计一种简便的判断方法。

[解析] 第(2)问最简便的方法是:放出少量分液漏斗下层的液体,在该液体中加入少量水,如果液体不分层,说明下层是水层,反之,则上层是水层。

[答案] (1) 蒸馏方法。(2) 取一支小试管,打开分液漏斗的活塞,慢慢放出少量液体,往其中加入少量水,如果加水后,试管中的液体不分层,说明分液漏斗中,下层是水层,反之,则上层是水层。

评注:部分学生采用向放出少量液体中加入无水 $CuSO_4$ 粉末,如果液体变蓝色,说明下层是水层,反之,则上层是水层。从化学原理看可行,但不属最简便的方法。

四、变通型简答题

该类简答题一般是用定性、定量方法对所给问题进行分析、综合,然后得出结论,要求考生将化学问题抽象为数学问题,通过正确的逻辑推理,对满足的一般条件从数形表达转译成科学的概括,并以准确、简练的语言表述出来。题目的一般形式是"……满足的条件是_____"等句式。旨在综合考查考生对化学问题的理解程度,以及运用数学知识分析和解决化学问题的能力。

[例17] 有机化合物 A 和 B 的分子式不同,它们只可能含碳、氢、氧元素中的 2 种或 3 种元素。如果将 A 和 B 不论以何种比例混合,只要其物质的量之和不变,完全燃烧时所消耗的氧气和生成的水的物质的量也不变。那么,A、B 组成必须满足的条件是_____。若 A 是甲烷,则符合上述条件的化合物 B 中,相对分子质量最小的是_____(写分子式),并写出相对分子质量最小的含有甲基($-CH_3$)的 B 的两种同分异构体的结构简式:_____、_____。

[解析] 设 A、B 的分子式分别为 $C_{x_1}H_{y_1}O_{z_1}$、$C_{x_2}H_{y_2}O_{z_2}$(z_1、z_2 可为零),混合物中 A、B 的

物质的量分别为 n_A mol、n_B mol，则混合物完全燃烧时消耗氧气的物质的量为 $n(O_2) = \left(x_1 + \dfrac{y_1}{4} - \dfrac{z_1}{4}\right)n_A$ mol $+ \left(x_2 + \dfrac{y_2}{4} - \dfrac{z_2}{4}\right)n_B$ mol，生成水的物质的量为 $n(H_2O) = \dfrac{y_1 n_A}{2}$ mol $+ \dfrac{y_2 n_B}{2}$ mol。

要使 $n(O_2)$ 和 $n(H_2O)$ 都与 $n_A : n_B$ 无关，只取决于 $(n_A + n_B)$，必须满足

$$\begin{cases} x_1 + \dfrac{y_1}{4} - \dfrac{z_1}{2} = x_2 + \dfrac{y_2}{4} - \dfrac{z_2}{2}, \\ \dfrac{y_1}{2} = \dfrac{y_2}{2}, \end{cases} \text{即} \begin{cases} y_1 = y_2, \\ \dfrac{x_1 - x_2}{z_1 - z_2} = \dfrac{1}{2} \end{cases}$$

因此，A 和 B 的分子中氢原子数应相等，碳原子数之差：氧原子数之差 $= 1 : 2$。

当 A 为 CH_4 时，相对分子质量最小的 B 是 $C_2H_4O_2$，其含甲基的结构简式有 CH_3COOH，$HCOOCH_3$。

评注：解答此类题的解题思路是：认真审题，将化学问题抽象为数学问题，应用数学知识分析解决实际问题；然后概括总结问题的实质，并且用确切的语言准确地表述所要回答的问题。

第四节　化学图表分析题解题方法

关 键 词

分析与综合　　比较与分析　　归纳与演绎

"化学图表题"是将化学问题以图表的形式呈现出来，让学生通过解决此类问题巩固已学知识并加深对知识的理解和运用的一类习题。依据图表题不同的呈现形式、图表中是否包含数量关系、题目考查的知识点复杂程度的不同及考查的知识范围不同，化学图表题有不同的分类方法。化学问题可以用图片、表格、图像或框图来呈现问题情景，由此化学图表题可分为图片题、表格题、图像题和框图题。

自然科学和社会科学的交流媒体大量地使用了图表和数据。能够阅读这类资料并初步运用这种资料形式说明问题，是高考化学及理科综合能力测试的内容之一。在图表数据信息的加工和处理过程中，需要运用多种科学思维的基本方法。[1]

一、分析与综合

分析与综合既有区别，又有联系，不可分割。首先，分析是由整体到局部、由统一到分离的思维方法，综合是由局部到整体、分离到统一的思维方法；其次，分析是综合的基础，综合是分析的结果。解决实际问题时往往是分析中有综合，综合中有分析。

[例 18]（苏州市中考题）等质量的三种金属 A、B、C 分别与相同质量分数的足量稀盐酸反应，都生成 +2 价金属元素的氯化物，其反应情况如右图所示。

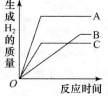

---

[1] 王后雄.高中化学重难点手册(第三册)[M].武汉：华中师范大学出版社，2004：318-322.

(1) 这三种金属的活动性由弱到强的顺序是_____；

(2) 三种金属氯化物的相对分子质量由大到小的顺序是_____。

[解析] 图中三条线的前半部分——斜线的斜率大小反映了金属与酸反应的快慢（A 最快，B 最慢），所以金属活动性由弱到强的顺序是：B＜C＜A。后半部分——水平线的高低反映了当等质量金属反应完全时，产生 H_2 的多少（A 最多，C 最少）。根据"相对原子质量/化合价"的值越小，H_2 越多。故相对原子质量由大到小的顺序是：C＞B＞A，也可知氯化物的相对分子质量：C＞B＞A。

评注：图形题的特征是以图形的形式将一些相关量之间的关系通过形象直观的曲线表示出来，把习题中的化学原理抽象为数学问题，旨在考查学生对曲线的数学意义和化学意义之间对应关系的分析、理解和运用能力。

二、比较与分析

比较是确定事物之间差异点和共同点的抽象思维方法。比较的过程是先对有关事物进行分析，区分每个事物各方面的特征，再将有关事物按其特征进行对比，得出哪些方面具有共同点，哪些方面具有不同点，从而鉴别这些事物间的异同。通过比较，找出表面上差异极大的事物之间在本质上的共同点，找出表面上极为相似的事物之间的本质上的差异点。

分析是以比较为基础，根据研究对象的共同点和差异点，把事物分别类推的思维方法。

[例 19] 在容积固定的 2 L 密闭容器中进行的某一可逆反应：$A(g) + 2B(g) \rightleftharpoons 2C(g)$，以 B 的物质的量浓度改变表示的反应速率 $v_正$、$v_逆$ 与时间的关系如右图所示，则图中阴影的面积表示（ ）。

A. A 物质的量浓度的减少　　　　B. B 物质的量浓度的减少

C. C 物质的量的增加　　　　　　D. B 物质的量的减少

[解析] 这是考查反应速率、反应物或生成物浓度、图像三者之间的关系的一道题。解答时可联想一下物理学中非常熟悉的一个问题：匀变速直线运动中常用下图来分析速率、时间和位移的关系，时间 t 时质点的位移相当于图中阴影部分的面积。我们将匀变速直线运动中速度与化学反应速率的单位和位移与物质的量浓度的单位列表如下：

速度：m/s	化学反应速率：mol/(L·s)
位移：m	物质的量浓度：mol/L

对上表进行分析比较，用类似于对匀变速直线运动中的图像分析的方法可以解决有关例 19 的问题，得出图中阴影部分应该是由于正反应而使 B 的物质的量浓度减少值与由于逆反应而使 B 的物质的量浓度增加值之间的差值。又因起始时正反应速率大于逆反应速率，所以总体来看阴影部分是 B 的物质的量浓度减少值。选 B。

评注：公式是规律的抽象概括，图像是规律的直观显示，它们之间既有区别又有联系。科学研究中推出某个公式，常常要测定一系列实验数据并作成图像。我们要有意识地分析课本中出现的图像和与之有联系的公式、数据之间的关系，看到一个图像能想到与之对应的公式，面对一组数据能想象出有关的图像。在平时的学习中多练习一些与图像分析有关的题目，这是中学阶段对数据、公式、图形之间关系认识的基本方法。

三、归纳与演绎

归纳推理是由个别的、特殊的判断推出一般判断的思维方式。也就是以个别的或者只具有一定程度一般性的知识为出发点，导出一般的或者一般性更大的结论。演绎推理是由一般性的判断推出个别性的判断的推理，即从普遍性的原理、结论出发，导出特定情况下的结论的思维形式。化学与其他学科一样，其中的许多原理、公式、规律、结论，甚至某一化学反应的方程式，都可以运用归纳思维方法得出结果。另一方面，当我们用某个规律去研究问题时，往往要运用演绎思维。下例的解答过程需要运用归纳和演绎这两种思维方法。

[例20] 在锌与某浓度的盐酸反应的实验中，一个学生得到下面的结果：

	锌的质量/g	锌的形状	温度/℃	溶于酸的时间/s
A	1	薄片	5	400
B	2	薄片	15	200
C	3	薄片	25	100
D	4	薄片	35	50
E	5	薄片	45	25
F	6	粉末	15	5

(1) 利用从A到F的结果画一幅以时间对温度的曲线图(纵轴表示时间，横轴表示温度)。

(2) 利用题中表的数据，得出关于温度影响反应速率的结论是_____。

(3) 20℃时，2g锌箔溶解于酸中需要的时间是_____。

(4) 对比B与F的结果，解释在F中反应速率比较快的原因。

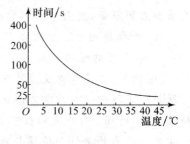

[解析] (1) 这一小题只是要求把数据信息转化为图像，可作出右图所示的图像。

(2) 根据表中数据信息得出温度影响反应速率的规律要用到归纳的思维方法。比较表中数据可看出，从A到E，每组的实验温度相差10℃，锌粒消耗的时间都变为前一实验的1/2。从这5组实验数据可归纳出，温度对该反应速率影响的规律为：温度每升高10℃，反应速率增大到原来的两倍。

(3) 题目要求用已得有关反应速率的规律来求解20℃时的反应时间。根据(1)中的图像可得出当温度为20℃时，反应时间约需150 s。

(4) 对于B和F，反应温度相同，酸的浓度也相同，锌的质量也相同。但B中2g锌全部溶解用了200 s的时间，而F中只需要5 s的时间，F中反应速率比B中反应速率快了40倍。这是因为B中锌是块状，F中锌是粉末状，粉末状时锌与酸溶液的接触面要比块状时的接触面大得多。

评注：要求学生能够比较熟练地把一些数据信息转化为图像，根据某个公式画出图像，反过来也能够比较熟练地把一些图像信息转化为数据信息，能根据某个图像总结出有用的公式。

第五节　化学信息迁移题解题方法

关　键　词

演绎推理　　联想迁移　　类比推理　　换向突破　　综合分析

信息迁移是近年来高考试卷中出现的新的稳定题型。从题量和分值看,基本稳定在全卷的30%左右;从出题的范围看,这类题目遍布"五大块";从考查功能上看,它着重考查学生临场阅读,提取信息和进行信息加工、处理的能力,以及灵活运用基础知识分析问题、解决问题的综合能力。根据信息迁移题的特点,可将解答信息迁移题的步骤概括为:

阅读 →(接受信息) 搭桥 →(和旧知识联系) 交联 →(找出条件) →(类比、仿造推理) 问题解决

|——信息筛选——|——信息加工——|——信息运用——|

一、信息迁移题的考查层次

信息迁移题提供信息的模式及学生应用信息解答问题可分为三个层次:

第一层次：简单模仿,属于比较容易的试题。

[**例21**]　(江苏省竞赛题)有一种碘和氧的化合物可以称为碘酸碘,其中碘元素呈+3、+5两种价态,则这种化合物的化学式和应当具有的性质为(　　)。

　A. I_2O_4 强氧化性　　B. I_3O_5 强还原性　　C. I_4O_9 强氧化性　　D. I_4O_7 强还原性

[**解析**]　解答本题只需模仿熟知的氯酸钾($KClO_3$),推知碘酸钾为KIO_3,进一步推知碘酸碘为$I(IO_3)_3$,与氯酸盐类似,应具有强氧化性。答案为C。

第二层次：转换信息和加工信息,属较难的试题。

[**例22**]　(上海市高考题)为更好地表示溶液的酸碱性,科学家提出了酸度(AG)的概念,$AG=\lg\dfrac{c(H^+)}{c(OH^-)}$,则下列叙述正确的是(　　)。

A. 中性溶液的 AG=0

B. 酸性溶液的 AG<0

C. 常温下 0.1 mol/L 氢氧化钠溶液的 AG=12

D. 常温下 0.1 mol/L 盐酸溶液的 AG=12

[**解析**]　由题给公式,可将信息转换为$c(H^+)$、$c(OH^-)$及对数问题的计算。

$c(H^+)=c(OH^-)$,$AG=\lg\dfrac{c(H^+)}{c(OH^-)}=0$;酸性溶液中,$c(H^+)>c(OH^-)$,$AG=\lg\dfrac{c(H^+)}{c(OH^-)}>0$;

当$c(OH^-)=0.1$ mol/L 时,$c(H^+)=\dfrac{K_w}{c(OH^-)}=10^{-13}$ mol/L,故 $AG=\lg\dfrac{c(H^+)}{c(OH^-)}$

$=\lg\dfrac{10^{-13}}{0.1}=-12$;

当 $c(H^+)=0.1$ mol/L 时,$c(OH^-)=10^{-13}$ mol/L,故 $AG=\lg\dfrac{0.1}{10^{-13}}=12$。答案为 AD。

第三层次:运用题给的科学方法(或提供科学模型、思维模式等),有较高的思维要求。

[例23] (春季高考题)三聚氰酸 $C_3N_3(OH)_3$ 可用于清除汽车尾气中的氮氧化物(如 NO_2)。当加热至一定温度时,它发生如下分解:$C_3N_3(OH)_3 \Longrightarrow 3HNO$。HNCO(异氰酸,其结构是 $H-N=C=O$)能和 NO_2 反应生成 N_2、CO_2 和 H_2O。

写出 HNCO 和 NO_2 反应的化学方程式。分别指明化合物中哪种元素被氧化?哪种元素被还原?标出电子转移的方向和数目。

[解析] 题中涉及了一些中学生不熟悉的新物质、新化学反应。解题的关键是从题示信息中提炼有用的信息——异氰酸的结构式,再根据化合价定义确定新物质中各元素的化合价。

异氰酸结构简式为 $H-N=C=O$,其中 H 为 +1 价,N 为 -3 价,C 为 +4 价,O 为 -2 价。反应后,HNCO 中氮元素从 -3 价上升为 0 价,NO_2 中氮元素从 +4 价下降到 0 价。

$$\underset{\text{得}6\times4e^-}{\overset{\text{失}8\times3e^-}{8HNCO+6NO_2 \longrightarrow 7N_2+8CO_2+4H_2O}}$$

HNCO 中的氮元素被氧化,NO_2 中的氮元素被还原。

二、信息迁移题的解题方法

(一)演绎推理

若未知物具有已知事物的属性,则可通过对已知事物的属性演绎推导,获取未知事物也应具有的性质,而使问题得到解决。

[例24] (河南省竞赛题)卤代烃在氢氧化钠存在的条件下水解,这是一个典型的取代反应,其实质是带负电的原子团(例如 OH^- 离子)取代了卤代烃中的卤原子,例如 $CH_3CH_2CH_2Br+OH^- \longrightarrow CH_3CH_2CH_2OH+Br^-$。写出下列反应的化学方程式:

① 溴乙烷跟 NaHS 反应:_____。
② 碘甲烷跟 CH_3COONa 反应:_____。

[解析] 由题给信息:HS^-、CH_3COO^- 与 OH^- 相似,所以能发生上述取代反应。结合答题要求演绎卤代烃与带负电的原子团发生取代反应的"通式",即可顺利作答。

信息本质属性:$R-X + NaY \longrightarrow R-Y + NaX$,将有关物质代入通式可得答案:

① $CH_3CH_2Br+NaHS \longrightarrow CH_3CH_2SH+NaBr$;
② $CH_3I+CH_3COONa \longrightarrow CH_3COOCH_3+NaI$。

(二)联想迁移

指发现试题与所学知识的相似之处,关键是善于联想,善于对比。一般是通过题干叙述、提问方式、实验装置、变化曲线等,有意识地与大脑中贮存的知识、方法、技巧、习题、图例挂钩,从形象思维开始,通过分析对比,归纳演绎,寻找与已有知识的相似点,进行知识迁移。

[例25] 催化剂的研究使很多物质出现新的化学反应。例如两分子烯烃 A 在苯中用一种特殊的催化剂处理时,生成两种新的烯烃 B 和 C:

$$2A \xrightarrow{\text{催化剂}} B+C。$$

填空或回答下列问题。

(1) 若 A 为 $RCH=CHR'$，B 为 $RCH=CHR$，试写出上述化学反应方程式：_____。

(2) 对上述反应提出两种反应机理(竖虚线表示断键位置)：

机理 a 是 $\begin{matrix}RCH=CH|R'\\R|CH=CHR'\end{matrix} \rightleftharpoons B+C$

机理 b 是 [☐☐☐] $\rightleftharpoons B+C$

(3) 根据课本学过知识回答采用何种方法能证明该反应机理是 a 或是 b？答：_____。

[解析] 此题给出的信息学生非常陌生，似乎没有什么线索。但只要合理联想，巧妙转化，就可化难为易。要确定反应机理自然可联想中学比较熟悉的信息，即用 ^{18}O 同位素跟踪确定酯化反应的机理，找出它们之间的内在联系及新知识或新问题在已有知识或方法中的"落脚点"，这样就找到了问题的突破口。可用含重氢 D 的烯烃 $RCD=CHR'$ 进行歧化反应，若产物中含 $RCD=CHR$ 和 $R'CD=CHR'$，证明反应按 a 机理进行；若产物中含 $RCD=CDR$ 和 $R'CH=CHR'$，则证明反应按 b 机理进行。

[答案] (1) $2RCH=CHR' \xrightarrow{\text{催化剂}} RCH=CHR + R'CH=CHR'$。

(2) $\begin{matrix}RCH|CHR'\\RCH|CHR'\end{matrix} \rightleftharpoons B+C$

(3) 用同位素示踪法，利用含重氢(D)的烯烃 $RCD=CHR'$ 进行反应。若产物有 $RCD=CDR$ 和 $R'CH=CHR'$，证明反应按机理 b 进行；若产物有 $RCD=CHR$ 和 $R'CD=CHR'$，证明反应按机理 a 进行。

(三) 类比推导

将已知或新给出的原理、知识或方法横向类推到类似的新情境中去，以解决新问题或得出新知识，即已知(或新知 A.) $\xrightarrow{\text{类推}}$ 新知(或新知 B.)。关键在找好横向类比迁移的"参照点"。

[例 26] 氢叠氮酸(HN_3)与醋酸酸性相近，其盐稳定，但撞击发生爆炸生成氮气。有关氢叠氮酸的叙述有：① NaN_3 的水溶液呈碱性；② HN_3 的固体属于分子晶体；③ NaN_3 的固体属于离子晶体；④ NaN_3 可用于小汽车防撞保护气囊，其中正确的是( )。

A. ①②③ B. ②③④ C. ①③④ D. ①②③④

[解析] 根据题示信息，HN_3 与醋酸酸性相近，可判断①、②正确。醋酸钠的固体为离子晶体，故 NaN_3 也属离子晶体。由"撞击发生爆炸生成氮气"知④正确。答案为 D。

(四) 换向突破

难以从常规方向或模式解决的问题，需突破常规思维，换一个角度或方向(逆向、横向、侧向等)思考以解决问题。关键在思维具有发散性，善于发现新颖、独特的解决问题的"突破点"。

[例 27] 一般所谓无水乙醇含乙醇约为 99.5%。因特殊需要而要求进一步去水时，常采用如下操作：置 5.0 g 镁条和 0.5 g 碘(碘为催化剂)于一个恰当容量的烧瓶中，加 50~75 mL 无水乙醇，逐渐加热，此时有小气泡不断从混合液中逸出。继续加热、回流，直至镁条全部溶完，成为乳白色浆液，再加入 900 mL 无水乙醇，回流 30 min，然后直接蒸出乙醇，这样得到的乙醇其含量可达 99.95%。试回答：

(1) 上述操作所需烧瓶应选用容积为_____(选填下列选项)的烧瓶为宜,其理由是_____。
A. 2 L   B. 1 L   C. 0.5 L   D. 3 L

(2) 写出镁在除去微量水分时的有关化学反应方程式:_____。

[解析] 由已学知识:镁与水微弱反应,镁与乙醇能发生反应。只考虑上述两个反应,则乙醇必然会损耗,而水并未能除去。换向:水怎样除去而乙醇又无损耗呢?显然,$(C_2H_5O)_2Mg$ 与水还将会继续反应,水将消耗,乙醇重新生成。这就回到了要解决的问题上了。本题运用了逆向思考:若只发生 $Mg + CH_3CH_2OH$ 反应,会怎么样?

[答案] (1) A;上述混合物总容积接近 2 L,容积小于 2 L 的 2/3。

(2) $2CH_3CH_2OH + Mg \xrightarrow{I_2} (CH_3CH_2O)_2Mg + H_2\uparrow$

$(CH_3CH_2O)_2Mg + 2H_2O \longrightarrow 2CH_3CH_2OH + Mg(OH)_2\downarrow$

(五) 综合分析

许多信息迁移题题给信息量大、复杂,新信息与已有知识及问题间的"距离"远,难以一步建立联系。这时要通过综合分析,在较多的信息中提炼有用的信息,逐步逼近问题,最后获解。

[例28] (高考科研题)阅读下述知识,解答第(1)、(2)、(3)道题。结构中没有环状的烷烃又名开链烷烃,其分子式通式是 C_nH_{2n+2} (n 是正整数)。分子中每减少 2 个碳氢键,必然同时会增加 1 个碳碳键,它可能是重键(双键或三键),也可能连结成环状烃,都称为增加了 1 个不饱和度(用希腊字母 Ω 表示,又名"缺氢指数")。例如若干烃类分子和烃基的不饱和度如下:

① $CH_3CH_2CH_3$ $\Omega=0$;   ② $(CH_3)_2CH-$ $\Omega=0$;

③ $CH_2=CHCH_2-$ $\Omega=1$;   ④ 环己基-CH_2CH_3 $\Omega=1$;

⑤ $C_8H_{15}-$ $\Omega=1$;   ⑥ 环己烷 $\Omega=1$;

⑦ 双环结构 $\Omega=2$;   ⑧ $CH_3C\equiv CCH_2CH=CH_2$ $\Omega=3$;

⑨ $CH_3(CH=CH)_3CH_3$ $\Omega=3$;   ⑩ 环己烯 $\Omega=1$;

⑪ 甲苯 $\Omega=4$;   ⑫ C_7H_7- $\Omega=4$

(1) 请写出下列各烃分子的_____ Ω。

A. 1,3,5-三甲苯   B. 萘   C. 立方烷

$\Omega=$_____; $\Omega=$_____; $\Omega=$_____;

(2) 请写出下列烃基的_____ Ω。

D. 对亚苯基 (两价基团)   E. 苯-1,3,5-三基 (三价基团)

$\Omega=$_____; $\Omega=$_____;

F. ····C≡C···· （两价基团）　　　Ω＝_____。

(3) 某烃B分子式是$C_{1398}H_{1278}$，它由四种基团组成，这四种基团分别是：

已知该分子结构式中没有发现苯环连接苯环，也没有发现炔键连接炔键以及炔键连($CH_3)_3C$—的情况，通过计算推测B分子中含有的四种基团的个数各为多少？

[解析]　本题是信息迁移题。有机化合物中经常会遇到推测分子结构的问题，而"不饱和度"是一个很有用的概念。由饱和链烃分子式通式是C_nH_{2n+2}可知，每少2个H就是一个不饱和度。本题列举了12个实例，考查学生是否能够很快接受信息。所提的前面2个小问，第(1)小题是完整的分子，第(2)小题却是烃基。本题还有一些多环化合物，但总体难度不大。其所以出这个题目是为了后面第(3)小题计算题的需要，看一看有多少学生能够作"异题迁移"。

第(3)问是一道较难的计算题，考查学生能否将化学问题抽象成为数学问题，并用数学工具结合化学概念解决实际问题的能力。本题有4个未知数，由①分子各碎片的碳原子数；②分子中各碎片的氢原子数；③不饱和度数，可以得到三个方程式，但还要寻找第④个方程式的等式条件。如果将④"芳环上的余价应该等于脂肪链上的余价"列成等式，就解决了这个问题。题设中有这句话，它其实提供了解题的条件。关于不饱和度问题则在第(1)、(2)题中已作了铺垫。

[答案] (1) A．4　　B．7　　C．5　　(2) D．4　　E．4　　F．2

(3) 设 ⟨苯3价⟩、⟨环2价⟩、····C≡C····、$(CH_3)_3$···· 的个数分别为$w、x、y、z$，则由C原子数、H原子数、不饱和度数，以及芳环余价应和脂肪链余价相等四个条件，得四个方程式：

C原子数　$6w+6x+2y+4z=1398$，
H原子数　$3w+4x+9z=1278$，
Ω数　$4w+4x+2z=\dfrac{1398\times2+2-1278}{2}=760$，
余价　$3w+2x=2y+z$，
联立解之，得$w=94, x=33, y=126, z=96$。

第六节　化工流程题解题方法

关键词

流程题　解决问题　综合能力　开放性　流程图

随着新课程改革的进行，在高考化学试题中无机化工题逐渐成为一类热门的主流题型。无机化工题将高中化学与某些无机化工生产很好地融合在一起，题目情景新颖、综合性强、思维量大,很多学生在做这类题目时往往无从下手。本节主要探析无机化工题的特点和解题策略。[①]

一、化工流程题的特点

无机化工题是以某个具体的工业生产为背景,以化学基本理论为主线,结合化学实践、环境保护、化学计算等,考查考生应用所学知识探究解决生产实际问题的能力,对学生的综合能力要求很高。

[例29] (广东省高考题)二氧化锰是制造锌锰干电池的基本材料。工业上以软锰矿为原料,利用硫酸亚铁制备高纯二氧化锰的流程如下图所示。

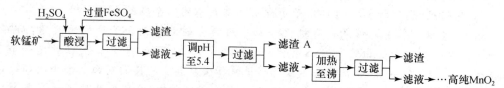

某软锰矿的主要成分为MnO_2,还含有$Si(16.27\%)$、$Fe(5.86\%)$、$Al(3.42\%)$、$Zn(2.68\%)$和$Cu(0.86\%)$等元素的化合物。部分阳离子以氢氧化物或硫化物的形式完全沉淀时溶液的pH见下表,回答下列问题。

物质完全沉淀时溶液的pH

沉淀物	$Al(OH)_3$	$Fe(OH)_3$	$Al(OH)_2$	$Mn(OH)_2$	$Cu(OH)_2$
pH	5.2	3.2	9.7	10.4	6.7
沉淀物	$Zn(OH)_2$	CuS	ZnS	MnS	FeS
pH	8.0	≥−0.42	≥2.5	≥7	≥7

(1) 硫酸亚铁在酸性条件下将MnO_2还原为$MnSO_4$,酸浸时发生的主要反应的化学方程式为_____。

(2) 滤渣A的主要成分是_____。

(3) 加入MnS的目的是除去_____杂质。

(4) 碱性锌锰电池中,MnO_2参与的电极反应方程式为_____。

(5) 从废旧碱性锌锰干电池中可以回收利用的物质有(写两种)_____。

[例30] (上海市高考题)将磷肥生产中形成的副产物石膏($CaSO_4 \cdot 2H_2O$)转化为硫酸钾肥料和氯化钙水合物储热材料,无论从经济效益、资源综合利用还是从环境保护角度看都具有重要意义。下图是石膏转化为硫酸钾和氯化钙的工艺流程示意图。

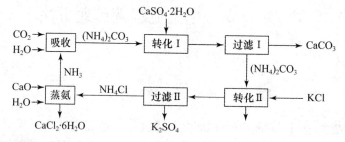

[①] 张明.中学化学命题探索与解题赏析[M].西安:陕西师范大学出版社,2011:256-259.

(1) 本工艺中所用的原料除 CaSO₄·2H₂O、KCl 外,还需要 _____ 等原料。

(2) 写出石膏悬浊液中加入碳酸铵溶液后发生反应的离子方程式 _____。

(3) 过滤 I 操作所得固体中,除 CaCO₃ 外还含有 _____（填化学式）等物质,该固体可用作生产水泥的原料。

(4) 过滤 I 操作所得滤液是 $(NH_4)_2SO_4$ 溶液。检验滤液中含有 NH_4^+ 的方法是 _____。

(5) 已知不同温度下 K_2SO_4 在 100 g 水中达到饱和时溶解的量见下表。60℃时 K_2SO_4 的饱和溶液 591 g 冷却到 0℃,可析出 K_2SO_4 晶体 _____。

K_2SO_4 在 100 g 水中达到饱和时溶解的量

温度/℃	0	20	60
K_2SO_4 溶解的量/g	7.4	11.1	18.2

(6) 氯化钙结晶水合物（$CaCl_2·6H_2O$）是目前常用的无机储热材料,选择的依据是 _____。
A. 熔点较低（29℃熔化）　　B. 能导电　　C. 能制冷　　D. 无毒

(7) 上述工艺流程中体现绿色化学理念的是 _____。

从上述两道化学高考题可以看出,无机化工流程题具有以下特点:

(1) 多以流程图的形式出现。通常从生产原料到产品的整个流程以简单文字加框图和箭线形式呈现。许多流程中还会形成一些"环状",意为物质的循环利用,以展现化学工艺的"绿色化学"理念。

(2) 题目所涉及的情景新颖。本类题目是从传统的无机框图推断发展而来的,但情景远比前者新颖得多。无机化工流程题构思新颖、灵活,特别是在新课标背景下,这种源于教材又高出教材,以丰富的化学理论联系生产实际的试题,极具挑战性和创新性,能很好地考查考生所具有的综合能力。

(3) 无机化工流程题实际考查的是学生应用化学反应原理、化学平衡原理、水解理论、物质制备和分离的知识、晶体知识、绿色化学的观点及经济的视角分析实际生产中各种问题的能力。在题目中还不时出现些化工术语,像酸浸、蒸氨、水热处理、水洗、表面处理等,这些具有特定含义的术语,或是物质性质的反映,或是工艺流程的精要,可以说是解题的一道门槛,也是学生解题时的困扰点。

(4) 无机化工流程题往往通过工业生产与实验操作、基本理论问题、计算、科学探究和评价结合,可以说是一个精妙的拼盘。题目的开放性也较好。

二、化工流程题的解题策略

(1) 粗读试题,尽量弄懂流程图。图中一般会出现超纲知识,但题目中蕴涵了提示或者提问时不涉及,所以一定要关注题目的每一个字眼,尽量弄懂流程图,但不必将每一个物质都推出,问什么推什么。如例 29,在做这道题时,我们应先粗读试题,知道题目要制什么、大致流程和有什么提示等。本题制的是高纯二氧化锰,提示包括软锰矿的主要成分和部分阳离子以氢氧化物或硫化物的形式完全沉淀时溶液的 pH。

(2) 带着问题去精心研究流程图,这是解题的关键和难点。在粗读试题之后,应该根据问题去精心研究某一步或某一个物质。在答题时应注意前后问题往往没有"连带效应",即前一问不能回答没关系,不影响后面回答问题。遇到一下子做不出来的问题要及时放弃,以免影响其他问题的作答。如例29,在粗读之后我们就根据问题去仔细研究流程图。第(1)问与流程无关,可以直接根据书写化学方程式的方法去完成,$MnO_2 + 2FeSO_4 + 2H_2SO_4 =\!=\!= MnSO_4 + Fe_2(SO_4)_3 + 2H_2O$。第(2)、(3)问与流程图有关,根据题目提示的软锰矿的主要成分和部分阳离子以氢氧化物或硫化物的形式完全沉淀时溶液的pH可推知,在调节pH到5.4时滤渣是$Fe(OH)_3$和$Al(OH)_3$,至于后面再加MnS自然是除还没有沉淀的Cu^{2+}和Zn^{2+}。最后两问又与流程图无关。第(4)问要知道碱性锌锰电池中MnO_2会变成MnO或Mn_2O_3,这是课本知识,但绝大多数学生不记得。第(5)问具有开放性,比较容易作答。

(3) 作答时主要看清所提问题,不能答非所问,注意语言表达的科学性。回答原因时有的比较简单,有的要求用理论辅助回答,这时应用"四段论法":本题改变了什么条件(或是什么条件)→根据什么理论→所以有什么变化→结论。

第七节 化学框图推断题解题方法

关 键 词

特征反应   转化关系   层层推进   高频信息   变换思维   逻辑推理   计算推理

化学框图推断题是近年来中高考必考的热点题型。归纳起来,推断题主要有五类:① 物质结构推断题;② 元素及其化合物推断题;③ 有机物推断题;④ 实验推断题;⑤ 计算推断题。试题几乎覆盖了大纲要求的全部重要知识点,全面考查了考生的抽象、求异、发散和收敛等思维能力。推断题主要有以下几种解法技巧。

一、寻找特征反应现象法

能表现特殊的物理或化学性质的物质,往往具有特征反应,或在反应中能产生特殊现象。例如:焰色反应呈黄色是钠元素的特性;有臭鸡蛋气味的是硫化氢气体;遇碘显蓝色是淀粉的特性(该现象也常用于判断碘的存在);固体单质$\xrightarrow{盐酸}$溶液$\xrightarrow{NaOH}$白色沉淀$\xrightarrow{置空气中}$先灰绿后变为红褐色,是铁及其化合物所特有的现象;使品红溶液褪色的无色气体是SO_2;NO遇到氧气变红棕色;氨气使酚酞试液变红色,等等。这些都是特殊的信息,都可以作为解推断题的突破口。

[例31] 根据下列实验过程:

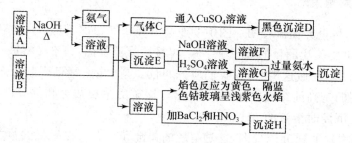

写出A—H八种物质的化学式及有关的离子方程式:_____。

[解析] 本题多次出现物质反应和现象,如溶液 A 和 NaOH 反应产生氨气,这说明 A 中含 NH_4^+;气体 C 通入 $CuSO_4$ 溶液中产生黑色沉淀,说明 C 为 H_2S,D 为 CuS;沉淀 E 既能溶于碱又能溶于酸,该沉淀为 $Al(OH)_3$ 或 $Zn(OH)_2$,结合后续信息,排除 $Zn(OH)_2$;焰色反应呈浅紫色,说明溶液中含 K^+;加 $BaCl_2$ 和 HNO_3,产生沉淀 H,这是检验的特征反应。综合、逆推,不难形成答题点。

[答案] A 为 $(NH_4)_2S$ 或 NH_4HS;B 为 $KAl(SO_4)_2$;C 为 H_2S;D 为 CuS;E 为 $Al(OH)_3$;F 为 $NaAlO_2$;G 为 $Al_2(SO_4)_3$;H 为 $BaSO_4$。离子方程式略。

二、利用转化关系尝试法

由于某些推断题的结论只有较少的可能性,因此可将每种可能的结论代入题内尝试,即可找出正确答案。或记住一些重要的转化关系,答题时,将试题框图形式与记住的转化关系对比,寻找相似关系,常使复杂的推断变得轻而易举。

物质之间按照一定规律转化,形成一定特征的转化关系,常见的有:

1. 直线型转化关系

$$金属 \xrightarrow{O_2} 碱性氧化物 \xrightarrow{水} 碱 \xrightarrow{酸} 盐;$$

$$非金属 \xrightarrow{O_2} 酸性氧化物 \xrightarrow{水} 酸 \xrightarrow{碱} 盐;$$

2. 交叉型转化关系

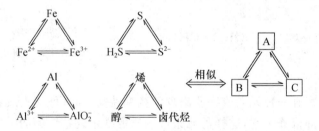

3. 三角形转化关系

[例32] (全国高考题)A、B、C 是在中学化学中常见的三种化合物,它们各由两种元素组成。甲、乙是两种单质。这些化合物和单质之间存在如下的关系:

据此判断

```
单质甲 ──单质乙──→ 化合物A
  │化合物B            │化合物B
  ↓                  ↓
化合物A和化合物C    单质乙和化合物C
```

(1) 在 A、B、C 这三种化合物中,必定含有乙单质的元素的是_____(用 A、B、C 字母填写)。

(2) 单质乙必定是_____(填写"金属"或"非金属"),其理由是_____。

(3) 单质乙的化学式可能是_____，则化合物B的化学式是_____。

[解析] 粗读题目要求和框图，知本题是元素及其化合物知识的综合题，意在考查学生对元素及其化合物的知识网络的掌握情况和必要的分析、判断、推理能力。细读题目和框图，知单质甲和单质乙反应，单质甲和化合物B反应，都能得到A，说明乙、B中含有相同元素，即B中含有乙单质的元素，A中定含乙单质的元素。继续推，由已知A+B→乙+C(突破口)，再根据乙为单质，且由A、B反应生成，则该反应必为氧化还原反应，乙单质的元素在A、B中分别呈正、负化合价，所以乙是非金属。联想到中学范围内同一元素不同价态间的氧化还原反应，自然会想到N和S。将N和S分别代入关系图尝试，可得单质乙的化学式是S或N_2，化合物B的化学式是H_2S或NH_3。

三、利用层层推进法

根据题目的明显条件(突破口)，先推出第一层的结论，利用所得结论和其他已知条件，逐一推导，将较深层的结论一一推导出来。这种方法适用于那些层次清晰、环环相扣的推断题。

[例33] (天津市高考题)有以下一系列反应，终产物为草酸。

$$A \xrightarrow{\text{光}}_{Br_2} B \xrightarrow{NaOH, \text{醇}}_{\Delta} C \xrightarrow{Br_2, \text{水}} D \xrightarrow{NaOH, H_2O}_{\Delta} E \xrightarrow{O_2, \text{催化剂}}_{\Delta} F \xrightarrow{O_2, \text{催化剂}}_{\Delta} \begin{array}{c} COOH \\ | \\ COOH \end{array}$$

已知B的相对分子质量比A的大79，请推测用字母代表的化合物的结构式：C是_____，F是_____。

[解析] A→B是烷烃在光照条件下与$Br_2(g)$发生取代反应，从最终产物为草酸可推断原烷烃A中只有2个C原子，即乙烷。根据A、B相对分子质量差值可推断乙烷发生一卤取代，即B为CH_3CH_2Br。B经消去反应生成乙烯C。乙烯与Br_2水加成生成$CH_2Br—CH_2Br(D)$。D经水解生成$HOCH_2CH_2OH(E)$。$HOCH_2CH_2OH$经氧化生成$OHC—CHO(F)$。F经氧化生成乙二酸。

[答案] C：$CH_2=CH_2$；F：$OHC—CHO$。

四、利用高频信息法

化学推断题中通常有一种元素或物质出现的频率特高，与其他元素或物质发生交联关系，其他元素或物质的推断都依赖于它，这样的元素或物质的推定就是解题的突破口。

[例34] 下图表示以NH_4NO_3和D物质为初始反应物发生的一系列变化。在常温下，A为液体，F为不溶于水和碱溶液的白色固体，B、G和I为无色气体，G能使湿润的红色石蕊试纸变蓝。

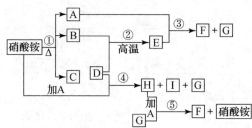

请填写下列各空：

(1) D是_____，E是_____，H是_____。

(2) 写出下面反应的离子方程式：④ 是_____；⑤ 是_____。

[解析] 观察整个框图，A 出现 3 次，G 出现 3 次，所以先集中突破推断出 A 和 G。由 NH_4NO_3 分解得到液态物质 A，A 一定是 H_2O；而 G 是"能使湿润的红色石蕊试纸变蓝"的气体，故 G 必为 NH_3。又由图中反应：$E+A(H_2O)\longrightarrow F+G(NH_3\uparrow)$，且 E 是 B、D 的高温化合产物，故 E 为 Mg_3N_2，B 为 N_2，D 为 Mg。逐层分析不难解题。

[答案] (1) D是 Mg；E是 Mg_3N_2；H是 $Mg(NO_3)_2$

(2) $Mg+2NH_4^+ =\!=\!= Mg^{2+}+2NH_3\uparrow+H_2\uparrow$；$Mg^{2+}+2NH_3\cdot H_2O =\!=\!= Mg(OH)_2\downarrow+2NH_4^+$

五、变换思维角度法

解题时要随问题和情境的不同，调整自己的思维方式，如变常规思维为突跃思维，变求同思维为求异思维，变正向思维为逆向思维，变平面思维为立体思维等。

[例 35] 下图中每一方框内的字母代表一种反应物或生成物。从 A 到 F 均为中学化学中常见的物质，其中 B 跟 E 反应生成物质 F，某温度下该反应起始和某时刻的反应混合物组成如右表所示。请写出下列反应的化学方程式：

	B	E	F
起始组成 n/mol	2	4	0
某时刻组成 n/mol	1	2	3

反应①_____；反应②_____；反应③（须注明反应条件）_____；反应④_____。

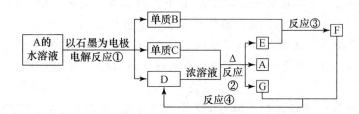

[解析] 审视题目，从给出的条件看缺乏特征反应，故较难直接找到突破口，可运用立体思维分析：

(1) 由 A 溶液 $\xrightarrow{\text{电解}}$ 单质 B＋单质 C＋D，满足这一关系的 A 可能是不活泼金属的硝酸盐或硫酸盐（如 $AgNO_3$，$CuSO_4$ 等），或活泼金属的无氧酸盐（如 NaCl，KBr 等）。

(2) 反应 B＋E→F 的化学计量数之比＝化学反应速率之比＝(2−1)∶(4−2)∶(2−0)＝1∶2∶2，即该反应可表示为 B＋2E＝2F。

(3) 由单质 C＋D(浓溶液) $\xrightarrow{\triangle}$ E＋A＋G，可初步确定 D 为 H_2SO_4。

综上(1)、(2)、(3)多向思维可确定最后答案。将答案代入框图检查结果的合理性。

① $2CuSO_4+2H_2O \xrightarrow{\text{电解}} 2Cu+O_2\uparrow+2H_2SO_4$；

② $Cu+2H_2SO_4(浓) \xrightarrow{\triangle} 2CuSO_4+SO_2\uparrow+2H_2O$；

③ $2SO_2+O_2 \underset{\triangle}{\xrightarrow{\text{催化剂}}} 2SO_3$；

④ $SO_3 + H_2O == H_2SO_4$。

评注：本题把定性推理与定量推理、正向推理与逆向推理有机结合起来，形成综合突破优势，这通常是较难的推断题解题时所选择的一种解题模式。

六、利用逻辑推理法

解答框图题的过程(甲物质向乙物质转变；丙问题向丁问题转移；反应物向生成物的不断趋进；条件向结论的曲线运动)是一个推理判断过程，具有严密的逻辑规律。因此，在解题过程中要善于逻辑推理，搞清网络中体现的因果关系、顺承关系、递进关系等，善于用合乎逻辑的思维，求得准确答案。

[例36] X、Y、Z是3种短周期元素的单质，甲、乙是2种常见的化合物。这些单质和化合物之间存在如下图所示的关系。据此判断：

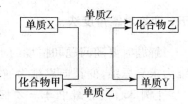

(1) 在甲、乙两种化合物中，不含有组成 X 的元素的是_____，不含有组成 Y 的元素的是_____（用"甲"、"乙"填写）。

(2) 单质 X 是_____（填"金属"、"非金属"或"既可以是金属又可以是非金属"）。

(3) 若单质 X 是_____，则单质 Y、Z 分别是_____；若单质 X 是_____，则单质 Y、Z 分别是_____；若单质 X 是_____，则单质 Y、Z 分别是_____。

[解析] 解答本题需要有严密的推理和丰富的联想。

(1) 由图示：单质 Y+单质 Z→化合物甲，故甲中不含组成 X 的元素；单质 X+单质 Z→化合物乙，乙中不会含组成 Y 的元素。这种推理属因果关系推导。

(2) 由图示：单质 X+化合物甲→单质 Y+化合物乙，属置换反应，其类型很多，既可以是金属置换金属或非金属，又可以是非金属置换非金属或金属，因此结论是：既可以是金属又可以是非金属。

(3) 按以上置换反应进行推理和联想，可得3组答案，分别为：$Mg、C、O_2$；$Al、H_2、Cl_2$；$F_2、O_2、H_2$。

评注：本题是一道发散思维试题，答案有多组，除上述各组外，还有：$O_2、S、H_2$；$Cl_2、S、H_2$；$Cl_2、S、Na$；$Na、H_2、Cl_2$；$Na、H_2、S$等。

七、利用计算推理法

某些推断题常常有几个未知量同时存在，或答案有多种可能性，要充分利用已知的条件进行计算，再根据结果推出正确的结论。

[例37] （全国高考题）A、B都是芳香族化合物，1 mol A 水解得到 1 mol B 和 1 mol 醋酸。A、B 的相对分子质量都不超过 200，完全燃烧都只生成 CO_2 和 H_2O。且 B 分子中碳和氢总的质量分数为65.2%。A 溶液具有酸性，不能使 $FeCl_3$ 溶液显色。

(1) A、B 相对分子质量之差为_____。

(2) 1个 B 分子中应该有_____个氧原子。

(3) A 的分子式是_____。

(4) B可能的三种结构简式是_____。

[解析] A $\xrightarrow{H_2O}$ CH$_3$COOH+B,所以 A、B 相对分子质量之差为 42,B 相对分子质量不超过 200-42=158。A 有羧基,所以,B 也有羧基,且有从 A(醋酸酯)水解释出的羟基,初步推测 B 可能含 3 个氧原子。从 B 分子中氧的质量分数(由题意推出),可求 B 的相对分子质量,B 的相对分子质量 $M_r=\dfrac{16\times 3}{34.8\%}=135<158$,合理。由数据可以确认,B 为羟基苯甲酸。由质量守恒定律知 A 的分子式是 C$_9$H$_8$O$_4$。

[答案] (1) 42; (2) 3; (3) C$_9$H$_8$O$_4$;

(4) 邻羟基苯甲酸,间羟基苯甲酸,对羟基苯甲酸(结构式如图)

解推断题应注意的问题:

① 题目缩略:适于解文字多、题目长的推断题。一般是通过认真审题,把题目提供的信息缩略成用化学符号表示的图示,使题目一目了然。

② 突破关键:通过认真审题,抓住题目给出的最明显的信息(如物质的颜色、状态、特征反应等),先推断出一种物质或几种物质。

③ 连锁推断:利用已推断出的物质与其他物质之间的关系,迅速推出其他物质。

④ 及时排除:要及早排除不能存在的物质(如气味、颜色、密度、溶解性等不符合题意的物质或与已推出的物质不能共存的物质),以免对后续的推断造成干扰。

第八节 化学实验设计题解题方法

关 键 词

思考问题 仪器连接 实验操作 顺序 验纯 冷凝回流 倒吸

近年来,化学中高考题中连续出现了一类实验设计题,要求考生联系所学过的知识和技能,进行类比、迁移和重组,全面、周密地思考才能设计出正确实验方案和回答提出的问题。

一、化学实验设计题的解题方法

(一) 思考问题的顺序

(1) 围绕主要问题思考。例如:选择适当的实验路线、方法;所用药品、仪器简单易得;实验过程快速、安全;实验现象明显。

(2) 思考有关物质的制备、净化、吸收和存放等有关问题。例如:制取在空气中易水解的物质(如 Al$_2$S$_3$、AlCl$_3$、Mg$_3$N$_2$)及易受潮的物质时,往往在装置末端再接一个干燥装置,以防止空气中水蒸气进入。

(3) 思考实验的种类及如何合理地组装仪器,并将实验与课本实验比较、联系。例如涉及气体的制取和处理,对这类实验的程序及装置的连接顺序大体可概括为:发生→除杂质→干燥→主体实验→尾气处理。

（二）仪器连接的顺序

(1) 所用仪器是否恰当，所给仪器是全用还是选用。

(2) 仪器是否齐全。例如：涉及有毒气体的实验是否有尾气的吸收装置。

(3) 安装顺序是否合理。例如：是否遵循"自下而上，从左到右"；气体净化装置中不应先经干燥，后又经过水溶液洗气。

(4) 仪器间连接顺序是否正确。例如：洗气时"进气管长，出气管短"；干燥管除杂质时"大进小出"等。

（三）实验操作的顺序

(1) 连接仪器。按气体发生→除杂质→干燥、主体实验→尾气处理顺序连接好实验仪器。

(2) 检查气密性。在整套仪器连接完毕后，应先检查装置的气密性，然后装入药品。检查气密性的方法要依装置而定。

(3) 装药品进行实验操作。

二、化学实验设计题的解题思路

(1) 检查气体的纯度。点燃或加热通有可燃性气体（H_2、CO、CH_4、C_2H_4、C_2H_2 等）的装置前，必须检查气体的纯度。例如用 H_2、CO 等气体还原金属氧化物时，需要加热金属氧化物，在操作中，不能先加热，后通气，应当先通入气体，将装置内的空气排干净后，检查气体是否纯净（验纯），待气体纯净后，再点燃酒精灯加热金属氧化物。

(2) 加热操作先后顺序的选择。若气体产生需加热，应先用酒精灯加热产生气体的装置，等产生气体后，再给实验需要加热的固体物质加热。例如用浓硫酸和甲酸共热产生 CO，再用 CO 还原 Fe_2O_3，实验时应首先点燃 CO 发生装置的酒精灯，生成的 CO 赶走空气后，再点燃加热 Fe_2O_3 的酒精灯，而熄灭酒精灯的顺序则相反，原因是：在还原性气体中冷却 Fe 可防止灼热的 Fe 再被空气中的 O_2 氧化，并防止石灰水倒吸。

(3) 冷凝回流的问题。有的易挥发的液体反应物，为了避免反应物损耗和充分利用原料，要在发生装置设计冷凝回流装置。如在发生装置安装长玻璃管等。

(4) 冷却问题。有的实验为防止气体冷凝不充分而受损失，需用冷凝管或用冷水或冰水冷凝气体（物质蒸气），使物质蒸气冷凝为液态便于收集。

(5) 防止倒吸问题。在某些实验中，由于吸收液的倒吸，会对实验产生不良的影响，如玻璃仪器的炸裂，反应试剂的污染等，因此，在有关实验中必须采取一定的措施防止吸收液的倒吸。防止倒吸一般采用下列措施：

① 切断装置：将有可能产生液体倒吸的密闭装置系统切断，以防止液体倒吸，如实验室中制取氧气、甲烷时，通常用排水法收集气体，当实验结束时，必须先从水槽中将导气管拿出来，然后熄灭酒精灯。或选择图 8-1 所示隔离式装置（Ⅰ）、（Ⅱ）。

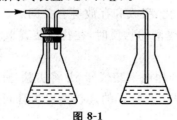

图 8-1

② 设置防护装置：包括下列四种类型。

a. 倒立漏斗式：如图 8-2 甲所示，这种装置可以增大气体与吸收液的接触面积，有利于吸收液对气体的吸收。当易溶性气体被吸收液吸收时，导管内压强减小，吸收液上升到漏斗中，由于漏斗容积较大，导致烧杯中液面下降，使漏斗口脱离液面，漏斗中的吸收液受自身重力的作用又流回烧杯内，从而防止吸收液的倒吸。

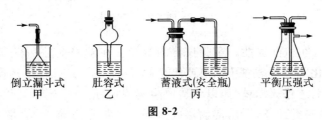

图 8-2

b. 肚容式：如图 8-2 乙所示，当易溶于吸收液的气体由干燥管末端进入吸收液被吸收后，导气管内压强减小，使吸收液倒吸进入干燥管胖肚部分，由于进入干燥管的溶液本身质量大于干燥管内外压强差，吸收液受自身重量的作用又流回烧杯内，从而防止吸收液的倒吸。这种装置与倒置漏斗很类似。

c. 蓄液式：如图 8-2 丙所示，当吸收液发生倒吸时，倒吸进来的吸收液被预先设置的蓄液装置贮存起来，以防止吸收液进入受热仪器或反应容器。这种装置又称为安全瓶。

d. 平衡压强式：如图 8-2 丁所示，为防止反应体系中压强减小，引起吸收液的倒吸，可以在密闭装置系统中连接一个能与外界相通的装置，起着自动调节系统内外压强差的作用，防止溶液的倒吸。

(6) 具有特殊作用的实验改进装置。

① 防堵塞安全装置：如图 8-3 所示，为防止分液漏斗中的液体不能顺利流出，用橡皮管连接成连通装置（见恒压式）；为防止粉末或糊状物堵塞导气管，可将棉花团置于导管口处[见防阻式（Ⅰ）、（Ⅱ）]。

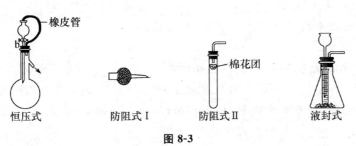

图 8-3

② 液封装置：如图 8-3 所示，为防止气体从长颈漏斗中逸出，可在发生装置中的漏斗末端套住一只小试管（见液封式）。

③ 防污染安全装置：如图 8-4 所示，灼烧式可用于除尾气 CO；吸收式可用于除 Cl_2、H_2S、SO_2、NO_2 等；收集式可用于防止有毒气体进入空气中。

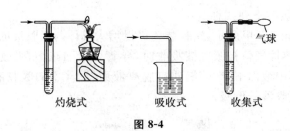

图 8-4

(7) 拆卸时的安全性和科学性。实验仪器的拆卸要注意安全性和科学性,有些实验为防止"倒吸"、"爆炸"或"氧化",应考虑停止加热或停止通气的顺序,如对有尾气吸收装置的实验,必须将尾气导管提出液面后才熄灭酒精灯,以免造成溶液倒吸;用氢气还原氧化铜的实验应先熄灭加热氧化铜的酒精灯,同时继续通氢气,待加热区冷却后才停止通氢气,这是为了避免空气倒吸入加热区使铜氧化,或形成可爆气;拆卸用排水法收集需加热制取气体的装置时,需先把导气管从水槽中取出,才能熄灭酒精灯,以防止水倒吸;拆后的仪器要清洗、干燥、归位。

[例 38] 下图是实验室制取 Cl_2 并以 Cl_2 为原料进行特定反应的实验。

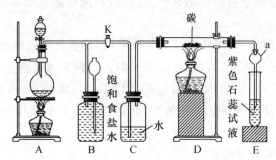

(1) A 为氯气发生装置,写出反应的化学方程式:_____。
(2) 实验开始先点燃 A 处的酒精灯,打开旋塞 K,让 Cl_2 充满整个装置,再点燃 D 处的酒精灯。Cl_2 通过 C 瓶后进入 D,D 装置内盛有碳粉,发生氧化还原反应,生成 CO_2 和 $HCl(g)$。试写出 D 装置中反应的化学方程式_____;装置 C 的作用是_____。
(3) E 处石蕊试液中的现象是_____,其原因是_____,干燥管 a 的作用是_____。
(4) 若将 E 处溶液改为石灰水,反应过程的现象是_____(填序号)。
A. 有白色沉淀生成   B. 无白色沉淀生成   C. 先生成白色沉淀,然后沉淀消失
(5) D 处反应完毕后,关闭旋塞 K,移去酒精灯,由于余热的作用,A 处仍有少量 Cl_2 产生,此时 B 中的现象是_____,B 的作用是_____。

[解析] 根据题示信息,D 中发生的反应应为:$2Cl_2+C+2H_2O \xrightarrow{\triangle} 4HCl+CO_2$,水为反应物,推知 C 的作用是提供水蒸气,又因为该反应生成 HCl,为防止倒吸发生可采用干燥管 a 连接在 E 处。

[答案] (1) $MnO_2+4HCl(浓) \xrightarrow{\triangle} MnCl_2+Cl_2\uparrow+2H_2O$

(2) $2Cl_2+C+2H_2O \xrightarrow{\triangle} 4HCl+CO_2\uparrow$;提供 D 处所需的水蒸气。

(3) 石蕊试液先变红,后变无色;生成的 HCl 使石蕊试液变红,未反应完的 Cl_2 与 H_2O 作用

生成 HClO，HClO 的漂白作用使红色消失；防止 E 中溶液倒吸至装置 D 中。

(4) B。　(5) 瓶中液面下降,长颈漏斗内液面上升；贮存少量 Cl_2，避免 Cl_2 污染环境。

第九节　化学计算题解题方法

关 键 词

守恒法　差量法　极值法　关系式法　平均值法　估算法　特殊值法
十字交叉法　综合分析法　图像分析法

化学计算题常有选择、填空、简答、全过程计算等基本题型,各题型测试的计算能力是有层次差别的,在近年化学高考试卷分布上,化学计算的难度大大降低,且广泛分布在第Ⅰ卷和第Ⅱ卷多道试题中,主要考查学生思维的逻辑性、敏捷性、发散性和创造性。化学计算题千变万化,千差万别,解法不一。解题虽然没有一成不变的方式方法,却应建立解题的基本思维方式。

一、守恒法

运用守恒法解题,就是利用在物质变化过程中,某一特定的量固定不变(如质量守恒,元素或原子团的物质的量守恒,氧化还原反应中得失电子守恒,溶液中阳阴离子的正负电荷守恒等)而进行化学计算的解题方法。这种方法的优点是基于宏观的统揽全局的方式列式,舍弃某些数据,避开繁杂的运算,不去探究某些细节,因而可简化步骤,方便计算,快而准地得出答案,是较为简捷的一种解题方法。主要包括：质量守恒；原子、原子团守恒；物质的量守恒；电子(转移)守恒；电荷守恒等。

[例 39]　在等于 4 mol/L 的 $Cu(NO_3)_2$ 和 $AgNO_3$ 的 100 mL 混合液中,加入一定量的铝粉,充分反应后过滤,将滤纸上的沉淀干燥后称重,质量为 24.8 g。将此沉淀加入稀盐酸中,无气体产生。滤液中先滴入 NaCl 溶液,无现象,后加入过量的稀 NaOH 溶液,得到沉淀,过滤,加热,冷却,称重,质量为 4 g。求参加反应的铝的质量。

[解析]　主要考查学生整体思维能力。

$$\left.\begin{array}{l} Cu^{2+} \\ Ag^+ \end{array}\right\} Al \begin{cases} Cu^{2+} \xrightarrow{OH^-} Cu(OH)_2 \xrightarrow{\triangle} CuO(4\text{ g}) \\ Al^{3+} \xrightarrow{OH^-} AlO_2^- \\ Cu + Ag\ (24.8\text{ g}) \end{cases}$$

此题依据上述关系如利用方程组求解并不简便,其实只要根据电荷守恒就可以进一步解决问题,方程组转为算术法,这是整体思考的优越性之所在。溶液中的由原 $Cu(NO_3)$ 和 $AgNO_3$ 提供,通过加铝粉反应后转化为 $Al(NO_3)_3$ 和余下的 $Cu(NO_3)_2$,就不难列出等式：

$$m(Al) = \left(4\text{ mol·L} - \frac{4\text{ g}}{80\text{ g·mol}^{-1}} \times 2\right) \times \frac{1}{3} \times 27\text{ g·mol}^{-1} = 2.7\text{ g}$$

评注：整体思考,就是运用系统论中的整体思维模式,全面地考虑问题,注意分析问题的整体结构,从整体角度思考,从宏观上理解和认识问题的实质,以达到解决问题的目的。解题时要克服单抓一二项已知条件而忽视其他的倾向,要从整体性质出发,对已知条件整运用、整处理,使问题得以巧妙解决。

二、差量法

差量法是根据化学变化前后物质的量发生的变化，找出"理论差量"。这个差量可以是质量、物质的量、气相物质的体积和压强、反应过程中的热量等。这种差量跟化学方程式中的物质的相应量成比例关系。用差量法解题是先把化学方程式中的对应差量（理论差量）跟已知差量（实际差量）列成比例，然后求解。

[例40] 将3.36 L某氮的气态氧化物与过量的氢气混合，在一定条件下使之反应，生成液态水及无公害的气体。恢复到原来的状况，反应后的气体体积比反应前的气体体积缩小了10.08 L，则原氮的氧化物的化学式是（ ）。

A. N_2O　　　　B. NO　　　　C. N_2O_3　　　　D. NO_2

[解析] 此题可直接利用体积差计算。根据题意，可判断出生成的气体为N_2，设某氮的氧化物化学式为N_xO_y，有

$$2N_xO_y + 2yH_2 = 2yH_2O(l) + xN_2 \quad \Delta V$$
$$2 \qquad 2y \qquad \qquad x \qquad 2+2y-x$$
$$3.36L \qquad \qquad \qquad \qquad \qquad 10.08L$$

$2:3.36=(2+2y-x):10.08$，解之得 $2y-x=4$。

用选项验算后可知，只有N_2O_3符合题意。选C。

三、极值法

极值法（又称极端思维法）就是从某种极限状态出发，进行分析、推理、判断的一种思维方法。一般做法是，先根据边界条件（极值）确定答案的可能取值范围，然后再结合题给条件，确定答案。

[例41] （高考科研题）相对原子质量：Li为6.9；Na为23；K为39；Rb为85。今有10.8 g由某碱金属M及其氧化物M_2O组成的混合物，加足量水，充分反应后，溶液经蒸发和干燥得到16 g固体。据此可确定碱金属M是（ ）。

A. Li　　　　B. Na　　　　C. K　　　　D. Rb

[解析] 若10.8 g全部是M，由$2M+2H_2O == 2MOH+H_2\uparrow$可计算出生成MOH的质量为$\dfrac{10.8(a+17)}{a}$ g（式中a为M的相对原子质量）。

若10.8 g全部是M_2O，由$M_2O+H_2O == 2MOH$可计算出生成MOH的质量为$\dfrac{10.8(a+17)}{a+8}$ g。

显然应满足：$\dfrac{10.8(a+17)}{a+8}$ g < 16 g $< \dfrac{10.8(a+17)}{a}$ g，

解不等式得：$10.7 < a < 35.3$。钠的相对原子质量符合，选B。

四、关系式法

关系式是化学计算中用来表示已知量与未知量成比例关系的式子。根据关系式确定的数量关系进行化学计算的方法叫关系式法。此种方法主要用于多步反应的计算。由于关系式法抓住了物质变化过程中，已知量与未知量间的数量关系这一主要矛盾，所以能有效地提高解题速度和准确性。

[例42] (上海市高考题)5.1 g镁铝合金投入500 mL 2mol/L盐酸中,完全反应后,再加入4 mol/L NaOH溶液。若沉淀质量达到最大值,则加入的NaOH溶液为( )。

A. 250 mL　　　　B. 425 mL　　　　C. 500 mL　　　　D. 560 mL

[解析] Mg～2HCl～2NaOH,Al～3HCl～3NaOH,HCl～NaOH,当沉淀质量达到最大值时,消耗NaOH的物质的量等于消耗盐酸的物质的量。答案为A。

评注:用关系式法解题的关键是建立关系式。建立关系式一般途径是:(1)利用粒子守恒建立关系式;(2)利用化学方程式之间物质的量的关系建立关系式;(3)利用方程式的加合建立关系式等。

五、平均值法

平均值法是一种将数学平均原理应用于化学计算的解题方法。它所依据的数学原理是:两个数 M_1 和 M_2 ($M_1 > M_2$)的算术平均值 $\overline{M}$ 一定介于二者之间,即 $M_2 < \overline{M} < M_1$。所以,只要求出平均值 $\overline{M}$,就可以判断出 M_1 和 M_2 的取值范围,再结合题给条件即可迅速求出正确答案。

[例43] 将30 g某两种金属的混合物投入足量盐酸中,产生11.2 L的氢气(标准状况)。组成该混合物的可能的金属组是( )。

A. Fe,Zn　　　　B. Sn,Zn　　　　C. Ms,Al　　　　D. Mg,Cu

[解析] 因为要在标准状况下产生11.2 L氢气,各需要纯金属:镁12 g、铝9 g、铁28 g、锌32.5 g、锡59.4 g,而铜不反应。由此可见,组成混合物的两种金属,单独置换出11.2 L氢气,一种质量要大于30 g,另一种质量要小于30 g,故答案为A、D。

评注:平均值法在化学计算中具有实用性强、应用范围广、求解迅速的特点,尤其在解有关混合物的计算题方面更是如此。

六、估算法

有些计算题,若按常规方法求解,需经过比较复杂的计算才能得出结论,但如果能从有关概念入手,充分利用边界条件、极限等,即可速算、巧算,乃至无须计算就可以迅速、准确地得到结果,所以这种方法也叫"似算非算法"。

[例44] 常温下,将10 g下列固体与90 g水充分混合,所得溶液里溶质的质量分数最低的是( )。

A. $CuSO_4 \cdot 5H_2O$　　　　B. Na_2O　　　　C. CaO　　　　D. KNO_3

[解析] CaO与H_2O反应生成的$Ca(OH)_2$属微溶物,其溶解度在0.01 g～1 g之间,而其他物质均易溶于水,故应选C。

七、特殊值法

根据题设条件,巧取特殊值或抽象问题具体化,可获速解。

[例45] (全国高考题)在化合物X_2Y和YZ_2中,Y的质量分数分别为40%和50%,则在化合物X_2YZ_3中,Y的质量分数约为( )。

A. 35%　　　　B. 30%　　　　C. 25%　　　　D. 20%

[解析] 设在X_2Y中,Y的相对原子质量为40,则X的相对原子质量为30。在YZ_2中,Y的相对原子质量若为40,则Z的相对原子质量为20。故在化合物X_2YZ_3中,Y的质量分数ω为

$$\omega(Y) = \frac{40}{30 \times 2 + 40 + 20 \times 3} \times 100\% = 25\%,故选C。$$

八、十字交叉法

十字交叉法是一种数学运算技巧,也是有关混合物的计算中一种常用的解题方法。它能将某些本来需要通过一元一次方程或二元一次方程组求解的计算转化为简单的算术运算,因而具有快速、准确的特点。

[例46] 晶体硼由$_{5}^{10}B$和$_{5}^{11}B$两种原子构成,已知 5.4 g 晶体硼全部转化为硼烷(B_2H_4)气体时,可得 5.6 L(标准状况下)硼烷。则晶体$_{5}^{10}B$和$_{5}^{11}B$两种原子的个数比为(　　)。

A. 1:2　　　　B. 1:3　　　　C. 1:4　　　　D. 1:19

[解析] 本题应求硼的相对原子质量,再根据两种同位素的质量数用十字交叉法求出两种同位素的物质的量之比。

设硼的相对原子质量为 x,根据题意可得关系式:

$2B \longrightarrow B_2H_4$　　$2x:5.4=22.4:5.6$,解得:$x=10.8$。

$_{5}^{10}B$:10　　0.2

　　　　10.8　　　　$\dfrac{n(_{5}^{10}B)}{n(_{5}^{11}B)} = \dfrac{0.2}{0.8} = \dfrac{1}{4}$。选 C。

$_{5}^{11}B$:11　　0.8

九、综合分析法

综合分析法对一个问题不急于从局部入手探求解题途径,而是从整体出发作综合分析,整体处理,可使思路明晰,计算简捷。

[例47] 在密闭容器中盛有 H_2、O_2、Cl_2 的混合气体,点燃后,三种气体正好完全反应,冷却到室温后得到液体产物,其溶液中溶质的质量分数为 33.6%。则容器中原有 H_2、O_2、Cl_2 的体积比是(　　)。

A. 9:4:2　　　　B. 9:4:1　　　　C. 2:1:1　　　　D. 2:1:2

[解析] 此题若分别设出三者的物质的量,由 33.6% 导出三者的物质的量关系,再求其体积比,此种解题方法非常烦琐。从整体出发,容器中发生的反应有:$2H_2+O_2 \xrightarrow{\quad} 2H_2O$ 和 $H_2+Cl_2 \xrightarrow{\quad} 2HCl$。设 O_2 为 a L,Cl_2 为 b L,则 H_2 必为 $(2a+b)$ L,原混合气体中 H_2、O_2、Cl_2 的体积比必符合 $(2a+b):a:b$,显然选项中只有 B 符合上述关系。正确答案为 B。

十、图像分析法

解化学图像题必须抓住图像特征,分析辨识图中"原点"、"交点"、"转折点"等的意义,并与有关概念、反应规律、物质性质等相结合,综合思考,从中发现条件,确定关系。

[例48] 用 1.0 mol/L NaOH 溶液中和某浓度的硫酸时,其 pH 和所加 NaOH 溶液的体积(V)关系如右图所示。原硫酸的物质的量浓度和反应后溶液的总体积是(　　)。

A. 1 mo/L,60 mL　　　　B. 0.5 mol/L,80 mL
C. 0.5 mol/L,40 mL　　　　D. 1 mol/L,40 mL

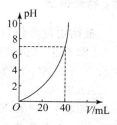

[解析] 此题的特点是计算条件与图像相联系。由图像可知,未加 NaOH 溶液时,pH=0,$c(H^+)=1.0$ mol/L,$c(H_2SO_4)=0.5$ mol/L;当加入 40 mL NaOH 溶液时,pH=7,此时 $c(H^+)=c(OH^-)$。设反应后的总体积为 V,则有:1.0 mol/L×40 mL=1.0 mol/L×(V−40 mL),V=80 mL。正确答案为 B。

十一、化学综合计算题解题策略

化学综合计算题出现在第Ⅱ卷中,在单科考试里是单独的计算大题(压轴题),在理科综合里往往与元素化合物的推断、性质以及化学实验融为一题。具有数据较多、关系复杂、综合性强的特点。构建"题示信息+基础知识+逻辑思维+心理素质"的基本思维模式,认真审题,规范答题显得特别重要。

化学综合计算题的解题思路与解题步骤可简述如下:

(1) 认真审题,吃透题意。要认真读题,明确题意,在关键的信息、数据、提示上作标记,寻找已知量与未知量。必要时可画出变化的路线图,以帮助审题。

(2) 全面分析,找出题目中要求的内容和提供的条件,分析它们与哪些概念、理论、公式和物质的性质有关,逐步地找出要求解答的问题与已知条件的联系。

(3) 分析数据的含义,注意单位。

(4) 挖掘有无隐含条件在内。

(5) 根据题意设待求物质或间接待求物质的质量、物质的量或体积等。

(6) 根据题意正确写出所有反应的化学方程式(多步反应要列关系式)。

(7) 根据化学方程式找出已知物与未知物的量的关系,如质量关系、物质的量关系、气体体积关系、反应速率关系、电子转移关系、热量关系、差量关系等。

(8) 列式、求解、讨论,应做到步骤规范、运算正确,并注意单位和有效数字。

(9) 检查答案的合理性、全面性、验算数据和结果。

[**例49**] CO 和 CO_2 都可以合成甲醇:$CO + 2H_2 \longrightarrow CH_3OH$
$CO_2 + 3H_2 \longrightarrow CH_3OH + H_2O$

CO、CO_2 和 H_2 可通过下列反应制备:

A. $CH_4 + H_2O(g) \longrightarrow CO + 3H_2$

B. $CO + H_2O(g) \longrightarrow CO_2 + H_2$

反应 A 的产物合成甲醇时 H_2 过量,反应 B 的产物合成甲醇时 H_2 不足。为了充分利用原料可将两个反应的产物混合使用。

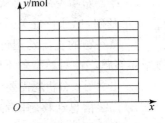

(1) 求反应 A 和反应 B 的产物气体混合的最佳比例(用同温同压下气体体积比表示)。

(2) 设取 A 的产物与 B 的产物混合气体 67.2 L(标准状况),其中 CO 的体积分数为 x,将甲醇的物质的量 y(纵坐标)随 CO 体积分数变化的函数关系式填在下表中。(假定 CO 先与 H_2 反应,CO 完全反应后,CO_2 才与 H_2 反应)

x 的取值范围	y 的值或函数关系式

(3) 在右上图所示的坐标系中作出图像。

[**解析**] (1) 设 A 的产物中 CO、H_2 的体积为 x、$3x$,B 的产物中 CO_2、H_2 的体积为 y、y,则前者过多量 x 体积 H_2 而后者还差 $2y$ 体积,则 $x=2y$,那么 $4x : 2y = 4 : 1$。

(2) 混合气体共 3 mol,其中 $n(CO) = 3x$ mol,与之对应(反应 A 产生)的 H_2 为 $9x$ mol,反应 B 产生的 CO_2、H_2 均为 $\dfrac{3-12x}{2}$ mol。因 $12x \leq 3$,所以 $x \leq 0.25$。当 A、B 的混合气体恰好完全反应时,$12x : (3-12x) = 4 : 1$,$x = 0.2$。所以:

① $0 \leqslant x < 0.2$ 时，$CO + 2H_2 \longrightarrow CH_3OH$，产生 $3x$ mol CH_3OH，消耗 $6x$ mol H_2，反应 $CO_2 + 3H_2 \rightarrow CH_3OH + H_2O$ 中 CO_2 过量，$n(CH_3OH) = \frac{1}{3}n(H_2) = \frac{1}{3}\left[9x - 6x + \frac{3-12x}{2}\right] = \frac{1}{2} - x$(mol)，所以 $n(CH_3OH)_总 = 3x + 0.5 - x = 2x + 0.5$(mol)；

② $x = 0.2$ 时，$y = 3 \times 0.2 + \frac{3 - 12 \times 0.2}{2} = 0.9$(mol)；③ $0.2 < x \leqslant 0.25$ 时，反应中 $CO_2 + 3H_2 \longrightarrow CH_3OH + H_2O$ 中 CO_2 不足，$n(CH_3OH)_总 = n(CO) + n(CO_2) = 3x + \frac{3 - 12x}{2} = 1.5 - 3x$(mol)

[答案] （1）4∶1

（2）

x 的取值范围	y 的值或函数关系式
$0 \leqslant x < 0.2$	$y = 2x + 0.5$
$x = 0.2$	$y = 0.9$ mol
$0.2 < x \leqslant 0.25$	$y = 0.15 - 3x$

（3）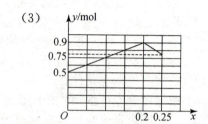

单元总结

1. 常见选择题的通用解题方法有筛选法、比较法、推断法、类推法、具体法、特征法、本质法、构造法。
2. 解答好填空题主要从以下几方面着手：认真审题，明确目的要求；弄清概念，学会正确表达；立足基础，抓住特性关系；深化思维，注意陷阱盲区；变通思维，合理迁移应用。
3. 简答题的主流题型包括：解释究因型简答题、判断说理型简答题、实验设计型简答题、变通型简答题。针对题型的不同，选择不同解题策略。
4. 化学图表分析题需要运用分析与综合、比较与分析、归纳与演绎等多种科学思维的基本方法。
5. 化学信息迁移题的解题方法包括演绎推理、联想迁移、类比推导、换向突破、综合分析。
6. 带着问题去精心研究流程图，是解化工流程题的关键和难点。
7. 化学框图推断题主要有以下几种解法技巧：寻找特征反应和现象法、利用转化关系尝试法、利用层层推进法、利用高频信息法、变换思维角度法、利用逻辑推理法、利用计算推理法。
8. 化学实验设计题解题时，应全方位思考：检查气体的纯度，加热操作先后顺序的选择，冷凝回流的问题，冷却问题，防止倒吸问题，具有特殊作用的实验改进装置，拆卸时的安全性和科学性。
9. 常见的化学计算题解题方法包括：守恒法、差量法、极值法、关系式法、平均值法、估算法、特殊值法、十字交叉法、综合分析法、图像分析法等。

学习评价

1. 化学选择题常用的解题方法有哪些？
2. 解信息迁移题时可以采用的解题方法有哪些？
3. 解化学实验设计题时要注意哪些问题？
4. 常见的化学计算题解题方法有哪些？

第九章　国际中学化学竞赛特点述评

学习目标

1. 了解国际化学奥林匹克竞赛条例和我国高中学生化学竞赛大纲。
2. 认识我国化学竞赛试题的特点与发展趋势。
3. 分析国外化学竞赛试题的特点及对我国化学教学的启示。
4. 认识典型化学竞赛题型,掌握各类题型的解题方法。

本章将帮助我们了解国际化学奥林匹克竞赛的目的和程序,认识国内外高中学生化学竞赛试题的特点,并掌握国内外典型竞赛试题的解题思路与方法。

第一节　化学奥林匹克竞赛简介

关 键 词

国际化学奥林匹克竞赛　条例　高中学生化学竞赛　竞赛大纲

一、国际化学奥林匹克竞赛简介

国际化学奥林匹克竞赛初创时只有欧洲国家参赛,以后发展到美洲、亚洲、澳洲等地区,覆盖地区也愈来愈广,目前已成为国际瞩目的化学资优青少年聪明才智的最高竞技舞台。

我国1987年首次组织参加国际化学奥林匹克竞赛。从1990年第22届以来,我国选手连续多次获得团体总分第一的好成绩,这充分显示出中华学子的聪明才智和勇敢进取精神,为全世界所折服和称誉。1995年我国承办了第27届国际化学奥林匹克竞赛,这是自国际化学奥林匹克创始以来第一次在亚洲,也是第一次在发展中国家举行大型化学竞赛活动。本次承办效果受到了参赛国家和地区的高度称赞。

在选拔参赛选手时,首先,选手必须有时代责任感和无私奉献精神。其次应从以下三方面来要求选手:第一要有扎实的基础知识。基础知识面要足够宽,且有一定深度,不仅对化学基础知识是这样,对非化学基础知识如数学、物理、外语、语文等也要有较好的基础。第二是能力。具体指解决问题的能力、信息储存能力、信息加工能力、评价信息能力、预测信息能力、逻辑推理能力、语言表达能力、实验动手能力等。第三是素质要高。选手要有科学的态度、正确、流畅的思维方法,对事物反应的灵敏性,思维的精确性,工作的有序性以及稳定的心理状态。

二、国际化学奥林匹克竞赛条例

(一)竞赛的目的

第1条　国际化学奥林匹克竞赛(IChO)的目的在于强调化学在国民经济各个部门中的重

要性,激发学生研究化学的兴趣,指出化学在年轻一代教育中所起的作用。个别国家的教育当局或其他主管机关负责组织了名为中学生"国际化学奥林匹克竞赛"(IChO)的国际竞赛。

这一国际竞赛使参赛者结交新朋友,开始接触最新的科学事实和概念,交流上课经验及对天才学生的看法交换意见。

IChO 的目的是激发学生深入思考和创造性工作,包括学生已经掌握的其他学科知识与技能的应用,开发学生的潜力和独立工作能力。在理论题和实验题中,竞赛促使学生建立并加强上进心、坚持力、准确性和责任感。

(二)竞赛的准备和管理

第 2 条　IChO 每年七月初由参赛国之一的该国教育、科学部或其他主管机关(主办者)组织进行。主办国在每年十一月底发出竞赛请柬,宣布竞赛的地点和日期。被邀国在一月底向主办国递交申请书,宣布参加竞赛。

第 3 条　每一参赛国向 IChO 派出一个代表团。代表团由四名中学生和两名团员(其中一名任团长)组成。中学生应为非化学专业的,竞赛时的年龄应小于 20 岁。代表团员在评委会上代表自己的国家。在注册时,参赛者必须是上述类型学校的全日班学生,非全日班学生和代替竞赛者不得入场。

下届 IChO 的主办国有权派出两名观察员出席本届竞赛。

第 4 条　IChO 主办国负担支付竞赛程序范围内的全部费用,包括参赛者的零用钱。参赛者从本国至竞赛地点的往返旅费自理。

第 5 条　IChO 的法定工作语言是英语、法语、德语和俄语。

第 6 条　IChO 的最高权力机关是国际化学奥林匹克竞赛委员会(IJChO),包括 IJChO 的主席、副主席、秘书长和个别国家代表团的代表。

IJChO 的主席由主办国选出,副主席由上届 IChO 的主办国选出。主席、副主席的任期为一年。

评委会会议在 IChO 竞赛进行期间举行。

评委会的每位成员具有同等权力。至少有 75% 的评委会成员出席时,评委会的决定须经 2/3 的多数票通过方为有效。当票数相同,由主席作最后决定。评委会的决定对全体参赛者是决定性的和具有约束力的。

第 7 条　IChO 的主要任务是促进各成员国彼此协调活动和竞赛。求同存异,形成相互了解、相互尊重的气氛。

评委会的成员应认真推敲,完善和修改 IChO 条例,对未来 IChO 的组织方式和活动内容提出建议。评委会成员应发表适当的文献,从国际范围内发展参赛者的化学知识,提倡和推广 IChO 活动。评委会成员通过协调化学试卷,使试题内容既符合学生的学识水平又赶上当前科学发展的形势。

第 8 条　评委会的工作机关是执行秘书处。其主要作用是协调各国进行的竞赛和活动,促进国际协作的发展。秘书处成员负责执行评委会的决定,收集和提供关于 IChO 各种问题的情报。秘书处成员也代表评委会跟政府部门及其他组织、团体联系。

执行秘书处是评委会的附属机关,它只向评委会提供协助和建议,本身无权作出任何决定。

执行秘书处在捷克斯洛伐克化学奥林匹克竞赛中央委员会里办公,其工作受 IJChO 秘书长的领导,直到 IJChO 对这一问题作出新的决定。

第9条 评委会的职责是：

a) 通过坚持条例规则和执行评委会决定来保证竞赛的公正进行。

b) 把竞赛题译成竞赛者的母语。必要时，从语言和含义的精确性来核对译文。

c) 评定学生试卷，制定评分标准。同时认真审查奥林匹克竞赛规则对全体参赛者的有效性。

d) 直到评委会最后会议前，保守全部试题及答案纸的秘密。

e) 直到评委会宣布前，既不泄露成绩评定和评分标准，也不预示竞赛结果。

f) 对参赛者最后名次、优胜者和最佳参赛者奖章等级和奖金数目的确定，负责协调。

（三）竞赛的组织方式和程序

第10条 IChO竞赛题由理论题和实验题两部分组成。参赛者先做理论题。然后至少经过一天的间歇，再在实验室做实验题。每部分的做题时间是4~5小时，评委会在竞赛开始时还要作出更明确的规定。

参赛者可用母语答题。竞赛时可携带的用具由主办者事先宣布（允许的用具：非编程序的袖珍计算器和绘图用具）。

希望参赛者身穿自备的白罩衣在实验室做实验题。其他实验防护用具由主办者提供。主办者宣布采用的安全规则和措施对全体参赛者都具有约束力。

第11条 由主办者负责聘请有关专家（命题人）出竞赛题。解题方法和成绩评定原则也由命题人提出。竞赛答案及成绩评定标准，须提交评委会研究审定。

理论题和实验题共100分，其中前者占60分，后者占40分。

应保证参赛者至迟在竞赛开始的三个月以前收到一份预备题（约有50道题，写成IChO的一种法定工作语言）。这些例题应是这样设计的，即学生看过预备题以后，能够对本届国际化学奥林匹克竞赛题的类型和难度有一个确实的概念。

第12条 竞赛的最后结果是通过对全部竞赛题答卷的比较得出的；参赛者的最后名次是由竞赛的理论题和实验题的得分总和来决定的。

第13条 参赛者的正式名次和颁发的奖章数目由评委会宣布，每个国家的名次不排定。全体参赛者中授予金质奖章的约占10%，银质奖章约占20%，铜质奖章约占30%。其余参赛者（约占40%）则授予奖状，正式证明其参加国际化学奥林匹克竞赛的资格。

理论题和实验题试卷中富有创造性的答案，绝对优胜者和最佳参赛者，可由评委会授予特别奖金。

（四）特别和最后条例

第14条 主办者除负有前述责任外，还负责：

a) 对所有参赛者保证提供同样的正常条件；

b) 在竞赛前保证国际评委会视察理论题和实验题的试场；

c) 排定IChO的活动程序；

d) 负责竞赛的实验和进行；

e) 在闭幕式上颁发奖章、奖状和奖金；

f) 任命竞赛法定工作语言的笔译和口译译员，在竞赛期间和评委会会议上为全体参加者服务；

  g）监督安全规则和措施的执行；

  h）保证全体参赛者在 IChO 竞赛期间的人身安全。

IChO 条例是 IJChO 于 1985 年 7 月 6 日在捷克斯洛伐克布拉迪斯拉发批准的。

本条例对 IChO 的全体主办者和参加者都具有约束力。

三、中国高中学生化学竞赛大纲

（一）全国高中学生化学竞赛大纲说明

1. 全国高中学生化学竞赛分初赛（分赛区竞赛）和决赛（冬令营）两个阶段，加上冬令营后的国家集训队的培训和出国竞赛总共三个阶段。这三个竞赛的水平是不相同的。本大纲旨在界定各级竞赛的试题水平，作为竞赛试题命题的依据。

2. 本大纲分成两部分，第一部分是初赛大纲，第二部分是决赛大纲。国家集训队选拔与培训需根据国际化学奥林匹克大纲和竞赛预备题来定，本大纲不涉及。

3. 中国化学会原来下发的"奥林匹克化学竞赛培训大纲"的"几点说明"仍然是这份大纲的指导思想，仍然有效，不再复述。

4. 现行中学化学大纲以及考试大纲的内容均属初赛内容。初赛大纲的基本出发点是，在现行中学化学大纲及考试大纲的基础上，在原理上大致与人民教育出版社（化学）读本的水平一致，但对某些化学原理的定量关系、物质结构、立体化学和有机化学上作适当补充，一般说来，补充的内容是中学化学内容的自然生长点。

5. 决赛大纲则在初赛大纲基础上对基础化学原理、基础无机化学、基础有机化学、定量分析原理与实验数据处理、实验技术等方面作适当补充。

6. 本大纲若在试行后认为有必要作出调整，将在当年 11 月中发出通知。

（二）初赛大纲

1. 有效数字的概念。在化学计算和化学实验中正确使用有效数字，定量仪器（天平、量筒、移液管、滴定管、容量瓶等）的精度与测量数据的有效数字，运算结果的有效数字。

2. 理想气体标准状态，理想气体状态方程，气体分压定律，气体密度，气体相对分子质量的测定，气体的溶解度。

3. 溶液浓度与固体溶解度及其计算。溶液配制（浓度的不同精确度要求对仪器的选择）。重结晶法提纯的量的估算。洗涤操作中洗涤液的选择和洗涤方式的选择。溶剂（包括混合溶剂）与溶质的相似相溶规律。

4. 容量分析的基本概念——被测物、标准溶液、指示剂、滴定反应等。分析结果计算。滴定曲线与突跃概念（酸碱强度、浓度、溶剂极性对滴定突跃大小的定性关系。不要求滴定曲线定量计算）。酸碱滴定指示剂的选择。

5. 原子结构——核外电子的可能空间状态数[能层、能级（亚层）、轨道的概念]和电子的自旋。s,p,d 原子轨道。用 s,p,d 等来表示基态构型（包括中性原子、正离子和负离子）。给出原子序数，写出原子的基态电子构型或反之（不要求对能级交错、排布规律作解释；不要求量子数；不要求带正负号的波函数角度分布图像）。原子半径与离子半径的概念。电离势概念。电子亲和势概念。（泡林）电负性概念。金属与非金属电负性的数值范围。电子跃迁的能量与光子的频率、波长的关系。可见光的波长范围、频率范围与颜色。

6. 元素周期律与元素周期系——主族与副族、主、副族同族元素从上到下的性质变化规律；同周期元素从左到右的性质变化规律；s,d,ds,p,f 区的概念；元素在周期表中的位置与核外电子结构（电子层数、价电子层与价电子数）；最高化合价与族序数的关系；对角线规则；金属性与非金属性与周期表位置的关系；金属与非金属在周期表中的位置；半金属；主、副族重要而常见元素的名称、符号及在周期表中的位置；常见化合价及主要形态。

7. 路易斯结构式。路易斯结构式的正确性与合理性判断。孤对电子对。8 电子、缺电子、多电子结构。（主族）元素化合价（价电子数）与路易斯结构式中的单键、双键与叁键及孤对电子数目的关系。[分子（包括离子、游离基）的]总价电子数；（分子的）键合子数＋孤对电子数；形式电荷；形式电荷与路易斯结构式的合理性；分子真实结构与路易斯结构式。

8. 共振论的基本知识；共振体与共振符号；极性极限式与共轭极限式；分子真实结构与共振体关系。

9. 价层电子互斥（VSEPR）模型对简单分子（包括离子）立体结构的预测（模型通式；互斥模型与分子立体构型的关系；偏离 VSEPR 理想模型的畸变；斥力顺序；键角的估计）。

10. 杂化——$sp,sp^2,sp^3,sp^3d,sp^3d^2$ 杂化轨道对简单分子（包括离子）立体结构的解释。杂化模型与价层电子对互斥模型。

11. 共价键[p—pπ 键、(s—s,s—p,p—p)σ 键和 p—p 大 π 键]形成条件、键能、键角、饱和性与方向性。并轭或离域的概念。例如：CO_2,CO,SO,CH_4,$CH_2=CH_2$,$CHCH$,$CH_4=CH—CH=CH_2$,C_6H_6,$HCOOH$ 等中的化学键的描述。化学键光解所需的光子频率与波长。d—pπ 键的一般概念（不要求图像与名称等）。

12. 等电子体的一般概念。

13. 络合物（配合物）与络离子（配离子）的基本概念。重要而常见的络离子的中心离子（原子）和重要的而常见的配位体（水、羟基、卤离子、拟卤离子、氨分子、酸根离子等）、重要络合剂与重要络合反应。络合反应与酸碱反应、沉淀反应、氧化还原反应的联系的定性说明（不要求用计算说明）。

14. 分子间作用力，键能的数量级（不要求分解为取向力、诱导力、色散力）。

15. 氢键。形成氢键的条件。氢键的键能、方向性和饱和性。氢键与物理性质的关系。

16. 晶体结构的基本概念。如：晶胞是描述晶体结构的基本单位，晶胞是平行六面体，晶体是由晶胞无隙并置堆积而成的。单晶、多晶、晶簇。晶态与非晶态。原子在晶胞中位置的定性描述（不要求 1/4,1/4,1/4 等）。晶胞中原子数目或分子数的计算及与化学式的关系。分子晶体、原子晶体、离子晶体和金属晶体的基本概念。几种典型的晶型（金刚石、萤石、岩盐、氯化铯、闪锌矿等）的晶胞的描述。晶胞的选定不作要求。不要求点阵的概念。不要求 7 大晶系和 14 种空间点阵型式。

17. 平衡常数的概念。气态反应利用平衡常数的计算。用平衡常数（及其计算）来理解温度、浓度、气态混合物总压强等对平衡的影响。

18. 酸碱平衡常数与酸碱强度的关系。酸、碱、盐水溶液简单体系 pH 计算。酸式盐溶液

pH 的定性说明。不要求离子的形体公式,缓冲溶液、酸式盐 pH 的计算等。不要求电中性、物料平衡、质子条件的方程式。

19. 溶度积原理。难溶物的溶解和沉淀与溶度积的关系。难溶物的转化。

20. 离子方程式的正确书写和配平。

21. 氧化还原的基本概念和化学方程式的书写和配平(包括氢离子、水等非氧化还原组分的形态和配平)。原电池:电极符号与电极反应、原电池符号、原电池反应。电极电势基本概念及用来判断反应的方向、氧化剂与还原剂的强弱等。电解池的电极符号与电极反应。电解与电镀。电化学氧化与电化学还原。歧化反应发生的条件。常见的化学电源。pH、络合剂、沉淀剂的影响的定性说明。不要求 Nernst 方程、氧化还原平衡常数及有关计算。

22. 常见主族元素的主要氧化态的基本的、重要的化合物(形态或物种)及其重要而常见的反应(国际竞赛大纲一级水平)。常见副族元素的主要氧化态的基本的、重要的化合物(形态或物种)及其重要而常见的反应(国际竞赛大纲一级水平)。常见的酸碱两性氢氧化物(以及氧化物)及其酸碱反应,如铝、锌、锡、铜等。重要而常见的沉淀剂和沉淀反应。重要而常见的氧化剂和还原剂以及它们的重要而常见的反应。重要而常见的络合反应。重要而常见的物质对空气、水、溶液不同 pH 的稳定性。水溶液中的重要而常见的离子的分离和常见化学试剂(包括指示剂)来区分(检出)(国际竞赛一级水平)。

23. 有机化合物的基本类型与基本特征。按碳架的分类。按官能团的分类。异构现象。烷、烯、炔、芳环、脂环的立体结构(杂化类型)(船式、椅式、平伏键、垂直键等构象分析不作要求)。共轭结构。烷、烯、炔、芳、脂环烃、卤代烃、胺、醇、酚、醚、醛、酮、酸的重要而常见的物理性质(定性的极性、溶解性、熔点、沸点等)和氧化、还原、取代、加成、消除等重要而常见的反应。碳正离子重排。氨基酸的基本结构特征。氨基酸的等电点、pH 对氨基酸形态的影响。氨基酸和肽、蛋白质的关系(不要求背出氨基酸的名称和结构)。

24. 高分子的基本概念(单体、聚合、缩聚、解聚、混聚等,不要求聚合反应机理)。

(三) 决赛大纲

1. 原子结构——4 个量子数。原子轨道(波函数的角向分布图像与轨道名称)。

2. 分子结构——用波函数的角向分布图像说明 π 键和 σ 键。分子轨道的基本概念(成键、反键及非键)。第二周期同核双原子分子的分子轨道能级图。氟化氢的分子轨道能级图。最高占有轨道(HOMO)与最低未占有轨道(LUMO)的概念。键级的概念。分子轨道理论对氧的磁性的解释。

3. 晶体结构——点阵概念与 14 种点阵型式、7 大晶系。简单点阵单位和带心点阵单位的概念(如点阵单位中点阵点的数目与位置)。晶体的结构基元。晶胞的两个基本要素。堆积模型和堆积—填隙模型。点阵能、离子半径。

4. 分子间作用力、氢键。

5. 共价键键能。

6. 化学热力学基础——热力学能、焓、自由能和熵。热化学计算等[温过程的盖斯定律、(标准摩尔)生成焓、(标准摩尔)生成自由能、标准熵以及有关计算;假设焓变与熵变不是温度的函数的计算;假设为绝热体系的火焰最高温度计算]。自由能与反应的方向性。吉布斯—亥姆霍兹方程及其应用(对反应方向与温度的关系的解释;对放热反应与吸热反应的反应方向性的说明;

假设焓变与熵变不随温度变化的近似计算）。范特霍夫方程及其应用。标准自由能与平衡常数。平衡常数与温度的函数关系。热化学循环。热力学分解温度（标态与非标态——压力对分解温度的影响）。反应熵变的正负号的判断。

7. 化学动力学基础——反应速率的基本概念；反应级数的概念；用实验数据推求反应级数。一级反应（的积分式）的有关计算（速率常数、半衰期、碳-14 法推断年代等）；阿累尼乌斯方程及其有关计算（阿累尼乌斯活化能的概念与计算；速率常数的计算；温度对速率常数的影响的计算等）；活化能与反应热的关系；反应机理的基本概念；用稳态近似推求速率方程；催化剂对反应的影响的本质。

8. 酸碱质子理论。缓冲溶液。利用多元酸的平衡常数的计算。盐的水解度和溶液的 pH 的计算。溶度积原理以及利用溶度积的计算。氢氧化物沉淀与溶解的 pH。硫化物沉淀与溶解的氢离子浓度。酸碱滴定基本原理。

9. Nernst 方程及有关计算。利用电极电势和原电池电动势计算平衡常数或反之。pH 对原电池的电动势、电极电势、氧化还原反应方向的影响。沉淀剂、络合剂对氧化还原反应方向的影响。滴定分析中的高锰酸钾法、碘量法、重铬酸钾法和铈量法。

10. 配合物的化学键的杂化轨道理论。络离子的杂化轨道模型（平面四边形配位、四面体配位和八面体配位等）。单电子磁矩与杂化类型的关系。立体结构与杂化轨道。配合物的异构问题（包括顺反异构与光学异构）。利用平衡常数的计算。滴定分析中的 EDTA 法及滴定缓冲体系的选择。

11. 分光光度法的基本概念。

12. 常见元素的重要性质、常见而重要的基本化合物以及常见而重要的反应（华沙工作会议确定的国际化学奥林匹克竞赛大纲中的第一、二级水平的元素化学知识）。

13. 自然界氮、氧、碳的循环。环境保护、生态平衡、可持续发展的一般概念。

14. 有机化合物各类官能团的重要而常见的反应与性质（华沙工作会议确定的国际化学奥林匹克竞赛大纲的第一、二级水平的有机化学知识）。有机物结构与性质的关系。生物化学不作要求（如 20 种氨基酸的名称、结构和符号；DNA，RNA 的碱基的结构、名称、配对；光合；代谢等）。

15. 基本有机物命名法。

16. 有机化合物的静态立体化学。构型与构象。顺反异构[cis—，trans—；Z，E]。手性异构[R—，S—的判断；D—，L—的判断]。内消旋，外消旋。费舍投影式、构象的纽曼投影式、哈马斯结构式。

17. 利用基本反应（IChO 大纲第一、二级反应）的有机合成——碳链的增长与缩短；开环与成环；氧化与还原；常见的氨基、羟基、羰基、羧基的保护和脱保护；常见的重排；取代基的添加与消除；不饱和键的形成和加成。有机合成路线选择的基本原则。有机合成的原料来源与经济问题，步骤的多少、副反应与副产物、溶剂、产率、产物的分离等问题。不要求四谱。不要求不对称合成。不要求外消旋体的拆分。

18. 利用基本反应（IChO 大纲第一、二级反应）对简单化合物的鉴定和结构推定。

19. 有机反应历程的基本概念。亲电加成、亲核加成、芳环亲电取代 S_N1、S_N2、烷烃的自由基反应（引发、延续、终止）。用共振论，取代基的诱导效应和共轭效应讨论反应历程。

20. 无机制备与有机合成的基本操作——称量、配制溶液、加热、冷却、沉淀、结晶、重结晶、过滤(包括抽滤)、洗涤、蒸发浓缩、常压蒸馏与回流、倾析、分液、搅拌、干燥、离子交换、萃取等。

通过中间过程检测(如 pH、温度、颜色等)对实验条件进行控制。运用数据和化学原理以及实验目的、要求对实验进行设计。产率和转化率的计算。副产物的分离与处理。有害化学试剂的安全使用、实验室安全与事故紧急处置的知识与操作。废弃物处置。电器知识与正确操作。仪器洗涤和干燥。实验工作的安排和整理。原始数据的记录。实验报告。

21. 利用常见性质对常见纯物质的定性鉴别实验与设计操作。

22. 容量分析基本操作和结果计算。误差分析基本概念。

第二节 我国化学竞赛试题的特点

关 键 词

功能 题型 特点 科学猜谜题 探究型试题 模式思维试题

全国化学竞赛已经如火如荼地开展近三十多年,它是一项有影响的中学生课外活动,它以普及科学知识,激发青少年科学兴趣,促进化学教育改革,探索发现科学人才的途径为目的,同时,也有选拔大学免试保送生和选拔参加国际化学奥林匹克竞赛选手的功能。

分析历届试题,不论从试题结构和选拔功能,还是从题型上都发生了深刻的变化,现简要归纳如下。

一、化学竞赛试题选拔功能的变化

从选拔功能上看,化学竞赛最开始以考查竞赛选手的知识深浅度和考查学生能力并举的方式安排试卷,试卷中出现了大量的构成题,以考查学生的信息迁移能力。这种做法虽然能在一定程度上考查竞赛选手的能力,但在相当程度上考查的是终结性知识,只要大学知识功底扎实,能力虽然一般,也能考出好的成绩,同时造成各地名校纷纷聘请当地大学老师"填鸭式"教授大学知识的恶性竞争局面,这些做法不利于选拔优秀的创造型人才。

近年来试题的选拔功能出现了一些可喜的变化:① 化学试题紧密联系生产、生活实际;② 化学试题联系化学发展前沿;③ 化学试题关注社会热点问题;④ 化学试题广泛联系其他科学与技术;⑤ 展示竞赛选手的科学研究能力与潜质。

这些变化使得偏重于考查化学知识的立意转变成为以考查能力为主的立意,即主要考查竞赛选手创造性思维能力。怎样考查中学生的创造性思维能力?国家队资深命题专家吴国庆先生认为,可以通过以下几个方面加以考查:考查竞赛选手"崭新"的观察能力;考查竞赛选手对信息理解、加工和归纳的能力;考查竞赛选手对化学在人类进步、社会发展、环境保护等人类社会活动以及对其他科学与技术的发展作用与意义的理解与关心;考查竞赛选手对科学家的思想和方法的领悟能力;考查竞赛选手思维的品质(想象、逻辑、演绎、归纳、创造等)。试题尽可能使竞赛选手身处陌生情景,利用原有的知识基础,提取、加工、理解新情境下的信息,提出解决问题的方案和策略,形成知识,发展知识,达到考查竞赛选手学、识、才三者统一的水平,融合情商、志商、智商与素质的多维考查的有机整合。

二、我国化学竞赛题型的变化

我国化学竞赛试题最开始曾一度出现了一些选择题和主流试题——构成题。总的说来,试题的设置不利于选拔竞赛选手。因为选择题这种客观性试题具有预示答案的特征,偶然性较大,较难考查竞赛选手面对自己不熟悉的事物通过对信息的获取、理解、分析、综合自己得出答案的自信心强弱和应变能力,也较难考查竞赛选手的创造性思维能力;而构成题由题干和若干个问题组成,题干提供解题或形成试题的信息,问题的提出和排列是由命题人根据竞赛选手的知识和能力水平精心构筑而成的,故名构成题。一般而言,问题按先易后难的顺序编排,最难的问题常常仅占该题总分的1/5左右,但该试题常常流于知识的罗列,试题设置或并列或递进,造成很大的随意性,而且大多数试题以考查知识的深浅度为主,也不利于选拔创新人才。为解决上述问题,近年来化学竞赛试题摒弃了选择题,逐渐减少了构成题,取而代之的是一种新的主流试题——"科学猜谜题",且权重越来越大。

纵观近年的全国化学竞赛试题,从考查内容和考查形式看,有下列几种热点题型。

1. 科学猜谜题

这种题型能激活选手思维,运用想象能力创造新知识,最大限度地唤醒和激发竞赛选手的创造热情和创造潜能。重点考查竞赛选手信息综合能力和"创造"知识的能力。

[例1] (全国化学竞赛初赛试题)次磷酸 H_3PO_2 是一种强还原剂,将它加入 $CuSO_4$ 水溶液中,加热到 40～50℃,析出一种红棕色的难溶物A。经鉴定:反应后的溶液是磷酸和硫酸的混合物;X射线衍射证实A是一种六方晶体,结构类同于纤维锌矿(ZnS),组成稳定;A的主要化学性质如下:(1) 温度超过60℃,分解成金属铜和一种气体;(2) 在氯气中着火;(3) 与盐酸反应放出气体。

① 写出A的化学式。② 写出A的生成反应方程。③ 写出A与氯气反应的化学方程式。④ 写出A与盐酸反应的化学方程式。

2. 探究型试题

这种题型主要表现在研究问题的结论是未知的、非预定的,结论的获得也不是由教师或书本传播的,而是由于选手在一定的情景中发现问题,根据所研究的问题来设计方案,用科学的研究方法,运用已有的学科知识,通过假设、实验、求证,最终解决问题得出结论。重点考查竞赛选手进行推理、想象、构建、创造等能力。该题型又可细分,比如:分子设计试题,这种题型重点考查竞赛选手的空间想象能力。

[例2] (河南省化学竞赛复赛试题)1932年捷克人Landa等人从南摩拉维亚油田的石油分馏物中发现一种烷(代号A),次年借X射线技术证实了其结构,竟是由一个叫Lukes的人早就预言过的。后来A被大量合成,并发现它的胺类衍生物具有抗病毒、抗震颤的药物活性,开发为常用药。下图给出三种已经合成的由2,3,4个A为基本结构单元"模块"像搭积木一样"搭"成的较复杂笼状烷。

B

C

D

① 请根据这些图形画出 A 的结构,并给出 A 的分子式。
② 图中 B、C、D 三种分子是否与 A 属于一个同系列中的 4 个同系物? 为什么?
③ 如果在 D 上继续增加一"块""A""模块",得到 E,给出 E 的分子式。E 有无异构体? 若有,给出异构体的数目,并用 100 字左右的字说明你得出结论的理由,也可以通过作图来说明。

3. 模式思维试题

类比是人类思维的重要形式,类比是模式思维,许多不同事物表现常有相同形式,模式只是表现迁移,不一定反映实质。这类试题也可叫做信息迁移题。命题人常常在试题中设置干扰信息,以考查竞赛选手的分析、判断能力。

[例 3] （全国化学竞赛初赛试题）乙酸在磷酸铝的催化作用下生成一种重要的基本有机试剂 A。核磁共振谱表明 A 分子中的氢原子没有差别；红外光谱表明 A 分子里存在羰基,而且,A 分子里的所有原子在一个平面上。A 很容易与水反应重新变成乙酸。
① 写出 A 的结构式。② 写出 A 与水的反应方程式。③ 写出 A 与氢氧化钠的反应方程式。④ 写出 A 与氨的反应方程式,有机产物要用结构式表示。⑤ 写出 A 与乙醇的反应方程式,有机产物要用结构式表示。

当然,上述几种题型的分类都不是完全独立的,几种题型是相互交融的,某一道试题很难说出它属于哪一种题型,从总体功能看,它们属于"科学谜语题"。

第三节 国外化学竞赛试题的特点

关键词

美国　英国　白俄罗斯　化学竞赛　试题特点

一、美国化学竞赛

美国高中化学奥林匹克竞赛是一个多层次的竞赛,分为四个层次:地区选拔赛、国赛、夏令营和国际化学奥林匹克竞赛。每年 1 月份开始筹备,3 月中下旬举行地区选拔赛,4 月中下旬举行国赛,从国赛中选 20 名学生参加 5 月到 7 月举办的夏令营,夏令营结束再从中挑选 4 名参加国际奥林匹克竞赛。下文通过对部分美国化学竞赛试题的介绍,分析比较了美国化学竞赛试题相对于我国高中化学竞赛决赛(冬令营)试题不同的特点,以期为我国的高中化学竞赛改革提供有益的参考。[1]

(一) 美国化学奥林匹克竞赛(USNCO)简介

USNCO 于每年 4 月底由美国化学会举办,全美有超过 1000 名学生参加,通过此次竞赛选拔出 20 名优秀的选手。他们再通过后续学习营中的角逐,选出最终 4 人代表美国参加国际化学奥林匹克竞赛。USNCO 试题由选择题、简答题和实验题三部分组成,每部分都有规定的考试时

---

[1] 任华,王后雄. 美国高中化学奥林匹克竞赛试题特点及启示[J]. 化学教学,2010(12):45-47.

间和题量(见表9-1),学生可以自由安排三个部分答题顺序和中间休息。①

表9-1 USNCO 试题的结构

部分	题型	题量	时间	题量
Ⅰ	选择题	60个	90分钟	60
Ⅱ	简答题	8个	105分钟	8
Ⅲ	实验题	2个	90分钟	2

USNCO 考查的内容包括无机化学、有机化学、分析化学、物理化学、生物化学和其他学科相关等内容,②所含的知识点可参见表9-2。

表9-2 USNCO 考查的知识点

专题	知识点
无机化学	电子构型;周期表的趋势(家族);主族元素物理性质的趋势;命名;计量化学;异构体;s-区;p-区;其他无机化学的问题
有机化学	烷烃;烯烃;炔烃;芳烃;卤化物;醇;酚;羰基化合物;羧酸;氮化物;一些大分子化合物
生物化学	氨基酸和肽;蛋白质;脂肪酸和脂肪;酶;碳水化合物;KREBS(三羧酸)循环和呼吸链;核酸和蛋白质的合成;其他生物化学的内容
仪器分析	紫外可见光谱;质谱;红外;核磁;X-射线;旋光测定法
物理化学	化学平衡;离子平衡;电化学平衡;一级反应动力学;热力学;第二定律;相平衡体系
其他专题	分析化学;配合物;理论化学

美国化学奥林匹克竞赛的实验操作考试,通常给出两个需要解决的问题。考查的知识面非常广,无机化学、分析化学、物理化学和有机化学均有涉猎。例如2005年第2题涉及甲醇、2-丙醇、丙酮、己烷和水的鉴别,是对有机化学知识的考查;2006年第1题分析芥末中的酸的质量分数,2010年第2题测海水中的氯离子的质量分数(莫尔滴定法),属于分析化学知识;2007年第2题测LDPE(低密度聚乙烯)的厚度,采用浮力测密度的方法,综合了物理知识的考查;2009年第2题测水的生成焓,是物理化学知识的考查。

(二)美国化学奥林匹克竞赛试题例析③

Ⅰ部分:单项选择题(2009年)

第3题:(化学描述/实验)下列哪个(些)步骤能区分固体硫酸钠和亚硫酸钠?(　　)

a. 将两者分别配置成溶液,加入 $0.10 \text{ mol} \cdot \text{L}^{-1}$ $Ba(NO_3)_2$,观察有无沉淀。

b. 分别加入 $0.10 \text{ mol} \cdot \text{L}^{-1}$ 盐酸,观察有无气泡。

c. 将两者分别配置成溶液,用 pH 指示剂测试。

A. 只有a　　　B. 只有c　　　C. 只有a和b　　　D. 只有b和c

第9题:(化学计量法/溶液)某还原性的酸中含有52.63%的碳、5.30%的氢和42.07%的氧,它的实验式与分子式相同。该酸的一个分子中含有的碳原子的数目为?(　　)

A. 4　　　B. 5　　　C. 6　　　D. 8

---

① 2010 U. S. National Chemistry Olympiad (USNCO) Coordinator's Handbook[EB/OL]. http://www.acs.org.
② 朱妙琴. 美国高中化学奥林匹克竞赛简介[J]. 中学化学教学参考,2000 (1):127.
③ 2009 U. S. National Chemistry Olympiad National Exam Papers[EB/OL]. http://portal.acs/corg/content.

第18题：(物质的状态)下列哪种水溶液在25℃时的渗透压最大？(假设溶液中所有的离子化合物均完全电离)(　　)

A. $0.1\ mol\cdot L^{-1}\ Al_2(SO_4)_3$　　　　B. $0.1\ mol\cdot L^{-1}\ Na_2CO_3$
C. $0.2\ mol\cdot L^{-1}\ KMnO_4$　　　　　D. $0.3\ mol\cdot L^{-1}\ C_6H_{12}O_6$

第21题：(化学热力学)下列选项中哪个代表了一定温度下某化合物升华时的 $\triangle S$ 和 $\triangle H$？(　　)

A. $\triangle S<0, \triangle H<0$　　B. $\triangle S<0, \triangle H>0$　　C. $\triangle S>0, \triangle H>0$　　D. $\triangle S>0, \triangle H<0$

第30题：(化学动力学)某反应在100℃时的反应速率是50℃时速率的4倍，它的活化能为多少？(　　)

A. $1152\ kJ\cdot mol^{-1}$　　B. $80.1\ kJ\cdot mol^{-1}$　　C. $54.0\ kJ\cdot mol^{-1}$　　D. $27.8\ kJ\cdot mol^{-1}$

第34题：(化学平衡)向100 mL $0.10\ mol\cdot L^{-1}\ HC_2H_3O_2$ 中加入0.41 g $NaC_2H_3O_2$ 后溶液的pH是多少？(　　)

摩尔质量	g/mol
$NaC_2H_3O_2$	82.0
Ka	
$HC_2H_3O_2$	1.8×10^{-5}

A. 4.44　　　　B. 4.70　　　　C. 5.05　　　　D. 8.95

第40题：(氧化还原反应)乙醇与重铬酸根离子在酸性溶液中能发生如下反应：

$$C_2H_5OH(l)+Cr_2O_7^{2-}(aq)+H^+(aq)\rightarrow CO_2(g)+Cr^{3+}(aq)+H_2O(l)$$

当这个方程式配平后，$H^+(aq)$ 的化学计量数为多少？(　　)

A. 10　　　　B. 12　　　　C. 14　　　　D. 16

第44题：(原子结构/元素周期律)下列哪一组量子数是不允许的？(　　)

A. 3,2,0　　　　B. 3,1,-1　　　　C. 2,0,0　　　　D. 1,1,0

第50题：(化学键/分子结构)下列哪种物质的晶格能最大？(　　)

A. CaO　　　　B. KCl　　　　C. MgI_2　　　　D. BaS

第55题：(有机化学/生物化学)下列分子中不含C=O键的是？(　　)

Ⅰ. 酰胺，Ⅱ. 胺，Ⅲ. 醚，Ⅳ. 酯

A. 只有Ⅱ　　　　B. 有Ⅰ和Ⅳ　　　　C. 只有Ⅱ和Ⅲ　　　　D. 只有Ⅲ和Ⅳ

Ⅱ部分：简答题(2009年)

第1题：正丁酸 C_3H_7COOH，是一种一元弱酸，$Ka=1.51\times10^{-5}$。一份35.00 mL $0.500\ mol\cdot L^{-1}$ 的正丁酸溶液用 $0.200\ mol\cdot L^{-1}$ 的KOH溶液来滴定。

A. 计算起始正丁酸溶液中 H^+ 的浓度
B. 计算加入10.00 mL KOH后溶液的pH
C. 确定滴定一半时溶液的pH
D. 计算达到化学计量点时所需的KOH溶液的体积
E. 计算当达到化学计量点时的pH

第3题：溴酸根离子与溴离子在酸性溶液中能发生如下反应：

$$5Br^-(aq)+BrO_3^-(aq)+6H_3O^+(aq)\rightarrow 3Br_2(aq)+9H_2O(l)$$

反应混合物按照以下的体积为混合,溴酸根消失时反应的初速率测试如下:

实验	Br^- 体积(ml)	BrO_3^- 体积(ml)	H_3O^+ 体积(ml)	H_2O 体积(ml)	BrO_3^- 消失时的初速率$(mol \cdot L^{-1} \cdot s^{-1})$
1	0.100	0.500	1.000	1.400	5.63×10^{-6}
2	0.200	0.500	1.000	1.300	1.09×10^{-5}
3	0.100	1.000	1.000	0.900	1.13×10^{-5}
4	0.200	0.500	0.700	1.600	5.50×10^{-6}

A. 计算实验1中 $Br_2(aq)$ 出现时的速率。

B. 写出该反应的速率方程并给出 k 的值

C. 以下是该反应的机理:

(1) $BrO_3^-(aq) + H_3O^+(aq) \rightarrow HBrO_3(aq) + H_2O(l)$

(2) $HBrO_3(aq) + H_3O^+(aq) \rightarrow H_2BrO_3^+(aq) + H_2O(l)$

(3) $H_2BrO_3^+(aq) \rightarrow BrO_2^+(aq) + H_2O(l)$

(4) $BrO_2^+(aq) + Br^-(aq) \rightarrow BrOBrO(aq)$

(5) $BrOBrO(aq) + Br^-(aq) \rightarrow Br_2(aq) + BrO_2^-(aq)$

Ⅰ. 画出 BrO_2^+ 的路易斯结构式并预测其几何形状。

Ⅱ. 根据你在B中求得的速率方程,(1)—(5)中哪个步骤可能被限速,证明你的答案。

Ⅲ部分:实验题

实验题一:(2009年)

你有6个已编号的吸量管,其中分别装有 $0.5 \text{ mol} \cdot L^{-1}$ 和 Na_2CO_3、$NaHCO_3$、$NaHSO_3$、Na_2SO_4、NaH_2PO_4、Na_3PO_4 溶液,并不一定按照此顺序。你还有一个50 mL的烧杯和一个装有甲基橙指示剂的吸量管,烧杯中盛有 $0.4 \text{ mol} \cdot L^{-1}$ 的盐酸。设计并完成一个实验来鉴别每个吸量管中的溶液,要提供定性和定量的数据来证实你的结论。

(1) 给出你实验计划的简要说明;(2) 记录你的数据和其他现象;

(3) 基于你的观察,写出相关的化学方程式;(4) 结论。

吸量管	溶液	理由

实验题二:(2010年)[①]

题目:给你一个多孔板、几个试管和吸管、浓氨水溶液、蒸馏水;四瓶样品,分别为 $FeCl_3 \cdot 6H_2O$、$CoSO_4 \cdot 7H_2O$、$CuCl_2 \cdot 2H_2O$、$K_2C_2O_4 \cdot H_2O$,瓶子的摆放不一定是按着这顺序。根据你对

[①] 2010 U.S. NATIONAL CHEMISTRY OLYMPIAD national exam papers[EB/OL]. htpp://portal.acs.org/portal/acs/content?_nfpb=true&-pageLabel=PP_SUPERARTICLE&node_id=1508&use_sec=fals&sec_url_var=region1&_uuid=ffd070a6-f7c0-4ac1-9827-2fc3b56318c1.

配位化合物分子结构和性质的理解,制订实验方案并实验制备至少五种新的不同的复杂化合物。

材料:三个标准大小(18或20×150毫米)的试管,一个用来盛放试管的150或250毫升烧杯、四张打蜡过的称量纸、一个带有塞子的100~150毫升锥形瓶、一个白色的有12个孔的多孔板、几只用于搅拌咖啡的木制的搅拌棒、蒸馏水。

药品:四个加盖的有编号的试剂瓶(体积20~30毫升),每个试剂瓶盛有3~5克下列物质中的一种:$FeCl_3 \cdot 6H_2O$、$CoSO_4 \cdot 7H_2O$、$CuCl_2 \cdot 2H_2O$、$K_2C_2O_4 \cdot H_2O$,25~30毫升的浓氨水溶液。

注意事项:要确保固体是干燥的粉末,如果 $FeCl_3 \cdot 6H_2O$ 已有结块的倾向,要先把它研磨成细小的粉末。

使用浓氨水溶液时注意它有刺激性气味,小心使用。

[问题]

(1) 对你的实验方案做一下简要描述。

(2) 在表中记录观察结果。

(3) 写出所有相关的反应,并写出每一个生成的配位化合物可能的结构。

(4) 在表中记录结论。

样品瓶	瓶中所含物质化学式	证据
#1		
#2		
#3		
#4		

反应物	预测配合物化学式	证据

[解析] 本题实质上是让学生用提供的结晶水合物与氨水溶液来生成新的配合物,学生们也可能会想到可以用草酸盐溶液与结晶水合物反应或在每个水合物的样品中慢慢加水生成新的配合物,这样就可以制得多于五个新的复杂化合物。

实验题三:(2010年)

题目:给你的实验用品有:海水样品、一个装有 5.0×10^{-4} mol·g^{-1} $AgNO_3$ 溶液的贝拉尔式吸管、一个含有 K_2CrO_4 溶液的贝拉尔式吸管、几个小试管、一台电子天平。制订并实施实验方案确定海水中氯离子的质量分数。在25℃时物质的溶度积 $K_{sp}(AgCl) = 1.77 \times 10^{-10}$,$K_{sp}(Ag_2CrO_4) = 1.77 \times 10^{-12}$。

材料:三个小试管(10×75毫米)、一个50毫升能盛放试管的烧杯、一个100或150毫升的能盛放贴有标签的(硝酸银、海水、铬酸钾)贝拉尔式吸管的烧杯、三个5毫升的贝拉尔式吸管。

药品:约30毫升的海水样品装在100~150毫升已盖住了的烧瓶里(并贴有标签"海水")、2个5毫升的贝拉尔式吸管,里面充满了 5.0×10^{-4} mol·g^{-1} 的硝酸银溶液(这个吸管清楚地标明:"小心,不要沾到皮肤上或衣服上,会留下污点!")、一个含有约 1 M K_2CrO_4 溶液的贝拉尔式吸管。

[问题]

(a) 对你的实验方案做一下简要描述。(b) 记录你的数据、现象和相关的化学方程式。(c) 计算。(d) 结论:氯离子在海水中的质量分数。(e) 列出你在这个实验中的假设。

[解析] 本题的实验方案是利用反应前后的质量差来计算。实验结果如下表所示:

称量对象	数据记录
反应前海水和移液管质量	3.121 g
反应后海水和移液管质量	2.243 g
反应前硝酸银溶液和移液管的质量	2.820 g
反应后硝酸银溶液和移液管的质量	1.918 g

计算过程如下：

海水用量：$3.121\ g - 2.243\ g = 0.878\ g$　　硝酸银溶液用量：$2.820\ g - 1.918\ g = 0.902\ g$

摩尔质量：$M(NaCl) = 58.44\ g \cdot mol^{-1}$　　$M(AgNO_3) = 169.91\ g \cdot mol^{-1}$

硝酸银物质的量：$n(AgNO_3) = 0.902\ g \times 5.0 \times 10^{-4}\ mol \cdot g^{-1} = 4.51 \times 10^{-4}\ mol$

参加反应的 Cl^- 的物质的量：$n(Cl^-) = 4.51 \times 10^{-4}\ mol$

参加反应的 Cl^- 的质量：$m(Cl^-) = 4.51 \times 10^{-4}\ mol \times 35.45\ g \cdot mol^{-1} = 1.60 \times 10^{-2}\ g$

Cl^- 在海水中的百分比：$1.60 \times 10^{-2}\ g / 0.878\ g \times 100\% = 1.82\%$

[评分标准]

优秀答案：2个充满了硝酸银溶液的贝拉尔式吸管都用到了，并求了平均值；滴定都在给定的小试管中进行；用清晰且有组织的表格来记录了实验结果；观察到了滴定终点的实验现象，并做了详细记录；计算海水中氯离子浓度时清晰明了有一定的逻辑顺序。做了一些重要的假设，例如假设1：K_2CrO_4 可能做指示剂，支持的依据是 AgCl 比 Ag_2CrO_4 溶解度小；假设2：可以用 $AgNO_3$ 溶液作为标准溶液来滴定海水中的 Cl^-。依据是：K_{ap} 值较小，几乎完全沉淀，且 Ag^+ 和 Cl^- 按照1∶1的比例沉淀，便于计算；假设3：用 K_2CrO_4 溶液一滴或两滴就可以来判定终点了。依据或误差分析：AgCl 先沉淀，沉淀完全后，Ag_2CrO_4 开始沉淀，由于 Ag_2CrO_4 是红色沉淀，过量的一、两滴 K_2CrO_4 可以使沉淀由白色变为红色。

一般答案：只用了一个充满了硝酸银溶液的贝拉尔式吸管；有终点的实验现象记录；按照一定的顺序计算出了实验结果，但是逻辑性不是很强；只有一点假设或误差分析。

较差结果：不是所有的实验材料都用到了；计算没有体现出问题解决的思路；只有一点或者根本没有实验假设或误差分析。

（三）美国化学奥林匹克竞赛试题的特点

与我国高中化学竞赛决赛（冬令营）试题相比，USNCO 试题具有以下特点：

(1) 在考试内容上，试题的知识内容覆盖面较广。以试题Ⅰ部分为例，60道选择题涵盖了从化学描述/实验到有机化学/生物化学十个方面（见表9-3），涉及国际化学奥林匹克竞赛大纲70%以上的基础知识，能全面考查参赛学生的知识面，提高竞赛选拔的信度和效度。

(2) 在实验竞赛上，重视考查学生的基本实验能力。从近5年 USNCO 实验试题内容来看，主要考查物质的分离、鉴别等，侧重考查学生的实验设计和实际动手操作能力，贴近中学

表9-3　USNCO 试题Ⅰ部分的内容分布

考查内容	题号
化学描述/实验	1—6
化学计量法/溶液	7—12
物质的状态	13—18
化学热力学	19—24
化学动力学	25—30
化学平衡	31—36
氧化还原反应	37—42
原子结构/元素周期律	43—48
化学键/分子结构	49—54
有机化学/生物化学	55—60

生的实际实验水平,不追求与国际化学奥林匹克竞赛的"合成＋定量测定"相似的形式,试题真正回归中学化学实验。由于国情和文化背景的差异,美国化学竞赛的实验操作考试有其独特之处,其主要特点如下:

① 强化安全意识,体现人文关怀。考生的指导语中明确表示:学生有权在做实验的过程中向监考员提出任何有关安全的问题。监考员在实验开始之前,要向学生宣读实验注意事项,还要求学生一定要带上护目镜和手套,建议学生穿实验服。不仅如此,监考员还有义务详细指明哪些实验药品对人体有一定的伤害,需要怎样的规范操作。工作人员甚至在装有危险药品的试剂瓶上贴上警示标签,例如,在装有硝酸银的贝拉尔式吸管上贴上标签:"小心,不要沾到皮肤上或衣服上,会留下污点!"

② 注重问题解决过程,促进学生创造力的发展。USNCO 实验操作考试的每一个试题都是一个需要解决的问题,为学生提供真实的问题情境。试题从题目到问题设计,符合问题解决的一般规律,即理解和表征问题、寻求解答、制订计划或尝试某种解答、评价结果。注重学生问题解决的能力培养,有利于提高学生的创造力,因为从某种意义上说创造力也是一种解决问题的能力,问题解决也会促进创造力的发展。

③ 成绩评定标准具体且灵活,尊重个体差异。由实验2的评分标准可知,专家们制定详细而灵活的标准,把实验成绩分成优秀、一般和较差三等。这种评价标准比较灵活,尊重学生的个体差异。

④ 注重科学探究,培养学生的科学思维。科学探究是《美国科学教育标准》倡导的学习方式,学生通过积极的科学探究过程学会科学家解决问题的方式,培养科学思维和提高科学素养。2010年实验1是一个科学探究过程,包含了科学探究的要素。实验1的题目中提出问题、提出猜想与假设,问题1制订计划,问题2进行实验和收集证据,问题3解释实验现象,问题4得出结论。在这个过程中强调观察和记录现象,培养学生收集证据的科学思维。

(3) 在考试题型上,有三种题型。Ⅰ全为选择题;Ⅱ为简答题,与我国冬令营决赛以及国际奥林匹克竞赛题型相当;Ⅲ为实验题。题型稳定,指导语明确,突出了对核心知识的理解的考查,而不是在审题、解题技巧等方面绕圈子、设障碍。这样的试题有利于稳定学生考试心理,有利于考生在竞赛中充分发挥自己的潜能。

(4) 在考试时间上,USNCO 试题由三卷不同难度类型题构成,每卷的考试时间都有严格的规定,分时测试不同难度等级试卷,便于考查学生在不同难度等级试卷中的表现。

(5) 在考试难度上,试题所涉及的知识不深。相当一部分知识都是中学课程范围之内的,比国际化学奥林匹克竞赛试题难度低得多,有利于提高学校和学生参加化学竞赛的信心,淡化竞赛的功利性,强调竞赛的普及性和适切性。而我国决赛试题不论是题型还是难度上都直接与国际化学奥林匹克竞赛接轨,为的是使学生更好地适应国际化学奥林匹克竞赛的要求。

(6) 在考试形式上,为学生提供适当的量表。除了给出元素周期表,还提供给学生单位缩略语和符号、各种常数以及要用到的方程,减小学生的识记负担,这一点也值得我国借鉴。

USNCO 为我们提供了一种培养资优生的全新模式,它充分考虑高中学生接受化学知识的年龄特征和心理特点,从赛制上遏制各地"奥校"、"奥赛辅导班"的兴起,避免产生"化学竞赛即补充大学化学专业知识"的怪圈。USNCO 强调化学知识的普及性和多数学生的参与性的宗旨值得我们深思。由于国情不同,举办化学竞赛的宗旨和观念存在差异,我们在借鉴 USNCO 长处的同时,也应该以审视的目光分析其不足。例如,学生的信息迁移能力以及创新能力在试卷中没能充分体现,试题联系生活实际、体现科学探究等方面略显不足,试题情景等方面形式单一等。但USNCO 提出了一个清晰而操作性很强的命题观念、命题思路、考试模拟和评价标准,对我国高中化学奥赛改革有重要的借鉴价值。

二、英国化学竞赛

(一) 英国化学奥林匹克竞赛概况

英国皇家化学会是世界上历史最悠久,同时也是欧洲最大的化学学会。每年由英国皇家化学会负责组织本国参加国际化学奥林匹克竞赛的学生的选拔赛。

英国化学竞赛国内选拔赛分初赛和复赛。初赛只设笔试,面向全国所有中六学级(具有英国特色的一个教育阶段,专为 16 到 18 岁年龄层次学生开设的非义务教育,一般为 2 个学年,属于中等教育的高级阶段,是连接中学与大学的过渡性教育阶段[①])第二学年的学生,也有少部分来自中六学级第一学年。英国皇家化学会非常鼓励中六学级第一学年的学生参加初赛,其中表现最佳的一批学生将被邀请到剑桥大学进行短期课程的学习,以激励他们下一年再次参加化学竞赛。

英国化学奥林匹克竞赛的初赛设在参赛学生就读的学校进行,学校将答卷送交皇家化学会统一批阅。初赛结果以学校为单位公布,成绩最好的前 50 名获得金、银和铜奖的证书以及奖品作为奖励。初赛题目旨在引起对相关化学主题的关注,激发学生进行探讨并提高学生的学习兴趣。2009 年初赛共有 350 余所学校参加,确定了 22 名学生参加复赛,经过复赛选出 4 名选手参加国际奥林匹克化学竞赛。

(二) 英国化学竞赛初赛试题例析

以 2009 年英国化学竞赛初赛为例共有 6 个问题,竞赛时间为 2 小时,总共 64 分。[②]

[问题 1] 环境友好型烟花

最近化学研究者开始研究在烟花中使用一种新燃料,以减少用于着色的重金属高氯酸盐或氯酸盐(有毒的氧化剂)含量和产烟量,但不影响烟花的视觉效果。

已知在燃料中,用氮原子取代碳和氢原子可以减少燃烧形成的烟量,但很多含氮量高的化合物极不稳定。研究者发现一种可燃物二肼基四氮杂苯(其结构如下图),不仅含氮量高而且相当稳定。

A. (1) 根据环中成键方式,说明该分子如此稳定的原因。(2) 分析该分子中 N 原子的环境,并预测二肼基四氮杂苯的 ^{15}N NMR 谱中可能出现的信号峰的数目。(3) 二肼基四氮杂苯在过量氧气中燃烧,产物为氮气和另外 2 种物质。写出该反应的化学方程式,并配平。

---

① 王立科. 英国高校招生考试制度研究[M]. 武汉:华中师范大学出版社,2008:21-24.
② International Chemistry Olympiad [EB/OL]. http://www.rsc.org/education/teachers/learnnet/olympiad_U6.htm#pastpapers.

八硝基立方烷是另一种潜在的燃料,其结构为以碳原子为顶点的立方体,且每个碳原子与一个硝基相连。这种特殊的成键方式,使得该物质很难制备,其稳定性也不如二肼基四氮杂苯。

B. (1)与直链烷烃相比,八硝基立方烷分子中碳链间键角小多少度?(2)八硝基立方烷作为燃料反应时既不需要氧气,也不需要有毒氧化剂。写出其燃烧反应的化学方程式,并配平。

C. 另一种氮系燃料聚纤维素硝酸酯,其结构简式如下图。写出1个重复结构单元的分子在足量氧气中燃烧的化学方程式。

[问题2] CO_2 的不必要排放

露天取暖器和奥林匹克圣火等露天火焰因燃烧放热和产生 CO_2 气体,会加剧温室效应。

大多数露天取暖器用汽缸盛装丙烷来提供能源,一般汽缸可装 13 kg 丙烷,功率达到 15 kW。此时汽缸内压强为 140 psi(相当于 9 个标准大气压)。实际上液态丙烷只占了容积的 87%,剩余则为丙烷蒸气。该条件下,丙烷的标准摩尔燃烧焓为 -2220 kJ·mol^{-1}。假设在该条件下 1 mol 气体体积为 24 dm^3。

A. (1)计算汽缸所含丙烷的物质的量。(2)计算汽缸中丙烷完全燃烧时产生 CO_2 的质量。(3)计算汽缸中丙烷燃烧释放的总热量。(4)要达到 15 kW 的功率,求汽缸输出丙烷气体的速度(cm^3/s)。(5)汽缸处于"半满"状态时内部压强为多少?

纯丙烷气体没有味道,为使气体泄露时便于检测,常加入少量其他气体物质,如乙硫醇(C_2H_5SH),即使在空气中其含量只有约 0.02 ppb,人也能感觉得到。

B. (1)写出乙硫醇的结构式,并标出 S 原子所形成键的键角。(2)要使每 10 亿(10^9)个丙烷分子中有 0.02 个乙硫醇分子,计算 13 kg 丙烷中需加入乙硫醇的质量。

北京奥运会期间,鸟巢上空的奥运圣火每小时消耗 6000 m^3 的丙烷,长达 16 天。

C. 求奥运会期间火炬燃烧产生 CO_2 的总质量(假设是完全燃烧)。

[问题3] 火柴中的化学

火柴头含有 P_4S_3 和 $KClO_3$,划火柴时摩擦产生的热量点燃 P_4S_3 使其反应,同时 $KClO_3$ 分解并提供氧气支持燃烧。

A. (1)写出 P_4S_3 燃烧生成 P_2O_5 和 SO_2 的化学方程式。(2)写出 $KClO_3$ 分解生成 KCl 和 O_2 的化学方程式。(3)根据(1)、(2)写出火柴燃烧时,这 2 种物质发生的总反应的化学方程式。(4)计算火柴头上 P_4S_3 与 $KClO_3$ 的质量比。(5)根据下表中各物质的标准摩尔生成焓,计算第(3)题反应的标准焓变。

有关物质的标准摩尔生成焓

	KCl(s)	KClO$_3$(s)	SO$_2$(g)	P$_4$S$_3$(s)	P$_4$O$_{10}$(s)
(kJ/mol)	−436.7	−397.7	−296.8	−154.0	−2948

磷的硫化物可由白磷和硫加热制得。在低温下反应可以得到从 P_4S_3 到 P_4S_{10} 的一系列化合物,在研究中常用 ^{31}P NMR 谱来测定磷的硫化物的结构。

在 ^{31}P NMR 谱中,信号峰数目等于不同 P 环境的种数。如 P_4S_3 有 2 种 P 环境,故其 ^{31}P NMR 谱中有 2 个信号峰。

B. 根据下图给出的结构,预测以下化合物的 ^{31}P NMR 谱中可见峰的数目。

(1) P_4S_3 (2) P_4S_5 (3) P_4S_6

P_4S_3

P_4S_4

P_4S_5

P_4S_6

实际上,P_4S_4 有 2 种同分异构体,上图已给出一种。已知另一种异构体的 ^{31}P NMR 谱中只有 1 个可见峰。

C. 写出 P_4S_4 另一种异构体的结构。

[问题 4] 止泻药

泻立停等止泻药中的活性成分为氯苯哌酰胺,其结构如下图,像其他许多药物一样,氯苯哌酰胺,因具有良好的水溶性而常被当做盐酸盐出售。

A. 在氯苯哌酰胺的结构式上,圈出其形成盐时结合质子的原子。

氯苯哌酰胺的合成过程如下图。

B. (1) 酯 A 可由一种醇和一种羧酸,以浓硫酸作催化剂反应而制备。请写出该醇和羧酸的结构简式。

(2) 酯 A 被一种碱夺去质子得到阴离子 B。写出 A 的结构简式,指出被碱夺去的质子。

阴离子B与环氧乙烷反应可使其三元环开环得到中间体阴离子C,C容易失去乙基而成环得到环酯D。

C. 写出阴离子C和环酯D的结构简式。

酯D与HBr反应开环后产生羧酸E。E又与SOCl₂反应得到F。

D. 写出化合物E和F的结构简式。

E. 可与二甲胺反应得到G。G有2种同分异构体,一种是开链胺,另一种是环状溴盐,其¹³C NMR谱有10个信号峰。

F. 写出G的2种同分异构体的结构简式:(1)胺;(2)溴盐。

[问题5] 水中砷含量的测定

砷(As)原子序数为33,因其化合物有毒而声名狼藉。地下水中含有的砷的化合物已经危害了世界上几百万人。目前人们已经研制出很多方法除去水中的砷化合物,但改进这些方法的研究仍在进行。

1836年英国化学家James Marsh研发了第一种可靠的氧化砷(Ⅲ)测试——马希氏测试。即先将氧化砷转化为砷化氢(AsH₃)气体,再点燃得到银灰色氧化砷(Ⅲ)沉淀。

A. (1)画出AsH₃的空间结构。(2)写出AsH₃燃烧反应的化学方程式。

B. (1)写出氧化砷(Ⅲ)的分子式。(2)写出氧化砷(Ⅲ)与锌、硫酸反应的化学方程式。现在已经不再采用马希氏测试了,因为现代光谱学方法可以更加快速灵敏地检测出样品中砷的浓度。在地下水中,最常见的pH较高的含砷物质是$HAsO_4^{2-}$。

C. (1)$HAsO_4^{2-}$中砷的氧化数是多少?(2)画出$HAsO_4^{2-}$的空间构型。

水中的$HAsO_4^{2-}$可以被$Fe(OH)_3$颗粒吸附而除去。溶液中$HAsO_4^{2-}$的浓度随吸附时间的变化关系可用以下方程表示:$[HAsO_4^{2-}(aq)]_t = [HAsO_4^{2-}(aq)]_0 e^{-(kt)}$

上式中$[HAsO_4^{2-}(aq)]_t$是t时刻$HAsO_4^{2-}$的浓度;$[HAsO_4^{2-}(aq)]_0$为溶液中$HAsO_4^{2-}$的初始浓度;k是吸附反应的速率常数;k与半反应时间t的关系如下:$t_{\frac{1}{2}} = \frac{\ln 2}{k}$

下图是40℃时,溶液中$HAsO_4^{2-}$的浓度随吸附时间t的变化曲线。根据世界安全组织规定,水中砷元素含量应低于$10\,\mu g \cdot dm^{-3}$。

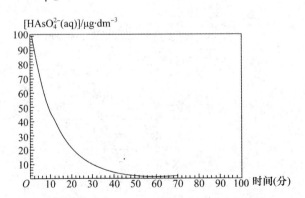

D. (1)根据上图,求$HAsO_4^{2-}$吸附反应的速率常数,并标明其单位。(2)要使另一种水样中砷的浓度达到安全范围需要55 min。则该水样中的初始浓度是多少?

在一定条件下，$HAsO_4^{2-}$ 吸附反应的平衡常数可定义如下式：

$$K = \frac{[HAsO_4^{2-}（吸附）]}{[HAsO_4^{2-}（aq）]}$$

上式中 $[HAsO_4^{2-}（吸附）]$ 为被吸附的 $HAsO_4^{2-}$ 的浓度，$[HAsO_4^{2-}（aq）]$ 指平衡时溶液中 $HAsO_4^{2-}$ 的浓度。20 ℃时，$K=186$。

E. 20 ℃时，如果 $HAsO_4^{2-}$ 的初始浓度为 30 μg·dm^{-3}，则达到平衡状态时 $HAsO_4^{2-}$ 的浓度为多少？

[问题6]揭秘梵高画中的画

2008 年，荷兰分析化学家用同步辐射 X 射线荧光元素绘图法发现了梵高的画中隐藏着的画：在作品《一块绿草地》中还隐藏着一个女士的头。该方法主要是用单色高能的 X 射线照射目标物，使其中心电子，如 1s 壳层的电子被击出。其他壳层的电子就发生跃迁到失去电子的能级，并发射出低能量的 X 射线。测定这些 X 射线的频率就可以确定存在的化学元素。

H 原子或单电子离子中电子的能量 E_n 为：

$$E_n = -R_H \frac{Z^2}{n^2}$$

上式中 R_H 是里德伯常数，Z 为核电荷数（H 原子的 $Z=1$），n 是主量子数（1s 电子 $n=1$；2s、2p 电子 $n=2$；3s、3p 或 3d 电子 $n=3$ 等）。

电子能量常用电子伏特(eV)表示，1 eV=1.6022×10^{-19} J。已知 R_H=13.6 eV。阿伏加德罗常数为 N_A=6.022×10^{23} mol^{-1}。

A.（1）H 原子中 1s 电子的能量用电子伏特表示是多少？

（2）原子形成离子时，其电子跃迁到核外更高能层，则电子能量改变了多少？从以下数值中选出一个打钩。

电子能量一般为：$-\infty$、-13.6 eV、-1 eV、0、$+1$ eV、$+13.6$ eV、$+\infty$

（3）计算 H 原子的电离能（单位用 kJ·mol^{-1}）

对于多电子原子或离子，单个电子受到原子核的吸引作用小于其核电荷总数，因为电子间有排斥作用。因此上述方程可修正为：

$$E_n = -R_H \frac{(Z-S)^2}{n^2},$$

其中 S 是屏蔽常数，$(Z-S)$ 为作用于电子的有效核电荷数 Z_{eff}。

B. 钠原子的第一电离能为 495.8 kJ·mol^{-1}，计算钠原子中价电子的有效核电荷数 Z_{eff}。

对梵高的画进行 X 射线荧光分析得到如右图荧光光谱：

$K\alpha$ 峰是电子从 2p 能层跃迁到 1s 能层产生的，其屏蔽常数 S 为 1。

C. 计算产生 $K\alpha$（A）峰的元素的原子序数，并写出 A

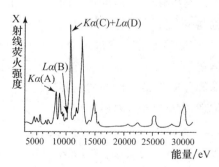

的元素符号。$L\alpha$ 峰是电子从 3d 能层跃迁到 2p 能层产生的,其屏蔽常数 S 可视为 7.4。

D. (1) 计算产生 $L\alpha(B)$ 峰的元素的原子序数,并写出 B 的元素符号。(2) 该峰在隐藏的画中女士嘴唇的区域信号显示非常强,可知该区域使用了一种红色颜料(硫化物),请推测该颜料的分子式。

E. (1) 10500 eV 处的峰是由于 C 元素的 $K\alpha$ 跃迁和 D 元素的 $L\alpha$ 跃迁产生的。计算两者的原子序数并写出其元素符号。(2) 一种叫做席勒绿(Scheele's green)的绿色颜料中含 C 元素,其分子式为 $ACHO_x$,已知其中 C 的氧化数为 +3。试推测席勒绿的分子式。

F. 计算锑 Sb 元素 $K\alpha$ 跃迁产生的能量。事实上,光谱中 $K\alpha$ 跃迁产生的峰与计算值略有不同。根据对 Sb 化合物的比较,已知原因是该化合物中 Sb 呈最高的氧化数。

G. 有一种叫拿浦黄(Naples yellow)的颜料,其分子式为 $D_2Sb_2O_7$,其中 D 元素的氧化数为多少?

(三) 英国化学竞赛初赛试题的特点[①]

1. 主题凸显以问题为中心

英国化学竞赛试题一直秉持以问题为中心的命题模式,以激发学生探究的兴趣和解决问题的欲望。根据对近 3 年来英国奥林匹克化学竞赛初赛试题的分析(见表 9-4),其最突出的一个特点就是每道试题都围绕一个中心主题展开讨论,且主题非常新颖,凸显了化学与生活、科技、能源、健康、艺术和环境的紧密联系。竞赛试题反映了英国中学化学教育重视化学在人类社会生活中的广泛应用,这样有利于化学与其他学科的相互渗透和联系。试题在学生熟悉的问题情境和生活情境中展开,让学生感受化学对改善个人生活和促进社会发展的积极作用,关注与化学有关的社会问题,培养学生参与社会决策的意识。在主题的选择上,充分体现了 STSE 的教育理念。

表 9-4 英国化学竞赛初赛试题的主题内容

题号	2007 年(73 分)	2008 年(62 分)	2009 年(64 分)
1	航天飞机助推剂	太阳能电池纯硅的制备	环境友好型烟花
2	磷的空间结构与性质	蘑菇中 V_D 合成的动力学	CO_2 的不必要排放
3	水中磷污染	易爆物雷酸汞的性质	火柴中的化学
4	阻燃纤维	灭鼠药 AIP	止泻药
5	感冒药达菲结构与性质	海蜗牛中的毒素	水中砷含量的测定
6	ClO_2 的制备与性质	花粉症药物弗克芬德	揭秘梵高画中的画

2. 赛题内容宽泛且覆盖面广

英国化学竞赛试题前面 3 道题相对来说比较简单,涉及的我国高中化学知识较多,在后面几道题中也穿插了基础知识的考查。如简单的氧化还原反应方程式的书写、有关物质的量和质量的计算、根据化合价确定分子式和根据分子式确定元素化合价等。后面 3 道题则主要是我国大学化学才涉及的内容,考查内容涵盖了我国大学化学中有机化学、无机化学、物理化学和结构化学等分支学科。试题的内容广泛、知识的覆盖面广。其中有机化学和无机化学考查的内容较多,物理化学考查的内容则较少。

[①] 付磊,王后雄.英国化学竞赛试题特点及其对我国化学竞赛的启示[J].化学教育,2010(12):82-86.

3. 题型主要为主题式信息迁移题

近年来英国中学化学竞赛初赛试题都是 6 道大题,全都是问答题。每道大题相当于 1 个主题模块,包括 3 个以上相关的部分,每部分又常会有 1~5 个不等的小问题。

试题题型的主要特点是在与内容相关的问题前给出有关的信息,如介绍与本主题有关的公式或信息、引入另一个主题的过渡信息、补充解释和说明图表中的信息、补充学生可能没有接触过的大学化学知识与经验等,属于典型的信息迁移题。侧重于考查学生运用知识的能力和自学能力。对于学生未曾涉及的知识,在相关问题的后面,试题中还补充了一些拓展知识和经验信息,以保证学生对该内容认识的科学性和全面性,如问题 6 的 F 部分。在化学竞赛中呈现这种信息迁移题,不仅能够考查学生运用新信息解决化学问题的能力和知识迁移能力,而且能帮助学生在竞赛中学习到新的化学知识和其他学科知识。

在英国没有专门的奥赛培训活动,但英国的 A Level 化学课程基本上覆盖了国际化学奥林匹克大纲一级、二级标准,许多高中生具备了参加化学奥赛的知识水平。英国开放的参赛报名形式,给学生提供了广阔的平台,使得修学 A Level 化学课程的学生不需要参加专门的奥赛培训就能够参加本国举行的化学竞赛活动。这种信息迁移题给出的信息对于所有参赛者来说都是比较少见的,因此不仅保证了竞赛的公平性,还真正地起到了选拔优秀人才的功能,对于培养化学优秀人才也有一定的激励和促进作用。

三、白俄罗斯化学竞赛

自 20 世纪 70 年代开始,白俄罗斯每年举办一次化学奥林匹克竞赛,并延续至今。白俄罗斯化学奥林匹克决赛(以下简称"决赛")由教育部拨款筹备,白俄罗斯大学化学系负责组织和管理。参赛选手是高中 9 年级至 11 年级的学生。考虑到 3 个年级选手能力的差异性,组织者设置了三个层次的试题。

(一) 白俄罗斯化学奥林匹克决赛试题特点[①]

1. 竞赛持续时间较长

决赛由实验考试和理论考试两部分构成。题型、题数和时间分配如表 9-5 所示。

表 9-5　全国决赛试题题型与时间分配比较

考试组成	题型	题数	时间
理论考试	单项选择题	10 小题	5 小时
	主观题	5 大题	
实验考试	实验操作	1~2 大题	4~5 小时

决赛题量适中但持续时间长,总计长达 9~10 小时,对参赛者的智力和体力都是一个考验。

2. 以主观性试题为主导

竞赛的主导题型是主观题。尽管 3 个年级的主观题大题数目相当,然而其中包含的小题数目略有不同(如表 9-6 所示)。统计发现,参赛者年级越高,主观题数量越大,对选手解题思维的考查也越全面。

---

① 吴佳丹,王后雄. 2010 年白俄罗斯化学奥林匹克决赛建模题的特点及启示[J]. 化学教学,2010(10):77-80.

表 9-6　理论考试部分主观题的百分比统计

试卷类型	主观题数	百分比/%
9 年级	19	65.5
10 年级	20	66.7
11 年级	24	70.1

3. 二级学科融合程度不同

将题目考查知识点按二级学科划分,我们发现 3 个年级试题在学科融合程度上存在差异。9 年级以物化和无机试题为主,10 年级主要考查无机、有机和物化知识,11 年级侧重于有机物化和结构知识的考查。具体情况统计如表 9-7 所示。

表 9-7　竞赛试题主观题部分知识点分类统计

试卷类型	物化	结构	无机	有机	分析	实验	化学计量学
9 年级	9	0	4	3	1	0	2
10 年级	3	2	7	4	1	1	2
11 年级	8	5	2	4	2	1	2

4. 计算题比例较大

在统计中还发现,决赛试题中计算题的比例很大(如表 9-8 所示),重在考查学生的思维过程和计算能力。

表 9-8　理论考试问答题中计算题及百分比统计

试卷类型	计算题数	百分比/%
9 年级	13	68.4
10 年级	7	35.0
11 年级	16	66.7

(二) 白俄罗斯化学奥林匹克决赛建模题特点

决赛的主观题部分有一类题目需要参赛者用建模思想进行解题,就是将所认识或待解决的化学问题建构为概念或数学、物理关系。① 我们不妨将这类题目称为"建模题"。

此类建模题的解题思维模型可归纳为四个基本步骤:① 从陌生的问题情景中提取、加工信息,抽象出化学模型;② 将化学模型转化成数学模型;③ 利用数学方法定性、定量求得数学结果;④ 让数学结果回归到化学情景中,筛选出符合题意的化学结果(如图 9-1 所示)。值得注意的是,这种借助其他学科知识作为问题解决工具的思想是科学家们进行科学研究时常用的方法。

图 9-1　解答建模题的思维过程示意图

将 3 个年级理论考试主观题部分的各小题的解题方法进行归类,对其中运用到建模思想的小题数目进行统计,归纳出建模题在主观题中的比例如表 9-9 所示。

---

① 朱琦. 建模思想与解决化学问题能力的培养[J]. 化学教育,2005(5):31-33.

表 9-9　建模题在主观题中的比例

试卷类型	主观题数	建模题数	百分比/%
9 年级	19	4	21.1
10 年级	20	3	15.0
11 年级	24	5	20.8

以 9 年级理论考试主观题第 4 大题为例,分析解题思维模型。

[例 4]　化合物 A 是某金属氢氧化物。当 A 在惰性气体氛围中加热时,会生成固体化合物 B 以及气体混合物。化合物 B 中,氧元素的质量分数为 27.6%。在 400 K 和 110 kPa 下,气体混合物的密度为 $4.20×10^{-4}$ g/cm³。

(1) 定性和定量地证明气体混合物的组成(用质量分数和摩尔分数表示)。

(2) 推断化合物 A 和 B 的组成。用化学方程式表示题目中的反应过程。

(3) 如何利用相应的金属单质设计最短的合成路线得到金属氢氧化物 A。写出每一步反应的化学方程式。

[分析]　这是道以无机元素化合物为背景资料的建模题,知识起点低,但能力落点高,要求参赛者除了提炼化学情景中的化学模型并转化为数学模型外,还要具有一定的发散思维。

建模题中所涉及的化学模型、数学模型和数学方法总结归纳如表 9-10 所示。

表 9-10　9 年级化学建模题小结

化学模型	数学模型	数学方法
1. 金属氢氧化物热分解过程 2. 未知化合价的金属氧化物化学式的表示	1. 求函数的值域 2. 解一元一次方程 3. 解不定方程	1. 换元思想 2. 拼凑搭配 3. 分类讨论思想

本题的建模思想集中体现在第(1)小题和第(2)小题。它需要参赛者具有化学模型的转化意识,即能够成功地将化学模型转化成数学模型。

其中,第(1)小题建模思想的关键在于将化学模型的内容抽象成符号语言,再运用联想转化成数学问题模型求解:用方程式表示金属氢氧化物热分解过程,联想到混合气体的摩尔质量可以用以下方式表示 $M=X_1M_{(A)}+X_2M_{(B)}$,X_1 和 X_2 为气体的摩尔分数,且 $X_1+X_2=1$。从数学角度看,这是一个求函数值域的问题。至此便完成从化学模型到数学模型的转换。

第(2)小题建模思想的关键在于数学思想的运用:运用数学中的分类讨论的思想对不定方程 $A_r(Me)=21.0n$ 中,n 的取值进行分类,结合化学知识解得未知金属的相对原子质量。

(三) 白俄罗斯化学奥林匹克竞赛对我国的启示

(1) 白俄罗斯化学奥林匹克竞赛的建模题牵涉数学知识的范围较广。一方面,对选手应用数学模型的要求上,多数停留在一次方程、简单的不定式、简单的不定方程这类模型的应用。另一方面,对数学方法的灵活应用要求相对较高,涉及换元思想、拼凑搭配、极值法、分类讨论等典型的数学思维方法。在化学竞赛中大量用到数学方法的试题能鼓励选手进行发散性思维,体现出理科学科之间的融合。

(2) 重视对参赛者思维能力的评价。从解题方式上看,白俄罗斯化学奥林匹克竞赛的建模题存在着一题多解的情况,高质量的竞赛试题,应该具有相对较强的发散性,能够评价出参赛者思维的敏捷性、灵活性和精确性。

第四节 化学竞赛典型试题解题方法

关 键 词

书写化学方程式　计算型结构推断题　有机合成及制备题　图像题　信息迁移题　实验题

随着化学竞赛试题研究的深入，化学竞赛在题型推陈出新的同时，一些典型题型相继被保留和完善，如书写化学反应方程式及配平题、计算型结构推断题、有机合成及制备题、化学图像题、信息迁移题、实验题等。作为竞赛选手，首先要善于通过典型赛题及"解题思路"学会解决这些问题的方法与技巧；其次要培养综合解题能力，力求通过对具体例题的剖析，达到举一反三的目的。

一、书写化学方程式赛题的解题方法

实践表明，一个成绩好的学生与一个成绩较差的学生在解决问题方面最明显的差异主要不在于知识的多少，而在于解决特定问题的基本思考方法。例如，在书写化学方程式这类题型中，有一些不是凭记忆写出已学过的化学方程式，而是借助已学知识正确推断出新的未学过的化学方程式。

1. 搜索法

[例5]（全国化学竞赛题）磁性材料 Fe_3O_4 可由 $FeSO_4$ 热分解制得，试写出反应方程式。

[分析] 把问题的初始状态变为目标状态要经过几个中间状态：

第一步：$FeSO_4 \rightarrow Fe_3O_4$，涉及 $Fe^{2+} \rightarrow Fe^{3+}$。该反应是氧化还原反应。

第二步：由第一步推知 $\overset{+6}{S}$ 被还原。$\overset{+6}{S}$ 可能被还原为 $\overset{+4}{S}$，$\overset{0}{S}$，$\overset{-2}{S}$。

第三步：$FeSO_4$ 中 $\overset{+2}{Fe}：\overset{+6}{S} = 1：1$（物质的量之比）。

设 $\overset{+6}{S} \rightarrow \overset{+4}{S}$，则按电子得失相等，$Fe$ 和 $\overset{+6}{S}$ 反应的物质的量之比为 2：1，将余下 50% 的 $\overset{+6}{S}$。应得到 $FeSO_4 \rightarrow Fe_3O_4 + SO_2 + SO_3$。

第四步，设 $\overset{+6}{S}$ 还原为 $\overset{0}{S}$ 和 $\overset{-2}{S}$，余下的 $\overset{+6}{S}$ 将大大超过 50%，这时余下 $\overset{+6}{S}$ 的将与生成的 $\overset{0}{S}$ 或 $\overset{-2}{S}$ 发生反应而将后者氧化到 $\overset{+4}{S}$。

若联想到：$2H_2SO_4(浓) + S \longrightarrow 3SO_2 + 2H_2O$，此点更可得以肯定，因而此题得解：$2FeSO_4 \xrightarrow{\triangle} Fe_2O_3 + SO_2 + SO_3$

2. 分解法

[例6]（河南省竞赛题）某一反应体系中共有 Pb_3O_4、NO、MnO_2、Cr_2O_3、$Cr(MnO_4)_2$ 和 $Pb(N_3)_2$（名称叠氮化铅，其中 Pb 为 +2 价）六种物质，已知 $Pb(N_3)_2$ 是反应物之一。根据你学过的有关化学定律和知识，试写出并配平这个反应的化学方程式。

[分析] $Pb(N_3)_2$ 是反应物，此物质铅和氮为低价态的 Pb^{2+}、N_3^-（叠氮离子），则具有还原性，它们在产物中以 Pb_3O_4（可看成 $PbO_2 \cdot 2PbO$）、NO 存在，这就证明了 Pb^{2+}、N_3^- 在反应中作还原剂，则必存在氧化剂与之反应，考查其余几种物质，$Cr(MnO_4)_2$ 最有可能作为反应物，因

MnO_4^-（受热时）具有强氧化性，锰处于高价态（+7）被还原为低价（+4）生成 MnO_2，因而 MnO_2 作为产物理所当然，值得提及的是 $Cr(MnO_4)_2$ 中+2 价铬处于低价态，也同时被 MnO_4^- 氧化为稳定的 Cr_2O_3，这一点，我们可以从熟知的反应受到启发：

$$4Fe(NO_3)_2 \xrightarrow{\triangle} 2Fe_2O_3 + 8NO_2\uparrow + O_2\uparrow$$

因此，一个看来十分复杂的反应，我们可以分解为若干中间状态，本题回过头去看，分析与类比按下列方式进行。

$$MnO_4^- \longrightarrow MnO_2 + O_2,\ Pb^{2+}、N_3^-、Cr^{2+} \xrightarrow[\text{氧化}]{O_2} Pb_3O_4、NO、Cr_2O_3$$

运用氧化数法或观察与待定系数法，配平的方程式是：

$$15Pb(N_3)_2 + 44Cr(MnO_4)_2 \xrightarrow{\triangle} 22Cr_2O_3 + 88MnO_2 + 5Pb_3O_4 + 90NO$$

华罗庚先生说过："把一个比较复杂的问题'退'成最简单最原始的问题；把这最简单最原始问题想通了，想透了，然后再……来一个飞跃上升。"这是一个非常精辟的思维方法。用这种方法去思考问题极有发展意义。如反应：$4FeS_2 + 11O_2 \xrightarrow{\text{燃烧}} 2Fe_2O_3 + 8SO_2$，怎样理解这一个反应产物是 Fe_2O_3 和 SO_2。我们不妨把它理解成下列几个原始问题的组合：① 氧化性 $O_2 > S$，因此下列反应能发生：$2FeS_2 + O_2 == 2FeO + 4S$，② FeO 具有还原性，O_2 具有氧化性，加热时可发生下列反应：$4FeO + O_2 == 2Fe_2O_3$，控制 O_2 的量，可使产物中生成 Fe_3O_4：$6FeO + O_2 == 2Fe_3O_4$，③ 高温下，硫在 O_2 中燃烧生成稳定的 SO_2：$S + O_2 == SO_2$。因此在氧气充足及高温下，黄铁矿在空气中煅烧产物是 Fe_2O_3 和 SO_2。

3. 类比法

[**例7**]（全国化学竞赛试题）从某些方面看，氨和水相当，NH_4^+ 和 H_3O^+（常简写为 H^+）相当，NH_2^- 和 OH^- 相当，NH^{2-}（有时还包括 N^{3-}）和 O^{2-} 相当。

(1) 已知在液氨中能发生下列两个反应：

$$NH_4Cl + KNH_2 == KCl + 2NH_3 \qquad 2NH_4I + PbNH == PbI_2 + 3NH_3$$

请写出能在水溶液中发生的与上两个反应相当的反应方程式。

(2) 完成并配平下列反应方程式（M 为金属）：

$$M + NH_3 \rightarrow \qquad MO + NH_4Cl \rightarrow \qquad M(NH_2)_2 \xrightarrow{\triangle}$$

[**分析**] 解题的关键在于对四个"相当"的理解，其外延很广——这就给人创设了一个必然去猜想的机制，因而需认真地去推敲"相当"的内涵所在。显然，应该选择平时熟悉的氨和水、NH_4^+ 和 H_3O^+ 作为剖析"相当"的突破口，将陌生的事物用熟悉的事物作类比。既然氨和水、NH_4^+ 和 H_3O^+ 在某些方面相当，因而某些时候是否可将其中一方当做另一方"看待"呢？事实上，从分子的角度看，氨分子和水分子都是极性分子，都能生成分子间氢键而易于液化；而 NH_4^+ 和 H_3O^+ 都能与 OH^- 发生反应且生成氨和水，这就进一步证实了前面猜想的正确性。

由此可得与(1)中两个反应相当的反应方程式分别为：

$$HCl + KOH == KCl + H_2O \qquad 2HI + PbO == PbI_2 + H_2O$$

应该说明的是，如果把原题中两方程式分别"看成"酸+碱=盐+水、酸+金属氧化物=盐+水，则能写出更多与之"相当"的反应方程式。

至于(2)中 $M + NH_3 \rightarrow$，则可看成金属和水的反应（这里还隐蔽着 M 是一种活泼金属的提

示),可得反应方程式为:
$$M+2NH_3 \rightleftharpoons M(NH_2)_2+H_2$$

而 $MO+NH_4Cl$ 可理解为金属氧化物与酸的反应,故可得反应方程式为:
$$MO+2NH_4Cl \rightleftharpoons MCl_2+2NH_3+H_2O$$

$M(NH_2)_2 \xrightarrow{\triangle}$ 可理解为不溶性金属的氢氧化物受热分解。其反应方程式为:
$$M(NH_2)_2 \xrightarrow{\triangle} MNH+NH_3$$

二、计算型结构推断题的解题方法

计算型结构推断题中加大了结构化学知识与元素化学之间的相互联系,增加了运用数据对物质结构及性质的有关推理与判断,更注重考查学生利用结构的化学知识去综合分析元素化学中实际问题的能力。这实际上也是奥赛试题命题特点与考查重点的一种新的变化趋势。现剖析具体考题说明这类赛题的解题规律及易出现的误区。

[例8] (全国化学竞赛初赛题)六配位(八面体)单核配合物 $MA_2(NO_2)_2$ 呈电中性;组成分析结果:

M 21.68%,N 31.04%,C 17.74%;配体A含氮不含氧;配体$(NO_2)^x$ 的两个氮氧键不等长。

(1) 该配合物中心原子M是什么元素?氧化态多大?给出推论过程。
(2) 画出该配合物的结构示意图,给出推理过程。
(3) 指出配体$(NO_2)^x$ 在"自由"状态下的几何构型和氮原子的杂化轨道。
(4) 除本例外,上述无机配体还可能以什么方式和中心原子配位?用图形回答问题。

[分析] (1) 设配体A中含氮原子 y 个,M的相对原子质量为 M_r,

$n(M):n(N)=21.68/M_r:31.04/14=1:(2y+2)$,$M_r=19.56\times(y+1)$,

$y=2$(设 y 为其他自然数均不合题意),

得 $M_r=58.7$,查周期表,M为Ni才符合题意。

由配体$(NO_2)^x$ 两个氮氧键不等长,推断两个氧原子空间环境不同,因此配体为单齿配体,且配位原子为O,配体为 NO_2^-,故Ni氧化数为 +2。

(2) 设配合物中碳原子数为 $n(C)$,则:

$n(C):n(N)=17.74/12:31.04/14=0.667$,已知 $n(N)=2\times2+2=6$,所以,$n(C)=0.677\times6\approx4$。

求出A的摩尔质量,由于剩余量过小,只能设A是氮氢化合物,由此得氢原子数,可推得配体A为 $H_2NCH_2CH_2NH_2$,即乙二胺。

配合物的结构示意图为:

(3) 根据价层电子对互斥理论,推测 NO_2 为角型,夹角略小于 $120°$(因孤对电子的排斥作用),其中 N 为 sp^2 杂化轨道。

(4) 可以氧桥结构配位、NO 桥结构或以氮原子为配位原子等方式配位。

$$M-N\begin{matrix}O\\\\O\end{matrix} \qquad M\begin{matrix}O\\\\O\end{matrix}N: \qquad \begin{matrix}&O\\M-O-N&\\&M\end{matrix}$$

评注:① 全题运用计算推理法,虽然条件不很充分,但利用讨论推测,能逐次确定原子及各种配体的成分。其中,在确定 A 的组成中,也用了确定有机分子组成中常用的残基观点。

② 本题难点是学生不善于进行信息转换,不理解"两个氮氧键不等长"此话的作用,考试结果说明,许多学生虽然熟悉一般结构理论与规律,但遇到具体的化合物则不能灵活运用。

③ 第(4)问考查学生掌握知识的系统性、有序性与全面性,要求学生了解配体的各种配位方式。

近年来的赛题中类似典型赛题还有许多,因篇幅限制,不再举例讨论。在解这些结构与性质融合的推断题中,常常采用筛选推理法、联想类比法、特征突破法与残基组合法,而且较高档次赛题中,往往需要这些方法的综合应用。

三、有机合成及制备题的解题方法

有机化合物的合成或制备是应用有机化学知识解决问题的一个重要方面。化合物的合成首先要把目标化合物分解成若干小分子片段,每一个片段必须保留官能团,然后依靠它们,依次通过基本有机反应,逐一拼接而成。显然,对目标化合物的分解至关重要,但是这种分解可变性很大,选择的原料由此随之而改变。所以化合物的合成,最能反映出设计者的功力——它不仅要求对基本有机反应有相当的熟练度,而且要求一定的逻辑思维、科学推理和创造能力。

[例9] (湖南省竞赛题)任选试剂和原料,请合成 6-羟基己酸。

[分析] 目的化合物的结构式为 $HOCH_2CH_2CH_2CH_2CH_2COOH$。

虽然题目的设计给予了最大的灵活度,但是还必须对目的化合物进行结构分析,以便恰当地分解成若干个小分子片段。分子内只有 2 个官能团,即 —OH 和 —COOH,它们分别居于分子结构的首尾。像这类结构用小分子片段,一节一节拼搭起来,不甚方便,其中最难的是首尾 2 个官能团中间隔着 5 个碳原子,不易用通常的办法加以合成,所以分子内的 6 个碳原子直链能否直接从某个化合物衍变过来?这是值得优先考虑的,应该也是最得意的办法。此外,—OH 和 —COOH 的制备通常是分步合成,那么是否可采用 2 个取代基同时产生的过程,唯一的办法是酰胺的水解可获得此效果。

基于以上分析,从苯酚开始,经加氢生成环己醇,然后氧化成为环己酮,使分子具备了 6 个碳原子的骨架,同时又衍生得酮基,为下一步反应提供了基础,这是选用苯酚的基本出发点,否则无法继续往下延伸;为什么要衍变为酮基?因为 $\diagdown C=O$ 的基本反应之一,它们可以与氨及其衍生物发生缩合反应,其中之一即为与羟胺反应,生成酮肟,而肟可以在酸性条件下发生 Backman 重排生成酰胺;由于环己酮肟重排生成的是己内酰胺,因此水解后创造两个最重要的条件——七员环打开,形成 6 个碳原子的直链,同时获得—NH_2 和—COOH,尤其是二者恰恰居于链的两端,完全符合目的化合物的要求。因此,它是这条合成路线成功的关键,从中可以领略到设计者的匠心和巧妙。

$$\text{苯酚} \xrightarrow{[H]} \text{环己醇} \xrightarrow{[O]} \text{环己酮} \xrightarrow{NH_2OH \cdot HCl} \text{环己酮肟} \longrightarrow \text{己内酰胺}$$

$$\xrightarrow{H^+} {}^+NH_3CH_2CH_2CH_2CH_2CH_2COOH \xrightarrow{NaNO_2}{HCl} \text{目的化合物}$$

6-氨基己酸是尼龙-66 的原料,在临床医学作为内科止血药,从苯酚开始的合成路线正是工业化生产实践中应用的。

四、图像题的解题方法

函数图像具有表达直观和便于对比、分析、预测趋势等优点。纵观各类赛题,对图像题的考查极为普遍,图像题重在考查学生灵活运用知识及识图、析图、用图、作图的能力,参赛者也由此锻炼和培养自己的思维能力。

1. 识图与析图

[例 10] 硫有两种同素异形体:斜方晶硫和(在高温下稳定的)单斜硫,为测定其互相转变的温度进行以下实验。取 25 g 硫黄粉溶解于 50 cm^3 CS_2 中(若不能全溶,过滤除去未溶物),把溶液置于蒸发皿中,放在通风橱中任 CS_2 挥发得斜方晶硫。取 6 g 斜方晶硫置于试管中加入甘油—水(体积比为 1:1)溶液,搅拌以赶尽可能存在于晶体间的气泡,塞上带毛细管(及刻度)和温度计的胶塞(右图)。加热试管,当温度达到 90 ℃时,控制升温速度 0.5 ℃/10 min,并每隔 10 分钟记录一次毛细管内液面的位置。数据列于下表:

温度/℃	90.0	90.5	91.0	91.5	92.0	92.5	93.0	93.5	94.0
液面位置	40.6	41.8	42.9	44.1	45.1	46.3	47.4	48.4	49.5
温度/℃	94.5	95.0	95.5	96.0	96.5	97.0	97.5	98.0	
液面位置	50.8	52.2	54.3	56.2	58.4	61.0	63.2	65.7	

(1) 为什么要用 CS_2 溶解硫制备斜方晶硫?
(2) 加甘油水溶液后为什么要赶尽可能存在的气泡?
(3) 斜方晶硫转变为单斜硫的起始温度是多少?
(4) 斜方晶硫和单斜晶硫何者密度更小?

[分析] 按上图装置加热时,甘油水液、硫(包括玻璃容器在内)受热膨胀,一般选用的仪器材料等在试验温度下受热时发生均衡膨胀。如果受热时发生了其他变化,则将发生不均衡膨胀。由表中数据可知:自 90.0 ℃起每隔 0.5 ℃,膨胀使毛细管内液面上升 1.2,1.1,1.2,1.0,1.2,1.1,1.0,1.1,1.3,1.4,2.1,1.9,2.2,2.6,2.4 刻度,即在 95.0 ℃前,每隔 0.5 ℃,液面上升刻度相近(因为是实验结果,不可能绝对相等),达 95.5 ℃,液面上升了 2.1 刻度,尔后保持约 2 刻度/0.5 ℃,

表明从95.0~95.5℃起必发生了其他反应,即斜方晶硫转变为单斜晶硫的反应,而且这个转变反应不是一达到95.0~95.5℃就立即完成了,实际上是逐渐完成的(因为95.0~95.5℃后,液面上升刻度值保持在2左右。如果是"立即""全部"完成,那么实验结果应该是在95.0~95.5℃时液面刻度升高很多,以后液面上升又将保持在1刻度/0.5℃左右)。由液面上升刻度值在95.0~95.5℃以上较大可知:单斜晶硫的密度小于斜方晶硫。

[答案] (1)室温下使S—CS$_2$溶液挥发得斜方晶硫,这样可以保证起始时所用的全是斜方晶硫。(2)如未赶尽气泡,受热时,气体体积胀大到一定程度就可能自毛细管中逸出,影响实验结果。(3)斜方晶硫转变为单斜晶硫的温度在95.0~95.5℃。(4)单斜晶硫的密度较小。

2. 作图

[例11] (台湾省高中化学竞赛决赛试题)盛夏的夜晚,小明花了一个月的时间,在黑暗的草丛里,细数萤火虫的闪光频率。温度从14~26℃,测得如下表所示的闪光频率:

测试数据

温度/℃	26	25	23	22	20	19	18	16	14
闪光频率/s^{-1}	200	178	158	141	126	112	100	89	79

结果发现可应用阿累尼乌斯定律加以规范。试回答下列问题:

(1)试利用上面的数据证实阿累尼乌斯定律,并计算闪光行为的活化能。(附一张方格纸及半对数纸)

(2)导致萤火虫闪光的反应机理可能相当复杂,但利用阿累尼乌斯定律的这种过程引导,其意义如何?试简述之。

[分析] 本题考查学生对数据的处理能力及其探索求新能力。由于闪光频率 $f \propto k$(阿累尼乌斯定律中的 k),因此 $\ln k$ 与 $1/T$ 呈线性关系,斜率 $m = -E_a/R$。通过作图可得斜率 $m = -1505$,最后的活化能 $E_a = -mR = 12.5$ kJ/mol。应用阿累尼乌斯定律求出的活化能应为萤火虫闪光反应的表现活化能。这样推导的意义在于找出萤火虫与温度之间的数学关系,即通过数据分析,建立起数学模型。

台湾的理论试题,总的说来比较浅显,一部分决赛试题相当于中国大陆甲种本的水平,还有一部分试题处于大学1~2年级的水平。而且很多试题从日常生活寻找切入点,体现学以致用原则,有较强的探索性和创新性。

3. 解图

[例12] (全国冬令营化学竞赛题)辉钼矿(MoS$_2$)是钼最重要的矿物。图A是辉钼矿多层焙烧炉的示意图,其中1,2,3,…,是炉层编号;580,630,610,…,是各炉层的温度(℃)。图B给出了各炉层的固态物料的摩尔百分组成。例如,图中示出第6号炉层上MoO$_3$,MoO$_2$和MoS$_2$的摩尔百分比约为20%,60%和20%(总计为100%)。

已知MoS$_2$焙烧生成1 mol MoO$_3$的反应热(900 K)为-1011 kJ/mol,MoO$_2$氧化生成1 mol MoO$_3$的反应热为-154 kJ/mol。试通过计算或分析回答:

(1)图B表明可能存在一种固-固反应,请写出该反应。

(2)用存在固-固反应的假设来解释焙烧炉中层炉温的变化。

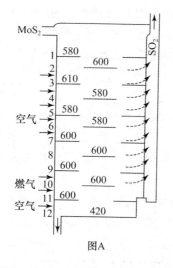
图A

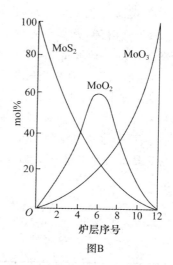
图B

[**分析**] MoS_2 氧化后产物之一 SO_2 可由图 A 逸出的气体确定,也可由 $FeS_2 \rightarrow SO_2$(硫铁矿焙烧)确定,由题面给出的信息知:

① $MoS_2 + 3.5O_2 = MoO_3 + 2SO_2 \quad \Delta H_1^\ominus = -1011 \text{ kJ/mol}$

② $MoO_2 + 0.5O_2 = MoO_3 \quad \Delta H_2^\ominus = -154 \text{ kJ/mol}$

对照上图进行分析,为什么中层炉温较低,从摩尔面分组成图领悟到,中层 MoS_2、MoO_3 含量减少,MoO_2 含量增加,炉内应该发生了一个从未学过的,在几乎所有教科书上均未提及的反应:

③ $MoS_3 + 6MoO_3 = 7MoO_2 + 2SO_2 \quad \Delta H_3^\ominus$

假设存在这一固-固反应,根据盖斯定律有:①-②×7=③式,故 $\Delta H_3^\ominus = \Delta H_1^\ominus - \Delta H_2^\ominus \times 7 = -1011 \text{ kJ/mol} - (-154 \text{ kJ/mol}) \times 7 = 67 \text{ kJ/mol}$,该反应是吸热反应,因中层发生反应③,故炉温较低。

命题的基本思想:本题的形式上属工业化学,但实质上不属于工业化学中的传质、传热的计算,不应当误认为今后拟应加强学生的工业化学计算的培训。从命题设计思想看,本题意在考查选手对图、表、数据的观察、分析、假设、论证的能力,这种命题思想无疑是非常必要的。

五、信息迁移题的解题方法

化学竞赛命题要求中提出:应当把考核学生学习的能力和把现场自学的概念用到新的场合中去的能力放在重要地位,要做到这一点,信息迁移题(又称构成题)大有用武之地。

构成题的基本形式是:题干加一系列简短的问题。构成题的题干里给出的信息经常带有三个明显的特征:① 问题复杂。它常常不像常规题那样"纯而又纯",或者说经过"提炼",舍去了各式各样对于要提出的问题不必要的信息,而是一如其原始状况;它不是一个单因素或只需"一步"思考便可作答的问题,而常常是大多数学生几乎不可能在毫无启示的情况下能使问题最后得到解决的。② 解题时,学生都是通过题干的一段阅读材料使解题所需知识与实际具备的知识相衔接。③ 取材新颖,它常常是学生不知道的"新"知识。它新到可能刚刚在近年来的文献里出现而根本尚未反映到任何一种教科书里。通过题干给出这些新知识,对有这一知识的学生和没有这一知识的学生来说都是公正的。

[**例 13**] (冬令营化学竞赛试题)在高真空下,用高能电子束轰击一种气态分子时,分子中的一个电子可以被打击出去生成阳离子自由基,如苯甲酸

$$C_6H_5COOH \longrightarrow C_6H_5COOH^+ + e^-$$

它的质量与电荷比(m/z)可以测出为 122(即 122/1)。与此同时,这样的离子还会被打成碎片离子,各有它们的质量与电荷比,苯甲酸产生的碎片离子按所测出的质量与电荷比(都只带一个正电荷)为:

m/z	离子	反应
105	$C_6H_5CO^+$	$C_6H_5COOH \longrightarrow C_6H_5CO^+ + \cdot OH$
77	$C_6H_5^+$	$C_6H_5CO^- \longrightarrow C_6H_5^+ + CO$
51	$C_4H_3^+$	$C_6H_5^+ \longrightarrow C_4H_3^+ + C_2H_2$

现有 C、H、O 组成的一种无色透明液体(A),不溶于水及冷酸、碱,加热时能逐渐溶于稀 NaOH 或盐酸,冷却后不再析出原来的液体。如用高能电子束轰击气态 A 时,在 70 eV 下得质量与电荷比为 88,73,61,45,43,29,27 等离子。它们都带一个电荷,试确定该化合物是什么,并画出产生这些碎片的过程。

[**分析**] 这是一道典型的构成题。分析题干里出现的新知识中究竟哪些才是真正为解题所必需的知识,通过分析找到最本质的信息。有许多构成题提到诸如核磁共振、顺磁共振、质谱、莫斯堡谱、X-衍射分析等现代测试手段,而仔细琢磨一下,把这些具体的手段改成同一组词:"研究表明"或"科学家得出结论"、"已知"等等,并不影响解题。如果一看到"质谱"就不分青红皂白要求学生去补习质谱的知识,就走错了路。

中学生没有学习过质谱知识,本题以质谱分析知识为题干的给予信息编成的竞赛题对中学竞赛来说是适合的。本题的思考方式是:依苯甲酸质荷分析知,最大质荷比即为该分子相对分子质量。A 的相对分子质量为 88,A 是 $C_xH_yO_z$,根据化学性质,在含氧衍生物醇、酚、醚、醛、酮、羧酸、酯等 7 个信息中,只有关于酯的信息在逻辑上不矛盾。相对分子质量为 88 的酯,$C_nH_{2n}O_2=88$,$n=4$,分子式为 $C_4H_8O_2$,酯可能是甲酸丙酯、乙酸乙酯、丙酸甲酯,只有乙酸乙酯可得出质荷比为 88、73、45、43、29 五种碎片,61 和 27 为次级碎片,须凭借非凡的想象力,对发展学生科学思维极有意义。产生碎片的方式为:

$$\boxed{73} \quad \boxed{45} \quad \boxed{29}$$
$$CH_3 - \overset{O}{\underset{\parallel}{C}} - O - C_2H_5$$
$$\boxed{43} \quad \boxed{39}$$

$$C_2H_5O^+(45) \xrightarrow{-H_2O} C_2H_3^+ \quad (27)$$

$$CH_3COO^+(59) \xrightarrow{+2H} CH_3-\overset{OH^+}{\underset{OH}{C}} \quad (61)$$

六、化学实验题的解题方法

实验题是各级化学竞赛必考试题,主要考查在规定时限内实验设计与操作,并提出实验报告。报告内容包括问题、假设、推论、实验设计说明、实验过程资料分析、数据处理及结果、讨论、结论等。解析实验赛题、设计与操作的过程是一个综合能力的培养过程,也是一个研究探索、科学熏陶的过程。

[例14] 在实验室制备溴乙烷,最常用的方法是用95%乙醇、溴化钠以及水和硫酸,加在一起使之发生亲核性取代反应,生成的溴乙烷利用特殊的装置,边反应边蒸馏,蒸出的溴乙烷用水下收集的方法获得,再经纯化处理后精馏即得。

反应式:$C_2H_5OH + NaBr + H_2O \xrightarrow{H_2SO_4} C_2H_5Br$

[分析] 对化学实验竞赛题的分析应从目的要求、基本原理、实验装置、反应试剂、实验操作、反应控制、产物分离、产品鉴定、定量测定等方面进行系统分析。

(1) 反应装置见右图

实验过程中,涉及的称量、溶液量取、物质的转移、溶解、加热、蒸馏、分液、萃取、搅拌等基本操作,必须规范化,当然希望获得收率较高的产品。产率的计算、产品质量鉴定以及正确的记录都要求做好。

除此之外,还要求回答、思考以下问题:

C_2H_5OH,$NaBr$ 和 H_2SO_4 之间,最小的用量比例应是多少?应该是 1∶1∶0.5(物质的量),为了有利于反应,H_2SO_4 的实际用量一般需过量一倍。其中 $NaBr$ 最贵,应以它为准。

(2) 反应系统内,水不参加反应,在该反应中加入水起何作用?应该加多少?加多加少有何影响?答案是水必须加,首先是为了溶解 $NaBr$;另一个作用是当 $NaBr$ 与 H_2SO_4 作用后生成 HBr,水就起到溶解 HBr 的作用,否则就要逸出;水的加入量,最少能使 HBr 生成恒沸的溴氢酸(质量分数为 48%),所以根据 $NaBr$ 的投料量,可计算出准确的 HBr 量,从而折算得所需水的最少投入量;加少了,HBr 溶解不完全而损失;加多了,则使溴氢酸质量分数降低,不利于反应。当然,水的加入,还有一个重要的作用,那就是使 C_2H_5OH 与 HBr 在均相溶液内进行反应。

(3) 投料的先后顺序注意什么?

最佳方案应先在烧瓶内把溴化钠溶于水中,然后加入乙醇,摇匀,最后边搅边分次加入浓硫酸,加入速度一定要慢,以免热效应过分集中而造成事故;然后按上装置,投入一粒沸石,并缓缓加热,使其开始反应;若反过来,先加硫酸,显然是错误的,一定要防止!(为什么?)

(4) 有何副反应存在?副产物是什么?怎样除去?

溴乙烷的生成,是 Br^- 对乙醇亲核性取代反应的结果,但是在过量的硫酸溶液内,醇受热后,可能存在消除反应,其中包括分子内的消除,生成烯烃,和分子间的消除,生成醚,混合于产物 C_2H_5Br 中。

$$C_2H_5Br \xleftarrow{Br^-} CH_3CH_2OH \begin{array}{c} \xrightarrow{H^+,\Delta} CH_2=CH_2 \\ \xrightarrow{H^+,\Delta} C_2H_5-O-C_2H_5 \end{array}$$

利用 C_2H_5Br 与 $CH_2=CH_2$、$C_2H_5OC_2H_5$ 之间的性质差别,即乙烯与乙醚均可视为碱(或乙烯可与浓硫酸加成反应),它们均可与浓硫酸成盐而溶于浓硫酸中,所以将产物置分液漏斗内,先分去水,然后加入适量浓硫酸振摇,因为溴乙烷不溶于浓硫酸,即可很好分离,经洗涤,蒸馏即可。

(5) 怎样防止副反应的发生?

醇的脱水(消除)反应,主要条件是酸催化、受热,尤其浓酸溶液内加热,更容易发生;所以在配制反应液时,应注意反应系统内硫酸的浓度;另外需避免局部过热,因此,反应液一定要摇匀;加热时速度不宜过快,要均匀;醇的取代反应是可逆的:即生成的溴乙烷仍然可以水解为乙醇,所以采取边反应边蒸馏(分离)产物装置,有利于反应尽可能地完全,并及时脱离反应体系,最大限度防止溴乙烷的水解。

(6) 本实验的仪器装置特点是什么?接受管为什么稍微插入水面以下?是否有依据?

实验中所需要的仪器装置,是根据反应的需要,以利于反应物的投入、反应的进行和控制,以及有利于产物的分离等因素加以综合考虑而设计和安装的。

由乙醇经取代反应生成的溴乙烷,其沸点仅为34℃,而乙醇的沸点为78℃,其他原料沸点则更高。

而取代反应又是可逆的,若反应产物一旦生成后,使其及时离开反应系统,则使反应实际上变成定向、不可逆(人为的),显然有利于反应进行、有利于收率的提高。溴乙烷的沸点明显地低于其他原料,所以设计边反应边蒸馏的装置。为了效果更好,反应瓶上先插入一支分馏柱,以利于有效地把乙醇和溴乙烷分开,使乙醇仍返回反应瓶。

由于溴乙烷不溶于水,比水重,但沸点低易挥发,所以采用水下收集的装置,即将接受管稍微插入水面以下(接受瓶),起到水封作用,溴乙烷一旦蒸出,便立即沉入瓶底,防止在空气中挥发。这种方法是在实践中充分利用化合物的物理性质的典型体现。沸点低、比重大、水不溶性等物理性质都用上了;但这种方法一般忌用,因为接受管插入水面以下,使反应系统处在密闭状态,容易造成事故,只要反应瓶内略有变化(加热速度、反应程度等),瓶内压力立即相应改变,最危险的是停止加热时,瓶内压力骤然降低,造成回吸。但是在溴乙烷制备的装置中,这是一个特定的条件,所以特别强调接受管下口只稍微插入接受瓶内的水面以下,只对接受管起到水封作用,当一旦出现回吸现象,接受管立刻露出水面。此时,即使有少量的水进入接受管,不会太多,何况由于重力的作用,回吸的水也会立刻滴回到接受瓶中。因此,不会出现严重的回吸而造成危险,所以在这里就变成允许的。

(7) 如何控制反应的速率?

反应速率可由加热温度来加以控制,判断的依据是分馏柱柱顶温度,加热与否可根据分馏柱柱顶温度恰好调控在34℃(温度计指示),这意味着正好是溴乙烷的沸点,此时恰使溴乙烷生成后不断蒸出,而乙醇仍保留在瓶内继续进行反应。

(8) 如何判断反应终点?

很明显,产物溴乙烷在本实验中是边反应边蒸馏的办法,所以应从接受管下端,没有油状物滴出即为终点。

(9) 如何鉴别产物?

从水下收集的产物(油状物),一般就可以断定,因为唯有溴乙烷是水不溶的,而且密度大于水,而其他原料均溶于水;此外,可取样品少许,滴加醇性硝酸银溶液,立刻有浅黄色沉淀产生,即可确证产物存在。

对于实验的训练确实内容很丰富,就以上实验而言,还可以提若干问题,例如能否用其他酸代替硫酸?HBr 是否可用其他试剂代替?若制备正溴丁烷(n-C_4H_4Br),可否用同样的装置?实验之前是否需要了解试剂、产物的物理和化学性质?它们(对实验)有什么意义?等等。事实上,对每一个实验都可以思考这么多的问题,如果通过一个实验,能真正体会该实验的命题者的意图和他所考虑的种种问题,那么肯定是收获很大。因为这个过程就是一个全面的科学熏陶的过程。

单元总结

1. 国际化学奥林匹克竞赛（IChO）的目的在于强调化学在国民经济各个部门中的重要性，激发学生学习化学的兴趣，指出化学在年轻一代教育中所起的作用。

2. 全国高中学生化学竞赛分初赛（分赛区竞赛）和决赛（冬令营）两个阶段，加上冬令营后的国家集训队的培训和出国竞赛总共三个阶段。

3. 全国化学竞赛试题，以考查能力为主的立意，即主要考查竞赛选手创造性思维能力。近年来化学竞赛试题摒弃了选择题，逐渐减少了构成题，取而代之的是一种新的主流试题——"科学猜谜题"，且权重越来越大。

4. 国外化学竞赛试题从选材、立意、题型等方面对我国化学竞赛试题的命制、化学教育具有一定的启示。

5. 化学竞赛试题的典型题型包括书写化学反应方程式及配平题、计算型结构推断题、有机合成及制备题、化学图像题、信息迁移题、实验题等。

学习评价

1. 国际化学奥林匹克竞赛的目的是什么？有何教育意义？
2. 全国高中学生化学竞赛初赛和决赛的内容范围是什么？
3. 我国化学竞赛试题如何体现能力立意？对于高考命题有何启示？
4. 美国化学竞赛试题有何特点？对我国化学教学有何启示？
5. 常见的化学竞赛试题题型有哪些？它们各有哪些解题方法？

第十章　国际化学高考测评改革

学习目标

1. 了解国外化学高考试题的特点及趋势。
2. 分析我国高考化学命题的特点及趋势。
3. 比较国内外化学高考试题的异同。
4. 了解我国港台地区化学高考改革趋势。

第一节　国外化学高考测评改革

关　键　词

化学水平考试　　高中证书考试　　大学修学能力考试

30 年来我国经济社会发展日新月异,使我国高考改革面临着很多困境和挑战:招生考试制度的统一性与多样性、高校招生的自主权、考试评价体系、录取方式、考试技术等。世界范围内许多国家进行的高考改革中不乏可资借鉴的经验。重视比较教育的研究,用国际化的眼光关照自身的高考改革,优化高考政策和制度是我国高考政策制定与实施中一以贯之的价值观,有助于解决本土的高考难题,推进高考的国际化与现代化。[①]

在一些发达国家,社会对高考的重视程度丝毫不亚于中国,大学入学考试的竞争同样十分激烈。目前世界部分国家大学招生考试制度主要有三种模式:综合选拔制、证书制和高考制。综合选拔制是资格认定和基准淘汰相结合的制度,以美国为代表,招生政策灵活,考试形式、录取标准和招生方式多样化;证书制以英国为代表,高校一般不组织入学考试,而是根据入学申请者参加高水平普通教育证书考试的成绩来选拔;高考是竞争选拔的方式,亚洲国家采用者居多,除中国外,以日本为代表。尽管各国模式不一,但在招生制度的改革方面,存在许多共同点。为此,一些国家政府为了缓解高中教育的应试现象,有效利用高考指挥棒作用,减轻高考竞争压力,引导基础教育从应试教育向素质教育转变等方面进行一系列改革,如为考生提供多次考试机会,为不同的考生群体提供分类考试,增强考试科目选择性,降低高考成绩在录取中的权重,考试与评价凸显人性化等措施已取得明显实效。

国外一些发达国家对学生的考核方式,除考试外,更注重对学生日常的考核,作为评价用具的考试更加多样化。从单纯的笔试转向综合考查,有口头报告、作文、调查、实际操作等形式,在

---

① 王后雄,牛学敏.改革开放 30 年来高考政策的价值分析[J].中国考试,2008(12):54-55.

考核中往往是多样形式的综合运用。下面介绍国外部分国家的化学高考改革的特征及趋势。

一、英国化学水平考试(GCE)

英国的教育考试发展总体来说有三个特征和趋势：向统一考试的方向发展；重视学生平时成绩，在证书考试中加入一定比例的学科作业成绩；从重视终结性评价转向重视形成性评价。[①]

根据英国政府规定，在义务教育结束时，要为16岁的初中毕业生提供一种"普通中学教育证书考试"(General Certificate of Secondary Education,简称 GCSE)[②]。通过 GCSE 考试的学生如果想进大学深造，还必须在高中学习两年，参加"普通教育高级考试"。(A-Level)考试的课程有英语语言、数学、生物、化学、地理等，学生选修的课程也要考。考试的评分标准分8档，从A、B、C一直到G，零分则用U表示。

英国 GCE(general certificate of education) A 水平(advanced level, A level)考试类似于我国的普通高等学校招生全国统一考试，考生的考试成绩被视为升入大学最重要的指标。A水平的考试说明也是编写高中教材与实施高中教学的重要依据之一。学生凭借A水平课程成绩可以直接申请英国任何一所大学(包括牛津大学和剑桥大学)、美国395所大学(包括哈佛大学、耶鲁大学等著名大学)、加拿大22所大学、澳大利亚29所正规大学。此外，德国、比利时、意大利、瑞士等国家也接受该资格证书可作为入学标准。

GCE 化学 A 水平考试属于 GCE 科学 A 水平考试的一部分。它主要分为高级辅助(advanced subsidiary, AS)考试与第二(a second examination, A2)考试两部分，两部分考试统称为高级水平(A水平)。若考生的 AS 考试合格，又希望获得 A 水平考试成绩，则可选考 A2。不同大学或就业单位对考生的 GCE 考试科目有不同的具体要求，考生可结合实际选择考试。

下面以剑桥评价的 OCR 考试机构开发的索尔特化学考试(Salters Chemistry)为例，介绍评价目标和考试内容及样题。[③]

(一) 英国化学水平考试目标

(1) AO1(assessment objective)：科学的知识和理解以及科学是如何工作的。考生应该能：① 识别、回忆和表达对科学知识的理解；② 以不同的形式选择、组织和交流相关信息。

(2) AO2：AO1基础上的应用。考生应该能：① 分析和评价科学知识和过程；② 在陌生的环境中利用科学的知识和理解；③ 评估科学信息的有效性、可靠性和可信性。

(3) AO3：如何开展科学工作。考生应该能：① 选择合适的定量和定性的方法解释和描述合理、安全和技能性的技术和过程；② 在合适的精确度和准确性的条件下，记录和交流可信的和有效的观察和测量结果；③ 利用不同的方式分析、解释、说明和评价自己和别人的实验和调查活动的方法、结果和影响。

OCR 化学 A 的模块及单元内容如表10-1所示，其内容及评价目标分数权重如表10-2所示。

[①] 杨光富.当今美英法日四国高考制度[J].外国中小学教育,2002 (2):41-43.
[②] 杨春增.国外中小学学业成绩评定办法[J].天津市教科学报,2001(6):48-50.
[③] 周青,等.化学教育测量与评价[M].北京:科学出版社,2011:143-161.

表 10-1 英国 OCR 化学 A 的模块及单元

	模块	单元
AS	F321 原子、化学键和原子团	原子和反应；电子、化学键和结构；周期律
	F322 链状化合物、能量和资源	有机化学基本概念和碳氢化合物；醇类、卤代烃和实验分析；反应能量；化学资源
	F323 实验化学	由 OCR 提供实验任务（定性、定量及评价三个实验任务），教师进行内部评价
A2	F324 环状化合物、高分子及化学分析	环状化合物、酸和胺；高分子化合物及其合成；化学分析（色谱和光谱）
	F325 化学平衡、化学能量及元素化合物	反应速率、反应平衡和溶液中的 pH；晶格能、反应焓和熵、电极电势和电池；过渡金属元素
	F326 实验化学	由 OCR 提供实验任务（定性、定量及评价三个实验任务），教师进行内部评价

表 10-2 英国 OCR 化学 A 的模块内容及评价目标分数权重

模块	分数权重/%			总计%
	AO1	AO2	AO3	
F321	7	7	1	15
F322	10.5	12	2.5	25
F323	1.5	1	7.5	10
F324	5	9	1	15
F325	9	13.5	2.5	25
F326	1	1.5	7.5	10

（二）英国化学水平考试试题举例

[例 1] 以下问题参考周期表中前四周期的元素。

H																	He
Li	Be											B	C	N	O	F	Ne
Na	Mg											Al	Si	P	S	Cl	Ar
K	Ca	Sc	Ti	V	Cr	Mn	Fe	Co	Ni	Cu	Zn	Ga	Ge	As	Se	Br	Kr

（a）确定满足以下条件的前四周期中的元素：（ⅰ）—2 价离子的电子构型与氩的电子构型相同；（ⅱ）形成含有 10 个电子的 +3 离子；（ⅲ）可以与氟形成平面三角形化合物；（ⅳ）与氯形成的氯化物 XCl_2，其相对分子质量为 111.1；（ⅴ）具有最大的原子半径；（ⅵ）具有最小的第一电离能。

（b）电离能提供了一些关于元素结构的信息。（ⅰ）解释为什么从钠到氩的第一电离能逐渐增加；（ⅱ）写出一个表示钠的第三电离能的方程式，标出状态符号；（ⅲ）元素 X 是第三周期元素，其第一到第六电离能的数据如下：

电离电子数	1	2	3	4	5	6
电离能/(kJ·mol^{-1})	789	1577	3232	4556	16091	19785

写出 X 的元素符号,说明理由。

[例2] 化学家已经建立化学键和物质结构的模型,这些模型可以解释金属和非金属的各种性质。

(a)(ⅰ)画出可以表示金属键的有标记的模型示意图;(ⅱ)这种模型哪一种性质使得金属导电?

(b)金属镁与非金属氯反应生成含有离子键的化合物氯化镁。(ⅰ)解释离子键;(ⅱ)通常用"点叉"示意图表示离子中存在的电子,画出氯化镁的结构示意图,只需画出壳层电子;(ⅲ)一个学生发现固体氯化镁和纯水不导电,但是把氯化镁溶于水形成的溶液却导电,解释这一现象。

(c)非金属氯和碳的熔点不相同。氯在常温下是液体,而碳在低于4500℃都不会熔化,从化学键和结构的角度解释这一现象。注意使用正确的专业术语,拼写正确。

[例3] 合成气是指一氧化碳和氢气的混合气体,是生产甲醇的原料。在 2.0L 密闭容器中,存在以下反应平衡:$CO(g) + 2H_2(g) \rightleftharpoons CH_3OH(g)$。每个组分的物质的量如下:

组分	CO(g)	H_2(g)	CH_3OH(g)
物质的量/mol	6.20×10^{-3}	4.80×10^{-2}	5.20×10^{-5}

(a)写出动态平衡的两个特征。

(b)(ⅰ)写出平衡常数 K_c 的表达式;(ⅱ)计算平衡常数,给出单位。

(c)保持温度恒定,增大压力,反应向右移动达到新的平衡。(ⅰ)解释平衡为何向右移动;(ⅱ)平衡常数如何变化?

(d)保持压力不变升高温度,反应重新达到平衡,平衡常数减小。(ⅰ)解释反应平衡如何移动;(ⅱ)推断此反应的焓变。

(e)甲醇可以作为汽油的添加剂。(ⅰ)写出甲醇完全燃烧的化学方程式;(ⅱ)解释为什么甲醇可以作为汽油的添加剂。

二、澳大利亚高中证书考试(HSC)

澳大利亚是联邦制国家,联邦教育行政组织的职责是制定教育大纲、教育目标,并规划联邦对各州的教育经费拨款等,澳大利亚各州除高等教育由联邦政府统一管理外,各类中小学教育的立法权归州或地区政府,由各州具体负责。澳大利亚现行的考试制度是传统与现代考试制度的结合,逐步建立起适应各州或各地区实际的教育考试制度。

澳大利亚小学很少对学生进行考试,而到了中学就有了严格的考试制度。澳大利亚的中学分为两个阶段:7—10年级为初中,这是每个学生必须完成的;11—12年级是高中。12年级结束时需要参加州里的高中毕业会考,以获得高中毕业证书。各州对该考试的称呼有所不同,新南威尔士州称为"高中证书"(High school certificate,HSC)考试,维多利亚州称为"维多利亚教育证书"(Victorian certificate of education,VCE)考试,昆士兰州称为"昆士兰州教育证书"(Queensland certificate of education,QCE)考试。考试科目涉及英语、外语、数学、科学、健康与体育、人文、技术、艺术八个学习领域的几十甚至上百个学习科目,除英语外,学生可以依据自己的兴趣和特长自由选择课程进行学习。[①]

澳大利亚考生入大学的成绩由两大部分组成:一部分是高考成绩(又称高中联考),另一部

---

① 牛道生.澳大利亚中学考试制度述评[J].湖北招生考试,2003(4):55-57.

分是平时成绩,各占50%。平时成绩由三部分组成,模拟统考占20%,12年级二次测验(每学期一次)占15%,学科特色分(比如物理化学是实验)占15%。这在很大程度上避免了一次失误全盘皆输的局面。

澳大利亚的高考考试有十八个大类,每类又下设若干科目。例如外语是一类,这类中有许多语种。18类总共有几十个科目供考生选择,而且每一科的考试与中学课程设置完全匹配,根据各科的学时数、内容多少、难易程度等因素,每一科都分出级别,级别越高,难度越大,分值也就越大。高校各专业则在招生简章中规定其必考科目和级别。大学按考生等级分择优录取,等级分表示该考生在所有考生中的排名位置,这就解决了分科分级带来的横向比较选拔的技术问题。在这种考试设计下,学生有相当大的选择余地,可以根据自己的所长再结合心仪的学校的要求,去选择所考的科目以及所考科目的级别。

澳大利亚的高考持续1个月之久,从每年的10月下旬一直考到11月下旬,这样不会因考试时间重合而让考生错过选择机会,在时间上充分保证了考生的选择。

下文将通过对HSC考试及其化学试题的相关介绍,分析比较HSC考试化学试题相对于我国高考化学试题的不同特点,以期能为我国的化学高考改革提供一些有益的参考。

(一) 澳大利亚新南威尔士州HSC考试简介[①]

新南威尔士州高中化学课程包括初级课程(Preliminary Course)和HSC课程(HSC Course),初级课程和HSC课程都是由若干模块组成的。初级课程的内容是必修的,大约共计120个学时。HSC课程则是由必修内容和选修内容共同组成,学生可以在5个选修模块中根据自己的兴趣爱好选修一个,课程中各个模块及其所占的学时如表10-3所示。

HSC考试的课程主要包括:基础课程、扩展课程和职业技能课程。其中,基础课程是考试的必选科目,化学是基础课程之一。

表10-3 新南威尔士州高中化学课程中的模块

课程	模块	学时
初级课程(必修)	地球化学	30
	金属	30
	水	30
	能源	30
HSC课程(必修)	材料的生产	30
	酸性环境	30
	化工监测与管理	30
HSC课程(选修/任选一个)	工业化学	30
	海难、金属的腐败与防护	
	生物化学与运动健康	
	艺术中的化学	
	法医化学	

新南威尔士州高中化学课程特别注重实践能力的培养,无论是在基础课程还是HSC课程中都有实践经历(practical experiences)的要求。学生在基础课程和HSC课程的学习中必须开展

---

① 任华,王后雄.澳大利亚新南威尔士州HSC考试及其化学试题评析[J].外国中小学教育,2010(2):50-54.

80个学时的实践活动,其中 HSC 课程的实践活动不得少于 35 个学时,这样设置的目的主要是培养学生的化学技能,以更好地适应社会的发展。

根据新南威尔士州高中化学大纲中评估(assessment)的相关要求,试卷主要是从知识与理解,技能两方面进行考查,各部分考查的知识点及分值比重如表 10-4 所示。

表 10-4　HSC 化学考试考查的内容和比例

维度	覆盖知识点	占总分比例
知识与理解	包括化学发展的历史、大自然、化学实践、化学对社会和环境的应用与功效、当前的问题、研究、原子结构、元素周期表、能源、化学反应、有机化学、化学计量学	40%
技能	包括计划和安排第一手调查、交流信息和基于这一调查的理解的技能	30%
	包括科学思维、问题解决、沟通理解、下结论的技能	30%

HSC 化学考试的试题分为两个部分:必做题(75 分)和选做题(25 分)。必做题又分为 A、B 两部分,A 部分为选择题(共 15 个,每个 1 分,共 15 分),B 部分为问答题(约为 12 个,共计 60 分)。选做题有 5 道,学生在 HSC 课程的学习中已经在 5 个可供选择的选修模块中根据自己的兴趣选学了相应的模块,考试只需在 5 道选做题中选做其中一题即可。

(二)澳大利亚 HSC 考试化学试题举例

(1)必做题 A 部分(30 分钟)

[例 4]　钡离子在焰色反应中的颜色为？（　　）

A. 红色　　　　　B. 蓝色　　　　　C. 绿色　　　　　D. 橙色

(2)必做题 B 部分(105 分钟)

[例 5]　(a)要使 210 g 水的温度升高 65℃需要燃烧多少质量的乙醇？假设燃烧过程中一半的热量释放到外界环境中,乙醇的燃烧热为 1367 kJ/mol^{-1}。

(b)在对确定和对比不同液态醇的燃烧热这个主题做了第一手调查后,哪两种方法可以减少从容器中散发出去而损耗的热量？

(3)选做题(45 分钟)

[例 6]　工业化学(25 分)

(a)硫酸是世界上最重要的工业原料之一,因为它有重要的用途。

(i)指出硫酸的主要用途。(1 分)

(ii)列出从起始原料制造硫酸的工业过程。(3 分)

(iii)说明在硫酸的工业运输中有哪些安全预防措施。(2 分)

(b)在某一特定温度下,三氯化碘能分解成碘单质气体和氯气,化学方程式如下:

$$2ICl_3(g) \rightleftharpoons I_2(g) + 3Cl_2(g) \quad \Delta H = 240 \text{ kJ} \cdot \text{mol}^{-1}$$

1 L 容器中起始 $ICl_3(g)$ 为 0.35 mol,达到化学平衡后,$Cl_2(g)$ 的浓度为 0.45 mol/L。

(i)写出这个反应平衡常数的表达式。(1 分)

(ii)计算这个温度下的 K 值。(3 分)

(iii)化学平衡时升高混合物的温度会有哪两种结果？(2 分)

(c)从性能方面说明某一种乳胶的一个用途。(2 分)

(d)(i) 从肥皂的分子结构角度解释它的清洗作用。(2分)

(ii) 肥皂是皂化反应的产物。写出其他的产物并画出它们的结构式。(2分)

(e) 该流程图概括了化工厂选址必须考虑的基本标准。

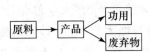

参考该流程图,解释在选择一个合适的地方生产碳酸钠这个过程中每一个参考标准的重要性。(7分)

[例7] 艺术中的化学(25分)

(a)(i) 写出一个单齿配体的名字。EDTA 是一种单齿配体,有时用来治疗重金属中毒。(1分)

(ii) 根据该提示解释多齿配体是什么?(2分)

(iii) 用铜做离子、EDTA 做配体,解释金属离子和配体之间是如何键合的。(2分)

(b)(i) p 轨道最多能容纳多少个电子?(1分)

(ii) 写出 Ca 原子在基态、激发态时的饱和电子构型以及 Ca^{2+} 的饱和电子构型。(2分)

(c) 下图显示的是一些元素的第一电离能,说明图中元素电子构型的变化趋势。(3分)

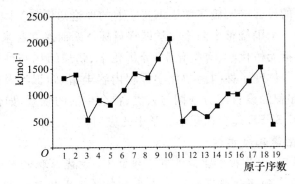

(d)(i) 古斯塔·夫基尔霍夫制定了一个法则:高温气体能够产生光,且带有离散波长的光谱线。解释这个法则中的化学原理。(3分)

(ii) 描述在学校实验室中如何进行第一手调查并且利用焰色反应来确定水样品中是否含有某一种金属。(3分)

(e) 以下流程图概括了过去颜料的发展史。

历史上许多颜料中所含的元素的原子序数都是在 22 到 30 之间。根据该流程图的提示,描述含有这些元素的颜料的功用和该原子水平时最初的颜料的颜色。

三、韩国大学修学能力考试(CSAT)

韩国政府为推进基础教育从过去的应试教育向素质教育、创新教育发展,引进了美国的SAT大学入学资格考试制度,将大学统考改为"大学修学能力考试"(College Scholastic Ability Test,简称CSAT),注重学生的人格与能力培养。[①] 具体措施有简化高考科目、压缩高考时间、减少考题量等。此外韩国政府还从法律上规定各大学不得再进行正规的二次考试,只能采用小论文、面试等小测验录取。高中综合成绩在大学录取中也发挥着重要作用,有特长的学生可以通过"特别选考"进入大学。

CSAT在每年的11月举行,考试科目为4门,数学、语言、外语、社会探究或自然科学。科学120分钟,试题多以选择题的方式呈现。[②]

(一)韩国高中化学课程简介

(1)高中化学课程结构的安排

韩国高中一年级开始必修学科"科学"课程,旨在增进学生的公民素养及实际生活能力。学生只有在完成"科学"必修课后才能在高二、高三学习选修课程化学Ⅰ和化学Ⅱ,因此,韩国高中化学课程属于深化选修分科科目。

(2)高中化学课程体系的设置

韩国高中的化学课程是以"科学"加"化学"、必修加选修的模式设置的。高中阶段的所有化学知识均分布在科学、化学Ⅰ和化学Ⅱ中,但是由于三个模块的使用目的不同,故其内容、体系各有特点。韩国课程体系的设置既明确了学生需要掌握的理论知识和实践技能,又满足了"符合化学学科内容"的要求,是一个围绕整个高中化学课程目标体系而建立起来的较为完整的课程内容体系。高中化学课程包括无机化学、有机化学、分析化学、物质结构与性质、化学反应原理、电化学、生物化学等内容,充分体现了韩国高中化学课程内容丰富,知识涉及面广泛的特点。特别值得一提的是,韩国高中课程的设置十分强调与人类、社会生活的联系,如化学Ⅰ的专题2,以社会生活为素材,充分体现了STSE理念在化学教学中的应用。

(二)韩国CSAT化学试题举例

[例8] (新型能源)关于某种再生能源有下列叙述:该能源取之不尽用之不竭,且几乎无废弃物排出,对大气无污染。但是该能源的使用会受日照量很少的梅雨天气或冬天的影响。以下图片是家庭使用该能源的例子。(见图甲、图乙)这种能源是( )。

A. 水能　　B. 潮力能源　　C. 地热能源　　D. 太阳能　　E. 原子能源

图甲

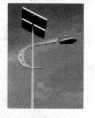
图乙

---

① 李水山. 韩国招生考试制度的改革沿革与发展方向[J]. 基础教育参考,2005(2):14-15.
② 皇甫倩,王后雄. 2011年韩国CSAT及其化学试题评析[J]. 中国考试,2011(8):42-48.

[例9] (氧化还原/离子反应)下式是在某溶液中发生的氧化还原离子反应,则下列说法正确的是(   )。

$$a\text{Cr}_2\text{O}_7^{2-} + b\text{Sn}^{2+} + c(\text{甲}) \longrightarrow d\text{Cr}^{3+} + e\text{Sn}^{4+} + 7\text{H}_2\text{O}$$

① 是氧化剂;② $a+b$ 的值是 3;③ 甲是 OH^-。

A. ①　　B. ③　　C. ①②　　D. ②③　　E. ①③

[例10] (有机化合物的性质)下图物质是镇定剂的两种主要成分,其水解后的产物如下图所示。下列说法正确的是(   )。

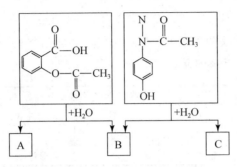

① A 能与氯化铁水溶液发生反应;② Mg 能够与 B 的水溶液反应生成氢气;③ C 是由甲醇和苯酚反应而得的。

A. ②　　B. ③　　C. ①②　　D. ①③　　E. ①②③

[例11] (物理化学/原电池与电解池)图(甲)为将 Pt 电极置于含有 Cu^{2+} 和 Ag^+ 各 0.05 mol/L 的电解液中,图(乙)则是电解过程与负电极质量的关系图。下列说法正确的是(   )。

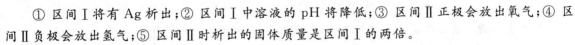

$O_2 + 4H^+ + 4e^- \longrightarrow 2H_2O$　　$E° = 1.23$ V

$Ag^+ + e^- \longrightarrow Ag$　　$E° = 0.80$ V

$Cu^{2+} + 2e^- \longrightarrow Cu$　　$E° = 0.34$ V

① 区间Ⅰ将有 Ag 析出;② 区间Ⅰ中溶液的 pH 将降低;③ 区间Ⅱ正极会放出氧气;④ 区间Ⅱ负极会放出氢气;⑤ 区间Ⅱ时析出的固体质量是区间Ⅰ的两倍。

A. ①④　　B. ②⑤　　C. ③④　　D. ①②③　　E. ①③④

[例12] (无机化学/金属的性质)下列两个烧杯中的液体均含有 A、B、C 三种金属阳离子,现分别将金属 A 和 B 置于其中,下图甲则是金属 A、B 的原子数与溶液中阳离子总数的关系图示,下列正确的是(   )。

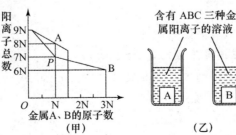

①C 的金属性比 A 强;②B 金属的阳离子电荷比 A 多;③P 点时,金属 B 阳离子的数目与金属 A 阳离子的数目的比值是 3∶4。

  A. ① B. ② C. ③ D. ①② E. ①②③

  [例 13] (物理化学/物质的传导性)右图是某物质的传导性随温度的变化图示,说法正确的是( )。

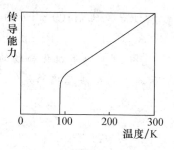

①该物质是导体;②常温下具有初级传导能力;③超过 100 K 时,该物体的传导性随着温度升高而降低。

  A. ① B. ② C. ③ D. ①② E. ①③

  [例 14] (无机化学/物质的结构)下表是描述以下四个分子的非共价电子对数和极性。正确的是( )

分子的极性		原子的非共价电子对数		
		0	1	2
	极性	A	B	C
	非极性	D	无极性	无极性

①A 是折线形分子;②D 是平面分子;③C 中原子间的键角度数比 B 大

  A. ① B. ② C. ③ D. ②③ E. ①②③

  [例 15] (酸碱中和/酸的电离)在 25℃时,用相同浓度的 NaOH 水溶液分别去中和 50 mL 的酸 HA 和 50 mL 的酸 HB,得到了混合液 pH 与 NaOH 消耗量的关系图,如右图所示。

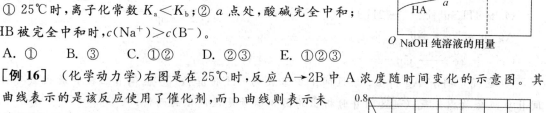

  下列说法正确的是( )。

①25℃时,离子化常数 $K_a < K_b$;②a 点处,酸碱完全中和;③HB 被完全中和时,$c(Na^+) > c(B^-)$。

  A. ① B. ③ C. ①② D. ②③ E. ①②③

  [例 16] (化学动力学)右图是在 25℃时,反应 A→2B 中 A 浓度随时间变化的示意图。其中 a 曲线表示的是该反应使用了催化剂,而 b 曲线则表示未使用催化剂,且在 20 s 时将催化剂全部移走,则下列正确的是( )。

①由曲线 b 可知,反应是关于 A 是一级反应;

②在曲线 b 中,$t=5$ s 时的反应速率是 $t=10$ s 时反应速率的 2 倍;

③在 a 反应中使用的催化剂是负催化剂;

④$t=10$ s 时,b 和 a 反应速度常数比是 2∶1;

⑤在 a 反应中,$t=40$ s 时 A 的浓度与 b 反应中 $t=20$ s 时 A 的浓度相同。

  A. ① B. ② C. ③ D. ①④ E. ②⑤

[例17] （化学平衡）下列式子是化合物 XY 的热化学方程式。假设一定质量的气体 XY 分别以不同的方式达平衡，分别是 A、B、C、D 四个平衡点，右图是在该平衡点时，混合气体的压强与体积的关系图示，则以下叙述正确的是（　　）。

$$2XY \rightleftharpoons X_2(g) + Y_2(g) \quad \Delta H < 0$$

① A 的平衡常数和 C 是一样的；② A 点时的 XY 的分子数比 B 点多；③ D 点时 X_2 气体的分压大于 A 点。

A. ①　　B. ②　　C. ③　　D. ②③　　E. ①②

四、新西兰化学水平考试（NCEA）

新西兰教育部从 2002 年开始，实施新的教育评鉴制度，以一种国家教育成绩证书（National Certificate of Educational Achievement，简称 NCEA），取代过去的考试制度及传统成绩单，这种对学生成绩的认证目前已通行新西兰全国甚至海外。

NCEA 与以前学校证书（School Certificate）不同之处就是其"学分"制度。NCEA 把平时的课程分成若干部分，每个部分有学生需要掌握的知识、概念等，学生掌握以上知识、概念并完成指定的作业以后才能获得"学分"。

作为一种新的评价方式，NCEA 采用"标准评价的方式"（Standard-based System）对学生进行评价。NCEA 制定了不同的等级（Level），大学入学时只需要学生达到水平 3 的要求即可。

（一）新西兰 NCEA 化学考试的考查标准

化学水平 3 试题是供高三（13 年级）学生获得 NCEA 学分数的一种科目考试。高三化学有 5 章内容，考试按照模块考试，考试卷按每章内容分开设卷考试。每章考试依据学生在对应知识点考试表现（按水平标准：一般、良好、优秀评定）基础上给出总体水平评鉴（见表 10-5）。优秀的学生就可以得到大学的奖学金和助学金，到名牌大学的名牌专业学习。

表 10-5　新西兰化学水平 3 考试要求及成绩评鉴标准（2005 年）

知识模块	水平标准	考查要求	总体水平
1. 描述氧化还原反应	一般	识别并描述氧化还原过程	
	良好	运用氧化还原过程的相关知识	
	优秀	分析和解释氧化还原过程的相关问题	
2. 描述原子、离子和分子的性质	一般	描述原子、分子以及化合物的性质	
	良好	解释原子、分子以及化合物的性质	
	优秀	分析和解释原子、离子以及化合物性质的相关问题	
3. 描述含有指定官能团的有机化合物的结构和性质	一般	描述含有特定官能团的有机物的结构及反应	
	良好	运用官能团的规律	
	优秀	有机化学相关问题的分析和规律的综合运用	
4. 描述和运用化学热力学原理	一般	描述并运用化学热力学原理	
	良好	特定体系中化学热力学原理的运用	
	优秀	用化学热力学原理解释相关问题	
5. 用平衡原理描述溶液体系	一般	用平衡原理描述溶液体系	
	良好	特定溶液体系平衡原理的运用	
	优秀	用平衡原理分析和解释溶液体系的相关问题	

(二)新西兰 NCEA 化学水平 3 考试题举例[①]

(1) 描述氧化还原过程(30 分钟)

[例 18] 钴和铬的还原反应 某种化学电池是用 K_2CrO_7 溶液、$Co(NO_3)_2$ 溶液,配以合适的电极制成的。其工作原理主要依据如下电极反应:

$Co^{2+} + 2e^- \longrightarrow Co \quad E° = -0.28\ V$

$Cr_2O_7^{2-} + 14H^+ + 6e^- \longrightarrow 2Cr^{3+} + 7H_2O \quad E° = +13.6\ V$

(a) 写出该电池中可能发生的自发反应的化学方程式:_____;

(b) 计算上述自发反应的标准电势 $E°$:_____;

(c) 完成下列电池装置图,标明电解质、电极的正负极以及电流的方向:

(d) 写出该电池的标准电池符号:

|____|____||____|____|____|;

(e) 钴是一种过渡金属,通常可以 +2 价,+3 价两种氧化态的形式存在。利用如下相对还原电势数据,判断:金属钴和酸性 $K_2Cr_2O_7$ 溶液反应的产物是 Co^{2+} 还是 Co^{3+}?说明理由:

$E°(Co^{3+}/Co^{2+}) = +1.82\ V$

_____

(f) 利用下列所给信息,将 $E°(Co^{3+}/Co^{2+})$,$E°(U^{4+}/U^{3+})$,$E°(Fe^{3+}/Fe^{2+})$ 按照相对还原电势由高到低的顺序排列,并指出氧化性最强的离子。说明你的理由。

$U^{3+}(aq) + Co^{3+}(aq) \longrightarrow Co^{2+}(aq) + U^{4+}(aq)$ (1)

$Fe^{2+}(aq) + U^{4+}(aq) \longrightarrow$ 不反应   (2)

$Co^{3+}(aq) + Fe^{2+}(aq) \longrightarrow Co^{2+}(aq) + Fe^{3+}(aq)$ (3)

(2) 描述原子、离子和分子的性质(35 分钟)

[例 19] 原子的性质

(a) 说明第二主族元素从 Be 到 Ca,原子半径和第一电离能(I_1)变化趋势,并解释这种变化趋势:原子半径_____;第一电离能:_____;解释:_____。

(b)(ⅰ)用 s、p、d 符号写出下列粒子的电子构型:F_____ F_____ Na^+_____。

(ⅱ) 比较 P 原子和 F^- 离子的半径大小,并解释原因:_____。

(ⅲ) 比较 F^- 离子和 Na^+ 离子的半径大小,并解释原因:_____。

(3) 描述含有特定官能团的有机化合物的结构和性质(35 分钟)

[例 20] 有机反应

(a) 完成下列反应流程图:

(ⅰ) 确定三种反应物;(ⅱ) 画出化合物 X、Y 的结构;(ⅲ) 命名化合物 X、Y、CH_3CH_2COCl。

(b) 下列(ⅰ)~(ⅲ)题分别对应于反应流程中的某一步反应。从给出的反应举例中选出该步反应所属的类型,并结合反应方程式解释此反应类型的特征:

(加成反应 消去反应 氧化反应 聚合反应 取代反应)

(ⅰ) 2-氯丙烷转化成丙烯:_____;(ⅱ) 化合物 X 转化成 1-丙醇:_____;(ⅲ) 1-丙醇转化成丙酸:_____;

[①] 王后雄,史俊玲.新西兰 NCEA 及其化学水平的试题评析[J].外国中小学教育,2008(10):38-43.

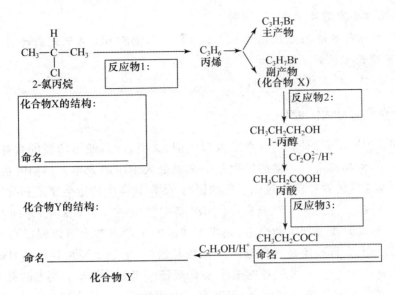

(c) HBr 和丙烯反应有两种可能的产物。试讨论：如果在加入试剂 2 之前未将这两种产物分离，反应结果会有什么变化？_____。

(4) 描述和运用化学热力学原理(30 分钟)

[例 21] H_2 的制备

由煤制取 H_2 要利用下列一些反应：_____。

(a) 煤转化成 CO 的方程式为 $C(s)+\frac{1}{2}O_2(g)\longrightarrow CO(g)$，利用所给信息计算该反应的焓变：_____。

$C(s)+O_2(g)\longrightarrow CO_2(g)$　　$\Delta_r H=-394$ kJ/mol

$CO(g)+\frac{1}{2}O_2(g)\longrightarrow CO_2(g)$　　$\Delta_r H=-283$ kJ/mol

(b) 将(a)中所得的 CO 和水蒸气反应即可制得 H_2：$CO(g)+H_2O(g)\longrightarrow H_2(g)+CO_2(g)$

$\Delta_r H=-41.2$ kJ/mol

化学键	键能(kJ/mol)
O—H	463
H—H	436
C=O	743

(i) CO_2 和 CO 中 C、O 键的键能是不同的。利用表中所给的数据以及反应的焓变计算 CO 中 C—O 键的键能：_____。

(ii) 为什么键能值通常都是正值？_____。

(iii) 描述 CO、C—O 键的不同。_____。

化学键	键能(kJ/mol)
C=O	743
C—O	351

(5) 用平衡原理描述溶液体系(50分钟)

[**例 22**] 下列五种溶液的浓度均为 $0.1\ mol\cdot L^{-1}$，按照 pH 从低到高的顺序排列，并说明理由，写出相关的平衡方程式：

NH_3；NH_4Cl；HCl；$NaCl$；$NaOH$ _____。

五、印度高级中学证书考试(CBSE)

由于印度和我国同属亚洲国家，又都是人口大国、文明古国，使得印度的教育在某些方面和我国有着相似之处，例如高考对印度的广大学生来说是人生中的大事。但同时由于印度的教育在发展的过程中深受英国教育传统意识形态的影响，使得其高考的招生制度和我国截然不同。

全印度中学采取统一的"10+2"模式，即小学、初中共10年，高中2年，分别为11年级和12年级。学生到10年级时要参加毕业会考，相当于我国的中考。学生可以根据自己的成绩、爱好和能力，选择在高中上文科班还是理科班。12年级开始，学生还要参加各门科目的会考，成绩将作为大学录取时的参考。12年级毕业时要参加高级证书考试，相当于我国的高考。10年级和12年级毕业考试都实行全国统考制度，由印度中央中等教育委员会(The Central Board of Secondary Education，简称CBSE)统一组织和命题。①

在印度，参加高级中学证书考试的考生应具备两大条件：其一是已通过由CBSE组织的初级中学10年级考试，或在参加10年级考试的至少前两年就已从其他注册机构获得同等的学历；其二是在初级中学10年级考试的内部评价中每门学科均在E级水平之上。高级证书考试一般在每年的5月初举行，文科生要参加英语、数学、地理、历史和简明经济学的考试，理科生要参加英语、数学、物理、化学和生物的考试，除此之外，学生还必须根据不同专业设置的要求加试相关的科目。每场考试时间为3小时，考试全部用英语。

(一) 印度高中化学课程及其化学考试简介

印度高中课程分为专业学术课程(specialized academic courses)和以职业为导向的课程(job oriented vocational courses)。高中课程单独设置"化学"，初中阶段"化学"则融合在"科学与技术"课程中，各邦中学化学课程模式大同小异，见表10-6。

表10-6 印度中学化学课程模式

课程	学段	考核方式	实践活动
科学与技术	9、10年级(或8~10年级)	离校结业考试	较少
化学	11、12年级	高中考试普通水平及高级水平	有一定数量和规模

印度《高中化学课程纲要》②(以下简称《纲要》)，即印度高级中学证书考试的配套大纲，对高中化学的课程目标和内容结构做出了明确的规定。主要包括无机化学、有机化学、分析化学、物质结构与性质、化学反应原理、核化学、生物化学等内容。11年级和12年级最后各单独设置了

---

① (India) National Council of Educational Research and Training National Curriculum Framework for School Education [EB/OL]. http://www.ncert.nic.in/sites/school curriculum/curiinder.htm.

② (India) Central Board of Secondary Education. Syllabus(2003—2005)-Chemistry(Code NO. 043)[EB/OL]. (2004-10-30). http://www.cbse nic.in/.

一个单元"环境化学"和"生活中的化学",更加体现了STSE教育理念与化学知识的融合。

化学考试采用百分制,理论部分占70分,实践部分占30分。其中理论部分全部为主观题,考查的内容几乎涵盖了中学化学和大学基础化学的全部内容。实践考查分由"考试评价方案"、"基本实验技能"和"实验"组成,"考试评价方案"对这30分作了详尽的说明,见表10-7。

表10-7 印度高中实践部分考试评价方案

11年级		12年级	
容量分析	12分	容量分析	10分
盐分析	8分	混合物分析	8分
容量实验	5分	容量实验	4分
课堂记录与口试	5分	研究性项目	4分
		课堂记录与口试	4分
共计	30分	共计	30分

(二)印度高级中学证书考试化学试题举例[①]

[例23] 硫和氧的阴离子的得电子焓哪个高一些?

[解析] 本题考查的是化学热力学中"焓"的基本知识。题目简单明了,题目难度也较小,属于考题中较易得分的一类题。

[例24] (1)腐蚀从本质上来讲属于一种电化学现象。请做出一个图表,用来解释铁在空气中发生腐蚀过程的反应。

(2)① 什么是摩尔电导率?② 如果分别改变溶液中弱电解液和强电解液的浓度,摩尔电导率会如何变化?

[解析] 本题考查的知识点包括电化学腐蚀、摩尔电导率的概念及影响摩尔电导率的因素,属于基本知识点的常规考查,考生只要能够对电化学有所了解便可解答。

[例25] 列出两种水溶性的维生素,指出它们的来源,以及食物中缺乏这种维生素时可能导致的疾病。

[例26] 请解释下列现象:① 肥皂在硬水中不能起到去污作用;② 合成洗涤剂在洗衣机中的去污能力要比肥皂的强。

[解析] 例25和例26很好地将有机化学知识融于生产和生活的具体问题之中,强调了化学知识在STSE中的广泛应用。

[例27] 解释下列现象:

① 具有相同d轨道构型(d^4)的Cr^{2+}和Mn^{3+}在反应中分别充当还原剂和氧化剂;

② 水溶液中Cu^+不稳定;

③ 在第三系列过渡元素中,锰元素表现出最高氧化态。

[解析] 本题考查的知识点可以追溯到印度"高中化学理论部分课程单元"中12年级第9单元"d区和f区元素"。试题向考生透露了一个信息就是紧扣考试大纲,夯实基础,该题具有较好的导向性。

[例28] 30-1-a:如果反应物浓度分别有下列变化,则该化学反应的反应速率将如何变化?

[①] 皇甫倩,王后雄.印度高级中学证书考试及化学试题理论部分的评析[J].化学教育,2011(5):78-80.

① 加倍 ② 减半

30-1-b：已知一个反应的一级反应速率常数是 0.0051 min^{-1}，若反应物的初始浓度为 0.1 mol/L，求反应进行 3 个小时后反应物的浓度。

30-2-a：名词解释 ① 反应速率 ② 基元步骤

30-2-b：一个分解反应的速率常数在不同温度下的值：$T=650$ K 时，$k_1=2.15\times10^{-8}$ L·mol·s^{-1}；$T=700$ K 时，$k_1=2.39\times10^{-7}$ L·mol·s^{-1}，计算反应的活化能 E_a（$R=8.314$ J·mol^{-1}·K^{-1}）。

[解析] 本题是"二选一"型的试题，考查的主要知识点包括化学反应速率的定义、影响因素、活化能等。

六、国外化学高考改革对我国的启示

由于历史、社会以及文化等方面的原因，总的来说国外高考的考试制度都体现了灵活性、开放性和多元性的特点，很大程度上呈现了崇尚自由、鼓励创新、勇于实践和彰显个性的精神实质。国外化学高考的经验和发展趋势对我国化学考试评价制度改革具有以下启发和借鉴的意义。

（一）改革考试内容

考试内容应当作为测试、衡量和提升学生思维能力的有机组成部分，应注重考查学生运用知识的能力；考试内容要富于时代气息，应与社会现实问题衔接，考核学生多样性知识的应用，加大非智力因素考核力度，通过标准答案的多样性、灵活性为学生想象力的发展创设一种弹性环境。以上介绍的五个国家的高考化学试题的知识覆盖面广，考查内容延伸到我国大学无机化学、有机化学基础内容。如 HSC 化学试题中的路易斯结构式、配位化合物、价键理论、化学热力学、过渡金属等，韩国 CSAT 中涉及化学热力学、溶解平衡、原子模型与电子排布、键能等，新西兰 NCEA 涉及电极电势、路易斯结构图、化学热力学、缓冲溶液、溶解平衡、有机化学顺反异构及其系统命名法等。试题强调化学知识在 STSE 中的广泛应用，着重于考查知识与生产、生活的联系，如工厂选址、海难与腐蚀、油船泄漏等。

（二）改革考试方式

考试方式上要具有多样性和开放性，学校应根据自身条件以及学科性质考查学生综合素质，采用闭卷、开卷、小论文与答辩、社会调查报告、实验设计、试验创作等多元化考试形式，允许学生根据自我个性和实际在多样化考试中自主选择。同时，应建立综合考查机制，将其平时表现与平时成绩综合到终结性评价之中。考试标准要有决定性标准和个别化标准，对学生进行横向和纵向比较，明确考生素质优劣及潜力所在，为学生提供帮助。

（三）改革评价体系

评分是考试的重要环节，对考试质量和功能发挥着重要作用。目前，我国学校普遍缺少一个综合评定人才的体系，考试分数只是直接反映学生在某一方面的学习情况，并不能真实全面地反映学生智能水平，考试成绩在某种程度上压制了学生的特殊才能和创造性。在考试改革中，要改变以考试成绩为标准的传统做法，评价体系必须对学生的知识、能力、素质作出全面的综合评价，考试成绩除采用绩点法或加权平均法外，还要加大对学生实践能力考核的比重，并对学生的创新、获奖、突出才能给予充分肯定，尊重学生个性发展，鼓励学生在各个方面"冒尖"、充分展示自身的聪明才干。

（四）改革评价主体

在我国评价的主体一般是教师,而在国外对学生升学发挥作用的评价主体非常广泛,如学校校长、任课教师、家长和其他学生等,都可对学生的各科成绩、综合表现作出评价和推荐。因此,随着我国高考制度改革的深入推进,随着社会条件和各种配套措施的落实,为有效促进评价的实施与提高效率,应促进评价主体的多元化发展。

（五）改革考试环境

诚信问题是制约考试公平的瓶颈,营造守法、诚信的社会考试环境,是实现诚信考试所不可缺失的条件。在国外,通过加强诚信考试教育、强化考试立法、加大对违规行为的打击力度,营造了良好外部环境。如美国的考试制度如此灵活,尤其是评价主体如此多元化竟然很少出现大规模的作假舞弊现象,令人惊讶。在中学树立这种诚信为本的道德观,需要学校领导、教师甚至全社会的共同努力。

总之,我们在借鉴国外有关经验的基础上,还须结合我国国情,理性选择和慎重决策,坚持稳中求改,稳中求新。

第二节 我国化学高考测评改革

关键词

化学高考命题特点　　台湾地区大学入学考试　　香港地区中学会考

2004年教育部下发《2003—2007年教育振兴行动计划》文件,为我国当前高考改革指明了方向和目标:"结合新课程的全面推进,深化高考内容改革;推进高考制度改革,进一步建立以统一考试为主、多元化考试和多样化选拔录取相结合,学校自我约束、政府宏观指导、社会有效监督的高等学校招生制度。"从化学高考改革要求来看,调整了化学学科的试卷结构、考试内容、考试题型及考试要求,力求渗透高考内容改革的重点要求。

一、我国内地化学高考命题特点及趋势[①]

高考作为一个全国性的选拔考试,既要担负起高校选拔人才的重任,又要为中学教学、新课程实施提供重要的导向作用。纵观首批新课程实施省市的高考命题,可以从中发现我国内地高考化学命题理念的发展与设计创新。

（一）注重试题选材的情境性

以一定情境为背景的化学问题,需要学生从熟悉的和已有的知识及经验出发,将学习过的内容迁移到解决新问题中来,有利于客观评价学生的探究能力,可以使学生从多角度深入地理解所学知识,建立知识之间的联系,从而使他们面对实际问题时,能灵活运用知识解决问题。

高考化学试题的设计,也力图考查考生初步运用所学知识,从化学的视角去观察社会、生产和社会中有关化学问题。通过实际的情境素材形成问题,有利于考查学生发现问题、分析问题和

---

① 王后雄.新课程视野下高考化学命题设计的发展与创新[J].化学教学,2008(3).

解决问题的能力。强调情境的试题本身比较贴近学生的生活,对学生有一种亲和力。这样的试题不但可以考核学生运用知识解决问题的能力,而且也可以激发学生的求知欲,使学生认识到化学与人类生活的关系,增强适应社会生活、认识周围世界的能力,提高社会责任感。

[例29] 人类探测月球发现,在月球的土壤中含有较丰富的质量数为3的氦,它可以作为未来核聚变的重要原料之一。氦的该种同位素应表示为(   )。

A. ^4_3He B. ^3_2He C. ^4_2He D. ^2_3He

[说明] 据报道月球表面土壤层中 ^3_2He 含量平均为 3.5 ppb(6.3 mg·m^{-3})。有人提出将 ^3_2He 与氘的核聚变反应作为未来的重要能源。学生在学习化学时应经常关心自然和科技新发展的信息,不仅可以联系实际,学以致用,还可以引起兴趣,激发求知欲,开阔视野,有利于培养学生的科学素质。当然素材可能比较新,但考查的知识点还是最基础的。

[例30] 水资源非常重要,联合国确定2003年为国际淡水年。下列关于水的说法中错误的是(   )。

A. 蒸馏法是海水淡化的方法之一   B. 淡水的密度小于海水的密度
C. 融化的雪水中矿物质含量比深井水中的少   D. 0℃以上,温度越高,水的密度越小

[说明] 为引起世人对淡水资源问题的警觉,联合国确定2003年为"国际淡水年"。本题是以这样一个重大的社会问题为背景来命题的。淡水对地球上的生命来说是最宝贵的要素之一,它对满足人类基本需要、人类健康、粮食生产、能源和维持区域和全球生态系统是必不可少的。虽然地球表面的70%为水所覆盖,但其总量中只有很小一部分是淡水,而淡水中的大部分又被冻结在冰盖中,因而只有不到水蕴藏量的百分之一的部分是可供人类使用的。目前,中国乃至全球很多地区已经出现了淡水资源短缺的危机。

(二) 增强试题应答的开放性

以往的标准化考试试题多数为封闭型,条件与结论——对应,答案结论唯一,思维方法往往是唯一的,这样便于统一阅卷,降低评分误差。解答这类试题属重复思维操作,束缚了学生的思维,不利于培养学生的创造性。科学探究活动的探究过程和结果都具有开放性的特征,因此,科学探究能力的评价应加强试题的开放性。由于开放性的试题解题方法和策略的不确定性,解题的思维是发散的,使得不同水平层次的考生都可以从各自角度提出合理的解题方案,有利于全面评价和选拔考生,也有利于提高考生灵活运用化学知识解决问题的能力。

[例31] 无水乙酸又称冰醋酸(熔点16.6℃)。在室温较低时,无水乙酸就会凝结成像冰一样的晶体。请简单说明在实验中若遇到这种情况时,你将如何从试剂瓶中取出无水乙酸。

[说明] 本题为开放性试题,解答的思路是开放的。凡合理答案都给分。但无论采用什么方法,都不能出现会引起安全事故或人身伤害的方法。例如出现"用酒精灯加热试剂瓶","用玻璃棒或其他硬物戳"等可能造成试剂瓶破裂、玻璃棒折断,或药品飞溅、药品被污染的操作,本小题均为零分。要求考生在保证实验安全的前提下,积极思考,提出解决问题的方法。

(三) 重视试题的实践性

化学试题设计的实践性包含两层含义:一是让学生解决的问题来自于实践之中,具有实践意义;二是指让学生在实践中去解决问题,即纸笔测试与实际应用相结合。概言之,即"解决实践中的问题和在实践中解决问题"。

[**例 32**] 抗击"非典"期间,过氧乙酸($CH_3\overset{\overset{O}{\|}}{C}$—O—OH)是广为使用的消毒剂。它可由 H_2O_2 和冰醋酸反应制取,所以在过氧乙酸中常含有残留的 H_2O_2。测定产品中过氧乙酸浓度 c_0,涉及下列反应:

① $\boxed{}MnO_4^- + \boxed{}H_2O_2 + \boxed{}H^+ =\!=\!= \boxed{}Mn^{2+} + \boxed{}O_2 + \boxed{}H_2O$

② $H_2O_2 + 2I^- + 2H^+ =\!=\!= I_2 + 2H_2O$

③ $CH_3\overset{\overset{O}{\|}}{C}$—O—OH $+ 2I^- + 2H^+ =\!=\!= CH_3COOH + I_2 + H_2O$

④ $I_2 + 2S_2O_3^{2-} =\!=\!= S_4O_6^{2-} + 2I^-$

请回答以下问题:

(1) 配平反应①的离子方程式(配平计量数填入以下方框内):

$\boxed{}MnO_4^- + \boxed{}H_2O_2 + \boxed{}H^+ =\!=\!= \boxed{}Mn^{2+} + \boxed{}O_2 + \boxed{}H_2O$

(2) 用 $Na_2S_2O_3$ 标准溶液滴定 I_2 时(反应④)选用的指示剂是_____。

(3) 取 b_0 mL 待测液,用硫酸使溶液酸化,再用浓度为 a_1 mol·L^{-1} 的 $KMnO_4$ 标准溶液滴定其中的 H_2O_2 耗用的 $KMnO_4$ 体积为 b_1 mL(反应①,滴定过程中 $KMnO_4$ 不与过氧乙酸反应)。

另取 b_0 mL 待测液,加入过量的 KI,并用硫酸使溶液酸化,此时过氧乙酸和残留的 H_2O_2 都能跟 KI 反应生成 I_2(反应②和③)。再用浓度为 a_2 mol·L^{-1} 的 $Na_2S_2O_3$ 标准溶液滴定生成的 I_2,耗用 $Na_2S_2O_3$ 溶液体积为 b_2 mL。

请根据上述实验数据计算过氧乙酸的浓度(用含 a_1、a_2、b_0、b_1、b_2 的代数式表示)。

$c_0 = $ _____。

(4) 为计算待测液中过氧乙酸的浓度 c_0,加入的 KI 的质量已过量但没有准确称量,是否影响测定结果(填是或否)_____。

[**说明**] 本题结合抗击"非典"期间广为使用的消毒剂过氧乙酸的制取原理以氧化还原反应为载体,考查考生化学计算与实验的综合能力。题目所给数据多,信息大,有效考查了考生处理信息的能力。第(3)问的解答思路也有一定开放性,多种思路都可得出正确答案。全题考查了氧化还原滴定的知识,考查了离子方程式配平、指示剂的选择、滴定结果的计算公式和实验结果误差的讨论。题目的设问综合性强,4 个小问,层层递进,需要有统摄思维、分析综合、推理判断以及较好的处理数据公式的能力。此题背景材料贴近生活,有利于激发学生学习化学的兴趣。

(四) 倡导实验设计型试题

化学实验可以设计成不同类型。如:实验操作型、实验分析型、实验设计型等。由于受纸笔测量形式的限制,高考化学试题侧重考查后两种类型。实验分析型试题,要求学生根据实验问题,用所学的知识对实验过程分析归纳,解释实验现象和结论。解答这类试题,可以考查学生的分析、比较、概括和推理能力,引导学生学会从现象的感知上升到理性思维。实验设计型试题,通过让学生根据实验目标,自行设计实验方案,探究解决实验问题的方法,可以考查学生在探索中用比较、分析、综合的思维方法,发现问题、解决问题的能力。解答这类试题,可以使学生感受和领略科学发现与创造的过程,学会运用各种科学方法解决问题。因此,实验设计型试题成为近年来高考化学命题新增的亮点。

[例33] 有两个实验小组的同学为探究过氧化钠与二氧化硫的反应,都用如下图所示的装置进行实验。通入 SO_2 气体,将带余烬的木条插入试管 C 中,木条复燃。

请回答下列问题:

(1) 第 1 小组同学认为 Na_2O_2 与 SO_2 反应生成了 Na_2SO_3 和 O_2,该反应的化学方程式是:_____。

(2) 请设计一种实验方案证明 Na_2O_2 与 SO_2 反应生成的白色固体中含有 Na_2SO_3 _____。

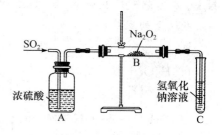

(3) 第 2 小组同学认为 Na_2O_2 与 SO_2 反应除了生成 Na_2SO_3 和 O_2 外,还有 Na_2SO_4 生成。为检验是否有 Na_2SO_4 生成,他们设计了如下方案:

将B中反应后的固体溶解于水 →[$BaCl_2$ 溶液]→ 白色沉淀 →[稀硝酸]→ 仍有部分白色沉淀不溶解,证明有 Na_2SO_4 生成

上述方案是否合理?

请简要说明两点理由:①_____;②_____。

[说明] 本题在考查基本实验技能的同时,注重实验原理的分析与说明。主要考查了考生在探究过程中,对实验方案设计和方案评价的能力,解答此题既要发散思维,也要收敛思维。本题有利于平时认真做实验、善于观察、勤于思考的考生,对中学化学实验教学有较好的导向作用。

(五) 重视科学思维方法考查

化学学习过程中常用的科学思维方法,除分析与综合、比较与分类、抽象与概括等一般方法外,还包括科学探究的方法,是高考化学测量特别重视的方面。

[例34] 锌和铝都是活泼金属,其氢氧化物既能溶于强酸,又能溶于强碱。但是氢氧化铝不溶于氨水,而氢氧化锌能溶于氨水,生成 $Zn(NH_3)_4^{2+}$。

回答下列问题:

(1) 单质铝溶于氢氧化钠溶液后,溶液中铝元素的存在形式为_____(用化学式表示)。

(2) 写出锌和氢氧化钠溶液反应的化学方程式_____

(3) 下列各组中的两种溶液,用相互滴加的实验方法即可鉴别的是_____。

① 硫酸铝和氢氧化钠 ② 硫酸铝和氨水 ③ 硫酸锌和氢氧化钠 ④ 硫酸锌和氨水

(4) 写出可溶性铝盐与氨水反应的离子方程式_____

试解释在实验室不适宜用可溶性锌盐与氨水反应制备氢氧化锌的原因

[说明] 本题选择锌这一中学教材未介绍过的金属,给出它与铝的性质的异同点及其他相关信息,要求考生推测锌的性质。解答此题,需在认真阅读题示信息的基础上,将对铝的性质理解迁移到新情境中,通过类比推理得出正确结论。突出了对科学思维方法的考查。

(六) 提高选做题"等值"的编制技术

高中化学新课程虽仍采用必修加选修的形式结构,但模块化的设置方式使选修课名副其实,也就是说,多样化、选择性的高中化学课程结构体系为学生的个性发展、自主选择提供了保障。要使化学课程能更好地满足不同学生发展的志趣需要,防止学生在自主选择时受到高考"评价标签"的影响,在高考命题时必须思考如下问题:① 选做题内容的确定应兼顾学科发展需要和学生发展需要两个方面的需求;对于评价者来说,其主要任务就是在尊重学生兴趣的基础上使之获得发展;对于学生来说,则是在满足自己兴趣爱好的同时求得自主发展。要使两者在高考中都能得到实现,就需要化学课程模块内容与选做题内容相协调。② 如果按照新的课程结构体系,以传统高考试卷的设计形式,非化学方向理科考生需要 15 种化学试卷,化学方向的理科考生需要 30 种试卷。这会使高考变得极其复杂,实际操作难以实施。解决这种不同模块的评价问题的关键,就是通过在一份试卷上设计不同模块内容的等值选做题去实现。

根据新课程实施要求,在选做题(又称分叉题)的设计上力求引导学生根据自己选学模块课程选择对应的试题,尽力做到试题设计与评价目标相一致,努力增强试题的基础性、选择性、灵活性和开放性。就试卷中选修内容编制的选做题而言,要编制出难度完全相同的"平行"题是不可能的,不同内容、不同测验形式之间总是存在差异,导致选做 A 题或选做 B 题(或选做 C 题……)其分数不一样,这种差异会引起评价的不公正。这一技术难题在过去高考测试中不存在,是新课程多样性和选择性形成的难题,必须运用"等值"技术解决考试结果的公平性问题。从试题要素分析,选做题赋予分值、题目长度、知识点数、试题难度、解题时间、答题字数等可比性技术要素相近,较好地实现测验等值要求。

为了保证考试的公平性,在编制选做题时非常有必要保证二者是平行的。从理论技术和实践的层面看,在编制等值选做题时除了通常按传统的心理测量学的要求做复本外,还应该对平行测验的假设进行检验,进行定量化的分析。

(七) 对试题内容进行人性化处理

对新课程高考而言,对试卷进行人性化的处理,主要措施有:① 运用学生熟悉的生活经验、化学发展史、科技发展和新闻媒体等为载体,力求揭示科学的人文性,将科学和人文有机地融合起来,通过真实的情境引发学生思维,使学生容易上手答题。② 试题难度分布尽量做到由易到难,大题中各小题也做到有梯度,试题的开始设问较基础、简单,能使大部分考生完成,但要正确完成整个试题,却有一定的能力要求。如此处理,可以使得绝大部分的考生能够保持平衡的心态来进行答题。试题的设问具有启发性和层次性,能激发学生的答题兴趣和动机;试题的表述适合于学生的年龄特点和认知水平,有利于学生真实水平的正常发挥。

[例 35] 某化工厂为了综合利用生产过程中的副产品 $CaSO_4$,与相邻的合成氨厂联合设计了以下制备 $(NH_4)_2SO_4$ 的工艺流程:

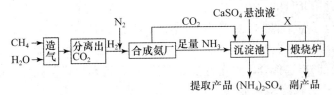

请回答下列问题:
(1) 某合成氨厂以天然气为主要原料,试写出造气和合成氨反应的化学方程式_____。
(2) 合成氨反应体系中各组分的部分性质见下表。

气体	氮气	氢气	氨
熔点/℃	−210.01	−252.77	−77.74
沸点/℃	−195.79	−259.23	−33.42

合成氨反应的平衡常数很小,所以在工业上采取气体循环的流程。即反应后通过把混合气体的温度降低到_____使_____分离出来;继续循环的气体是_____,请用有关理论说明采取该措施的理由:_____。

(3) 上述工艺流程中在沉淀池中发生的主要反应的化学方程式是_____,可以循环使用的 X 是_____,联合生产最大的优势是_____。

[说明] 本题设计的特征:试题表达简洁、清晰,流程图提示有利于学生形成解题思路;三个问题间基本不关联,即前面的错误不会引起后面连锁反应,有利于真实考查学生的水平;三个问题由易到难,具有较好的阶梯性,有利于提高区分度,有利于测量学生知识和能力层次。

新课程化学高考命题既要考虑新课程目标和学生的接受能力,内容既不能难深,同时也要有利于选拔,符合学生的身心特点和认知规律。从题型构建来说,既要保持一定的稳定性和继承性,考虑高考试题与考生之间建立一定的心理默契和认同效应,又要有适度新题型的开发与创新,使高考命题更能创设新情景、凸显能力与素质的选拔功能。

二、我国港台地区大学入学考试发展趋势

(一) 台湾地区大学入学考试

台湾地区大学入学考试自 1954 年实行联考招生制度以来,为台湾各大学选拔了大量优秀的人才,大学联考的公平性得到台湾民众的认同。但是,大学联考制度也存在着许多诟病,联考是台湾高中教学的指挥棒,考什么教什么,忽视了学生综合素质的培养。为了更好地体现考试的公平、公正,台湾 2002 年正式实施大学入学多元入学方案。①

所谓多元入学就是将以前"一次定终身"的联考改为"甄选入学制"与"考试分发制"双轨并行。甄选入学包括学校推荐和个人申请两个渠道,它兼顾了特殊取才的精神与缩短城乡差距的目的,可分为学科能力检测、学校推荐和个人申请、大学校方指定项目考试三大部分。考试分发类似于大陆实行的投档,是台湾学生进入大学的主要渠道。它采用统一考试科学能力测验及指定科目考试的成绩,并以联合分发的方式来录取学生。现行的考试分发入学制采用指定考试科目的成绩,学科能力测验不作录取标准。

学科能力测验在每年的 2 月和 4 月(补考)举行,考试科目包括语文、英文、数学、社会和自然五科,社会和自然的试题由几科的内容合成,其中自然考科包括化学的一部分内容。指定科目考试在每年的 7 月初举行,包括语文、英文、数学甲、数学乙、历史、地理、物理、化学、生物等九个考试科目,由"院系指定,考生选考"的双向选择方式选择其中三至六门的考试科目。② 指考化学的试卷一般分为选择题和非选择题部分,选择题又设单选题和多选题,并逐渐形成了独特的试题体系。

1. 台湾高中化学课程结构简介

台湾的高中化学旨在培养全体学生的基本科学素养,重点放在基础知识、基本能力的掌握以及科学的方法和科学态度的培养,为升大学做准备。课程包括高一的基础化学、高二的必修化学和高三的选修化学。高中基础化学属于必修课程,在高一设置。基础化学为一学期的课程,总共是 2 学分;必修化学为两学期的课程,每学期至少 2 学分。上述课程,学生依据兴趣,至少修习 2 学分。高中选修化学也为两个学期的课程,每学期 3 学分。

---

① 褚庆军.台湾大学入学方案介绍[J].中国考试(研究版),2004(4):51.

2. 台湾指考化学考试的试卷结构

根据《台湾大学入学考试指考化学要求》，试卷是从知识与概念、实验与技能、推理与思考、知识的应用等四个方面进行考查的。各部分考查知识点见表10-8。

表10-8 台湾指考化学考查目标

检测目标	具体内容要求
基本化学知识与概念	基本的化学名词、概念与现象 基本的化学规则、学说与定律
基础实验技能	化学实验仪器、装置的认识及操作 化学实验之观察、记录、分析及解释的能力 化学实验的安全、卫生及环保的认识及执行
推理与思考能力	理解化学资料的能力 化学计算的能力 分析、归纳、演绎与创造的能力 设计实验以解决问题能力
应用化学知识的能力	了解化学与生活的关系 了解化学与其他学科的关系 应用化学原理解决问题的能力

以2010年指考化学考试试卷为例，试卷满分100分，由选择题和非选择题两部分组成。选择题总计80分，分为单选题和多选题两部分。单选题有16道，共48分；多选题有8道，共32分；非选择题3道，共20分。与大陆高考化学试卷的不同之处在于有多项选择题以及题组（在同一情境描述下命制多道相关选择题）形式出现的阅读题。加之由于台湾地区多年受美国教育制度和体系的影响，致使其选择题采用了美国大学入学考试的"答对得分，答错倒扣分，不答不得分"的标准，这一评分标准有助于增加试卷的区分度。

3. 台湾大学入学考试指考化学试题举例

(1) 单选题示例

[例36] （题组）(1) 在某固定温度，化学反应 $I^-(aq) + OCl^-(aq) \longrightarrow OI^-(aq) + Cl^-(aq)$ 的反应物初始浓度、溶液中的氢氧根离子初始浓度及初始速率间的关系如下表所示：

编号	I^- 的初始浓度(mol/L)	OCl^- 的初始浓度(mol/L)	OH^- 的初始浓度(mol/L)	初始速率(mol/L·s)
1	2×10^{-3}	1.5×10^{-3}	1.00	1.8×10^{-4}
2	4×10^{-3}	1.5×10^{-3}	1.00	3.6×10^{-4}
3	2×10^{-3}	3×10^{-3}	2.00	1.8×10^{-4}
4	4×10^{-3}	3×10^{-3}	1.00	7.2×10^{-4}

上述化学反应的速率常数(k)是（　　）。
A. $k = 0.1 \text{ s}^{-1}$　　B. $k = 6 \text{ s}^{-1}$　　C. $k = 10 \text{ s}^{-1}$　　D. $k = 60 \text{ s}^{-1}$　　E. $k = 600 \text{ s}^{-1}$

(2) 若编号1的其他浓度不变，仅将溶液的pH变为13，反应的初始速率是（　　）mol/L·s。
A. 1.8×10^{-2}　　B. 1.8×10^{-3}　　C. 1.8×10^{-4}　　D. 1.8×10^{-5}　　E. 1.8×10^{-6}

[解析] 本题是题组题，主要考查的是反应速率定律式、速率常数以及pH的基本知识。值得一提的是，在第(2)题中，要求考生对pH进行适当的处理，最终归到反应速率式上。

[答案] (1) D　(2) B

(2) 多选题示例

[**例37**] 稠五苯(pentacene)的构造如右图所示,是一个有机导电分子。由稠五苯所制成的有机光电材料,已用于可卷曲显示器,可卷曲而可方便携带。下列有关稠五苯的叙述,何者正确?(　　)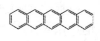

A. 稠五苯易进行加成反应　　　B. 稠五苯属于芳香族化合物
C. 稠五苯是弯曲的非平面结构　D. 稠五苯分子中共有20个π电子
E. 稠五苯的π电子并非固定于某两个碳原子之间

[**解析**] 本题考查了考生对芳香类化合物结构及性质的认识。主要考查的知识点包括芳香族化合物的定义、有机反应类型、有机化合物的价键结构(π键等)等基本知识点。学生应首先对芳香族化合物的性质及其官能团的性质做一了解,然后掌握有机化合物的空间构型和一些价键理论的知识。

[**答案**]　B、E

[**例38**] 以 MnO_2 催化 $KClO_3$ 热分解产生氧气的反应式如下:

$$2KClO_3(s) \xrightarrow[\triangle]{MnO_2} 3O_2(g) + 2KCl(s)$$

虽然上述反应极近于完全,但仍存在副反应导致所产出的气体有异常的气味。为了探究臭味的成分,做了下列的实验:

(1) 将产生的气体通过润湿的碘化钾-淀粉试纸(如右图),结果试纸显现紫蓝色。

$KClO_3+MnO_2$　橡皮管　润湿的 KI-淀粉试纸

(2) 将产生的气体通过硝酸银溶液,则产生白色沉淀。

(3) 所产生的气体经质谱仪分析,在复杂的质谱图中,有波峰(相当于相对分子质量)出现在 67 与 69 的位置,强度比约为 3∶1。

试问在热分解 $KClO_3$ 时,可能产生哪些物质以气体的状态逸出?(　　)

A. 氧气　　B. 氯气　　C. 臭氧　　D. 氯化钾　　E. 二氧化氯

[**解析**] 本题主要考查考生对化学实验的观察、分析能力,以及理解化学资料的能力。考查的知识点有:淀粉-碘化钾的性质,硝酸银与银离子的特征反应以及卤族的化学性质。但是本题出现质谱仪实属不妥,因台湾95课纲中未涉及此内容,这将会造成教师教学上的困扰。

[**答案**]　A、B、E

(3) 非选择题示例

[**例39**] 右图为镁及其化合物的相关反应。根据上述的反应流程图,回答下列问题。

(1) 写出化合物甲加热分解的化学平衡式;

(2) 写出化合物乙和 1 mol HCl 反应的化学方程式。

(3) 写出化合物丙和丁的化学式。

[**解析**] 本题考查考生对 Mg 及其化合物化学性质的了解,同时考查了考生的分析、归纳、推断和创造能力。

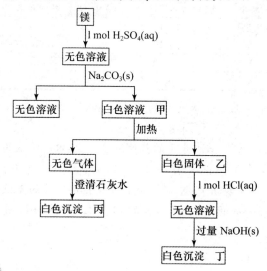

[答案] (1) $MgCO_3 \longrightarrow MgO + CO_2$ (2) $MgO + 2HCl \longrightarrow MgCl_2 + H_2O$
(3) 丙的化学式：$CaCO_3$，丁的化学式：$Mg(OH)_2$

4. 我国台湾地区学科能力测验之自然科学试题举例

根据我国台湾地区大学入学考试中心提供的《自然科学科目考试说明》，"学科能力测验"化学学科考核的能力目标维度与指定考试一致，但具体要求存在一定差异（见表10-9）。

表10-9 我国台湾"学测"之自然科学课程考试的考查目标

考查目标	具体内容要求
检测考生基本的科学知识和概念	1. 知道重要的科学名词 2. 了解基本的科学现象、规则、学说、定律 3. 知道如何由简单实验观察自然现象
测验考生应用科学资料和图表的能力	1. 能看出数据、式子或图形的意义 2. 能选用适当的资料 3. 能由数据找出规则或关系 4. 能由图表看出明显特性 5. 能根据图表作出结论
测验考生推理能力	1. 能找出问题的因果关系 2. 能由图表说明重要科学原理 3. 能根据科学定律、模型，解释日常生活现象 4. 能根据事实做合理的推断
测验考生对科学应用的了解	1. 了解科学的局限性 2. 了解科学对人类文明的影响

从试卷结构上来看，试卷分为两部分：第一部分主要是对高一必修课程的考查，包括基础物理、基础化学、基础生物、基础地球科学等；题型为传统题型，每科几道题，共48道题，试题要求考生必须作答，满分为96分。第二部分试题则偏重于高二课程，包括高二的必修物理、必修化学、必修生物、必修地球与环境等四科；题型为科学推理题型和学科知识题型，其中，科学推理题16道，学科知识题4道，试题可以全部作答，但只要答对16道题，则该部分可得满分，即32分。

(1) 单选题示例

[例40] （题组）右图是台风由台湾东部向西偏北移动的图示。当台风中心正由西海岸中部的乙点附近出海时，回答下列问题：
(1) 甲、乙、丙、丁、戊五处海岸，何处最容易发生海水倒灌的天然灾害？（　　）
A. 甲　　B. 乙　　C. 丙
D. 丁　　E. 戊
(2) 甲、乙、丙、丁、戊五处海岸，何处最容易发生焚风？（　　）
A. 甲　　B. 乙　　C. 丙　　D. 丁　　E. 戊

(2) 多选题示例

[例41] 王老师在讲"溶液"单元谈到摩尔时，有学生提问："在网上看到'摩尔日'，那是什么呢？"王老师说："摩尔日是一个流传在北美化学家当中的非正式节日。"课后有5位同学（A—E）对摩尔日以及与摩尔日相关的资讯甚感兴趣，讨论了一番，下列哪两位学生说的话是正确的？（　　）
A. 摩尔日是纪念北美的一位伟大的华裔化学家，姓莫名尔而设立的

B. 摩尔是表示溶液浓度的一种单位,是质量分数的摩尔倍

C. 于10月23日的6时02分庆祝摩尔日,是与阿伏加德罗数有关的

D. 1摩尔物质中所含电子的总数等于阿伏加德罗数

E. 阿伏加德罗数定义了国际单位制基本单位之一的摩尔

(3) 综合题示例

[例42] 请阅读下列短文,回答问题。

科技的进步,大幅改善了人类的生活,但也过度消费了物质和能量,造成空气污染,严重危害环境。由于地球的资源是有限的,因此人类如何生活才能永久发展,成为大家必须面对的课题。其中维护环境、开发能源与能源的有效利用,是当今全球各国共同的问题,也是现代科技面临的重大挑战。

在开发能源方面,各国努力寻找再生能源。许多国家以酒精为生质能源,而全球生质酒精生产国巴西与美国,主要以甘蔗、玉米等粮食作为原料,分别从蔗糖和淀粉中提炼酒精,技术上虽日趋成熟,但总有不经济、不环保以及争夺粮食的质疑。近年来,各国化学家积极开发使用农业废弃物如玉米秆、稻秆等为原料的研发方向,主要利用废弃茎秆的纤维素、半纤维素等成分,提炼出木糖或葡萄糖,经纯化,皆可制成纯度相当高的纤维酒精。

物理学家也积极研发能源有效利用的技术。例如,抽蓄水力发电,就是利用离峰时间的多余电力,将水抽蓄至较高处,以储存能量,再供尖峰时间使用。台湾明潭抽蓄水力发电厂以日月潭为上池,以水里溪河谷为下池,利用两池之间约400米的水面落差,进行抽蓄水力发电,供应台湾高峰电力需求,由于下池蓄水量极为充沛,上下池水面落差可视为定值。水力发电机组的总容量为2×10^9瓦,是世界上巨型水力发电厂之一。

(1) 下列哪些气体是因发展石化工业或汽车太多而产生的空气污染物?( )

A. H_2 B. H_2S C. SO_2 D. NO_2 E. NH_3

(2) 使用"生质能源",将有可能减缓下列哪些环境问题?( )

A. 水质富营养化   B. 泥石流   D. 温室效应   E. 地层下陷   P. 酸雨

(3) 下列哪些选项为台湾已经作为商业使用的再生能源?( )

A. 核能发电   B. 潮汐发电   C. 风力发电   D. 海流发电   E. 水力发电

(4) 下列有关利用植物作为原料制成生质酒精的叙述,哪些正确?( )

A. 目前人类已可从甘蔗、玉米中的蔗糖和淀粉,成功地提炼酒精

B. 利用玉米秆、稻秆等农业废弃物中的半纤维素、纤维素均可制成酒精

C. 甘蔗、玉米的蔗糖和淀粉与水稻茎秆中的纤维素均存在于细胞壁中

D. 甘蔗、玉米的蔗糖和淀粉与水稻茎秆中的纤维素均存在于液泡中

E. 蔗糖、木糖、葡萄糖的相对分子质量均较纤维素的相对分子质量小

(5) 抽蓄水力发电,能量的转换是( )

A. 电能→水的位能→水的动能→电能

B. 电能→水的动能→水的位能→电能

C. 水的动能→化学能→水的位能→电能

D. 电能→化学能→水的动能→电能

E. 化学能→水的位能→水的动能→电能

(6) 假设明谭抽蓄水力发电厂每天的离峰时间为 5 小时,离峰时的多余电力功率为 $1×10^8$ 瓦,且该电力可完全用于做功将水抽蓄,则此电厂每天约可将多少立方米的水从下池抽到上池?取重力加速度为 10 m/s²,水的密度为 1000 kg/m³。(   )

A. $1×10^4$ B. $5×10^5$ C. $5×10^8$ D. $1×10^9$ E. $2×10^{11}$

5. 台湾大学入学考试化学试题的特点[①][②]

(1) 在考试内容上,试题的知识覆盖面广。指考化学试题考查内容延伸到大陆大学化学的基础内容,如化学热力学、价键理论、配位化学、电解平衡、电极电势、有机化合物顺反异构及其命名等,着重考查了学生基本知识和基本技能的掌握。而学科能力测验中考查的知识点也较为均衡。

(2) 在试卷结构上,分知识模块设置试题。化学指考试卷分选择题和非选择题两部分,每部分在大纲中规定了指定知识模块,便于测察学生在每个知识模块中的学习状况,这一点相对于大陆综合设卷优势更加明显。

(3) 在试卷的评定上,指考化学的选择题均为 5 个选项,采取"答对得分、答错倒扣分、不答不得分"的方式,无论题型还是评分方式均借鉴了美国的试题形式,在一定程度上抑制了考生猜答案的作答行为,能够更真实地反映出考生的实际水平。

(4) 在考试题型上,指考以选择题和解答题形式为主流题型,学科能力测验中全部采用客观题,由于坚持稳定题型,重视基础知识和基本理论,突出对核心知识理解的考查,而不是要求学生过多地在审题、解题技巧等方面绕圈子、设障碍。有利于稳定学生考试心理,从而有利于考生在考试中充分发挥自己的潜能。学科能力测试中大量的图表题、推断题充分重视考生思维理解能力的特点,注重考查逻辑推理能力。

(5) 在考题的设计上,指考化学每年都会有题目以题组的形式呈现,每一道大题均在围绕一个主题展开的基础上设置了若干个小题,这些小题涉及不同学科,试题设计得十分人性化,难度逐渐增加,有利于稳定学生的考试心态。加之试题设计灵活、新颖,结合日常生活中的材料,要求考生在解决实际问题的过程中进行分析综合、推理判断,且是通过选择题达到了目的,这点很值得我国大陆高考命题工作者学习和研究。

但是科学探究等方面的试题很少,实验部分试题分值的比例偏小,知识考查较容易,学生只要了解相关的知识点便可发挥出自己的真实水平,对于高考竞争激烈、择优选拔的大陆来说,这种难度与区分度并不太适合。

(二) 香港地区中学会考及升学考试制度

香港的教育制度与内地有较大的差别,其考试制度也大不相同。香港中学实行会考制度,会考成绩直接关系到考生能否被大学录取。因此分析近年香港中学化学会考试题特点,对内地高中学业水平考试和高考改革具有一定的启示价值。

1. 香港中学会考及升学制度简介

香港中学的全港会考有两种:一是中学(中五毕业)会考,其考试成绩用于升入中六(约占考生总数的1/3),其余学生可进入科技学院、香港演艺学院、护士学校等职业训练学校学习,或直

[①] 皇甫倩,王后雄.台湾大学入学考试及其化学试题评价[J].中国考试,2011(4):27-33.
[②] 皇甫倩,王后雄.2011 年我国台湾地区学科能力测验及其自然科学试题评析[J].教育理论与实践,2011(9):27-29.

接就业;若成绩达到中六标准而不进入中六学习者,可申请入读香港教育学院、香港树仁学院和香港公开进修学院。二是高级程度(中七毕业)会考,高级程度会考相当于内地的高考。但香港与内地的高考相比在考试制度、科目设置、考试形式、考试内容和成绩评审等方面都存在着较大的差异。①

香港中学会考开设的考试科目达 42 个,每位考生最多可选择报考 10 科。实际平均报考 6~8 科。除了中文、英文、法文、中国历史、中国文学、英语文学、普通话、英文文书处理、商业通信及佛学等科目外,其余所有科目的试卷均可以选择以英文或中文应考。考生成绩分为 A、B、C、D、E、F 等级,A 为优,E 为合格,F 为不合格。会考成绩在 C 级或以上者,可以申请入读本港各大学或其他一些国家的大学;也可以申请香港公务员;其余考生可以直接就业,或进入香港教育学院和公开进修学院等院校学习。

2. 香港化学会考考试形式及规则

(1) 考试形式和试卷结构

香港高级程度会考化学科考试包括两部分:一是笔试(闭卷,占全科总分的 80%),笔试分为两卷,试卷一为简答题,试卷二为论述题;二是实验考试(占全科总分的 20%)。闭卷考试试卷附有元素周期表和"有效常数",如:气体常数、法拉第常数、阿佛加德罗常数、普朗克常数、光速、水的离子积常数、特征红外线吸收波数域等,为考生在答题时参考和使用。实验考试形式为考生分组参加考试,每组的试题未必相同。

(2) 考试内容和要求

考试内容包括香港中学会考和香港中学高级程度会考化学课程考试规则及课程标准中所规定的全部内容。由于香港学制设置与内地不同,香港学制为 6、3、2、2、3 制,即 6 年小学、3 年初中、2 年高中(中 4 和中 5)、2 年预科(中 6 和中 7)、3 年本科。香港的中 6 和中 7 课程标准中的一部分内容与内地大学一年级所规定的课程内容相似。香港会考化学科考试内容包括原子、分子和化学计量学,原子的电子层结构和周期表,能学,键和结构,化学动力学,化学平衡,相平衡,在周期表内元素的周期性质,s 区元素,p 区元素,d 区元素,有机化学基础,有机化合物的化学,化学与社会等。评估目标中要求考生掌握与化学有关的事实、规律、原理、方法和规则;分析和解释不同来源的数据,并作正确结论;选择及组织适用的科学资料,并能作适当的及有条理的论述等。为自修生设置的实验考试包括两部分:一是定量化学实验;二是涉及观察及推论习作的实验。实验考试要求在考试涉及的化学反应和试场提供的仪器范围内,考生应尽量表现具有精确进行实验的能力;考生能进行计算及从观察现象中作结论。

(3) 化学试题特点

设有问答题、论述题和选择题。问题设置形式多样,包括图示、图形、表格、数据等,题目一般是就某个知识点提出多个系列问题,题目给予的信息量较大。论述题考查的知识范围大多是与生活、健康、环境、能源、人口以及生产实际密切相关的问题。

---

① 田朝凤. 香港考试制度及其给我们的启示[J]. 教育探索,2001(12):95-96.

资料卡片

2007年香港化学高级程度会考试题STS部分内容

以下选取2007年香港化学高级程度会考试卷中STS内容的题目[①]进行简要评析。

[例1] (a)四乙基铅$Pb(C_2H_5)_4$,会广泛用作汽油中的抗爆剂。$Pb(C_2H_5)_4$的这项抗爆功能,现时一般以甲基叔丁基醚(MTBE)来达成。(ⅲ)基于环境方面的考虑,提出两项理由说明为什么现时在汽油中用的是MTBE而不是$Pb(C_2H_5)_4$。

[分析] 考查学生应用化学知识以解释、分析、解决现实生活中环境问题的能力。需要学生仔细观察生活并加以思考,如"安装了催化剂转化器的汽车不能使用含铅汽油"。从学生答卷的情况来看,大多数考生不知道MTBE是含氧化合物,把它加入汽油中有助汽油的完全燃烧;还有部分考生的答案中没有指出燃烧TEL时生成的含铅化合物毒性甚高,只简略写了生成空气污染物。

[例2] (a)某牌子无糖香口胶含脲$CO(NH_2)_2$作为添加剂。(ⅰ)脲与$H^+(aq)$反应生成铵离子和二氧化碳,写出这反应的化学方程式。(ⅱ)这种香口胶每片含1.5 mg脲。计算咀嚼2片这种香口胶可中和$H^+(aq)$的摩尔数。(ⅲ)牙齿珐琅质由羟基磷灰石$Ca_5(PO_4)_3OH$组成,它持续地进行矿质作用和脱矿质作用,如以下反应式所示:$Ca_5(PO_4)_3OH \Longrightarrow 5Ca^{2+}(aq)+3P(aq)+OH^-(aq)$,参考以上资料,提出为什么该牌子无糖香口胶的生产商家称饭后咀嚼这种香口胶有助防止龋齿。

[分析] 传统的教学中,我们往往更重视科学知识的传授,而忽视人文精神的渗透,化学这样一门与生活密切相关的科目,却没有让学生理解它在生活中的应用。以生活中常见的食品——香口胶开题,让学生倍感亲切,通过给予适当的信息提示让学生自行分析其作用机理。

[例3] (b)在化学实验室,学生须穿上实验袍,戴上塑胶手套和安全眼镜。你认为哪一项安全措施最为重要?请解释。

[分析] 化学中最重要同时也是最基本的就是实验安全知识。乍一看到这题,相信许多教师和学生都会难以相信,但它的确就出现在香港2007年化学高级程度会考试卷上。化学在许多对它不了解的人看来是个可怕、危险的学科,因为化学实验充满了不安全因素。但是身为化学工作者、教育者有义务通过各种可能的途径告诉大家:只要我们事先做足准备工作和预防措施,化学实验的危险有大部分是可以避免的。

[例4] 在不使用溶剂的条件下,把15.9 g苯甲醛与氰化钾共热,得到14.6 g安息香。(c)这种转化中是否符合绿色化学的例子?请解释。

[分析] 化学知识的转化对技术变革的促进必然会给社会带来诸多方面的影响。在人们不断强化其正面影响的同时,其负面影响亦随之不断扩大。社会的发展不能只考虑经济数量的增长,还要注意质量的发展。在满足当代需要的前提下不能损害下一代需求的利益。如化工生产所必须注意解决的环境问题、能源问题等,建立"绿色化学"的概念。这是一个完全开放性的试题,答案可以是肯定,也可以是否定,只要学生给出合适的解释。鼓励学生发散思维,不局限学生的答案。

[例5] 讨论脂肪和油的化学性质、它们的保存方法,以及作为汽车燃料的前景。

[分析] 这是一个涉及面极广的综合题,它考查了:①学生较全面的、综合的化学知识,需要学生清楚写出化学术语的定义;②很强的语言组织能力,包括能适当地分段,并写出每段的标题,方便阅读;③能有条理地组织化学意念,并不只是列举出连串的事实。

[①] 2007香港高级程度会考(化学)[M].香港:香港考试及评核局,2007.

(4) 化学实验考试方式

香港高考化学实验成绩由考生(在校生)所在学校的任课教师评审。评审规则、指引和方法以香港考试局颁发的《化学实验教师评审制手册》为标准。香港高级程度课程标准中要求考生在就读中六和中七两年内必须完成 28 个实验;教师必须提交 12 份评审分数。自修生(非应届毕业生)可以选择参加实验考试(3 小时),也可以使用往届(近两届)教师的评审分数。所有考生(包括在校生和自修生)在考试局申请时均须提供实验报告以备检查。

3. 香港会考制度对内地学业水平考试及评价的启示[①]

首先,香港的中学会考考试制度值得内地实施的学业水平考试制度学习。目前,我国内地高中毕业生高考升学比例在 55%～60% 之间,高等教育已实现了大众化教育的历史性跨越。在这种情况下,我们可以借鉴香港会考形式,由各省自行组织高中会考,根据会考成绩对考生分流,一部分参加高考,一部分进入职业培训学院,一部分也可以直接就业。这样既能避免"千军万马"过高考这座独木桥,又可以减轻高考压力,还可以缓解目前职业技术人员缺乏的局面。在现行情况下,高校录取实施"综合评价"制度是比较可行的方案,即高中毕业会考成绩、学生在中学阶段的日常行为评估分数、自然科学实验课教师的评审分数以及高考分数等各方面的综合评价。考试制度和录取方式改革目标就是为了发挥学生的个性、特长和潜能,培养学生的创造性和创新精神,提高学生的科学素养,为社会培养出素质高、能力强、德智体美劳全面发展的专业人才。[②]

其次,香港的中学会考形式的多样化和全面性值得内地学业水平考试与评价借鉴。多年来,内地高考经历了多次改革,考试形式有了较大的变化,但像化学这种自然科学科目考试题型仍以选择、填空、简答、计算等形式为主,这样往往束缚了学生的思维发散,不利于学生科学素养的培养。学业水平测试不仅要考查学生的知识掌握情况、能力发展水平,还要考查学生获取知识、发展能力的过程与方法,以及在学习过程中情感的升华、态度的端正、价值观的形成等。因此,我们应该借鉴香港考试模式,适当增加简答题和论述题等构造题的数量。考试内容加大分析、论证、推理以及文字表达能力方面的考查力度,从而提高学生运用所学知识分析和解决实际问题的能力。对于主观题,在要求标准(或统一)答案的基础上,应鼓励学生标新立异,对有创新的论述,应给予加分。这样可以避免学生死记硬背,也可以减少猜答案的机会,给考生发挥个性和创造性提供一个广阔的空间,在理论联系实际、分析问题和解决问题的能力方面得到全面提高。

第三,香港中学会考非常重视实验考试,实验占全科总分的 20%。纸笔测试与实验操作测试的结合可以综合考查学生的化学素养,有利于科学探究能力的形成,这点也十分值得我们学习。香港的中学会考考试内容侧重于考查学生科学探究能力和科学素养,对内地学业水平考试及高考命题的模式具有重要的参考作用。

单元总结

1. 英国 GCE-A 水平考试类似于我国的普通高等学校招生全国统一考试。GCE 化学 A 水平考试属于 GCE 科学 A 水平考试的一部分。它主要分为高级辅助(advanced subsidiary,AS)考试与第二(a second examination,A2)考试两部分,两部分考试统称为高级水平(A 水平)。

[①] 林丹,王后雄. 香港中学化学会考中 STS 内容及其启示[J]. 教学月刊,2008(9):58-60.
[②] 李志红. 香港考试制度及其启示——以化学为例[J]. 教学与管理,2006(2):91-92.

2. 澳大利亚考生入大学的成绩由两大部分组成：一部分是高考成绩（又称高中联考），另一部分是平时成绩，各占50%。HSC化学考试的试题分为两个部分：必做题和选作题，考试只需在5道选做题中选做其中一题即可。

3. 韩国CSAT在每年的11月举行，考试科目为4门，数学、语言、外语、社会探究或自然科学。科学120分钟，试题多以选择题的方式呈现。

4. 新西兰国家教育成绩证书NCEA采用"标准评价的方式"对学生进行评价。NCEA制定了不同的水平，大学入学时只需要学生达到水平3的要求即可。

5. 我国内地化学高考命题具有注重试题选材的情境性、增强试题应答的开放性、重视试题的实践性、倡导实验设计型试题、重视科学思维方法考查、提高选做题"等值"的编制技术、对试题内容进行人性化处理等特点。

6. 我国台湾的大学入学考试一般由指定科目考试和学科能力测验构成，《台湾大学入学考试指考化学要求》和《自然科学科目考试说明》分别从知识与概念、实验与技能、推理与思考、知识的应用等四个方面对两大考试的化学学科目标及具体内容要求作出说明。

7. 我国香港的高级程度（中七毕业）会考相当于内地的高考，化学科考试包括两部分：一是笔试（闭卷，占全科总分的80%），笔试分为两卷，试卷一为简答题，试卷二为论述题；二是实验考试（占全科总分的20%）。其会考制度、形式的多样化和全面性与命题内容对内地学业水平考试及高考命题有一定的参考作用。

学习评价

1. 国外采取了哪些有效措施减缓高考竞争压力？对我国化学教育测评改革有何启示？
2. 国外化学高考试题有何特点？我国化学高考命题有何特点？
3. 我国台湾地区大学入学考试化学试题有何特点？对大陆高考命题有何启示？
4. 分析近年来香港地区高级会考化学试题的特点，说明对内地化学高考命题有何启示。

参考文献

[1] A. Anastasi (1982). Psychological Testing, 5th edition[M]. New York: Collier Macmillan.

[2] F. G. Brown (1983). Principles of Educational and Psychological Testing (ed 3)[M]. New York, Holt, Rinehart Winston.

[3] J. B. Biggs, K. F. Collis. Evaluating the Quality of Learning The SOLO Taxonomy [M]. New York: Acdemic Press,1982.

[4] L. W. Anderson. A Taxonary for Learning Teaching and Assessing: A Revision of Bloom's Taxonomy of Educational Objectives[M]. Longman, New York,2001.

[5] [美]Lewis R. Aiken. 心理测量与评估[M]. 张厚粲,黎坚,译. 北京：北京师范大学出版社,2006.

[6] [美]N. E. 格朗兰德. 教学测量与评价[M]. 郑军,郭玉英,等译. 石家庄：河北教育出版社,1991.

[7] [美]布卢姆,等. 教育目标分类学(第一分册)[M]. 上海：华东师范大学出版社,1987.

[8] [美]布卢姆,等. 教育目标分类学(第二分册)[M]. 上海：华东师范大学出版社,1989.

[9] [美]布卢姆,等. 教育目标分类学(第三分册)[M]. 上海：华东师范大学出版社,1989.

[10] [美]布卢姆,等. 教育评价[M]. 邱渊,等译. 上海：华东师范大学出版社,1987.

[11] [美]加涅,等. 学习的条件和教学论[M]. 上海：华东师范大学出版社,1999.

[12] [美]克龙巴赫. 通过评价改进教程[M]//瞿葆奎. 教育学文集·教育评价. 陈玉琨,赵中建,译. 北京：人民教育出版社,1989.

[13] [美]桑代克,哈根. 心理与教育的测量和评价[M]. 叶佩华,邹有华,刘蔚成,译. 北京：人民教育出版社,1985.

[14] [美]泰勒. 课程与教学的基本原理[M]. 施良方,译. 北京：人民教育出版社,1997.

[15] [美]詹姆斯·波帕姆. 教师课堂教学评价指南[M]. 第5版. 王本阳,赵婧,译. 重庆：重庆大学出版社,2010.

[16] [日]槐田睿一. 现代教育评价[M]. 长春：吉林教育出版社,1988.

[17] [瑞典]托斯顿·胡森,等. 简明国际教育百科全书·教育测量与评价[M]. 许建钺,等编译. 北京：教育科学出版社,1992.

[18] [英]罗伯特·蒙哥马利. 考试的新探索[M]. 黄鸣,译. 南宁：广西人民出版社,1984.

[19] 2007香港高级程度会考(化学)[M]. 香港：香港考试及评核局,2007.

[20] 戴忠恒. 教育统计、测量与评价[M]. 北京：中国科学技术出版社,1990.

[21] 单志艳. 如何进行教育评价[M]. 北京：华语教学出版社,2007.

[22] 杜文久. 心理与教育统计测量[M]. 重庆：西南师范大学出版社,2007.

[23] 胡国锋. 教育测量与评价[M]. 第二版. 广州：广东高等教育出版社,2006.

[24] 教育部考试中心. 高考物理测量理论与实践[M]. 北京：高等教育出版社,2006.

[25] 教育部师范教育司组织编写. 教师专业化的理论与实践[M]. 第2版. 北京：人民教育出版社,2003.

[26] 教育部中考评价课题组. 2002年全国初中毕业升学考试评价报告[C]. 南京：江苏教育出版社,2003.

[27] 金瑜. 心理测量[M]. 上海：华东师范大学出版社,2001.

[28] 课题组. 中小学素质教育考试的理论和方法[M]. 武汉：华中师范大学出版社,2001.

[29] 雷新勇.大规模教育考试：命题与评价[M.]上海：华东师范大学出版社,2006.
[30] 李伯黍,燕国材.教育心理学[M].第二版.上海：华东师范大学出版社,2001.
[31] 李广洲.化学教育统计与测量导论[M].南京：南京师范大学出版社,1998.
[32] 廖平胜,等.考试学[M].武汉：华中师范大学出版社,1988.
[33] 廖平胜,王后雄.初中升学考试标准及实施大纲（化学）[M].北京：教育科学出版社,2003.
[34] 廖平胜.考试管理学[M].武汉：华中师范大学出版社,2003.
[35] 廖平胜.考试学原理[M].武汉：华中师范大学出版社,2003.
[36] 凌云.考试统计学[M].武汉：华中师范大学出版社,2002.
[37] 刘知新.化学教育测量和评价[M].南宁：广西教育出版社.1996.
[38] 漆书青.现代测量理论在考试中的应用[M].武汉：华中师范大学出版社,2003.
[39] 邵瑞珍.教育心理学[M].上海：上海教育出版社,1983.
[40] 斯特彻.简明国际教育百科全书·教育测量与评价[M].马积明,译.北京：教育科学出版社,1992.
[41] 王斌华.发展性教师评价制度[M].上海：华东师范大学出版社,1998.
[42] 王汉澜.教育测量学[M].开封：河南大学出版社,1987.
[43] 王后雄.教育考试的理论与方法[M].北京：北京大学出版社,2011.
[44] 王后雄.奥林匹克化学竞赛研究[M].北京：中央广播电视大学出版社,2003.
[45] 张敏强.教育测量学[M].北京：教育科学出版社,1998.
[46] 张明.中学化学命题探索与解题赏析[M].西安：陕西师范大学出版社,2011.
[47] 郑日昌.心理测量与测验[M].北京：中国人民大学出版社,2008.
[48] 中华人民共和国教育部.普通高中化学课程标准（实验稿）[S].北京：人民教育出版社,2004.
[49] 中华人民共和国教育部.全日制义务教育化学课程标准（2011年版）[S].北京：北京师范大学出版社,2012.
[50] 周青,等.化学教育测量与评价[M].北京：科学出版社,2011.
[51] 朱宝荣.应用心理学教程[M].北京：清华大学出版社,2005.
[52] 朱德全,宋乃庆.教育统计与测评技术[M].重庆：西南师范大学出版社,2007.
[53] 朱德全.教育统计与测量[M].重庆：西南师范大学出版社,1998.
[54] 邹日昌,蔡永红,周益群.心理测量学[M].北京：人民教育出版社,2009.

北京大学出版社
教育出版中心 精品图书

21世纪引进版精品教材·学术道德与学术规范系列
书名	作者	价格
如何为学术刊物撰稿：写作技能与规范（英文影印版）	[英] 罗薇娜·莫 编著	26元
如何撰写和发表科技论文（英文影印版）	[美] 罗伯特·戴 等著	28元
如何撰写与发表社会科学论文：国际刊物指南	蔡令忠 著	25元
如何查找文献	[英] 萨莉拉·姆齐 著	25元
给研究生的学术建议	[英] 戈登·鲁格 等著	26元
学术道德学生读本	[英] 保罗·奥利弗 著	17元
科技论文写作快速入门	[瑞典] 比约·古斯塔维 著	19元
社会科学研究的基本规则	[英] 朱迪斯·贝尔 著	18元
做好社会研究的10个关键	[英] 马丁·丹斯考姆 著	20元
阅读、写作和推理：学生指导手册	[英] 加文·费尔贝恩 著	25元
如何写好科研项目申请书	[美] 安德鲁·弗里德兰德 等著	25元

21世纪引进版精品教材·研究方法系列
书名	作者	价格
教育研究方法：实用指南	[美] 乔伊斯·高尔 等著	78元
高等教育研究：进展与方法	[英] 马尔科姆·泰特 著	25元
社会研究：问题方法与过程（第三版）	[英] 迪姆·梅 著	32元
比较教育中的话语形成	[德] 于尔根·施瑞尔 著	58元
比较教育研究：路经与方法	贝磊·鲍勃·梅森 著	50元

大学教师通识教育读本（教学之道丛书）
书名	作者	价格
如何成为卓越的大学教师	肯·贝恩 著	24元
给大学新教员的建议	罗伯特·博伊斯 著	28元
理解教与学：高校教学策略	[英] 迈克尔·普洛瑟 等著	26元
规则与潜规则：学术界的生存智慧	[美] 约翰·达利 等主编	28元
给研究生导师的建议（第2版）	[英] 萨拉·德拉蒙特 等著	30元
教师的道与德	爱德华·希尔斯 著	30元

21世纪教育科学系列教材
书名	作者	价格
现代教育技术——信息技术走进新课堂	冯玲玉 主编	39元
教育学学程——模块化理念的教师行动与体验	闫祯 主编	45元
教师教育技术——从理论到实践	王以宁 主编	36元
教师教育概论	李进 主编	75元
基础教育哲学	陈建华 著	35元
当代教育行政原理	龚怡祖 编著	37元
教育心理学	李晓东 主编	34元
教育计量学	岳昌君 著	26元
教育经济学	刘志民 著	39元
现代教学论基础	徐继存 赵昌木 主编	35元
现代教育评价教程	吴钢 著	32元
心理与教育测量	顾海根 主编	28元
高等教育的社会经济学	金子元久 著	32元
信息技术在学科教学中的应用	陈勇 等编著	33元

教师资格认定及师范类毕业生上岗考试辅导教材
书名	作者	价格
教育学	余文森 王晞 主编	26元
教育心理学概论	连榕 罗丽芳 主编	35元

21世纪教师教育系列教材·学科教学论系列
书名	作者	价格
新理念化学教学论	王后雄 主编	38元
新理念科学教学论	崔鸿 张海珠 主编	34元
新理念生物教学论	崔鸿 郑晓慧 主编	36元
新理念地理教学论	李家清 主编	37元
新理念历史教学论	杜芳 主编	29元
新理念思想政治（品德）教学论	胡田庚 主编	32元
新理念信息技术教学论	吴军其 主编	30元

21世纪教师教育系列教材·学科教学技能训练系列
书名	作者	价格
新理念化学教学技能训练	王后雄 主编	28元
新理念思想政治（品德）教学技能训练	胡田庚 主编	26元
新理念地理教学技能训练	李家清 主编	32元
新理念生物教学技能训练	崔鸿 主编	29元

21世纪教学活动设计案例精选丛书（禹明 主编）
书名	价格
初中语文教学活动设计案例精选	23元
初中数学教学活动设计案例精选	24元
初中科学教学活动设计案例精选	22元
初中历史与社会教学活动设计案例精选	26元
初中英语教学活动设计案例精选	19元
初中思想品德教学活动设计案例精选	20元
中小学音乐教学活动设计案例精选	22元
中小学体育（体育与健康）教学活动设计案例精选	20元
中小学美术教学活动设计案例精选	29元
中小学综合实践活动教学活动设计案例精选	22元
小学语文教学活动设计案例精选	25元
小学数学教学活动设计案例精选	33元
小学科学教学活动设计案例精选	23元
小学英语教学活动设计案例精选	18元
小学品德与生活（社会）教学活动设计案例精选	24元
幼儿教育教学活动设计案例精选	36元

北大开放教育文丛
书名	作者	价格
教育：让人成为人——西方大思想家谈人文和科学教育	杨自伍 编译	30元
教育究竟是什么?100位思想家论教育	[英] 乔伊·帕尔默 主编	45元
人文主义教育经典文选	C.W.凯林道夫	40元
雄辩家与哲学家：博雅教育观念史	布鲁斯·金博尔	45元